LA OTRA HISTORIA DE ESPAÑA

14
LA INQUISICIÓN Y LOS GITANOS

M.ª HELENA SÁNCHEZ ORTEGA

LA INQUISICIÓN Y LOS GITANOS

taurus

Cubierta
de
MANUEL RUIZ ÁNGELES

La redacción de este libro ha sido posible gracias a una beca concedida a la autora por la Fundación Juan March.

© 1988, M.ª Helena SÁNCHEZ ORTEGA
© 1988 de esta edición,
ALTEA, TAURUS, ALFAGUARA, S. A.
TAURUS EDICIONES
Juan Bravo, 38 - 28006 MADRID
ISBN: 84-306-3514-9
Depósito Legal: M. 5.654-1988
PRINTED IN SPAIN

A LA MEMORIA DE MI QUERIDÍSIMO PADRE

NOTA DE LA AUTORA

El material que he utilizado para escribir este libro se encuentra disperso en numerosísimos legajos y varios archivos. Casi en su totalidad aparece sin catalogar, y las dificultades para reunirlo han sido, por tanto, bastante grandes. Es probable que, sin la ayuda desinteresada de algunos amigos, este trabajo hubiera tardado en aparecer bastante más tiempo, y me parece justo hacerlo constar así. Los datos relacionados con las «relaciones de causas» de los tribunales italianos me fueron proporcionados por el profesor Cardaillac; los relativos al tribunal de Sevilla los debo casi en su totalidad a mi alumna M.ª Isabel Blanco; el tribunal de Toledo fue revisado por mi querido amigo Jean Pierre Dedieu. Quiero hacer constar también mi profunda gratitud a mis maestros Julio Caro Baroja y Antonio Domínguez Ortiz, con quienes he contraído una deuda moral y científica que excede a estas páginas por su actitud hacia mis problemas humanos y profesionales. Agradezco a los sacerdotes responsables de la iglesia de Santa Ana (Sevilla) su amabilidad al permitirme consultar los fondos parroquiales. Como es lógico, mi gratitud y afecto hacia todos aquellos que me han ayudado a trabajar en el Archivo Histórico de Madrid, especialmente a D.ª Natividad Moreno Garvayo y D.ª María Vergara, encargadas de la sección de Inquisición.

Madrid, mes de junio de 1985

ń
I

LA SITUACIÓN RELIGIOSA
DE LA MINORÍA GITANA

1
LAS ACUSACIONES DE LOS MORALISTAS Y LOS AUTORES DEL SIGLO DE ORO

Los gitanos llegaron a España aproximadamente en 1427, después de un largo desplazamiento por Europa y el Norte de África desde su lugar de origen, el N.O. de la India, de donde salieron por causas desconocidas seguramente durante las convulsiones originadas por la llegada de las huestes de Gengis-Khan. Su llegada a España tiene, en los primeros momentos, un carácter colorista, y son acogidos por los reyes y nobles con enorme benevolencia. Se les agasaja, se les entrega regalos, y se les autoriza a circular libremente por las tierras [1]. Este «periodo idílico» va a dejar paso, sin embargo, a una actitud muy distinta. En 1499 los Reyes Católicos decretan la expulsión para todos aquellos que carezcan de oficio y señor, bajo pena de 100 azotes la primera vez, de ir a la cárcel y que se les corten las orejas la segunda vez, y en caso de una tercera reincidencia, la de convertirse en esclavos para toda la vida. Un cambio radical, por tanto, en la actitud de los gobernantes que sólo se entiende si atendemos a las protestas que habían llegado a despertar en el reino la

---

[1] Según J. P. CLÉBERT, *Los gitanos,* Barcelona, Aymá, 1965, todos los grupos gitanos que aparecieron en Europa en el siglo XV presentaban cartas de recomendación o salvoconductos de autoridades como Segismundo, rey de los romanos, que les hacía ser recibidos con benevolencia. Explicaban que después de una primera conversión al Cristianismo habían apostatado de la fe. En castigo, los obispos les habían impuesto andar errantes durante siete años, lo que había sido la causa de su nomadismo. La amabilidad de la acogida por parte de las autoridades civiles en España se puede observar en la Crónica de los *Hechos del Condestable Don Miguel Lucas de Iranzo,* cuyo texto puede consultar el lector en mi libro *Los gitanos españoles. El periodo Borbónico,* Madrid, Castellote, 1977. Actualmente me encuentro terminando una reedición que abarca los siglos XV al XIX en la que aparecerán nuevos datos sobre esta etapa.

presencia de estas gentes inquietas. En las Cortes de Madrid, del 19 de marzo de 1594, se lee [2], por ejemplo:

D. Gerónimo de Salamanca y D. Martín de Porras dixeron que en estos reynos anda un género de gente que se nombran gitanos cuya vida y trato es la mas perdida que hay en toda la república cristiana, ni aún bárbara, que parece que son gente sin ley, porque no se save que guarden ninguna, sino que del todo viven llenos de vicios, sin ningún género de recato, con grave escándalo destos reinos y de los naturales dellos. Son gente vagabunda, sin que jamas se halle ninguno que trabaje ni tenga oficio con que sustentarse, son publicamente ladrones, embuidores, echando juicios por las manos haziendo entender a la gente ignorante que por allí alcanzan y entienden lo que ha de suceder. Son gente que no guarda los matrimonios la forma de la iglesia, porque se casan parientes con parientes, sin ninguna dispensación, y aun sin matrimonios se mezclan unos con otros sin tener quenta con deuda de parentesco ni afinidad ni las demas prohibiciones del derecho, y jamás se verá ninguno confesar ni recibir el Santísimo Sacramento, ni oir misa ni conocer parroquia ni cura, y plegue a Dios que el consentir pecados tan públicos no sea causa de parte de nuestros castigos.

Después de tan graves acusaciones, los representantes en Cortes terminan proponiendo drásticas medidas para «deshazer de raiz este nombre de gitanos y que no haya memoria de este género de gente», separando a los hombres de las mujeres, señalándoles lugares fijos de residencia y obligándoles a casarse con labradores.

La forma de vida de los gitanos, su nomadismo y ciertas costumbres no muy de acuerdo con la estricta norma moral dictada por Roma, habían chocado a los españoles del siglo XV y el asombro de los primeros años termina dejando paso a un conflicto entre el grupo mayoritario y la nueva minoría que se prolongará durante todo el Antiguo Régimen —y aun en nuestros días—. A la pragmática de los Reyes Católicos decretando su expulsión, seguirá una larguísima serie de medidas en las que se sigue intentando su expulsión hasta 1634 y, posteriormente, su asentamiento y reparto en lugares suficientemente poblados para conseguir la asimilación [3].

---

[2] «*Actas de las Cortes de Castilla,* publicadas por acuerdo del Congreso de los diputados a propuesta de su comisión de Gobierno interior», Madrid, 1877-1939 (53 vols.), tomo XIII, p. 220

[3] Sería excesivamente prolijo detenerme ahora en la evolución socio-política de la minoría gitana en la península. El lector interesado puede consultar mis libros *Documentación selecta sobre la situación de los gitanos españoles en el siglo XVIII.* Madrid, Editora Nacional, 1977, o el antes citado ... *El periodo Borbó-*

Aunque los gitanos habían llegado a la península en calidad de peregrinos cristianos que trataban de purgar su pecado de apostasía mediante la penitencia que les había sido impuesta por el Papa de visitar determinados lugares sagrados, entre los que se contaba Santiago de Compostela, pronto surgen también voces, según hemos visto, que ponen en duda la autenticidad de su fe cristiana. Al mismo tiempo que se citan los excesos de que los acusan los campesinos y justicias, los representantes en Cortes suelen hacer referencia a su supuesta impiedad. En las Actas de las Cortes de Castilla figura también la siguiente protesta, el 24 de diciembre de 1610:

Una de las cosas más dignas de remedio que al presente se ofrecen en estos reinos es mandar remediar los hurtos y robos y muertes que hacen los gitanos que andan vagando por el reino, robando los ganados de los pobres, y haciendo mil insultos, viviendo amancebados y *sin ser cristianos mas que en el nombre* por no andar al cumplimiento de los mandamientos de la ley de Dios y de su santa Iglesia, cosa de gran lástima y que pide grave remedio... [4].

«Sin ser cristianos más que en el nombre...»: la afirmación —un aserto sumamente grave en la España de principios del siglo XVII— se repite monótonamente en las protestas de Cortes y toda suerte de escritos.

Con anterioridad a la queja que acabamos de ver, Alonso de Ulloa había solicitado, el 3 de febrero de 1609, que se les obligara a tomar oficios y que las justicias y el obispado vigilaran si estaban casados, recibían los sacramentos y bautizaban a sus hijos. El 8 de noviembre de 1610 se vuelve a insistir en esta misma opinión, asegurando que no se ve ninguna enmienda en ellos a pesar de las numerosas Pragmáticas:

[...] porque este género de gente nunca anda en tierra ni poblados grandes donde puedan ser castigados. No son cristianos, ni confiesan ni comulgan, ni ayunan; comen carne en tiempos prohibidos, ni oyen misa, de manera que su vida es escandalosa.

[...] En resolución, es tan mala gente que sin comparación exceden a los moriscos, porque en no ser cristianos les imitan y en los robos les ganan [5].

---

nico. La reedición de este último aparecerá con el título de *Los gitanos españoles. Evolución y contexto histórico de una minoría.*

[4] *Actas de las Cortes de Castilla,* tomo 26, p. 291. El subrayado me pertenece.

[5] *Actas de las Cortes de Castilla,* tomo 26, p. 163.

Según acabamos de ver, las protestas contra los gitanos, que no habían cesado desde los Reyes Católicos, arrecian durante el siglo XVII y contra ellos se desata también la pluma de los memorialistas pidiendo se tomen medidas rigurosas para terminar con los daños que causan.

Como es sabido, la subida al trono de Felipe III coincide con un momento de aguda crisis para la Monarquía española. Los contemporáneos eran conscientes de la necesidad de adoptar medidas urgentes para solucionar los graves problemas del país afectado por una difícil situación económica y política. Algunos teólogos y catedráticos de Universidad, los hombres de letras en general, deciden hacer constar su opinión acerca de las medidas —los «arbitrios»— para conseguir reparar estos daños. Las soluciones que proponen son radicales, y todos coinciden en pedir la expulsión de los gitanos. La impopularidad de la minoría, a la que se considera responsable de numerosos robos y desmanes, llega a un punto culminante. Entre las acusaciones con que se justifica la medida siempre figura la acusación de impiedad.

Entre los «discursos» que Sancho de Moncada, catedrático de Sagrada Escritura en la Universidad de Toledo, publicó en 1619 figura específicamente uno dedicado a justificar su arbitrio para expulsar a los gitanos de España. Moncada solicita que se apliquen las leyes que decretaron su expulsión del país con todo rigor, y los motivos que aduce son fundamentalmente dos: se trata de gentes dedicadas al robo, y que no cumplen con la iglesia. Oigamos a Moncada:

[...] son encantadores, adivinos, magos quirománticos, que dicen por las rayas de las manos lo futuro que ellos llaman buenaventura, y generalmente son dados a toda superstición. Así lo sienten de ellos todos, y se ve cada día por experiencia, y algunos piensan que se llaman Cingaros, del gran mago Cineo, de quien dicen aprendieron, y de aquí resultan en España (principalmente en el vulgo) grandes errores y credulidades supersticiosas, grandes hechizos, y dichos y graves daños espirituales y corporales.

Lo sexto, porque muy graves hombres los tienen por herejes y muchos por Gentiles idólatras o Ateos, sin religión alguna, aunque en la apariencia exterior se acomodan con la religión de las provincias donde andan, siendo con los Turcos Turcos, con los Herejes Herejes, y entre los Cristianos bautizando algún muchacho por cumplir. Fray Jaime Bleda trae casi 100 señales de donde colije que los Moriscos no eran Cristianos, todas las cuales se reconocen en los Gitanos, porque de pocos se sabe que bauticen sus hijos; no son casados, antes se cree que tienen las mujeres comunes; no usan dispensaciones ni sacramentos algunos, imágenes, rosarios, bulas, no oyen Misa, ni oficios divinos, jamás entran en las iglesias, no guardan ayunos Cuaresma, ni precepto alguno eclesiástico, de que dicen todos que hay larga experiencia. Y recetar todo género de infieles es materia muy peligrosa al Reino. Lo primero, porque los Sumos Pontífices aconsejan a los Príncipes que quiten de entre el ganado de Dios los lobos, y muy apretadamente, y con anatema lo mandaron a los señores Reyes de España dos santos Concilios Toledanos, que fueron el sexto a que presidió san Eugenio tercero, su Arzobispo y el decimo sexto que fué el año 693 de Cristo, mandando que antes de recibir la Corona del Reino jurasen los Señores Reyes de España que no consentirían vivir en sus reinos ningún infiel y obedecieron el decreto señores Reyes Godos expeliendo Arrianos, Moros, Judios, y otros enemigos de la Iglesia [6].

Después de Sancho de Moncada, otras voces vienen también a repetir estas mismas acusaciones a lo largo de la primera mitad del siglo XVII. Las tintas del «Discurso contra los Gitanos» de Juan de Quiñones, alcalde de Casa y Corte, son mucho más duras y abultadas que lo que acabamos de ver. Juan de Quiñones vuelve a solicitar en 1631 [7] la expulsión del reino de todos los gitanos o la aplicación de medidas drásticas. Quiñones asegura de nuevo que se trata de gentes cuya religión es desconocida, y que se entregan a los peores vicios y costumbres:

No entienden qué cosa es la Iglesia, ni entran en ella, sino es a hazer sacrilegios. No saben las Oraciones. Yo los examiné a ellos y a ellas, y no las sabían: y si algunas, no perfectamente. No se les administran los santos Sacramentos, y aunque casen con parientas, no traen dispensaciones. No ay quien sepa si están bautizados. Uno de los cinco, que estos dias passados hize ahorcar, se baptizó en la carcel, siendo mayor de treinta años. D. Martin Faxardo dize que dos Gitanos, y una Gitana que hizo ahorcar en la villa de la Torre Perogil, se bautizaron al pie de la horca y declararon eran Moros. La mejor información que hazen para casarse (si es que se casan) es de la muger mas diestra y astuta en hurtar y engañar, sin reparar en que sea parienta o casada: porque no han menester mas que juntarse con ella, y dezir que es su muger. Algunas vezes las compran a sus maridos, o las reciben empeñadas. Assi lo dize el Doctor Salazar de Mendoça. Fr. Melchor de Guelamo dize que oyó afirmar por cosa muy cierta de dos Gitanos, lo que de ninguna bárbara nación se avra oido, y es que trocaron a las mugeres, y que por ser la una de mejor parecer que la otra, le dió el que llevó la hermosa, cierta cantidad de moneda al que llevó la fea. El Licenciado Alonso Durán, Relator que aora es de nuestra Sala, me ha dicho y certificado que el año

---

[6] Sancho de MONCADA, *Restauración política de España,* edición a cargo de Jean VILAR, Instituto de Estudios Fiscales, 1974 («Discurso octavo: expulsión de los gitanos»).

[7] Juan de QUIÑONES, *Discurso contra los gitanos,* 1631, Biblioteca Nacional, Madrid.

de 623 o 624 un Simón Ramirez Gitano, Capitán que era de una tropa dellos repudio a Teresa su muger porque era ya vieja, y se casó con una que se dezía Melchora que era moça y hermosa, y que el dia que se hizo el repudio y celebraron las bodas, iva caminando y vió que debaxo de unos arboles, en el campo, que está en la jurisdicción de la villa de Deleitosa, avia grande fiesta, y regocijo, y preguntando la causa, le dixeron se casava Simón Ramirez con una Gitana y repudiava a otra, y que la repudiada le dixo llorando, que la dexava por vieja y se casava con otra porque era moça. Unos Gitanos y Gitanas confesaron ante don Martin Faxardo que no se cassavan sino que en los banquetes y combites que hazian, elegian las mugeres que querían, y que les era permitido tener hasta tres amigas, y que por esso procreavan tantos hijos [8].

Como es lógico, tampoco falta la acusación de ser adivinos y hechiceros que ya es habitual. En este punto, Quiñones casi parafrasea a Sancho de Moncada, añadiendo unos cuantos ejemplos tomados del ejercicio de su oficio:

[...] u porque no queden cortos ni faltos en todo género de maldades, son también encantadores, adivinos, magos y chirománticos, que dicen por las rayas de las manos lo futuro, que ellos llaman la buenaventura (y yo mala para quien la dizen, pues o le engañan o le roban). Y, generalmente, son dados a toda superstición; el Capitán de los Gitanos que hize ahorcar estava condenado a muerte en rebeldia por la justicia de la villa de Maderuelo, por hechizero y ladrón. Algunos piensan que se llaman Cingaros del gran Mago Cineo, de quien dizen aprendieron la Magia. Y de aquí resulta en estos Reynos, y principalmente en el vulgo, grandes errores y credulidades supersticiosas, grandes hechizos y grandes daños espirituales y corporales. Que de donzellas han pervertido con hechizerias y embelecos! Qué de casadas se han apartado de sus maridos! y en particular las Gitanas, que andan de casa en casa diziendo la buenaventura mirando las manos y las rayas que tienen en ellas por donde dizen el bien o daño que les ha venido, o ha de suceder; [...] [9].

Pocas cosas nuevas aparecen en los memoriales después de los escritos de Sancho de Moncada y de Juan de Quiñones. Los autores repiten monótonamente los hurtos, desmanes, y actitud impía o sacrílega que debe conducir, según aseguran, a la expulsión o reducción de los gitanos a formas de vida más acordes con el bienestar del resto de la población.

Indudablemente, los memoriales de Sancho de Moncada y Juan Quiñones dan cuenta de una actitud sumamente dura hacia la población gitana, que resulta un tanto chocante para nuestra sensibilidad actual, pero es preciso situar los escritos de estos

---

[8] *Ob. cit.*
[9] *Ob. cit.*

autores en el contexto histórico que les corresponde. Los gitanos —con razón o sin ella— habían tenido frecuentes enfrentamientos con la población campesina y motivado las protestas que acabamos de ver en las Cortes de Castilla. Teniendo en cuenta que contingentes étnicos mucho más pacíficos y productivos, como los moriscos o los judíos, habían sido expulsados en fechas tan recientes como 1610 o 1499, respectivamente, no resulta extraño que algunos sectores de opinión considerasen plausible la expulsión de una minoría poco productiva y difícilmente controlable.

Todavía en 1618, el doctor Salazar Mendoza repite monótonamente la necesidad de expulsar del país a los molestos gitanos, apoyándose en que se trata de un grupo menos útil y más peligroso que el morisco:

Porque, señor, los Moriscos cultivaban la tierra, entretenían el comercio, las artes y oficios mecánicos. Los Gitanos no salen al campo si no es para robar y matar. Los oficios que deprendieron y exercitan son hurtos y engaños. Aquellos por miedo de la pena acudían a las iglesias, oyan misa, confessavan, y trahian algunas dispensaciones para casamientos. Estos no saben que cosa es la yglesia ni entran en ella, sino a cometer sacrilegios. Ni se les administran los santos sacramentos, y aunque casen con parientes, no ganan dispensaciones. Bien que los Moriscos eran Apostatas, por estar baptizados. De los Gitanos no se yo quien sepa que lo están, aunque ellos dizen que si, y hazen contra si en dezillo. Porque en Berberia viven como Mahometanos, con los Turcos son Turcos, hereges con los hereges, acomodándose con todas las naciones [10].

Al igual que en los casos anteriores, tampoco falta la acusación de hechicería —«Apenas ay lugar en España en que no ayan perpetrado algún grande maleficio»[11]— con que se supone pervierten a la población ingenua. Según podemos observar, determinadas costumbres y actitudes de la minoría gitana, perfectamente comprensibles desde la perspectiva sociológica y antropológica del hombre de hoy, se convertían en la España del siglo XVII, preocupada por la unidad de fe y costumbres, en graves acusaciones que estuvieron a punto de conducir a la desaparición del grupo gitano de nuestro país.

La animosidad del grupo mayoritario de los cristianos viejos

---

[10] Pedro SALAZAR MENDOZA, *Memorial del hecho de los gitanos para informar el ánimo del rey nuestro Señor en lo mucho que conviene al servicio de Dios y bien de estos reinos desterrarlos de España,* Toledo, 1618, Madrid (Biblioteca Nacional).

[11] *Ob. cit.*

no se disipará con el transcurso de los años, pero un cambio de actitud con respecto a la necesidad de mantener y conservar cualquier contingente de población conduce en 1633 a Felipe IV a promulgar la siguiente Pragmática en la que desaparece por primera vez el mandato de hacerlos salir fuera del reino:

No parece conveniente expedirlos porque la despoblación en que se hallan estos reinos después que salieron los moriscos y las que causan las necesidades presentes no pueden sufrir ninguna evacuación por ligera que sea, principalmente de esta gente, que no son gitanos por naturaleza, sino por artificio y bellaquería y enmendados se reducirán a la forma de vida de los demás [12].

A pesar de esta nueva actitud de la Corona, durante todo el siglo XVII y gran parte del XVIII se seguirán oyendo voces en contra de la minoría en forma de memoriales o de protestas en las Cortes. En 1644, el Doctor Pedro de Villalobos, catedrático de Leyes y Decano de la Universidad de Salamanca, explica en sus «Discursos jurídicos políticos en razón de que a los gitanos vandoleros de estos tiempos no les vale la Iglesia para su inmunidad» [13], el escándalo con que se comportan en los templos como uno de los motivos en que fundamenta su petición. Según Villalobos, los gitanos «han sido siempre sacrílegos y profanadores de Templos y lugares sagrados»:

[...] aposentandose (los gitanos) en las iglesias de Carrascal y del Cubo como si fueran ventas campestres, con todo su aduar de hijuelos y amigas (mugeres las llaman y es falso) durmiendo allí con ellas, haziendo aposento de Contubernio y deshonestidad, el lugar de oración y pureza, entrando en el juntamente y dando de comer a sus cavalgaduras, convirtiendo en cavalleriza y establo el Tempo de Dios, en manifiesto desacato suyo, y menosprecio de sus santas imágenes, llenando su Santuario de abominaciones que causa horror el dezirlas y oyrlas, y penetra y provoca a santa indignación los corazones Christianos [...] [14].

---

[12] A.H.N. —Consejos— Ly. 7133. Citado por DOMÍNGUEZ ORTIZ en su artículo «Documentos sobre los gitanos españoles en el s. XVII» (Homenaje a Julio Caro Baroja, Madrid, 1978, pp. 319 a 326). Un resumen acerca de la evolución cronológica de los gitanos puede verse en mi artículo «Evolución y contexto histórico de los gitanos españoles» (en «Entre la marginación y el racismo...», compilado por Teresa SAN ROMÁN), Madrid, Alianza Universidad, 1986.

[13] Pedro VILLALOBOS, *Discurso jurídico político en razón de que a los gitanos bandoleros de estos reinos no les vale la Iglesia para inmunidad. Dáse cuenta en ellos de esta gente y pondérase las razones más eficaces que hay para su castigo y exterminio de la República*, Salamanca, 1644 (Madrid, Biblioteca Nacional).

[14] *Ob. cit.*

La mala opinión acerca de la situación religiosa y moral de los gitanos estaba tan generalizada que se les llegaron a atribuir delitos verdaderamente insólitos, como el que figura en el relato anónimo con fecha de 1617: «Relación verdadera de las crueldades y robos grandes que hazian en Sierra Morena unos Gitanos salteadores, los quales mataron un Religioso y le comieron asado, y una Gitana la cabeça cozida y de la justicia y castigos que destos se hizo [...]» [15]. Aunque en verso, se reiteran las acusaciones que estuvieron a punto de hacerles salir del país:

>Es gente sin Dios ni Rey
>y entroduzen una lengua
>con que ellos se entienden solos
>y nadie no los entienda
>Y lo que mas me ha espantado
>es que las criaturas tiernas
>nacen con la inclinación
>de las maldades que heredan
>Y yo jamás lo he visto
>recevir en las Iglesias
>aquel precioso manjar
>que da gracia y vida eterna
>Ni las criaturas yo pienso
>que al santo Bautismo llevan
>porque muchas en el campo
>suelen parir como bestias
>Y aunque he visto confirmar
>no he visto, verdad es cierta,
>confirmar ninguno destos
>ni dar de fe buenas muestras
>En divinos jubileos
>jamás los vi que se cercan
>a los pies de Confesores,
>ni aún sabemos si confiesan
>Son moros con el que es moro
>ereje con quien profesa
>su maldad, y son christianos
>en España de apariencias.

---

[15] *Relación verdadera de las crueldades y robos grandes que hacían en Sierra Morena unos gitanos salteadores, los quales mataron un Religioso y le comieron la cabeza cozida, y de la justicia y castigos que dellos se hizo en la villa de Madrid, Corte de Su Magestad,* a onze de Noviembre, año de 1617 (Lisboa, Biblioteca Nacional).

Quiñones también hace referencia a otros hechos de antropofagia que pertenecen, indudablemente, a la «leyenda negra» que circulaba sobre la minoría en el siglo XVII. Acerca de estos hechos y afirmaciones y la personalidad de los autores de los escritos antigitanos podrá encontrar el lector un capítulo más detallado en

Como ha podido observar el lector en el fragmento anterior, las correrías de un grupo significativo de gitanos habían formado en la conciencia popular una opinión tan negativa acerca de esa minoría, que se les atribuían las violencias más diversas e incluso disparatadas, sin duda abultadas por el miedo y la distancia.

La imagen que proyectan los autores de los siglos XVI y XVII no resulta mucho más positiva que los juicios anteriores, aunque aparecen algunas matizaciones que merece la pena tener en cuenta.

Las acusaciones de falsos hechiceros y adivinos —sobre las que volveré a insistir más adelante— son, sin lugar a dudas, el lugar común más extendido entre los autores de entremeses, comedias, etcétera. Las gitanas salen a escena diciendo la «buenaventura» de la mano de Cervantes, Lope de Vega, y autores anteriores como Juan de Timoneda y Gil Vicente. Casi todos los autores se hacen eco de las acusaciones de piedad fingida, y aluden a los robos y desmanes de muchos gitanos. En el «Coloquio de los perros» Cervantes se refiere así a la actitud religiosa de las mujeres:

Cuando piden limosna, más la sacan con invenciones y chocarrerías que con devociones; y a título que no hay quién se fie dellas, no sirven y dan en ser holgazanas; y pocas o ninguna vez he visto, si mal no me acuerdo, ninguna gitana a pie de altar comulgando, puesto que muchas veces he entrado en las iglesias [16].

Las palabras de Cervantes, que son prácticamente las mismas que emplea el anónimo autor de los versos anteriores, parece que vienen a confirmar la mala imagen de la minoría, aunque en «Pedro de Urdemalas» aparece una opinión mucho más comprensiva hacia las costumbres gitanas que las que hemos venido viendo hasta ahora. Según esta obrita de Cervantes, las gitanas son extremadamente fieles a sus maridos y el adulterio es prácticamente desconocido entre ellos. Así dice el Conde en esta obra

---

mi próximo libro. *Evolución y contexto histórico de una minoría.* Moncada, etc., conocían muchos datos que reposaban sobre una realidad indudable, pero también se dejaron arrastrar por una coyuntura sumamente desfavorable al grupo gitano. No resulta posible analizar ahora esta compleja situación y me remito a mi próximo libro.

[16] Miguel de CERVANTES, *El coloquio de los perros,* tomo II, *Novelas ejemplares,* Madrid, Espasa Calpe, edición, prólogo y notas de Francisco Rodríguez Marín, 1975, 2 vols., p. 314.

de Cervantes, a propósito de las relaciones amorosas del grupo, que en autores con menos sensibilidad que Cervantes hemos visto calificar con juicios tan duros:

> Gozamos nuestros amorez
> librez del dezaçoçiego
> que dan los competidorez
> calentanozo çu fuego
> cin celoz y cin temorez [17].

Cervantes adopta aquí, por tanto, un punto de vista que parece acercarle a las posturas de los románticos, que vieron en los gitanos al grupo por excelencia que se mantiene al margen de los cauces sociales como forma de rechazar convencionalismos y puritanismos de la moral cotidiana, pero esta misma opinión parece ser la de Lope de Vega en «El arenal de Sevilla»:

> CASTELLANOS. ¡Bella mujer!
> FAJARDO. Hay de aquestas
> algunas limpias y hermosas
> CASTELLANOS. Si, pero muy desdeñosas
> y notablemente honestas
> que tienen extraña ley
> con sus maridos [18].

Además de estos juicios que pueden considerarse positivos, aparecen también en Cervantes reflexiones acerca del respeto al matrimonio entre los gitanos y la virginidad que no constituyen una «pintura negra» —como de alguna manera lo son los memoriales de Moncada y Quiñones— de la minoría.

Cervantes vuelve a elogiar en «La Gitanilla» y el «Coloquio de los perros» la fidelidad de las gitanas en el seno del matrimonio, y da cuenta de la costumbre del grupo de castigar con la muerte las infracciones:

Cásanse siempre entre ellos porque no salgan sus malas costumbres a ser conocidas de otros; ellas guardan el decoro a sus maridos, y pocas hay que les ofendan con otros que no sean de su generación [19].
[...]

---

[17] Miguel de CERVANTES, *ob. cit.* El «Conde» o líder gitano habla con el ceceo que se supone característico de la minoría gitana durante ese periodo.

[18] *Obras escogidas de Lope de Vega (El Arenal de Sevilla).* Biblioteca de Autores Españoles, Madrid, H. Rivadeneyra editor, 1873, Tomo XLI (Acto 2.º, escena 3ª).

[19] Miguel de CERVANTES, *El coloquio de los perros,* tomo I, ed. cit., p. 314.

Nosotros somos los jueces y los verdugos de nuestras esposas o amigas; con la misma facilidad las matamos y las enterramos por las montañas y desiertos como si fueran animales nocivos [20].

El mismo Cervantes había dado cuenta también en «La Gitanilla» de la actitud libre de los gitanos respecto a las uniones amorosas, en un tono francamente literario, en el que se adivina, en cierto modo, un punto de simpatía hacia gentes un tanto rudas, pero no tan fieras como las pintan Sancho de Moncada y los demás memorialistas:

Esta muchacha que es la flor y nata de toda la hermosura de las Gitanas que sabemos viven en España, te la entregamos, ya por esposa, ya por amiga; que en esto puedes hacer lo que fuere más de tu gusto, porque la libre y ancha vida nuestra no está sujeta a melindres ni a mucha ceremonia [21].

Los gitanos, según todo lo que acabamos de ver, no gozaban de muy buena reputación en la España del Siglo de Oro. Los memorialistas nos dan de ellos una visión sumamente negativa que resulta un tanto matizada por la mayor comprensión hacia sus actitudes humanas de los literatos, pero, en cualquier caso, no resulta difícil comprender que el choque entre la cultura de los gitanos y la de los no-gitanos ha sido brutal. Según todos los autores, los gitanos no tienen una religión definida, no conocen bien la cristiana que dicen profesar en España, practican la poligamia sucesiva y el repudio, y castigan duramente el adulterio femenino. Costumbres todas, indudablemente, muy diferentes a las que trataba de imponer dogmáticamente el tribunal de la Inquisición, y que no tenían mucha relación con las del resto de los habitantes del país. Como señala atinadamente J. Caro Baroja en su trabajo «Los gitanos en cliché»: «Nomadismo, endogamia, poligamia sucesiva, sistemas de "agregación", jefatura de un hombre hábil, son otros tantos elementos que nos hacen pensar en otras tribus de distintas tierras». El juicio del antropólogo e historiador nos sirve para situar a los gitanos en su contexto cultural propio, que ayudara a comprender mejor la importancia de las diferencias entre las dos poblaciones en conflicto, pero, desgraciadamente para los gitanos, la España de los siglos XVI y XVII no estaba para reflexiones antropológicas y semejantes

---

[20] Miguel de CERVANTES, *La Gitanilla,* tomo I, ed. cit., p. 67.
[21] Miguel de CERVANTES, *La Gitanilla,* tomo I, ed. cit., p. 66.

acusaciones podían costar a la minoría la intervención rigurosa de los inquisidores. ¿Cuál fue la actitud del tribunal hacia el grupo ante estas acusaciones? ¿Cuál era, en realidad, la situación religiosa de los gitanos? Como vemos, se trata de preguntas importantes que trataré de matizar en las páginas que siguen.

2

LA NORMA ECLESIAL.
LA ACTITUD DE LOS OBISPOS. LOS SÍNODOS

A pesar de que, según hemos visto al principio, los gitanos hacen su aparición en España como cristianos peregrinos, tan pronto como estos originales visitantes decidieron hacer del país su residencia permanente, no sólo surgieron las fricciones con la población anterior sino que empezó a ponerse en cuestión la efectividad de su conversión al Cristianismo y, sobre todo, que cumplieran como auténticos fieles de la Iglesia. Las quejas a este respecto son tan reiterativas como las Pragmáticas. A pesar de todo esto, la Iglesia sólo parece empezar a preocuparse muy tardíamente de ellos. Las alusiones acerca de los gitanos en los concilios sinodales son escasas, y se refieren fundamentalmente al siglo XVII. Es decir, los obispos empiezan a preocuparse por la minoría al calor de las quejas que llegan hasta las Cortes y de las que acabo de dar cuenta. La primera referencia aparece en las Constituciones Sinodales del Arzobispado de Toledo de don Bernardo de Rojas y Sandoval en 1601, dando cuenta de un punto de vista semejante al de los representantes de las ciudades:

E informados que en este nuestro arçobispado ay muchos gitanos los quales viven con mucha libertad, de los quales y de su manera de vivir y descuydo no se puede presumir que criarán a sus jijos más bien doctrinados que ellos lo andan, antes ay alguna prueva de sospecha de que no los bautizan ni ay quien les pida tal quenta por andar vagando de lugar en lugar. Por tanto exortamos e mandamos a nuestros juezes los visiten y pidan la razón de qué, adónde y por quién fueron bautizados los tales sus hijos y les prohiban hablar su lenguage, traer su trage, andar en compañías y catar la buenventura. Y los curas hagan en sus lugares la misma diligencia y quando no lo pudieren remediar, avisen a nuestros Juezes para que lo remedien [1].

---

[1] *Constituciones Synodales* del Arçobispado de Toledo, hechas, copiladas y ordenadas por ... don Bernardo de ROJAS Y SANDOVAL en la synodo que celebró

Según se pone de relieve en el texto anterior, la situación religiosa de los gitanos era preocupante. Se trataba de un grupo de hombres, mujeres y niños sin domicilio fijo que escapaba, por tanto, al control efectivo de las autoridades eclesiásticas, sin que pudiera saberse con certeza si estaban bautizados o no, y si cumplían con los preceptos eclesiásticos. Este anómalo comportamiento hubiera debido desatar una oleada de protestas por parte de las autoridades eclesiásticas en un clima tan confesional como el de la España del Antiguo Régimen, pero en contra de lo que se podía esperar la Iglesia sólo se pronunciará a este respecto en casos aislados.

Aunque las constituciones sinodales que se promulgan a lo largo de los siglos XVI y XVII son numerosísimas y dan lugar a una larga serie de normas emitidas por los obispos españoles, tan sólo aparecen alusiones directas a la situación de los gitanos en las diócesis de Toledo y Cuenca. Un año después de la promulgación de las Constituciones de Toledo en las que aparece la referencia anterior, don Andrés Pacheco reunía en Cuenca otro sínodo que insistía en la cuestión de los gitanos:

Porque en este nuestro obispado se han avenzidado por mandado de S.M. muchos de los christianos nuevos de Moros del Reyno de Granada y por el peligro que podrá aver si supiessen la secta de sus passados de mas de la offensa que se haría a nuestro Señor ya S.M. tiene dada intitulación de la manera que han de ser enseñados y de las cossas que se han de apartar. Ordenamos y mandamos en virtud de la sancta obediencia a los Curas y sus Tenientes que guardando la dicha intitulación tengan mucha cuenta en la menra de vivir de los Morischos christianos nuevos y sus descendientes. Que sepan si van a Missa y cómo se confiessan y si reciben los sacramentos y usan dellos procurando que con la enseñanza de la doctrina Christiana entiendan el error de sus passados y en todo vivan conforme a la Ley de Dios.

Y mandamos que a los tales Moriscos convertidos en nuestra Sancta Fe se les den y administren los Sacramentos del Baptismo, Confirmación, Matrimonio, Extremaunción y Penitencia en la forma que está ordenado por nuestra sancta madre Iglesia y en cuanto toca al Sacramento de la Eucharistia mandamos que no se les den sin primero dar quenta dello a nos o a nuestro Provisor embiando a dezir las causas que concurren en el que huviere de recibir el tal sacramento y sus pareceres cerca dello, porque siendo tales se les de licencia o se les ordene lo que han de hazer. *Y el mismo órden se tenga con los gitanos* [2].

... en la ciudad de Toledo a 13 de junio de 1601, Toledo, 1601 (Madrid, Biblioteca Nacional).

[2] *Constituciones Synodales* del obispado de Cuenca, hechas, copiladas y ordenadas por SS. don Andrés Pacheco ... en la synodo que celebró... el mes de septiembre 1602, Cuenca, 1603 (Madrid, Biblioteca Nacional).

El texto es sumamente significativo y merecía ser citado en su integridad. Aquí ya no se trata de manifestar las dudas que surgen con respecto al cumplimiento de las normas eclesiásticas por parte de los gitanos, sino de compararlos sin paliativos con una minoría recién convertida y sospechosa de poca sinceridad en la conversión, por causas obvias. La actitud de los obispos, por tanto, no ofrece lugar a dudas. Los gitanos deben ser tratados como una minoría «homogeneizable». Es decir, es preciso hacerles prescindir de su traje, lengua y costumbres —según lo recomienda el sínodo de 1601— y se debe vigilar cómo se comportan en relación con los sacramentos, al tiempo que los curas de los lugares donde residen procuran instruirlos en la doctrina.

Desde mi punto de vista, la actitud de la Iglesia es paralela y complementaria de la Corona. Las minorías con lengua y comportamiento diferentes con evangelización insuficiente o dudosa —moriscos y gitanos— necesitan una vigilancia especial por parte de los sacerdotes para que abandonen todos aquellos elementos culturales que les diferencian. La religión es, por lo tanto, el rasgo esencial, pero no el único, puesto que es preciso eliminar también cualquier elemento cultural que sirva para recordar la situación anterior: lengua, traje, etc. El mismo sínodo de Cuenca, reunido por el obispo Andrés Pacheco, subraya respecto a los moriscos:

Item, porque de hablar la lengua Arábiga, se les conserva la memoria de adonde descienden, encargamos y mandamos a los dichos Curas que tengan mucho cuidado de que sus parroquianos no la hablen y de dar noticia de las personas que la hablaren, para que siendo avisados y no enmendados sean castigados [3].

En consecuencia, se señala cuidadosamente cuál debe ser el comportamiento de los sacerdotes con los feligreses moriscos, y aunque no se indica de forma clara que se dé este mismo tratamiento a los gitanos, sin duda la voluntad del sínodo era que esta manera de actuar se hiciera extensiva a los gitanos como en el caso anterior. Los curas de las iglesias parroquiales deberánn matricular a todos los moriscos con más de cinco años, averiguar si están bautizados y dónde lo han sido. Ningún morisco podrá mudar de parroquia sin dar cuenta de la calle a que se traslada y la nueva parroquia a que pertenece, con pena de dos reales cada vez que se cambie de domicilio sin comunicarlo. El cura que

---

[3] *Ibid.*

tenga noticia de la llegada de un morisco debe comunicarlo al sacerdote a quien pertenece. Los moriscos deberán oír misa los días en que están obligados todos los cristianos, bajo pena de tres cuartillos. Para comprobar con seguridad que asistan a la iglesia se ordenó que se les entregara en cada ocasión una cédula, cada vez en un momento diferente de la misa, unas veces al principio, otras al salir, en medio o en la parte más conveniente, aunque siempre con la mayor discreción. También estaban obligados los moriscos a aprender la doctrina cristiana los domingos y fiestas de guardar, acudiendo por la tarde junto con los demás cristianos, bajo pena de tres cuartillos. Se ordenó a los sacerdotes que administraran a los moriscos los sacramentos del bautismo, confirmación, matrimonio y extremaunción en la forma ordenada por la Iglesia. Se dispone, sin embargo, que respecto a la eucaristía no se administre sin haber advertido al Consejo o a los vicarios generales de Alcalá de Henares acerca de las circunstancias de quien la va a recibir, y sin la licencia de éstos. También aparece la prohibición de hablar la lengua, según se establece en las Pragmáticas contra moriscos y gitanos, de acuerdo con la tendencia de homogeneización religiosa y cultural iniciada por los Reyes Católicos. Incluso se dispone que se digan misas por ellos en el momento de su fallecimiento con cargo a sus herederos, puesto que los moriscos no suelen dejar prevista esta ceremonia.

La actitud de la Iglesia, por tanto, no ofrece lugar a dudas. Son los curas párrocos quienes deberán prestar una especial atención a estos feligreses especiales, tanto moriscos como gitanos. Aunque se trata de dos minorías con características bien diferenciadas, las dos presentaban ciertos rasgos comunes —lengua distinta a la del resto del país, costumbres «exóticas», reciente conversión o sospechas de ello— que originan coincidencias en la legislación, tanto civil como eclesiástica. Los gitanos, al contrario que los moriscos, presentaban la dificultad adicional de ser una población nómada en gran parte, y el deseo de los obispos de entregarlos al cuidado de los curas de las parroquias tropezaba, por tanto, con este aspecto esencial del comportamiento de los gitanos durante los siglos XVI y XVII.

Al igual que ocurre con las Pragmáticas, las normas eclesiásticas debían caer en el vacío, y en 1622 don Fernando Cardenal Infante promulga una nueva constitución en la que se hace referencia a la minoría gitana. Las normas que se dictan son prácticamente las mismas que las anteriores. La única novedad que aparece en este sínodo es ordenar a los curas de los lugares donde viven los gitanos que les amonesten para que vayan a las iglesias los días de fiesta a oír la doctrina cristiana, y lleven a sus hijos para recibir los sacramentos, aunque después de haberles examinado para comprobar que están en situación de recibirlos.

En fechas próximas a la de los concilios toledanos aparece también alguna referencia en las constituciones de los sínodos conquenses sobre este tema. En 1626, don Enrique Pimentel reúne un concilio diocesano en Cuenca en el que aparecen disposiciones respecto a los gitanos. El criterio que se debe seguir es el mismo que en Toledo. Sólo se introduce la novedad de ordenar que no se celebren matrimonios de gitanos sin la licencia del obispo o del provisor cuando se trate de individuos que no hayan residido continuamente al menos 10 años en el lugar donde quieren contraerlo.

La preocupación por la situación espiritual de la minoría debió pesar bastante en el ánimo de los obispos de Toledo y Cuenca, puesto que en 1660 y 1682 se vuelve a aludir a ellos en las constituciones sinodales toledanas. La actitud de los obispos andaluces, sin embargo, es muy diferente. Únicamente en el de Málaga de 1674 se hace alguna alusión, ordenando, como de costumbre, que los párrocos averigüen si reciben los sacramentos y si están casados.

Como ya he señalado antes, las referencias que se pueden reunir en torno a las disposiciones eclesiásticas sobre gitanos son muy pocas. En realidad se reducen a los concilios toledanos y conquenses que acabo de citar, además de la breve referencia del sínodo de Málaga, todos ellos en el siglo XVII. En el siglo XVIII aparece una última referencia en el concilio del Priorato de Uclés de 1741, prácticamente igual a las anteriores, con la que se cierran las disposiciones adoptadas por las autoridades eclesiásticas respecto al grupo étnico que nos preocupa ahora:

Muchos varones, mujeres y niños gitanos, que se dicen serlo, se suelen introducir en este priorato, los cuales viven con mucha libertad, y hacen y enseñan algunas cosas muy perjudiciales a las almas, de cuyo modo de vivir se debe prevenir que no sepan criar a sus hijos como es debido y antes hay fundamentadas sospechas de que no les bautizan, ni ellos se confiesan ni comulgan en los tiempos debidos por andar siempre vagando [4].

---

[4] *Constituciones Synodales* del Priorato de Santiago de Uclés, hechas en Synodo que se celebró en 1741 por el Ilmo. y Rvdo. don Diego Sánchez Carralero año de 1741, 1742 (Madrid, Biblioteca Nacional).

Si tenemos en cuenta las características de los concilios sinodales, la actitud de la Iglesia no tiene nada de sorprendente. Las constituciones promulgadas año tras año y siglo tras siglo se repiten, iguales las unas a las otras, apenas sin variaciones en las distintas diócesis, entre los siglos XVI y XVIII. La estructura de los concilios sinodales es siempre la misma: observaciones acerca de la celebración de las misas, lo que debe saber el cristiano, la forma en que se ha de organizar la parroquia, y la vida de los sacerdotes, la celebración de las fiestas, administración de los sacramentos, etc. En esta estructura generalizada se introducía alguna que otra vez una nueva recomendación particular, en función de las necesidades particulares de cada obispado. Desde mi punto de vista, el porcentaje de habitantes gitanos en cada lugar era tan mínimo que les convertía en una población que no causaba inquietud a las autoridades eclesiásticas. Considerados generalmente como cristianos, quedaban al cuidado de los párrocos, al igual que los restantes feligreses. Los concilios, por tanto, sólo pasan a ocuparse de ellos cuando existen contingentes de población que llaman la atención por uno u otro motivo. En el caso de los sínodos de Cuenca y Toledo se trata, desde mi punto de vista, de bandas de gentes vagabundas, todavía en busca de asentamiento fijo que producen inquietud a causa de su movilidad y número, al calor también de la preocupación por los moriscos durante el siglo XVII y del momento de aguda crítica a la situación de los gitanos que manifiestan también las autoridades civiles durante este periodo. Los textos eclesiásticos son paralelos, de alguna manera, a los civiles y tratan de reforzar la aplicación de las Pragmáticas, mientras describen a las gentes que pretenden reformar como personas que «viven con mucha libertad», es decir de lugar en lugar. No son, seguramente, gitanos definitivamente asentados, lo que explicaría, por otra parte, la ausencia de noticias en lugares donde sabemos, sin embargo, que vivían gran número de gitanos como Andalucía y Cataluña. En este sentido, las constituciones sinodales hacen referencia, lo mismo que los textos civiles, a que se trata de personas que «dicen ser gitanos»[5], aludiendo al número de marginados que se

---

[5] *Constituciones Synodales* de la ciudad y obispado de Almería. 1638, fol. 166 (Madrid, Biblioteca Nacional): «somos informados que en este obispado hay muchos que se llaman gitanos, los cuales viven con mucha libertad y... (con probable sospecha que no bautizan a sus hijos) ni hay quien los pida tal cuenta por andar vagantes. Mandamos a mi provisor y visitadores los visiten y pidan

suponía se habían agregado a los primeros gitanos llegados a la península.

Al igual que al legislador civil, al eclesiástico no le preocupa el gitano asentado y con domicilio fijo, sino el vagabundo, al margen de la sociedad. Los andaluces y catalanes, incorporados de alguna manera a las ciudades y pueblos, probablemente no llamaron la atención de las autoridades eclesiásticas, de lo que resulta lógico deducir una mayor asimilación de la religión oficial [6].

Según todo lo que acabamos de ver, los obispos confiaban en que la deficiente formación de los gitanos correría a cargo de los curas párrocos, quienes podían adoptar medidas extraordinarias en algunos casos, tal y como se señala en los sínodos de Cuenca y Toledo. Y en caso de desviación del dogma, al igual que para los demás habitantes del país —cristianos viejos, judíos o moriscos convertidos— siempre quedaba el largo brazo del Santo Oficio para corregir cualquier diferencia. Ésta es, por tanto, la cuestión, a la que dedicaré la mayor parte de este libro.

---

razón donde se casaron y quien bautizó a sus hijos. Prohíganles hablar su lenguaje, traer su traje, bailar y catar la buenaventura, y andar en compañías».

[6] Las Pragmáticas se refieren también a este interesante problema del aumento del grupo gitano a través de la agregación de personas ajenas a él como clérigos, vagabundos, etc. Así se comenta en la Pragmática de Felipe IV de 8 de mayo de 1633: «...por quanto estos que se dicen gitanos no lo son ni por origen ni por naturaleza, sino porque han tomado esta forma de vivir para tan perjudiciales efectos como se experimentan...» (*Novísima Recopilación de las Leyes de España mandada formar por el Señor Don Carlos IV,* lib. XII, tít. XVI, leg. V). Una vez más me veo obligada a remitir al lector a mi trabajo en próxima publicación. El análisis de las Pragmáticas se encuentra en mi libro *El periodo borbónico* antes citado.

3
LA CRISTIANIZACIÓN DEL GRUPO GITANO

Según hemos visto, la situación espiritual del grupo gitano estaba encomendada a los curas párrocos, quienes debían tener un cuidado especial de estos feligreses a causa de su supuesta escasa formación en las cuestiones fundamentales del cristianismo. Los gitanos no eran, por tanto, radicalmente distintos de los demás habitantes del país, al menos a este respecto. Como era lógico en un país donde existía un tribunal dedicado exclusivamente a velar por la pureza de la fe, y la ortodoxia de las costumbres, los obispos y sus subordinados sólo se ocupaban de instruir a los feligreses y administrarles los sacramentos. En el ánimo de todos estaba la idea de que las infracciones eran severamente vigiladas y castigadas por el tribunal de la Inquisición. Todo estaba, pues, previsto y organizado, si tenemos en cuenta, además, que con la expulsión de judíos y moriscos y su conversión forzosa se habían eliminado de la península las confesiones religiosas que no se acomodaban con los dogmas dictados por la Iglesia de Roma. Todos los habitantes del país, por tanto, eran considerados como católicos practicantes, a los que se suponía instruidos por sus párrocos en el conocimiento de la doctrina impartida por la Iglesia. Ahora bien, ¿cuáles eran estos conocimientos que se suponía debía poseer un católico? Conviene, pues, que hagamos una pequeña disgresión acerca del criterio de las autoridades eclesiásticas a este respecto para que podamos comprender mejor la situación religiosa de la minoría gitana. Los sínodos habían venido ocupándose de esta cuestión fundamental durante toda la Edad Media, encargando a los sacerdotes que se ocupasen de la formación de los fieles según el criterio que se observa con toda claridad en el apartado primero de las Constituciones promulgadas por D. Alonso Manrique, obispo de Badajoz en 1501 [1]:

«Tit. I.—De los artículos de la fe y de las cosas que los clérigos han de enseñar y amonestar a sus parroquianos.

De la doctrina cristiana y de lo que deven saber los fieles cristianos.

Por cuanto todo el bien de nuestra religión cristiana consistía en el fundamento de nuestra fe católica sin que ninguna cosa firme ni apetecible a Dios se puede hazer ni fundar i con aquella los antiguos padres en todos los estados vencieron el mundo y alcanzaron la gloria eterna que poseen y assi nos helan dado y la salvación de las almas que nos son encomendadas deseeamos que sus obras tengan aqueste fundamento i no pequen a ignorancia, pues aquella en tal caso no les podría escusar de la pena, por ende esta probare ordenamos y mandamos que de aquí adelante los curas de la nuestra iglesia cathedral i los otros curas o sus lugartenientes en todas las iglesias parroquiales de la ciudad de Badajoz y de todo nuestro obispado, todos los confesores que tuvieren cargo de oir penitencia sean diligentes en enseñar a sus parroquianos y a los que confesaren las cosas que han de saber y creer para su salvación especialmente que les enseñen como se han de santiguar y signar con la señal de la cruz diciéndoselo en romance porque mejor lo puedan entender y tomar y que han de creer la Santisima Trinidad, padre, i hijo y espiritu santo, tres personas y un sólo Dios verdadero, y los catorce artículos de la fe, y los diez mandamientos de la ley, amonestámdoles que se guarden de traspasar y venir contra ellos, y que les digan quales son los 7 pecados mortales para que los sepan poque mejor los guarden de caer en ellos, y les enseñen la confesión general y quales son las obras de misericordia... y las virtudes teologales y cardinales y los dones del Espíritu Santo y todo lo supradicho enseñen en romance porque mejor lo puedan saber y retener, y asimismo les informen cómo han de servir a Nuestro Señor con todos los cinco sentidos naturales y que les digan las oraciones del paternoster, avemaria, credo, salve Regina, y les amonesten que todos procurándolas saber bien y distintamente, y mandamos a todos los confesores que a los penitentes hagan decir las dichas oraciones antes que los absuelvan para ver si las saben y a los que fallaren que no las saben les reprendan ásperamente y les impongan en penitencia que sepan las dichas oraciones dentro del tiempo que a setos bien visto fuere que haya menester para saberlas...»

Como es lógico, después de la celebración del concilio de Trento en 1563, todo lo relacionado con la doctrina y la catequesis debía ajustarse a las normas dictadas a partir de ese momento, pero no se aprecia un cambio fundamental en la estructura de los conocimientos que se supone debe poseer el cristiano: mandamientos, signo de la cruz, sacramentos, oraciones, etc., aunque

---

[1] *Constituyentes y estatutos,* fechas y ordenadas por el muy Rvdo. y Mgno. S. D. Antonio Manrique, por la gracia de Dios y de la Santa Iglesia de Roma, obispo de Badajoz, 1501 (Madrid, Biblioteca Nacional).

algunos obispos señalan que debe explicarse a los fieles el contenido de la doctrina:

Constituciones Synodales de D. Pedro Moya. Alcalá la Real 1626 [2]. «Lo que el christiano tiene obligación de saber y lo que los curas han de enseñar acerca de la doctrina christiana.
    Constitución 2. Y porque no basta para cumplir con la obligación que tiene el Christiano, saber de memoria todo lo contenido en esta Doctrina Christiana, como queda puesto, como tampoco basta creer a bulto y confusamente lo que cree y tiene la santa Madre Iglessia de Roma, como algunos, y muy sin fundamento han pensado nos ha parecido necesario poner aqui lo que nuestros súbditos y feligreses tienen obligación a creer, y lo que los Curas y otras personas a quienes está encargado han de enseñar en todo lo que es Doctrina Christiana...»

    Según se observa con claridad en las disposiciones anteriores, la situación religiosa de los feligreses quedaba bajo la tutela cuidadosa de los curas párrocos, que debían impartir los conocimientos necesarios y vigilar el cumplimiento de los sacramentos incluso entre la población con más movilidad que la de los habitantes de las ciudades y pueblos, según lo dispone el obispo de León en 1580 en las «Diligencias que se han de hazer para que los vagantes confiesen y comulguen», constitución que comprendía también, de alguna manera, a los gitanos a causa de su circunstancia de población nómada y sin oficio en muchos casos:

«Otrosi, porque ordinariamente suelen andar en este obispado dos maneras de personas vagantes, unos que andan ocupados en negocios o labranças, y otros que andan sin ningún officio y que son pobres o peregrinos o vagamundos, ordenamos y mandamos que qualquier de todos los susodichos que concurrieren en tiempos de Quaresma a alguna iglesia de nuestro obispado sea obligado el cura desta a le administrar el sacramento de la penitencia y desde el domingo de Ramos hasta la dominica in albis inclusive, también la sancta comunión, y le dé cédula dello. Y si los dichos vagantes no pidieren lo susodicho, viéndoles los curas y desde el dia de Ramos hasta la dominica in albis inclusive sean obligados a pedirle cédula de confesión y comunión y no teniéndoles amonesten se confiesen y comulguen, y passada la dominica in albis, sin los primeros vagantes mostrar cédula de confessión y comunión, y los segundos vagantes de confessar que sea conocido sean los tales evitados de las horas y officios divinos y el dicho cura de noticia a los justicias seglares requiriendoles que los prendan hasta que cumplan con el precepto de la iglesia y si fuere pobre no sea acogido en los hospitales hasta que muestre cédula de cómo ha cumplido con el dicho precepto. Y mandamos so pena de excomunión a los administradores de los hos-

---

   [2] *Constituciones Synodales* de Don Pedro Moya, obispo de Alcalá la Real, 1626 (Madrid, Biblioteca Nacional).

pitales y a los hospitaleros hagan esta diligencia de pedir dicha cédula a todos los que se acogieren en el dicho tiempo en sus hospitales [3].»

Según hemos podido observar, la vida del cristianismo se movía en unas coordenadas bien delimitadas y todos sus pasos, desde el nacimiento y el bautismo, hasta la última hora con la extremaunción, habían sido calculados por las autoridades eclesiásticas. El cristiano debía bautizarse, cumplir con los demás sacramentos y conocer la doctrina de la Iglesia.

Teniendo en cuenta todo lo anterior, ¿cuál era la situación de la minoría gitana? ¿Acudían a las iglesias para bautizarse, contraer matrimonio, recibir la comunión, oír misa, o tenían razón los autores de memoriales al acusarles de llamarse cristianos sin serlo? ¿Cuáles eran sus conocimientos respecto a la fe que decían profesar, en caso afirmativo?

Aunque resulta muy difícil dar una respuesta definitiva a las preguntas anteriores, si tenemos en cuenta la escasez de fuentes directas acerca del grupo, contamos con algunos datos que nos permiten deducir la evolución del problema durante el Antiguo Régimen. Respecto a la acusación de no acudir a las iglesias para bautizar a sus hijos, he podido consultar el registro parroquial de la iglesia de Santa Ana, parroquia más antigua de Sevilla, enclavada, por otra parte, en el barrio de Triana, donde es sabido que había un gran número de gitanos en el siglo XVIII. De acuerdo con las actas de bautismos celebrados durante el siglo XVI en esta parroquia, en 1515 fueron bautizados dos niños a quienes se llamó Juan y Juan, añadiéndose «hijos de una gitana». Hasta 1559 no aparece ningún otro gitano bautizado y de nuevo se trata de un niño que recibe el nombre de Juan —Juan y Pedro son los nombres que reciben los niños con más frecuencia durante este periodo— hijo de Andrés de Bustamante y María Hernández, gitanos. A partir de esta fecha, tampoco se puede decir que abunden los bautismos de gitanos, pero aproximadamente todos los años un niño gitano o dos recibieron el bautismo durante el siglo XVI en esta parroquia. Aunque sólo son 36 los gitanos bautizados durante este siglo en Santa Ana, la proporción ya no descenderá a lo largo del siglo XVII y XVIII. Con la misma frecuencia de un niño o dos cada año, encontramos también 36 gitanos bautizados durante el siglo XVII, y 12 hasta el año de 1719 [4].

---

[3] Constituciones Synodales de León, 1580: «Diligencias que se han de hazer para que los vagantes confiesen y comulguen» (Madrid, Biblioteca Nacional).

[4] Libro índice onomástico de la Parroquia de Santa Ana, Sevilla, 5 marzo 1502 a 1656, mayo 1656 a 1660, 1722 a 1774.

Respecto a los matrimonios, los gitanos que utilizaron este sacramento fueron todavía más escasos. En 1583 y 1584 aparecen los matrimonios de Jerónimo Rodríguez y Juana Hernández, y Jerónimo Hernández con Magdalena Hernández, todos gitanos, y nuevos matrimonios de esta etnia se registran en 1588, 1589, 1590 y 1591, pero esto es todo lo que se puede decir respecto a los gitanos que contrajeron matrimonio en esta parroquia en el siglo XVI. En el siglo XVII se observa un claro aumento en la utilización del sacramento y el número de gitanos registrados es de 31. Por el contrario, en el siglo XVIII sólo se puede consignar el matrimonio de Juan Manuel de Vargas y María Antonia García en 1764 [5].

Los datos que nos aportan los registros parroquiales son, según se ve en este caso, difíciles de interpretar. Desde mi punto de vista —y teniendo en cuenta también los datos que ahora pasaré a analizar— tanto si los gitanos adoptaron en España la religión de la mayoría de los habitantes como si su conversión se había producido con anterioridad, atravesaron por un periodo de formación religiosa que resulta lógico si tenemos en cuenta que se trata de una población ágrafa y nómada. Esto explicaría su escasa participación en los ritos eclesiásticos durante el siglo XVI que va aumentando a medida que esta población va logrando un asentamiento permanente durante el siglo XVII, y XVIII. Aunque los datos de la parroquia de Santa Ana son muy escasos respecto al siglo XVIII, la tradición designa a una de las pilas de bautismo de esta iglesia como la «pila de los gitanos», lo que se puede interpretar como el eco de una opinión pública que consideraba a esta parroquia como el lugar utilizado por los gitanos para recibir este sacramento. A pesar de esto, el muestreo que representa el estudio de los registros parroquiales de Santa Ana, demuestra que los gitanos no empezaron a frecuentar la iglesia antes de los siglos XVII y XVIII.

La situación religiosa de la minoría que se desprende de los datos de la iglesia de Santa Ana parece confirmarse si tenemos en cuenta los datos que pueden estudiarse a través de los procesos inquisitoriales. En 1562 es acusado un gitano llamado «Lucero» del delito de bigamia ante el tribunal de Toledo. Las declaraciones de los testigos que estuvieron presentes en una de las bodas demuestran el asombro con que fue observado el acontecimiento. Todos los testigos son unánimes en declarar que «nunca ha-

---

[5] Parroquia de Santa Ana, Sevilla. Matrimonios 1550 a 1594, 1660 a 1845.

bían visto ni oído que los gitanos se casasen», y el propio sacerdote toma precauciones examinando a la novia y procurando que se le presenten los documentos adecuados antes de impartir el sacramento. Los procesos contra gitanos por este mismo delito en el siglo XVIII reflejan un ambiente en el que ya no causaba sensación una boda de gitanos, pero parece claro que los gitanos seguían respetando fundamentalmente sus propias reglas de convivencia y que sólo acudían a la iglesia en casos excepcionales, según se verá en la causa de Domingo Quirós más adelante. Las relaciones conyugales de los gitanos, sin embargo, no siempre eran tan inestables como las de estos bígamos, y en 1746 las autoridades civiles decidieron que una pareja de gitanos que había convivido durante 25 años y tenido cinco hijos debían separarse por no haber contraído matrimonio, y no poder tampoco celebrarlo por ser parientes en cuarto grado [6]. El asombro de los testigos de la boda del gitano Lucero contrasta, por otra parte, con la actitud del vecino de Villarejo de Fuentes, ya a fines del siglo XVIII, quien escribió al Consejo para dar cuenta del «escándalo» organizado por un grupo de gitanos que acudieron a su pueblo a celebrar una boda:

«[...] en el día 8 del pasado mes de octubre se celebraron en la citada villa de Villarejo esponsales de futuro matrimonio entre unos Gitanos, a cuya fiesta concurrió una turba tan innumerable de ellos que ocupando la mayor parte del pueblo causaron bastantes molestias para ocupar las caballerías, por aposentar las caballerías en las viñas y olivares...

Esperando pues que esos Alcaldes pusiesen término a tanta insolencia fué tan al contrario que en menosprecio de lo mandado por Real Resolución y al siguiente dia domingo en que se celebró el ya citado matrimonio asistieron los memorados Alcaldes y uno de ellos que es Domingo Ramirez acompañó a la novia llevándola de su mano a la Iglesia parroquial desde cuya distancia fueron también asociados de diferentes Gitanas que muy aderezadas iban danzando delante del cura y en la misma forma y arrojando porción de confitura entraron en la dicha Iglesia yendo tañendo una guitarra. Con cuya novedad y alboroto fué motivo para que oyesen la misa indevotamente por el rumor que se suscitó especialmente viendo Gitanas cubiertas las cabezas con sus guardapies y ocupar parte del presbiterio.

Acabada, pues esta función, fueron conducidos desde dicha iglesia a las casas que habitaban, con la misma pompa y acompañamiento, algazara y gritería de muchachos y delante de ellos uno de los Gitanos disfrazado y enmascarado a presencia del Pueblo con una sábana, ha-

---

[6] Real Audiencia, Barcelona, leg. 395, fol. 1, cit. por B. LEBLOND en *Les gitanes dens la litérature espagnole*, Toulouse, Inst. d'Etudes Hispaniques, 1982, p. 172.

ciendo el guión con mil ademanes y figuras que provocaban las risas, exclamando con desentonadas voces, vivan los gitanos... [7]»

Entre la boda del gitano Lucero, a escondidas y provocando el estupor de los vecinos como caso insólito, hasta este nuevo y chocante acontecimiento por su publicidad y espectacularidad, han transcurrido más de dos siglos, y la situación de la comunidad gitana en el seno del país se ha modificado lo suficiente como para producirse una lenta incorporación del grupo, aunque la mutua comprensión entre ambas culturas diste todavía mucho de ser buena.

Respecto a la formación religiosa de la minoría, las fuentes inquisitoriales son prácticamente las únicas de que se dispone. Los inquisidores seguían el mismo criterio que los obispos, curas párrocos, etc., y procuraban saber cuál era el nivel de conocimientos religiosos de sus procesados. El tribunal solía interrogarles acerca de las oraciones, símbolos y otros elementos fundamentales, por lo que podemos disponer de la respuesta de las gitanas de quienes se han conservado los procesos completos, o las anotaciones que aparecen a este respecto en las «relaciones de causas».

Los hombres y mujeres gitanos procesados durante el siglo XVI —Francisco de Gales, Catalina, el gitano Lucero antes citado, y las hechiceras cuyas causas veremos más adelante—, dan cuenta de una escasa preparación en la religión que dicen profesar. Durante el siglo XVII puede observarse una ligera mejoría. Las gitanas son ya capaces de signarse, santiguarse, y conocen el credo, el padrenuestro y avemaría, aunque a veces los inquisidores apunten que sólo lo pudieron decir de forma confusa e incompleta.

Durante el siglo XVIII, las gitanas hechiceras —Josefa Soldevila, María y Beatriz Montoya, etc.— son ya capaces de contestar con aplomo a las preguntas de los inquisidores a este respecto.

Los datos que nos proporcionan las fuentes civiles y eclesiásticas son, según vemos, escasos pero no insuficientes. A través de ellos se puede observar el lento progreso de la minoría gitana en la península Ibérica, asentándose y asimilando las costumbres

---

[7] Archivo General de Simancas. Gracia y Justicia, leg. 1006.
El lector puede encontrar el texto completo en mi libro *Documentación selecta* sobre la situación de los gitanos españoles en el siglo XVIII. Madrid, Editora Nacional, 1977.

del entorno desde una situación completamente marginal en los siglos XV y XVI hasta una mayor aproximación en el siglo XVIII una vez superada la grave repulsa del siglo XVII.

Aunque todavía contamos con algunos datos a tener en cuenta acerca de la situación religiosa de los gitanos, las noticias acerca de un robo sacrílego protagonizado por un grupo de esta etnia, así como el proceso contra el gitano Jorge de Santarem por un delito similar sólo pueden considerarse como datos anecdóticos y aislados.

Jorge de Santarem fue acusado ante la Inquisición de Toledo en 1549 [8] porque mientras se hallaba escuchando misa en una iglesia de Noblejas, arrebató al sacerdote la hostia en el momento en que iba a consagrarla y la hizo pedazos. Según algunos testigos, este hecho estuvo acompañado por la extraña actitud de este gitano durante la ceremonia, pues estuvo llorando, alzando las manos al cielo y dándose golpes de pecho. Según uno de los presentes, hasta su arrebato se había comportado como un buen cristiano aunque las palabras que pronunció las dijo «en su lenguaje», y hay un testigo que señala que él pensó que todo lo había hecho por devoción. En la declaración de Jorge de Santarem ante el tribunal, explicó que sufría ciertos desmayos que llegaban a dejarle «como muerto» —¿epilepsia?—, y aseguró que cuando tomó la hostia no sabía lo que hacía. También dijo a los inquisidores que antes de este exceso había confesado y comulgado, aunque había estado bastante tiempo sin hacerlo porque siempre se ponía enfermo después de confesar. Al ser examinado de la doctrina, dijo que estaba bautizado y confirmado aunque sabía mal las oraciones. Se signó y santiguó correctamente.

El interrogatorio a Jorge de Santarem en materia de fe demuestra el interés que se tomaron los inquisidores en el caso. El fiscal lo llevó a cabo con toda minuciosidad, insistiendo varias veces acerca de si confesaba y comulgaba y con qué frecuencia. Jorge de Santarem aseguró primero que confesaba todos los años, aunque luego respondió que todos los meses. Ante la pregunta acerca de si sabía que en la hostia consagrada estaba verdaderamente Jesucristo, Dios y Hombre, Jorge de Santarem sólo pudo contestar que él creía en Dios. Se le repitió la pregunta varias veces sin conseguir que añadiera ninguna otra cosa. Ante esta actitud, el fiscal reanudó su pregunta interrogándole acerca de si creía que en la hostia estaba el cuerpo verdadero de Dios, a

---

[8] A.H.N., Inquisición, leg. 226 n.º 14.

lo que de nuevo respondió el gitano asegurando que él creía en Dios, san Pedro, san Pablo y todos los santos. En vista de esta actitud, el fiscal comentó al terminar la audiencia que el hombre contestaba bien cuando le parecía, y cuando no, sin ningún propósito.

A pesar de la reticente actitud de Jorge de Santarem, el tribunal decidió tomar declaración a su mujer para averiguar acerca de su enfermedad. El interrogatorio a esta mujer es también sumamente minucioso y nos permite conocer algunos datos interesantes. La mujer de Jorge de Santarem se llamaba Mariana Cabeza y tenía menos de 20 años. Sólo estaba casada con él desde hacía un año y no tenían hijos. Ante las preguntas de los inquisidores explicó que el capitán de la compañía de gitanos a la que habían pertenecido se llamaba Jorge de la Roca, aunque su marido había dicho que se llamaba Maldonado según unos, y según otros Diego de Quiñones. Mariana contó a los inquisidores que se habían quedado con los demás gitanos durante dos meses después del matrimonio, y a ruegos de su madre, pero que luego abandonaron la partida para quedarse en Noblejas con la intención de llegar hasta la Mancha. El interrogatorio de los inquisidores, sin embargo, va dirigido principalmente a averiguar la enfermedad de su marido y sus costumbres en el orden religioso. Según el testimonio de Mariana, Jorge de Santarem padecía «mal de corazón», daba voces y a veces caía al suelo y quedaba como muerto... Aseguró que siempre le había visto encomendarse a Dios y rezar, e incluso ir a misa por las mañanas, aunque no pudo decir si confesaba y comulgaba. Respecto a su propia situación religiosa, explicó que se habían casado y velado en Bujalance, y aseguró que había confesado muchas veces desde que era pequeña, aunque no había comulgado nunca. No fue capaz de signarse o santiguarse correctamente, y sólo pudo decir bien una parte del credo. Finalmente, explicó que su marido estaba loco cuando la luna estaba menguante, y cuando no, completamente cuerdo. Durante la Navidad anterior ya había sufrido otro ataque semejante al que le había llevado ante el Santo Oficio, y rompió con los dientes las vestiduras de un sacerdote cuando estaba vestido para decir misa a consecuencia de lo cual el conde de su compañía le mandó dar de palos. A pesar de que la mujer de Santarem no había participado en absoluto en los acontecimientos, el tribunal la mandó conducir a la cárcel hasta un nuevo interrogatorio, en el que poco más o menos vino a declarar lo mismo.

Finalmente se le señaló a Santarem un abogado defensor, quien pidió misericordia para él en atención a su enfermedad, y se le condenó a recibir 100 azotes en Noblejas, y 100 en Toledo además de servir durante cinco años en galeras. No parece, sin embargo, que una pena tan rigurosa se llevase a efecto puesto que en la sentencia definitiva consta que el delito del gitano es «horrendo» y debe ser castigado en proporción a su gravedad, pero que «queriendo usar de misericordia y equidad», y en atención a su enfermedad, se le haga salir con soga y vela en auto público de fe.

Para completar este sucinto panorama acerca de la situación religiosa de la minoría, disponemos de dos noticias completamente dispares, y que pueden interpretarse, como las dos situaciones extremas en que podía encontrarse el grupo. Por una parte, las noticias acerca del robo sacrílego llevado a cabo por una banda de gitanos en Barcelona, el año de 1609 [9]. Unos gitanos habían asaltado algunas iglesias, de las que se habían llevado las custodias, ornamentos y corporales, a pesar de que las custodias contenían formas consagradas, que no aparecieron. Inmediatamente se dio orden para capturar a los responsables, y se detuvo a unos gitanos que estaban a punto de cruzar la frontera con Francia y que vivían, al parecer, en unión de otro grupo de moriscos. Aunque se les formó un proceso, no se pudo averiguar qué había ocurrido con las hostias consagradas. Los gitanos fueron condenados a diferentes penas de galeras y azotes.

En el extremo opuesto de este hecho, prácticamente el único que se conoce de estas características en relación con los gitanos, está el caso de un gitano «mártir por la fe» [10].

Las noticias acerca de este gitano, que estuvo a punto de ser mártir por la fe cristiana, se encuentran en el libro de defunciones que llevaban en Mequinez los frailes franciscanos, y es como sigue:

1773 —«El día 2 de febrero de 73 llegó a esta ciudad de Mequinez Ramón de Eredia, español, gitano, casado, y pasado de Melilla, a el que fueron en el mismo dia a ver dos misioneros para consolarlo y confortarlo en nuestra santa fe y remediarle sus necesidades. Teníalo un Prín-

---

[9] A.H.N., Inquisición, libro 732.
[10] Debo este dato a la erudición de don Antonio DOMÍNGUEZ ORTIZ, *Libro de defunciones que llevaban en Mequinez los frailes franciscanos,* Rev. de Bibliotecas, Archivos, Museos, Tomo V, Año 1900 (Cristianos cautivos muertos en Berbería de 1684 a 1779, p. 265).

cipe y por espacio de cuatro dias atormentolo con gran vigor a fin de que dejase nuestra santa ley; y habiendo podido conseguir nada, lo mandó a su padre, que en la sazón se hallaba en Marruecos. Mas al salir de la ciudad le encontró otro Príncipe y lo mandó detener, preguntole que era, a que respondió «cristiano». Mandó a sus camaradas le llenasen de oprobios, echasen muchas maldiciones; volvió a repetir la pregunta, y él insistió en su respuesta. Lleno de diabólico furor pidió la lanza y con el asta le dio tan fuerte golpe en el pecho que le hizo dar en tierra. Mandolo levantar y le volvió a preguntar qué era, a que respondió con admiración de cuantos se hallaban presentes, que era cristiano por la gracia de Dios. Enfurecido el Príncipe se fué a él con la lanza para matarle, y todos le gritaban dijese moro, porque de no le mataba y el infeliz, lleno de miedo, dijo moro por no verse difunto. Llévolo a su palacio y sin dilación mándolo circuncidar, para lo que fué menester que lo atasen, y sujetasen gran porción de moros. Sabidores que fuimos de esta desgracia pasamos a ver al Príncipe y oimos con grandes voces decir a este infeliz ser cristiano por la gracia de Dios y llamando a Maria Santísima de la Victoria en su socorro. El Príncipe respondió no tenía ya remedio por haberse hecho moro y estar circuncidado. Por más que se hizo no fué posible hablar con este infeliz. Al siguiente dia, con el dispendio de algunos ducados, se logró el consolarlo y confortarlo y a los seis dias de circuncidado se logró traerlo a casa, dieronle medicinas y dineros y quedó reconciliado vertiendo muchas lágrimas; desde este dia vino a misa todos los dias de fiesta, en los que a menudo confesaba, víspera de la Pascua del Cordero llegó este infeliz llorando y sin poder hablar de la pena que traía; preguntándole la causa respondió que se moría aquella noche antes de que el Príncipe lograse casarlo al dia siguiente con una mora su esclava. Viendo tan inminente peligro se le aconsejó saliese en aquella hora para Muley Dres, un santón de ellos, como lo hizo dándole algunos ducados. Pero allí dicho Príncipe y sabedor salió de noche para Ceuta logrando que la Virgen de la Victoria lo entrase en aquella plaza sin hablar palabra de moro, ni menos conocimiento de tan dilatado camino.

II

LA PERSECUCIÓN INQUISITORIAL CONTRA EL GRUPO GITANO Y SUS CARACTERÍSTICAS

4
EL NÚMERO DE GITANOS PROCESADOS POR EL SANTO OFICIO

George Borrow, o *don Jorgito, el inglés,* el conocido viajero inglés por cuenta de la Sociedad Bíblica Británica, es, sin duda, un personaje a quien los gitanos deben la divulgación de gran parte de las ideas que todavía siguen circulando acerca de ellos. En su historia novelada acerca de su viaje a España —*La Biblia en España* [1]— hacía aparecer la figura de un anciano inquisidor que había ejercido su oficio en Córdoba a fines del siglo XVIII. Este interesante personaje —real o imaginario, o una mezcla de ambas cosas— reaparece en *Los Zíncali* y Borrow pone en sus labios una serie de afirmaciones que no es posible pasar por alto en esta ocasión:

«El clérigo, que contaba más de ochenta años, había sido inquisidor en Córdoba. Una noche, estando sentado conmigo, entraron tres gitanos a visitarme, y al ver al anciano eclesiástico mostraron vivísima contrariedad y hablando en su idioma le llamaron «balichow» e injuriaron a los curas en general en términos por demás descomedidos. Al marcharse, pregunté al anciano, si, puesto que habiendo sido inquisidor estaría sin duda, versado en los anales del Santo Oficio, podía decirme si la Inquisición había tomado alguna vez medidas activas para suprimir y castigar la secta de los gitanos, a lo que respondió que no conocía caso alguno juzgado o condenado por la Inquisición, añadiendo estas palabras notables: «La Inquisición los miró siempre con demasiado desdén para cuidarse de ellos lo más mínimo, porque, como de los gitanos no podía venir daño alguno ni al Estado ni a la Iglesia de Roma, al Santo Oficio le era perfectamente indiferente que vivieran o no con religión. El Santo

---
[1] G. BORROW, *The zincali, or an account of the Gypsies of Spain* by author of the *Bible in Spain* 4th. edition, London, John Murray 1846. En la edición española no aparecen algunos capítulos. Utilizaré, sin embargo, la versión de Azaña a causa de su calidad literaria («Los zincali. Los gitanos de España», traducción de Manuel Azaña, Madrid, Turner, 1979, cap. 8, p. 76).

Oficio ha reservado siempre sus iras para gente de muy otro orden, los gitanos han sido en todo tiempo *gente barata y despreciable*» [2].

Las palabras del inquisidor de Córdoba —aunque no es improbable que llegara a pronunciarlas— es evidente que produjeron gran satisfacción al representante en aquel momento de la ideología protestante, y Borrow cree conveniente añadir la siguiente reflexión de su cosecha, que completa el pensamiento del inquisidor, y nos ayuda a comprender mejor las motivaciones de Borrow, que simpatizaba por igual con gitanos y españoles:

La leña apilada en las plazas de Madrid y de Sevilla, que consumía los cuerpos del hebreo, del morisco y del protestante, ardía por avaricia y envidia, y esas mismas piras hubieran consumido el cuerpo mulato del gitano si hubiese poseído riquezas y saber bastantes para irritar las dos pasiones dominantes de los españoles.

«Barata y despreciable.» Un aserto tan rotundo parecía descartar, en un principio, la posibilidad de dedicar toda una monografía al tema de la persecución inquisitorial contra los gitanos, especialmente si tenemos en cuenta que el escaso número de procesos que han llegado hasta nosotros parecían confirmar esta opinión. La tentación de convertir la afirmación del inquisidor de Córdoba en un nuevo tópico acerca de la minoría gitana era grande, pero Caro Baroja ya afirmaba en el capítulo que dedica a la hechicería gitana en sus *Vidas mágicas e Inquisición* que semejante opinión no podía tomarse al pie de la letra. El comportamiento de los inquisidores requería, por tanto, un análisis atento y desprovisto de prejuicios para comprender las razones del aparente desinterés del Santo Oficio.

En primer lugar, resulta necesario establecer con la mayor exactitud posible la relación de los gitanos procesados en los distintos tribunales peninsulares y las características de los delitos en que habían incurrido, para lo que recurrí al examen detallado de las listas de los reos procesados que el tribunal central —la Suprema— empezó a reclamar a los inquisidores locales a partir de 1540, aproximadamente [3]. El resultado de esta tarea lenta y

---

[2] Julio CARO BAROJA, *Vidas mágicas e Inquisición,* Madrid, Taurus, 1967, 2 vols. (Vol. I, cap. III, «Magia y grupo étnico o la tribu mágica»).

[3] Respecto a las «Relaciones de causa», puede verse el artículo de Gustav HENNINGSEN y Jaime CONTRERAS, «El "Banco de Datos" del Santo Oficio. Las relaciones de causas de la Inquisición española (1550-1700)», *Boletín de la Real Academia de la Historia,* CLXXIV (1977), pp. 547-570.

minuciosa es el apéndice que el lector puede consultar al final de este libro, con el detalle de la práctica totalidad de los hombres y mujeres de raza gitana que, por una u otra razón, atrajeron la atención del Santo Oficio. En segundo lugar, me pareció conveniente situar el delito en que incurrieron estos reos en el contexto general utilizado por los inquisidores, según veremos a continuación, para establecer conclusiones de carácter histórico.

Según puede observar el lector en la «relación de gitanos procesados...», la mayor parte de estos reos pertenecen a los tribunales situados en el área andaluza.

Los tribunales andaluces —Sevilla, Córdoba y Granada— procesaron a unos 75 gitanos, mientras que los restantes —Toledo, Valladolid, Cuenca, Barcelona, Valencia, Murcia, Logroño, Zaragoza, Llerena y Canarias— sumaron entre todos la cantidad de 74, es decir, casi la misma. Los tribunales de Valencia, 23 gitanos procesados; Toledo, 18 gitanos, y Cuenca, 13 procesos contra gitanos, son los tribunales en los que se observa mayor número de gitanos procesados después de los andaluces. Desde mi punto de vista, la frecuencia con que desfilaron los miembros de esta etnia ante los tribunales andaluces, Castilla la Nueva y el área levantina están en relación con el reparto de la población gitana en la península. Desde fechas muy tempranas, Andalucía fue para los gitanos uno de los lugares de asentamiento preferido por ellos. En el censo realizado en 1783 por Carlos III [4] se puede observar con claridad la fuerte concentración de población gitana en esta zona, y el grado de asimilación de la minoría, ya bastante importante durante este periodo. No resulta aventurado, por tanto, suponer que desde los siglos XVI y XVII, por lo menos Andalucía fuera ya el «hogar gitano» por excelencia. Cataluña y Valencia registraron también durante el siglo XVIII cifras importantes de población gitana, y es lógico que también en estos tribunales se llegara a procesar a cierto número de sus representantes. Las cifras que corresponden a las demás áreas peninsulares —Zaragoza, Logroño o Llerena— sólo se refieren a un número muy reducido de gitanos —3 o 4, a lo sumo— y pueden explicarse también en función del reducido núcleo de población gitana que se instaló o circuló a través de las tierras que controlaban estos inquisidores. Mientras en Castilla la Nueva, Andalucía y Cataluña o Valencia, tanto los datos del censo de 1783 como

---

[4] El análisis detallado de este censo se encuentra en mi libro *El periodo borbónico*.

las noticias de otros documentos, o las Actas de Cortes, dan cuenta de la existencia de núcleos de población gitana, tanto ambulante como de asiento, en las ciudades y pueblos del Norte los gitanos sólo llegaron de forma ocasional. Los gitanos procesados en Logroño o Zaragoza deben interpretarse como casos anecdóticos, individuos que pertenecían a algún grupo aislado instalado en la zona, o que cayeron por casualidad en las redes inquisitoriales.

Según observará el lector, se aprecia también un claro aumento de las causas contra los miembros de la minoría durante los siglos XVII y XVIII.

Aunque a continuación volveré a detenerme en este punto, conviene señalar ahora que durante los siglos XVII y XVIII los inquisidores fijaron su interés con más intensidad en los delitos de menos importancia, tales como la bigamia, blasfemia, superstición, etc., en los que solían incurrir los miembros de las clases populares en general, y también los gitanos. La mayor parte de los procesados de nuestra minoría estaban acusados de prácticas supersticiosas —o hechicería—, blasfemias o proposiciones heréticas. Aproximadamente el 65 % de las causas se refieren a hombres y mujeres que habían llevado a cabo alguna práctica de este tipo. El 35 % de las causas restantes corresponden a blasfemias, proposiciones, bigamia y otros delitos menores; blasfemia, 34 procesados, y proposiciones heréticas, 16 procesados. También aparecen algunos gitanos procesados por los delitos de «pecado nefando», bigamia —2 gitanos en el primer caso y 4 en el segundo—, pasarse a Berbería, «un caso», e incluso hay una gitana ilusa y otra que llevó a cabo ceremonias judaicas para un enterramiento. Se trata de casos aislados relacionados con el ambiente religioso que les tocó vivir y la propia interpretación de los inquisidores. En cualquier caso, el aumento de los gitanos procesados durante los siglos XVII y XVIII también está relacionado, seguramente, con la mayor estabilidad de esta minoría que permitía que las denuncias llegadas hasta el tribunal pudieran prosperar y convertirse con más facilidad en detenciones y procesos posteriores.

Frente a las cifras de los tribunales andaluces, conviene subrayar la ausencia total de gitanos procesados en el tribunal de Santiago de Compostela, donde no llegó a prosperar ninguna delación, probablemente a causa del reducidísimo número de hombres y mujeres de esta etnia que circularon por estas tierras.

Los gitanos procesados a lo largo de más de tres siglos en

todos los tribunales inquisitoriales no llegan, por tanto, a los dos centenares. Se podía pensar en principio que se trataba de una cantidad despreciable que no merecía la atención del historiador. Sin embargo, si el lector tiene la paciencia de adentrarse en este libro, espero llegar a demostrarle todo lo contrario. A pesar de las reducidas cifras de la persecución inquisitorial contra los gitanos, las características de sus infracciones, y el interés que sintieron los autores del Siglo de Oro por un grupo exótico e inquieto hacían obligado que se reunieran los datos de este libro acerca de un problema que ayudará a comprender mejor —o eso espero— algunos aspectos de la sociedad gitana en nuestro país.

5
LAS CARACTERÍSTICAS DEL DELITO GITANO ANTE EL TRIBUNAL DEL SANTO OFICIO

Según hemos visto en el capítulo anterior, los gitanos sólo fueron procesados por los inquisidores a causa de un repertorio muy limitado y concreto de infracciones: hechicería en la inmensa mayoría de las veces, unos cuantos ejemplos de blasfemia y proposiciones heréticas, y algún caso aislado de revelaciones fingidas. Ser gitano, por tanto, no conllevaba ante el tribunal de la Inquisición la sospecha específica de ningún delito demasiado grave. Tan sólo una cierta correlación entre la condición femenina y los embustes, según los hemos visto repetir a tantos autores de nuestro Siglo de Oro, sin embargo, según veremos a continuación, esta cuestión no era el monopolio exclusivo de las mujeres gitanas. Mientras en el caso de los moriscos y los judíos existía para los inquisidores una figura delictiva concreta —practicar la «ley de Mahoma» o la de Moisés—, en el caso de los gitanos no aparece ningún caso en que algún miembro del grupo haya sido procesado por un delito en el que no incurrieran también los castellanos viejos. Por lo que respecta al Santo Oficio —y a diferencia con los tribunales civiles— no existe una figura delictiva específica en la que se encuadre a la minoría y se la aparte del resto de los cristianos viejos. Si el lector recuerda las acusaciones dirigidas contra los gitanos que analizamos al principio, es posible que se sienta un tanto perplejo. ¿Cómo es posible que la Inquisición persiguiera tan encarnizadamente a los pacíficos y laboriosos judíos o moriscos y, sin embargo, ignorase casi por completo a los inquietos gitanos? ¿Fue la pobreza del grupo lo que les libró de atraer el interés de los inquisidores? Como vemos, la ausencia de una figura delictiva concreta ante el tribunal del Santo Oficio nos sitúa frente a un problema importante que merece una aproximación detallada.

A pesar de la cínica afirmación del inquisidor de Córdoba, los inquisidores se interesaron igualmente por los grupos poderosos y los grandes heterodoxos que por las gentes de menor poder económico y social. Los investigadores actuales acerca del comportamiento del Santo Oficio saben bien hasta qué punto resulta frecuente tropezarse en las listas de reos procesados a mujeres y hombres cuyo único oficio es la mendicidad o trabajos simples y modestos. Hombres y mujeres interesan por igual a los miembros del tribunal, que no «discriminó» en absoluto a sus víctimas por razones de sexo o económicas. Las hechiceras, bígamas, blasfemas, partidarias y partidarios de la «simple fornicación» suelen contarse entre los miembros menos privilegiados de la sociedad y si tenemos en cuenta las cifras aportadas por Henningsen y Contreras estos «delitos menores» ocuparon al tribunal del Santo Oficio tanto o más que las grandes herejías, según puede verse:

Reos procesados en los diferentes tribunales peninsulares a causa de los «delitos menores» entre 1539 y 1696

Proposiciones	11.247
Bígamos	2.364
Confesores solicitantes	1.094
Contra Santo Oficio	3.298
Supersticiosos (hechicería)	3.356
Varios (incluye varios delitos interesantes, como la homosexualidad, blasfemia, etcétera)	2.965
Total	24.334

Reos procesados en los diferentes tribunales peninsulares a causa de las herejías formales entre 1539 y 1696

Judíos	4.435
Moros	10.444
Luteranos	2.859
Alumbrados	142
Total	17.880
TOTAL	42.214

Las grandes herejías, por tanto, sólo ocuparon el 42,35 % [1] de la atención del tribunal, quien no desdeñó a los demás disidentes en absoluto. Puede aducirse, desde luego, que los inquisidores se ocuparon de estos delitos menos importantes durante el siglo XVII, una vez que los grandes contingentes de moriscos y judaizantes habían sido prácticamente eliminados del panorama ideológico de nuestro país, pero, desde mi punto de vista, este argumento no invalida el interés demostrado por los inquisidores para controlar las conductas de todos los habitantes de España, pequeños o grandes. La Inquisición tuvo que librar auténticas batallas legales para poder ocuparse de los bígamos, brujos o blasfemos, cosa que no ocurrió con los judaizantes o moriscos, a los que se consideraba como materia propia y razón última de la propia existencia del Santo Oficio. Enfrentándose con la autoridad de los obispos o de los tribunales reales, los celosos inquisidores procuraron extender lentamente su esfera de actuación a otro tipo de conductas consideradas también como delictivas por los tribunales civiles y que ellos tenían interés en controlar. Por lo que respecta a los culpables de bigamia, la jurisdicción civil y episcopal se ocupaba ya de ellos [2], pero el Santo Oficio empezó en seguida a reclamar la jurisdicción sobre esta infracción a la vez religiosa y civil, argumentando, según Lea, la actitud hacia el matrimonio de los judíos y moriscos, al igual que determinadas costumbres relacionadas con el consumo de cerdo o vino se asimilaban a prácticas religiosas de estas minorías y provocaban sospechas. El interés de los inquisidores en estas causas provocó conflictos en el reino de Aragón hasta el punto que en la Concordia de 1512 [3] una de las reclamaciones que se presentaban era precisamente la de que los bígamos fueran juzgados por las auto-

---

[1] Estos datos están tomados del artículo de HENNINGSEN y CONTRERAS «El "banco de datos" del Santo Oficio...», ya citado.
[2] De acuerdo con la doctrina de la Iglesia, el sacramento del matrimonio duraba tanto como la vida de ambos cónyuges, salvo que hubiera algún impedimento como la no consumación. Este mismo punto de vista fue asumido por el Estado y la ruptura de la monogamia se convirtió en un delito social. Las Partidas lo castigaban con la confiscación de bienes y destierro durante cinco años. Las Cortes de Briviesca, en 1387, añadieron marca en el rostro. En 1532 las Cortes de Segovia pidieron que se aplicara la pena capital, pero Carlos V se negó, aunque añadió la confiscación. Las disposiciones sobre el matrimonio se pueden ver en la *Novísima Recopilación*, lib. XII, tít. XXIII, leyes 8 y 9. He tomado estos datos de H. CH. LEA, *A history of the Spanish Inquisition*. Reimpresión en Nueva York, Ams. Press, 1966, 4 vol. (tomo IV, cap. XIV).
[3] H. CH. LEA, *ob. cit.*, tomo IV, cap. XIV.

ridades civiles y no por los inquisidores, excepto en aquellos casos en que fueran sospechosos de algún error en relación con la fe. A pesar de la oposición de los catalanes, los miembros [4] del Santo Oficio no quisieron abandonar la presa y siguieron procesando a estos hombres y mujeres a lo largo de todo el Antiguo Régimen.

En el caso de los blasfemos y blasfemas, los tribunales civiles habían procurado perseguirlos desde la Edad Media [5], pero, de acuerdo con Lea [6], en fecha tan temprana como el auto de fe de Zaragoza de 1486, aparece ya un cristiano condenado por blasfemia —al que se le atravesó la lengua— y otro reo, judío, que desfiló con la insignia característica de estos culpables, la mordaza. El celo inquisitorial impedía a este tribunal distinguir entre la blasfemia herética y el simple lenguaje coloquial en momentos de cólera o de embriaguez, de forma que las autoridades civiles empezaron a manifestar también su disconformidad por las intromisiones del nuevo tribunal.

En la Concordia de 1512 se acordó que los inquisidores únicamente se ocuparían de la blasfemia en aquellos casos en que se hubiera proferido algún tipo de exclamación con sabor a herejía, relacionadas con la existencia u omnipotencia de Dios. El inquisidor general Mercader las incluyó en sus Instrucciones de 1514, y el papa León lo confirmó en una bula, pero los inquisidores siguieron procesando a los blasfemos de cualquier estilo en Aragón, según lo demuestran las quejas de las Cortes en 1530. En Castilla, la jurisdicción sobre la blasfemia obligó al Santo Oficio a sortear problemas similares. En una pragmática de 1515 se hace alusión a una memoria solicitando que los inquisidores no puedan extender su radio de acción a las palabras proferidas durante una partida de cartas o un momento de embriaguez. Sin embargo, al igual que en el caso anterior, los miembros del tribunal hicieron caso omiso de la diferencia entre estos dos tipos de delitos y no dejaron de procesar a los hombres y mujeres que habían perdido los estribos en un momento límite.

Un problema jurisdiccional similar al de los bígamos y blasfemos se suscitó respecto a la persecución de la brujería. Los tribunales seculares tenían poder para combatir el problema, pero

---

[4] H. Ch. Lea, *ob. cit.*, cap. XIV.
[5] La *Novísima Recopilación* se ocupa de los blasfemos y las penas que merecían en el libro XII, tít. V.
[6] H. Ch. Lea, *ob. cit.*, tomo IV, cap. XV.

desde fechas muy tempranas el Santo Oficio manifestó su interés por arrebatarles esta competencia. En 1555, la Inquisición trató de impedir la intervención de la justicia civil en la persecución que se había declarado contra estos hombres y mujeres en Galicia y Logroño, explicando a Felipe II que las detenciones se estaban llevando a cabo sin pruebas suficientes. La Suprema dirigió varios memoriales en este sentido a los que los alcaldes replicaron protestando contra la intromisión de los inquisidores. Finalmente, también en este caso el Santo Oficio consiguió la competencia sobre el delito, logrando que las brujas y brujos desfilaran ante sus jueces, lo que redundó en beneficio de estos acusados a causa de su mayor benevolencia, aunque resulte sorprendente.

La actitud de la Inquisición respecto al problema de la brujería resulta especialmente interesante para nosotros, puesto que está directamente relacionado con el procesamiento de los culpables de superstición, delito en el que incurrieron mayoritariamente los gitanos. Tanto en Castilla como en Aragón, la cuestión había estado en manos civiles y de los obispos durante toda la Edad Media, incluso después de la aparición del Santo Oficio. Según un decreto de la Corona de 1500, se ordenaba a todos los corregidores y justicias que investigaran la existencia de adivinos en sus distritos para que estas personas fueran castigadas y entregadas a los prelados. A pesar de esta actitud del rey, los inquisidores empezaron también a detener y juzgar a estos reos de forma que, de nuevo, se suscitó un problema de competencias. El rey ordenó que se reuniera a los inquisidores junto a jueces imparciales para que se le informara sobre la situación. Aunque el resultado fue favorable a la Corona, después de la Concordia de 1512 el Santo Oficio empezó a ocuparse de las cuestiones de superstición, a petición de las propias Cortes de Aragón, y en Castilla terminó por seguirse este ejemplo. Las acusaciones de superstición fueron incluidas, a partir de este momento en diferentes edictos de Fe [7], y los inquisidores empezaron a ocuparse habitualmente de la represión de la superstición.

Precisamente este interés por las cuestiones relacionadas con la superstición y la frecuencia con que los gitanos que desfilaban ante ellos eran mujeres que las habían llevado a cabo, es lo que determina la aparición de alguna observación en las instrucciones redactadas para el uso de los inquisidores acerca de la minoría. Se trata de consideraciones elaboradas ya tardíamente, en el

---

[7] H. Ch. Lea, *ob. cit.*, tomo V, cap. VIII.

siglo XVIII, y sólo en relación con la forma de llevar a cabo el interrogatorio de estos casos concretos.

Al llevar a cabo las instrucciones generales a propósito de los procesos contra hechiceras y hechiceros, los inquisidores consideran los capítulos particulares acerca de «zahories», «ensalmadores y encantadores», «saludadores», etc., y consideran necesario hacer también referencia a los gitanos. Se llama la atención para que en los tribunales se interrogue a estas mujeres acerca de si mezclan palabras sagradas cuando dicen la buenaventura o hacen algún «maleficio amatorio», inducen a sus clientes a creer sus pronósticos, y cuáles son las ceremonias que llevan a cabo. A pesar de este interés, se añade lo siguiente acerca del contenido de las prácticas gitanas:

Las gitanas, comunmente, hacen cosas que solo merecen la calidad de embustes; y mientras sus dichos y hechos no induzcan superstición formal, aunque tengan censura de oficio y se la den los señores Calificadores no se detienen presas, pues como el fin de tal gente es engañar para sacar dinero, y otras cosas, acuden a personas ignorantes, y estos no alcanzan ni entienden el arte con que aquellos lo engañan; y juzgan sus cosas por graves, y en lo formal son naturales y ordinarias. Y asi bastaría darles una o más Audiencias para examinarlas y reconocer el arte de que usan; y no hallando calidad despecharlas, y teniendola podrá verse y votarse como parezca más conforme a derecho [8].

El delito de las gitanas es, por consiguiente, poco interesante por las características de su contenido para los inquisidores. Se trata únicamente de una forma de embuste que maravilla a los ignorantes, pero en el que no hay elementos realmente dignos de ser tenidos en cuenta por un tribunal preocupado por las cuestiones de índole religiosa. He aquí, de forma bien explícita, la causa del «desinterés» inquisitorial respecto a las gitanas hechiceras.

A pesar de todo, en algún caso aislado —como el de Isabel Graciana, condenada en Mallorca en 1606— [9], los inquisidores consideraron conveniente «cargar un poco la mano a estas gitanas por escarmiento a las demás, de que suele haber mucho abuso.» Es la única ocasión en la que he encontrado una observación de este tipo.

---

[8] Códice Moldenhawer, Real Biblioteca de Copenhague (NKS, 213 fol.). Debo este dato a la amabilidad de G. Henningsen.
[9] *El tribunal de la Inquisición en Mallorca. Relaciones de causas de 1578 a 1806,* transcripción, estudio preliminar y notas de Llorenç Pérez, Lleonart Montaner y Mateu Colom, vol. I, Mallorca, 1986.

El tribunal de la Inquisición, por tanto, no sólo no desdeñó ocuparse de delitos menos importantes como hechos supersticiosos, bigamia o blasfemia, sino que tuvo que ganarse a pulso la expansión de sus competencias sobre esta categoría de infracciones en las que solían incurrir, mayoritariamente, las gentes de condición modesta y sin pretensiones de ningún orden. La persecución contra los gitanos, por tanto, sólo puede entenderse situándola en el contexto de los delitos menores a que acabo de referirme. Sus blasfemias, proposiciones heréticas, etc., fueron tratadas con la misma severidad o benevolencia que las de los restantes habitantes del país —cristianos viejos o no— y sus delitos supersticiosos llamaron menos la atención que los de otras mujeres a causa de las características que acabamos de ver, y que eran bien conocidas por los inquisidores de los siglos XVI y XVII, e incluso por los contemporáneos más críticos como los autores del Siglo de Oro aunque no por aquellos a quienes solían dirigir sus fantásticas historias acerca de tesoros encantados o métodos para hacerse invisible y triunfar en los amores o ganar en el juego [10].

LAS SENTENCIAS

A pesar de las recomendaciones —tardías— de las instrucciones a seguir en las causas contra las gitanas hechiceras, la impresión que producen los procesos y las «relaciones...» es que los tribunales se tomaron con toda seriedad la persecución a estas mujeres. Con enorme frecuencia, las delaciones no pueden prosperar a causa de la dificultad de encontrar a la protagonista denunciada, pero no por eso se deja de tomar declaración con toda minuciosidad a los testigos, se consulta a otros tribunales, y se hacen todas las pesquisas necesarias para localizar a la presunta culpable. Muy significativas a este respecto resultan las noticias acerca de la denuncia que se recibió en Cuenca en agosto de 1747 contra una mujer llamada Mariana, casada con un gitano [11], acusada de hechos supersticiosos. Los inquisidores hicieron todo tipo de averiguaciones para reunir más datos acerca de esta

---

[10] Acerca del comportamiento del Santo Oficio con los «delitos menores» y sus características sociales, puede verse mi comunicación en el congreso celebrado en mayo de 1986 sobre «Inquisición y Derecho», con el título «La Inquisición y los delitos menores» (de próxima publicación).

[11] Archivo Diocesano de Cuenca, Inquisición, legajo 601, n.º 2253.

mujer. Las inquisiciones de Toledo, Zaragoza, Valencia, Murcia, Logroño, Córdoba, Barcelona, Granada, Sevilla, Santiago, Valladolid y Llerena contestaron con rapidez dando cuenta de que en sus archivos no había ningún dato acerca de la hechicera, quien había sido acusada de querer matar a la esposa de un hombre simulando que se trataba de una muerte natural. Tampoco en el archivo de la Inquisición de Cuenca aparece ningún otro dato que permita suponer que esta denuncia llegara a convertirse en proceso formal. Los inquisidores recibían numerosas denuncias espontáneas o durante sus visitas de distrito que nunca llegaban a prosperar, pero acerca de las cuales se hacía la averiguación pertinente, incluso en el caso de delitos menores como las cuestiones supersticiosas. En otras ocasiones, aunque se llegaba a tomar declaración a todos los testigos, la causa tampoco prosperaba por considerar los calificadores que no había motivo suficiente, o por la imposibilidad de localizar al reo. Ésta es la situación de la mayor parte de las denuncias contra gitanos y gitanas acusados de hechos supersticiosos. La mayor parte de los procesos aparecen incompletos o fueron declarados suspensos expresamente. Es decir, en la mayor parte de los casos los inquisidores decidieron inhibirse por falta de pruebas o se vieron obligados a hacerlo ante la imposibilidad de contar con el presunto reo. Más de la mitad de los 93 acusados de hechos supersticiosos quedaron sin ningún castigo al no poder ser encontrados, ser declaradas suspensas sus causas o no producirse una sentencia por una u otra razón. En los demás casos, al igual que para los reos no gitanos, las penas oscilan entre la penitencia espiritual que puede limitarse a una misa oída en la sala del tribunal, el confinamiento «a cargo de una persona docta» —generalmente, un sacerdote—, destierro de uno a seis años, azotes entre 50 y 200 y el destierro y la pena de azotes o galeras en los casos más graves. A una penitencia espiritual fue condenada la hechicera gitana María de Gracia, acusada ante los inquisidores de Canarias en 1629 [12], consistente en una misa. Clara de Vargas, acusada en 1694 en Granada [13], fue simplemente reprendida y conminada para que no reincidiera en sus embustes.

El tribunal del Santo Oficio solía condenar con frecuencia a la pena de destierro del escenario de sus hechos, y también el de Madrid, a los reos de hechicería, probablemente con el deseo de

---

[12] Archivo Histórico Nacional, Inquisición, legajo 1829.
[13] A.H.N., Inq., leg. 2664.

apartarlos de su clientela y aislarlos en lugares con un número limitado de habitantes donde sus movimientos podían controlarse con mayor facilidad. Esta fue la pena para María Quiñones [14] —Granada, 1662—; Luisa de Torres [15] —Granada, 1693—; Manuel Cortés [16] —Granada, 1715—; Juana de Reyes —Granada, 1728 [17]—; Catalina Arjona —Granada, 1749 [18]—; Antonia Hernández —Granada, 1696 [19]—; María de Flores —Córdoba, 1656 [20]—; Joan Baptista —Valencia, 1621 [21]—, y María de Heredia —Sevilla, 1637 [22]—. En algunos casos, más graves, el destierro podía ir acompañado de confinamiento, como ocurrió con Francisca Bustamante —Valencia, 1721 [23]—. El destierro podía llegar a ser perpetuo cuando se trataba de un reo reincidente, y así ocurrió con Beatriz Montoya en sus sucesivas condenas de 1718 [24] y 1736, y María de la Casta —Valencia, 1620 [25]—. Vicenta Eugenio, por el contrario, fue sencillamente confinada en Gandía y confiada al cuidado de un sacerdote —Valencia, 1730 [26].

A pesar de tratarse de un delito menor, los hechos supersticiosos podían llegar a merecer la pena de azotes, que oscilaba entre 50 y 200, en cuyo caso límite solían suministrarse en dos tandas diferentes y en lugares distintos. A veces, el reo recibía el castigo por las calles de la ciudad donde se celebraba el auto de fe. Ignoro en qué forma se llevaba a cabo este terrible castigo, especialmente para una persona enferma o débil, pero los inquisidores solían proceder a un examen del reo para evitar que el castigo tuviera consecuencias excesivas y en algunos casos se llegaba a eximir de él a aquellos que señalaban los médicos. Afortunadamente, sólo unas cuantas hechiceras gitanas recibieron esta condena: María Hernández —Granada, 1681 [27]—; Sebastiana de

---

[14] A.H.N., Inq., leg. 264 (1).
[15] A.H.N., leg. 2662 (2).
[16] A.H.N., Inq., 2672.
[17] A.H.N., Inq., 2674.
[18] A.H.N., leg. 2682.
[19] A.H.N., leg. 2664.
[20] A.H.N., 2421 (2).
[21] A.H.N., libro 939, fol. 379 v.
[22] A.H.N., leg. 2075.
[23] A.H.N., Inq. 2311 (1).
[24] A.H.N., Inq., leg. 527, n.º 5, y leg. 526, n.ᵒˢ 11 y 12.
[25] A.H.N., Inq., leg. 3612.
[26] A.H.N., Inq., leg. 525, n.º 2.
[27] A.H.N., Inq., 2654 (1).

Vargas —Sevilla, 1605 [28]—; Isabel o María Montoya —Toledo, 1671 [29]—; Beatriz Fernández —Valencia, 1733 [30]—, y Gaspar Cortés —Canarias, 1676 [31].

Cuando la acusada había incumplido la pena del tribunal en cuanto al destierro, se trataba de una reincidente, o el fiscal encontraba materia grave en la acusación, la pena se elevaba hasta 200 azotes y destierro.

Las hechiceras gitanas con varias denuncias, cuyas historias veremos a continuación, que se atrevieron a quebrantar el destierro a que habían sido condenadas, o reincidieron en sus trucos, fueron condenadas a esta pena máxima, como Margarita Malla —Granada, 1748 [32]—; María Bohórquez —Córdoba, 1656 [33]—; Isabel de Escobedo —Córdoba, 1745 [34]—; Catalina de Osses y Crobio —Toledo, 1721 [35]—; Gratiniana Bustamante —Barcelona, 1608 [36]—; María de Torres —Valencia, 1638 [37]—; Felipa la Apuleya —Zaragoza, 1651 [38]—, y la interesantísima María de Montoya —Valencia, 1711 [39]—, a la que dedicaremos un capítulo aparte. Casi todas estas hechiceras cuentan con historias complicadas, numerosos engaños, y atrevidos recursos en los que se mezcla con audacia lo sagrado y lo profano, origen de sus duras condenas. Aunque, desgraciadamente, no contamos con todos los procesos de estos reos, el lector podrá ver desenvolverse a la mayor parte de las que he mencionado en las páginas siguientes.

Según se observa en la mención de sus causas, todas ellas fueron procesadas en los siglos XVII o XVIII. Durante estos siglos el tribunal de la Inquisición endureció su actitud hacia los hechos supersticiosos, y no es, por tanto, una casualidad que las penas más graves tengan lugar durante este periodo.

Respecto a los restantes delitos en que incurrieron los gitanos ante el tribunal del Santo Oficio, las penas fueron muy similares

---

[28] A.H.N., Inq., leg. 2075.
[29] A.H.N., Inq., leg. 92, n.º 182.
[30] A.H.N., Inq. 2313 (1)
[31] A.H.N., Inq., leg. 1829.
[32] A.H.N., Inq., leg. 2682.
[33] A.H.N., Inq., leg. 2421.
[34] A.H.N., Inq., leg. 2461.
[35] A.H.N., Inq., leg. 92, n.º 23.
[36] A.H.N., Inq., libro 732.
[37] A.H.N., Inq., libro 941, f. 39.
[38] A.H.N., Inq., leg. 994, f. 398 r.
[39] A.H.N., Inq., leg. 527, n.º 5.

a las que ya hemos examinado. Tanto las proposiciones heréticas, como la blasfemia merecían penas que oscilaban entre las oraciones y reprimendas o los azotes, la prisión y la pena de galeras cuando los inquisidores consideraban que el reo había estado próximo a la herejía. Aunque el número de gitanos procesados por estos delitos es muy inferior, también aparece un cierto número de gitanos que sufrieron penas de azotes, y azotes y destierro que no enumeraré para no fatigar al lector [40].

Las sentencias del tribunal de la Inquisición contra los gitanos acusados de algún delito no difieren en nada, según vemos, de las dictadas contra los cristianos viejos. El contenido de los conjuros, maleficios, etc., utilizados por las gitanas hechiceras, inferior en cuanto al contenido a los de sus colegas, impidió en muchas ocasiones que la delación se convirtiera en un proceso formal, pero en aquellos casos en que las mujeres de la minoría se arriesgaron a simular pacto diabólico o se lanzaron a engaños de más vuelos, los inquisidores actuaron con toda severidad. Este mismo comportamiento es el que se observa en lo que se refiere a la blasfemia o las proposiciones heréticas. Aunque los inquisidores solían tomar en consideración las observaciones de los médicos antes de castigar al reo con la pena de azotes, no dejan de observarse situaciones verdaderamente conmovedoras, como la de la gitana Catalina, anciana que fue condenada a esta pena a pesar de las circunstancias que concurrían en su caso de extrema pobreza y avanzada edad o del gitano Matías Montoya, destinado a varios años de galeras por una blasfemia. Matías suplicó al tribunal, cuando ya se encontraba en la cárcel, que se le conmutara este castigo por encontrarse tísico, y parece que los inquisidores accedieron a su petición.

LA BLASFEMIA Y LAS PROPOSICIONES HERÉTICAS

Según se ha podido observar en las páginas anteriores, la blasfemia y las proposiciones heréticas son los delitos en que incu-

---

[40] Fueron castigados con pena de azotes, en tanto que blasfemos, los gitanos: Sebastiana Gratiniana (Córdoba, 1684); Francisco de Gales (Toledo, 1550); Catalina (Toledo, 1562); Rodrigo López (Llerena, 1603), y Diego Escudero (Llerena, 1663) e Inés María (Sevilla, 1586). Destierro y azotes, por la misma causa: Diego Moreno (Córdoba, 1745); Isabel Pérez (Valladolid, 1636); Juan de Montoya (Valencia, 1690) y Diego de Montoya (Valencia, 1690). Por proposiciones mereció azotes María de Mata (Valladolid, 1638), y Juan Escudero (Granada, 1588) fue condenado a galeras.

rrieron los gitanos con más frecuencia después de las prácticas supersticiosas. Un delito, por tanto, que dio mucho que hacer a los inquisidores [41] a pesar de que nunca parecieron tomarlo demasiado en serio. Las blasfemias y proposiciones heréticas de los gitanos no son muy distintas de las proferidas por los cristianos viejos o los miembros de otras minorías étnicas, según se verá a continuación. Casi todos los hombres y mujeres de nuestra minoría procesados por este motivo se han dejado llevar por su temperamento durante una discusión, una pelea, o bajo los efectos del alcohol. Casi ninguno llegó a incurrir en una blasfemia de carácter herético. El gitano o la gitana parecen manifestar a través de este tipo de injurias o exclamaciones su disconformidad con una sociedad en la que les resulta sumamente difícil sobrevivir. A través de los procesos y delaciones por blasfemia y proposiciones heréticas, delito muy emparentado con el primero en el caso de los gitanos, nos aproximamos en ocasiones al padecimiento de los hombres y mujeres más débiles del grupo, como en la causa contra la gitana Catalina, o los arrebatos de majeza de los individuos en pleno vigor físico.

Por lo que respecta a las «proposiciones heréticas», ya he señalado antes que en muchos casos se trata de afirmaciones que resulta difícil separar de las blasfemias, puesto que el acusado las ha pronunciado también en momentos de cólera o desgracia. En otras ocasiones, es preciso considerarlas como una muestra escasa, pero interesante, de los posibles conocimientos religiosos, a veces bastante «sui generis», de la minoría gitana, no demasiado diferentes de los que parecían tener los propios cristianos viejos. Sería demasiado prolijo hacer aquí un análisis del tipo de proposiciones por las que fueron procesados tantos hombres y mujeres que pertenecían a la mayoría de la población o a alguna otra minoría conversa, especialmente entre las clases populares, pero basta con echar una ojeada a las «relaciones de causas» para comprender que la mayor parte de estas supuestas afirmaciones heréticas son puntos de vista francamente chocantes, e incluso divertidos, que hacen pensar en una insuficiente información teórica respecto a la religión que decían profesar, en especial los grupos menos favorecidos económicamente. Aunque al señalar

---

[41] Según el estudio de las «relaciones de causa», realizado por Henningsen y Contreras, las proposiciones representan el 26,4% de los delitos. Desgraciadamente, las blasfemias han sido englobadas con otras infracciones. Como vemos, los inquisidores no desdeñaron este tipo de delaciones.

este aspecto del problema entramos en una cuestión de la que ya me ocupé al principio de este libro, conviene tener en cuenta ahora los procesos por este tipo de delitos en que se vieron encausados los miembros de nuestra minoría.

En el proceso del gitano Francisco de Gales, acusado de blasfemia en 1550, encontramos el ejemplo típico del hombre que ha perdido los estribos en una situación cotidiana, y que llega ante la Inquisición a pesar de no haber tenido la intención de pronunciar ningún error en relación con la fe o contra la Iglesia. Un caso, por tanto, de blasfemia no-herética que no debía incumbir, en principio, a los inquisidores, que no desdeñaban, sin embargo, ocuparse de estos reos menos llamativos que los judaizantes o los moriscos.

Francisco de Gales [42] era un hombre joven, de unos 22 años de edad, y los testigos le acusaron de haber dicho que «Dios no era para todos», y que él «era tan justo como Dios». El fiscal que recibió la denuncia de los vecinos que le habían escuchado, le acusó de perjuro, hereje y apóstata, y solicitó que se le secuestraran sus bienes y fuera excomulgado.

Francisco de Gales procuró conseguir la clemencia de los inquisidores añadiendo algunos detalles de su acto de cólera, como señalar que había dicho también que él «era tan justo como Dios», y pidió misericordia añadiendo en el escrito de descargo que presentó su abogado defensor que cuando dijo todo aquello «no estaba en su juicio natural por haber bebido mucho». Adujo también como atenuante el hecho de no haber cumplido todavía los 25 años y haber dicho simplemente «palabras de hombre». Francisco de Gales suplicaba también que se pronunciara pronto su sentencia, pero de nuevo tuvo que solicitar el fallo del tribunal varios años después de su primera audiencia, en 1559. Finalmente, además del tiempo que había pasado en prisión. Francisco de Gales fue condenado a recibir cien azotes.

El caso de la gitana Catalina [43] resulta mucho más sobrecogedor. Esta pobre mujer entró en las cárceles del Santo Oficio de Toledo en 1562, y prestó declaración el 14 de octubre del mismo año. Según dijo, había nacido en Andalucía, pero no sabía en qué lugar ni tampoco cuántos años tenía, aunque por su aspecto los inquisidores calcularon que debía andar por los 60. No tenía vecindad fija y la relación que hizo de sus antepasados y parien-

---

[42] A.H.N., Inq., leg. 35, exp. 5.
[43] A.H.N., Inq., leg. 33, exp. 32.

tes caracteriza el grupo social al que pertenecía la acusada. Su padre se llamaba Francisco, y según declaró la propia Catalina, «no entendía en ninguna cosa sino en andar por el mundo». Su madre fue una tal Juana, «que andaba en compañía de gitanos», sin que señale con claridad si se trataba ella misma de una gitana o no. De sus abuelos paternos y maternos no puede decir nada, y por lo que se refiere a sus parientes, señaló a un tío paterno llamado Francisco, «que llevaba una cuadrilla de gitanos y le mataron en la Mancha por una poca cosa». Dijo tener además hasta 17 tíos, todos varones, pero sólo recordó el nombre de dos de ellos, uno de los cuales era labrador. Sobre sus tíos maternos declaró que no podía recordar los nombres, y en cuanto a sus hermanos explicó que tenía 17 hermanas, todas casadas en Andalucía menos una que estaba cautiva, y un hermano que era labrador. Acerca del «curso de su vida», según se dice en el interrogatorio inquisitorial, explicó que había estado casada con un hombre de cuyo nombre tampoco se acordaba —como se ve, los gitanos eran muy flacos de memoria a la hora de declarar el nombre de sus parientes próximos— y que ya había fallecido. Había tenido varios hijos e hijas: un tal Francisco y otro cuyo nombre tampoco pudo decir, aunque sabía que guardaba los carneros de un señor en Andalucía, y dos chicas, Leonor y Catalina, las dos casadas, la segunda con un tejedor.

Aunque afirmó que sus padres, abuelos y ella misma eran «cristianos de Jesucristo Jesús», que confesaba y comulgaba, luego no se supo signar y sólo pudo decir una parte del Avemaría, sin añadir ninguna otra oración.

En cuanto a la causa de su prisión, el relato que ella misma hizo es tan breve y gráfico que merece la pena cederle la palabra:

Preguntada si sabe o sospecha la causa porque fué traida aquí y presa dixo que la truxeron porque un dia de la semana pasada cree que era jueves o viernes ésta estava en un lugar que no sabe cómo se llama y venía muy fatigada del agua y frio que avia hecho y aunque fué al hospital no la quisieron coger y esta se ovo de salir al campo y unos vellacos fueron a la perseguir y molestar y le tiraban con piedras hasta que la sacaron el seso y entendimiento y esta con el enojo que tenía y frio que hazia dixo que renegava de Dios y que la primera cruz que topase avia de hazer pedaços, lo cual dixo una sola vez y no dixo otra cosa y luego se arrepintió y los hombres que la truxeron aquí presa la prendieron presa ahi tres noches y después la traxeron aquí [Toledo].

No parece que los inquisidores llegasen a sentir piedad en este caso por la situación de una pobre mujer vieja y sola, agobiada por la necesidad y el frío. Aunque aseguró que era la única blasfemia que había dicho en su vida, asegurando que creía en Dios y sólo había blasfemado en un momento de desesperación porque se encontraba «helada y sin haber dormido en toda la noche», fue condenada el mismo 17 de octubre a recibir cien azotes por las calles públicas acompañada por un pregonero que pusiese de manifiesto su delito y llevando en la boca una mordaza. Según consta en su declaración, Catalina ya había sido azotada en Jaén con anterioridad a causa de un hurto.

Como vemos en estos dos casos, la situación del grupo gitano durante el siglo XVI parece bastante mala, y las dificultades que padecen se transforman de vez en cuando en maldiciones y blasfemias dirigidas sobre todo a la comunidad cristiana a la que consideran responsable de sus males, como en efecto lo fueron en el caso de Catalina. Esta forma de protesta, según la considerarían los sociólogos de hoy en día, surge también en la blasfemia de Gerónimo de Soto, gitano procasado por el Santo Oficio de Murcia en 1595 [44]. Mientras estaba guardando sus animales en la villa de Caudete, unos payos le escondieron uno. Gerónimo de Soto perdió los estribos y blasfemó diciendo que renegaba de la Cristiandad, abrumado tal vez por el peso de sus ochenta años. Uno de los testigos añadió que en realidad había dicho «reniego de la Cristiandad que algunos tienen», cosa que no hubiera tenido nada de extraño. Como la blasfemia no se consideró herética en primer grado, sólo fue condenado a oír una misa en la sala del tribunal en forma de penitente, siendo reprendido.

Los casos de blasfemos que encontramos en el siglo XVIII son muy similares. María Cortés y María Felipa fueron delatadas mientras estaban en la cárcel por compañeros de prisión. María Cortés [45] lo fue en 1735 ante el tribunal de Sevilla por el guardián que la había oído decir cuando él la reprochó que no diera las buenas noches, que «más valía dar las buenas noches al demonio porque Dios era un borrico atado a una estaca y que se ensuciaba en Dios y que maldita era el alma que creyera en Él». Como siempre, la declaración del propio interesado nos sirve para comprender mejor la situación. Según contó María a los inquisidores, la blasfemia la profirió una noche en «que andaba entristecida» porque no la querían dar una jarra de agua. Un preso la recomendó entonces que tuviera paciencia porque más había pa-

---
[44] A.H.N., Inq., leg. 2055 (1).
[45] A.H.N., Inq., leg. 3736, n.º 161.

decido Cristo, a lo que ella replicó que eso era portarse «como un borrico atado a una estaca», pero que todo lo había dicho «despechada por el mal trato que la daban». No consta la calificación final ni la sentencia, pero cabe pensar que tampoco fuera muy grave puesto que el fiscal hace constar cuando decreta la prisión que sólo es sospechosa *de levi* * y que se la manda encarcelar «no obstante la fragilidad del caso». Tampoco había sido muy afortunada la vida de María Cortés. Según explicó, había «andado libre por Andalucía» desde los nueve años en que quedó huérfana, y se había casado con un zapatero que murió en galeras. Luego se amancebó con un hombre del que no da ningún dato, y que por ese delito tuvo que salir encorozada. Por último, llegó hasta la prisión en que estaba en el momento de ser delatada, por haber agredido y herido a un «ministro».

María Felipa [46], gitana soltera, natural de Écija, también pasó desde la cárcel real a las inquisitoriales. Fue procesada por el Santo Oficio de Sevilla en 1767 a causa de la delación que hizo de ella otra gitana que se encontraba presa. Su compañera estaba escandalizada por la manera de hablar de Felipa, lo mismo que otras presas que también declararon en su contra. María Felipa andaba constantemente diciendo que maldecía de Dios, la Virgen y los Santos; que cuando oía misa y comulgaba, lo hacía sólo por fuera, y que cuando recibía la comunión, «había estado por metérsela en...» Aquí, ni siquiera el secretario del tribunal, siempre tan dispuesto a dar toda suerte de detalles que pudieran servir para valorar la gravedad del caso, se había atrevido a escribir la frase completa, y recurrió a los puntos suspensivos. En una palabra, María Felipa andaba desesperada en su prisión y lo ponía de manifiesto con este tipo de maldiciones que escandalizaban a sus compañeras de cárcel, payas o gitanas. En alguna ocasión había roto unas estampas de la Virgen, y en otra utilizó como cordones de los zapatos las cintas de un escapulario del Carmen que le dio la gitana que la delató. Una de las presas sugiere que es posible se trate en realidad de alguna mora, porque constantemente está exclamando «Que el demonio me ampare», o «Que el demonio me lleve». Cuando le leyeron la sentencia que la condenaba a dos años de cárcel, rompió las

---

* Los reos estaban obligados a abjurar píblicamente de sus errores, *de levi* o levemente, cuando su sospecha de herejía era leve, *de vehementi* o vehemente, cuando la falta era más grave.

[46] A.H.N., Inq., leg. 3721, n.º 58.

estampas de la Virgen que le habían dado diciendo que para qué las quería si le había caído aquel castigo.

En otra ocasión que estaba pidiendo limosna desde la ventana de la cárcel con una escudilla colgando del cuello y se la rompió al pasar un coche, prorrumpió en maldiciones y se negó a arrodillarse ante el paso del viático diciéndole a sus compañeras, que trataban de convencerla, que no quería hacerlo porque no tenía nada que agradecerle a Dios. Sus compañeras de prisión habían terminado por tomarla miedo, según declaran, y ya no se atrevían a decirle nada viendo que andaba continuamente dándose a los demonios y pidiendo que la amparasen.

Según puede observar el lector, la desesperada situación de algunos gitanos les lleva en ocasiones a pronunciarse contra el orden humano y divino que parece condenarles sin remedio. El caso de Luis de Vargas [47], sin embargo, no se ajusta a este patrón de comportamiento, tal vez porque en este proceso nos encontramos ante un gitano que ocupa en la sociedad un lugar muy distinto. Luis de Vargas —o Bargas—, era un soldado del Regimiento de las Cuatro Órdenes. Tenía 26 años, estaba casado y había nacido en Jerez de la Frontera. Fue procesado en 1794 por el tibunal de Córdoba en primer lugar y luego la causa pasó al de Corte, aunque no disponemos tampoco de la sentencia. Al parecer, una noche del mes de julio se había reunido con otros compañeros del regimiento y había estado bebiendo en una taberna cercana a la plaza de la Pescadería. En la Plaza había un Cristo cubierto con un dosel del que pendían dos farolas, delante del cual los fieles solían colocar diariamente algunas luces. A eso de las once y media, salieron Luis de Vargas y sus amigos de la taberna y aunque los testigos no declaran haberle visto bebido, es de suponer, dada su edad y la de sus amigos, que no estarían muy sobrios. Excitados por la nocturnidad y el vino, se acercaron a la imagen blandiendo los sables y profiriendo blasfemias que asustaron a las personas próximas al lugar de los hechos. Parece que fue Luis de Vargas quien llevó la iniciativa y rompió los cristales de los faroles mientras gritaba que «había de hacer una cosa fea en el mejor Dios que encontrase aquella noche». Como era de esperar, nuestros alborotadores soldados fueron procesados primero por la justicia de su Regimiento yendo a caer más tarde en las manos de la celosa Inquisición, sin que podamos

---

[47] A.H.N., Inq., 3728, n.º 7. La causa pasó al tribunal de Corte en 1801 y la carta aparece en la sección Cartas al Consejo, leg. 3066-4, sin ningún otro dato.

saber en qué paró toda esta historia por no encontrarse la sentencia en el resumen del que disponemos.

Según todo lo que estamos viendo, las blasfemias de los gitanos no tienen carácter herético en el sentido estricto, sino que son protestas viscerales acerca de situaciones dolorosas o injustas, o simples descargas temperamentales. Desde este punto de vista deben interpretarse los casos de Francisco de Gales, la gitana Catalina, María Cortés, María Felipe, y Luis de Vargas, pero también pueden observarse a través de este tipo de procesos situaciones de conflicto entre particulares en las que la blasfemia viene a ser una forma de insulto. Como es lógico, esta variante también aparece en el grupo gitano con características muy similares a la que puede surgir en una discusión entre cristianos viejos, según lo demuestra de forma bastante gráfica los dos procesos que referiré a continuación.

Las dos causas están relacionadas con gitanos procesados en el siglo XVII en el tribunal de Cuenca. El primer caso es simplemente una denuncia que no pudo prosperar por falta de referencias concretas en relación con la supuesta rea de blasfemia, puesto que se trata de una mujer. Según parece, el hecho tuvo lugar el 5 de diciembre de 1627. Un grupo de vecinos de la villa de Alconchel estaban observando la disputa entre una mujer gitana y el que debía de ser su marido. La discusión había llegado a tal extremo que el hombre empezó a golpear a la gitana, quien empezó a lamentarse diciendo: «reniego de mi padre, y de mi madre y de la leche que mamé y de Jesucristo». Los testigos de la escena se sintieron rápidamente escandalizados y al día siguiente, sin perder tiempo, fueron a denunciar el hecho ante el comisario del Santo Oficio más próximo. A pesar de que los datos que pudieron proporcionar acerca de la identidad de la gitana que había blasfemado eran muy escasos, los inquisidores tomaron muy en serio el caso. Se tomó declaración a todos los testigos que podían aportar alguna noticia, pero al final no se pudo averiguar con exactitud cuál era la gitana que había pronunciado la blasfemia y se vieron obligados a suspender el proceso [48].

El segundo proceso [49] está dirigido también contra una mujer gitana, María de Malla, «estante» en la villa de Santa María del Campo. La denuncia había sido presentada esta vez por otro miembro del grupo, después de una discusión que surgió mien-

---

[48] Archivo Diocesano de Cuenca, Inq., leg. 423, n.º 5931.
[49] A.D.C., Inq., leg. 453, n.º 6279.

tras dos matrimonios gitanos estaban en la cárcel real. El breve relato es como sigue: «El 30 de octubre de 1636, ante un comisario de la Inquisición de Cuenca, [...] paresció sin ser llamada Maria de Mendoza, jitana, muger de Domingo de Ramos, dijo ser de edad de treinta años, y juró decir verdad, la que por descargo de su conciencia denuncia de Maria de Maya, jitana soltera, y estando la noche pasada a cosa de las ocho de la noche en la cárcel pública de esta villa avian colocado un brasero de lumbre para que se calentase el dicho Domingo Ramos su marido, que está preso en la dicha cárcel, y estandola consolando y diciendo que dios lo a de remediar y la avia de faborecer, estando asimismo presa la dicha Maria de Malla en otra pieza de la dicha cárcel mirándoles y escuchandoles por un agujero que sale a la parte donde estava esta que denuncia y el dicho su marido, y dijo la dicha Maria de Malla, si dios hace por tales personas no tengo de creer en dios, todo lo cual pasó en presencia de esta que denuncia y del dicho su marido, y Juan de Torres...»

Los inquisidores se ocuparon inmediatamente de esta denuncia, y se tomó declaración a Domingo de Ramos, el marido, al alcaide de la cárcel y su mujer, todos los cuales corroboraron la blasfemia de la gitana. Finalmente, se pidió que se la trasladara a las cárceles inquisitoriales, y aunque no disponemos de la declaración de la interesada, en el proceso consta que María de Malla fue amonestada y advertida el 14 de noviembre de 1636.

Las proposiciones heréticas son, como la blasfemia, un «cajón de sastre» colorista y variopinto en el que es difícil separar muchas veces, lo que constituye una auténtica afirmación de carácter herético de las exclamaciones motivadas por las circunstancias. Los gitanos actúan también en esto de forma muy similar a los cristianos viejos. Son los inquisidores, según he explicado antes, quienes clasifican con la paciencia del entomólogo cada una de las palabras pronunciadas por el presunto reo para colocar la etiqueta adecuada. De esta forma, y gracias al trabajo de los calificadores del Santo Oficio, nos tropezamos con algún gitano procesado por «proposición lutherana», como fue el caso de un tal Torralva, procesado en 1593, o por proposiciones de sabor herético en general, según veremos detenidamente gracias a otros dos procesos conservados en el archivo Diocesano de Cuenca.

Por lo que se refiere al gitano acusado de luteranismo, no son muchos los datos que nos proporciona el proceso. La denuncia se recibió en marzo de 1593, después de una conversación que había tenido lugar entre el acusado y un grupo de cristianos viejos. Parece que se inició una discusión acerca del comportamiento de los gitanos respecto a la confesión, a lo que Torralva respondió, más o menos, «entre vosotros ay muchos que confesais y no decis la verdad en la confesión», para concluir que los gitanos no se confesaban con ningún sacerdote porque lo hacían con Dios [50]. Como de costumbre, los inquisidores se preocuparon en seguida de reunir todos los datos posibles acerca de este presunto reo, escribiendo al lugar donde se suponía que estaba avecindado. El comisario de Cabrejas hizo las averiguaciones pertinentes e informó a sus superiores que Torralva se había avecindado en aquel lugar al principio del verano anterior, alquilando una casa a un vecino del lugar. A pesar de esto, Torralva se ausentó a continuación para trasladarse al pueblo de Rejuenco, en donde tampoco permaneció mucho tiempo porque le sobrevinieron algunos disgustos. La última noticia que el comisario envía acerca de él es que se le ha visto caminando en el Val de Viana. Estos traslados tan seguidos fueron sin duda los que impidieron el apresamiento del supuesto hereje, ya que la causa esta inconclusa. Una vez más, la movilidad del grupo gitano, según apunté al principio, impide la acción de los inquisidores a pesar del interés que manifiestan por cualquier tipo de denuncia.

Según vamos viendo, los procesos inquisitoriales contra gitanos sólo aluden a hechos muy poco relevantes, casi puramente anecdóticos por lo que se refiere a la visión de conjunto del tribunal, y, sin embargo, los datos que nos proporcionan acerca de la minoría gitana son sumamente interesantes.

En el caso del gitano Torralva acabamos de ver una escena en la que surge la suspicacia de los no-gitanos hacia las prácticas religiosas de la minoría, tal y como se expresaba en los memoriales anti-gitanos de la época. El proceso contra este gitano podría pasar inadvertido para un estudioso del tribunal de la Inquisición, pero para los historiadores de nuestra minucia es una prueba del comportamiento de los inquisidores hacia el grupo, y de la opinión popular que se manifiesta a través de los roces cotidianos. Desde este punto de vista debe interpretarse el proceso contra la gitana Isabel Hernández, denunciada también ante el tribunal de Cuenca en 1580 [51]. La declaración de uno de los testigos explica mejor que cualquier otra versión la discusión entre la gitana y la mujer que la interpeló:

---

[50] A.D.C., Inq., leg. 334, n.º 4760.
[51] A.D.C., Inq., leg. 282, n.º 3931.

En la ciudad de Cuenca, a tres dias del mes de junio de mil quiniento y ochenta años, estando los señores inquisidores doctor Arganda y el licenciado Hernan Cortes en la sala y audiencia de la mañana, entró en ella sin ser llamado y juró en forma y prometió dezir verdad

Juan Juarez, vezino de Cuenca, de hedad que dixo ser de treynta y cinco años, y que por descargo de su conciencia viene a manifestar a este Santo Oficio que el domingo próximo pasado que se contaron veinte e nuebe del mes de mayo, estando este testigo en el Villarejo el Espartal donde al presente bive y doña Luysa Merino su mujer, en su casa deste, entró una gitana a pedir limosna y diziendole la dicha doña Luysa que para que hurtavan pues pedian limosna y que con la limosna se podian sustentar y que hurtando y tiniendo tan mala bida se yririan al ynfierno, respondió la dicha gitana que los viejos les dezian que ellos ni yban al cielo ni al infierno, luego dixo que los gitanos ni yban al cielo ni al ynfierno y este testigo y la dicha su muger le dixeron que adonde yban respondió la dicha gitana que dezian sus biejos que a unos prados riberas de un rio y que le preguntaron si hera cristiana bautizada riñendole por lo que avia dicho y diziendole que hera gran heregia la dicha gitana respondió que hera cristiana bautizada y que sería lo que dios quisiera y que el respondió a propósito de dicho testimonio que la quemarían si tal dezia.

De nuevo, un proceso casi insignificante nos permite conocer datos de interés acerca de las creencias religiosas del grupo gitano y sus relaciones con la mayoría de la población. Isabel Hernández recibe los reproches de una mujer no-gitana a causa de lo que se supone una de las ocupaciones principales de los gitanos, el hurto, y la amenaza que pesa sobre los creyentes que infringen el mandamiento relativo a la propiedad ajena. La gitana da cuenta de un supuesto paraíso gitano, muy diferente al cristiano, en el que los gitanos parecen descansar, finalmente, a la orilla de un fértil río. Aunque resulta difícil comprobar si esta declaración se corresponde con una creencia extendida en el seno del grupo en estos momentos, o si se trata únicamente de un embuste repentizado para salir del paso, es evidente que los propios gitanos contribuían a través de estas afirmaciones a configurar la opinión que se tenía acerca de su superficial cristianización.

Como de costumbre, el tribunal procuró detener a Isabel Hernández, quien prestó declaración el 17 de junio del mismo año. Según su propio testimonio, era hija de María Hernández, corredora de telas de lana; y de Juan Hernández, albañil, aunque no sabía quiénes fueron sus abuelos ni cómo se llamaban. Citó el nombre de algunos tíos y hermanos y afirmó ser vecina de La Solana y tener 25 años. Se declaró cristiana bautizada y pudo decir correctamente las oraciones que le preguntaron los inquisidores, padrenuestro, avemaría, salve regina y confesión general, según lo acostumbrado con todos los reos. Aseguró que había confesado y comulgado, según el precepto de la Iglesia, con el cura de La Solana. Acerca de su lugar y fecha de nacimiento, sólo pudo explicar que había oído decir que nació en Valencia, desde donde la llevaron a La Solana. A continuación, los inquisidores trataron de conseguir su confesión voluntaria según las pautas seguidas habitualmente por el tribunal, y la rea aportó su versión de los hechos sin ninguna reticencia según reproduzco fielmente a continuación:

[...] preguntada si save o presume la causa porque le an prendido y mandado traer a este santo oficio, dixo que si, que un domingo antes que prendiesen a esta confesante salió con su hermana Beatriz a pedir limosna por el dicho Villarejo del Espartal y fueron a casa de un fulano Xuarez por parecerles que hera casa cristiana y que harían limosna y habiendola llegado a pedir esta confesante salió la moza de la casa y les despidió, y luego la tornó a llamar que la llamava su señor y esta entró y estava la señora asentada a la mesa con un panezillo delante y el dicho Xuarez estava echado en una cama y la dicha señora le dixo berás que te llama y esta entró y se asomó a la puerta y le mostró tres reales de a ocho que tenía en la mano el dicho Xuarez y le dixo que si los quería ganar y esta se salió y le dixo, señor eso no es para mi y esta se iba turbada y el dicho Xuarez le dixo asientate un poco que luego te irás, y esta se sentó y la dicha su muger le dió una rebanada de pan y le dixo, vosotros que andais hurtando quando os moris donde bays, y esta respondió y eso me pedis ahora, iremos donde dios fuere servido, y el dicho Xuarez dixo, claro está que cada uno a de yr donde dios quisiere y acusándola mucho ésta le dixo que a un prado y esta entre si dezia sin dedarlo que a un prado fresco de flores donde etava la virgen maria y los angeles que hera la gloria y que ésta le dixo al dicho Xuarez que yban donde dios fuese servido que la gloria, el ynfierno ni purgatorio no se abia hecho para una sola persona, y que maldonado, gitano, suegro que abia de ser de esta que llevaba un rocin y el dicho Xuarez el mesmo domingo dixo a esta declarante que hiciese que le trocasen el dicho rocin que trayan en su compañia por otro que tenia y que daria encima un real de a ocho y que a la tarde se trató de ello y que el lunes siguiente y como no se efectuó el martes siguiente por la tarde por interés i porque no le quisieron trocar la hizo prender a esta con tres hombres diziendo que hera por una gallina y la pusieron en el hospital donde estuvo tres dias presa y la truxeron a este santo oficio.

Según se puede observar en la declaración de Isabel Hernández, que acabo de transcribir en su totalidad para que el lector pueda acercarse a las dos versiones de los hechos por sí mismos, la gitana matizaba con gran habilidad el relato de sus delatores. Sin desmentir la frase que escandalizó a sus interlocutores, añadió las reservas mentales con que la pronunció de manera que sólo se trataba, en realidad, de una alusión al paraíso cristiano donde estarían en compañía de la Virgen. A continuación, y con gran sutileza, refirió todo lo relacionado con el trueque del animal, insinuando que probablemente esa era la razón por la que había sido delatada. Es decir, un afán de venganza que primero la había conducido a la cárcel civil y ahora ante los inquisidores. De esta forma, la frase por la que fue denunciada quedaba reducida a un simple embuste, producto de su imaginación y voluntad de deslumbrar a los «clientes».

A pesar de las explicaciones de Isabel Hernández, el fiscal del tribunal inquisitorial no se sintió satisfecho y el proceso contra ella siguió su curso. Se la acusó formalmente de haber «heretizado y apostatado» de la fe cristiana al afirmar que para los gitanos no había cielo ni infierno y se la designó un abogado defensor en atención a su poca edad. En el curso de las audiencias, Isabel volvió a matizar las palabras que pronunció en casa de sus delatores añadiendo una nueva versión. Isabel aseguró a sus jueces que entre los gitanos había dos grupos diferentes, los «grecianos» y los «gitanos», y que la opinión acerca del lugar adonde iban los gitanos después de la muerte se la oyó a un caballero «greciano», al que no podría reconocer aunque le volviera a ver, ni podía decir cómo se llamaba: «... y tratando entre ellos que abia de ser despues de muertos vino a dezir el dicho greciano que ellos como andaban por las huertas y riberas y frescuras y no tenían casas de asiento que tambien después de muertos andarían de la misma manera y que como esta oyó lo susodicho vino a dezir lo que tiene confesado en casa del dicho Xuarez».

Es difícil saber en cuál de sus declaraciones Isabel Hernández dijo la verdad —si es que llegó a decirla en alguna— y si realmente oyó la afirmación acerca de los prados y el descanso eterno de los gitanos a un «greciano», pero los inquisidores tomaron en serio esta última versión. Desde mi punto de vista, es probable que Isabel tuviera en cuenta algunas referencias recogidas oralmente acerca de las creencias de otros grupos gitanos y que, efectivamente, se decidiera a repetirlas delante de Xuarez y su mujer con la intención de provocar en ellos la admiración y llamar su atención sobre su origen, exotismo y extraordinarias costumbres.

Los inquisidores interrogaron a la gitana acerca de su actitud. Isabel aseguró que ella no entendía bien lo que decía y que de lo contrario no lo hubiera dicho:

preguntada qué tanto tiempo a tenido y creydo y dicho que desde el tiempo que lo dixo el dicho greciano, preguntada si al tiempo que dixo las dichas palabras supo y entendió que la yglesia rromana tiene lo contrario y que para los gitanos y que para todos los hombres y mugeres nacidos e por nascer ay gloria purgatorio e ynfierno dixo que no lo savia ni entendia y que si lo supiera no dixera las dichas palabras y que si el dicho Xuarez fuera hombre de juizio aviendo dicho esta primero a sus preguntas que los gitanos yrían a donde dios fuese servido no la abia de apretar tanto que le hiciese dezir con su poco entendimiento lo que no avia de dezir.

Isabel Hernández manifestó a lo largo de todo su proceso una actitud sumisa, aduciendo —seguramente por consejo de su abogado— su falta de conocimientos y su poca edad, sin perder la calma, según hemos podido observar en la declaración que acabo de reproducir, en la que la gitana apunta de nuevo con gran sentido a la mala fe de sus delatores. Finalmente, el 4 de agosto de 1580 la Suprema sentenció a Isabel Hernández a abjurar *de levi* de sus errores, por los que debía ser reprendida, y a continuación enviada a un colegio de la compañía de Jesús para ser instruida en la fe católica.

Todavía disponemos de otro proceso contra un gitano por proposiciones heréticas, que nos permite terminar de conocer los distintos contenidos de este delito, tanto cuando se trata de gitanos como de cristianos viejos y demás miembros de la comunidad española en estos momentos. En la causa contra Manuel González, delatado por un grupo de mujeres en febrero de 1732 [52] la proposición herética está estrechamente emparentada con los casos en que se ha pronunciado una blasfemia en momentos de cólera y situaciones similares y algún vecino o viandante demasiado celoso o malintencionado se apresura a poner en conocimiento del Santo Oficio esta falta de control que debía ser muy frecuente. A pesar de todo, los celosos inquisidores estudiaban siempre con atención el asunto y nunca dejaban de actuar cuando lo consideraban necesario aunque el presunto reo careciera de fortuna e influencia, como en el caso de nuestros gitanos.

El gitano Manuel González fue, sin duda alguna, la víctima de un grupo de airadas comadres con las que cometió el error de discutir. María Moreno, viuda de Roque Gallego; Rosa Rodríguez, mujer de Bernardino Gallego; María Andrade, viuda de Juan Seguillo, y una tal Rodríguez, mujer de Pedro Pintado,

---

[52] A.D.C., Inq., leg. 594, n.º 7195.

vecinas de Las Mesas, fueron a denunciar las palabras que Manuel había pronunciado después de echar «muchos votos», a causa de una «desazón» que había tenido con Águeda de la Cruz. El gitano había jurado y blasfemado varias veces, echó mano de un puñal y acercándose a ellas añadió: que si él no supiera que le «habían de matar, con aquel puñal se había de cagar en el Niño Dios». Como de costumbre, la interpelada le reprochó su conducta asegurándole que por menos había quemado la Inquisición a otro gitano que nombró, pero, según cabe suponer, sólo consiguió que Manuel González volviera a enfadarse asegurando esta vez que «Dios estaba borracho pues le havía pedido que se cayese muerta de repente y que no lo havia querido hacer, y que si no lo acía no havía de creer en el señor Jesucristo del Valle».

De nuevo, un pequeño conflicto entre vecinos desemboca en una delación por blasfemia o proposición herética contra un gitano. Una situación, según vemos, que apenas varía desde principios del siglo XVI al XVIII.

Al igual que en casos que ya hemos visto anteriormente, Manuel González, que también estaba reclamado por la Santa Hermandad y se había fugado de sus cárceles, no pudo ser detenido y la Inquisición se vio frustrada de nuevo en su intento de controlar a una minoría tan sorprendente como inquieta.

Según vamos viendo, aunque sólo contamos con unos cuantos ejemplos de proposiciones heréticas por lo que se refiere al mundo gitano, éstas no difieren mucho de las pronunciadas por cristianos viejos. Consisten en afirmaciones originales acerca del futuro de la Humanidad, las relaciones con el sexo opuesto o los propios cristianos. Una vez más, los gitanos no son tan diferentes como parecen...

Al igual que en el caso de los cristianos viejos, referir el contenido de las proposiciones heréticas atribuidas a los miembros de nuestra minoría produce la impresión de estar repasando un anecdotario chispeante y un tanto procaz. Juan Escudero, gitano natural de Barcelona, aunque vecino de Dos Hermanas, fue testificado en 1580 [53] porque había dicho, a propósito de unas mujeres que estaban presas: «Juro a Dios que la jodería a la madre y a la hija, que no es pecado hacérselo, haciéndoselo a la hija y luego a la madre». Los testigos trataron de corregirle, pero esto sólo dio origen a una fuerte discusión en la que Juan Escudero añadió otras afirmaciones dignas de ser tenidas en cuenta por los inqui-

---

[53] A.H.N., Inq., leg. 1953 (1).

sidores, tales como decir que «más valía el diablo que Dios», y que «si le ahorcaban yría al cielo y si moría su muerte al infierno y que viniessen los diablos del ynfierno y le llevasen su cuerpo y su alma». Según uno de los testigos, añadió que cuando saliera de la cárcel iba a quemar todas las cruces que encontrara y otras cosas similares.

Juan Escudero trató de justificar su actitud explicando que sólo había afirmado que no era pecado «cabalgar» a la hija y la madre, aunque no lo creía, y que sólo había hablado de prender fuego a un pajar cuando salió libre de las galeras donde había estado diez años por haberle pegado una pedrada a un muchacho que le causó la muerte. El tribunal le penitenció entre los que habían afirmado que fornicar no era pecado, o «simple fornicación», pero el pobre Escudero tuvo que volver a servir en galeras por esta sencilla opinión, esta vez durante seis años.

En 1577 fue denunciado, durante una visita del inquisidor de Granada a Baza, un hombre al que llamaban el «gitano» [54], pero del que se hace constar que es morisco y vecino de Baza. Parece que había asegurado que «mas valía el más ruín moro que el mejor cristiano», frase que parece confirmar su pertenencia al grupo morisco más que a la minoría gitana, pero no podemos disponer de más datos porque no se le llegó a procesar.

Finalmente, contamos con dos mujeres gitanas acusadas de haber pronunciado proposiciones heréticas. De una de ellas sólo sabemos que se llama María, natural de Úbeda, y «estante» en Tortosa. María fue acusada ante los inquisidores valencianos en 1572, por haber dicho que ella sólo se confesaba con Dios y no necesitaba a ningún clérigo. Parece que era muy anciana, pero se la penitenció entre los reconciliados por la secta de Lutero [55].

Nuestra segunda gitana se llamaba Mari Hernández y fue castigada por el tribunal de Granada [56] en 1604 a causa de una proposición herética relacionada con el Juicio Final. Según esta mujer, «quando verná el dia del juycio no sabeys que se an de casar nuestros hijos y an de tener otros hijos y assi nunca se a de acabar el mundo». A pesar de esta original consideración, los inquisidores sólo estimaron necesario condenarla a que oyera una misa en la sala del tribunal, abjuración *de levi*, y que fuera reprendida por estas opiniones.

---

[54] A.H.N., Inq., leg. 1953 (1).
[55] A.H.N., Inq., lib. 934.
[56] A.H.N., Inq., leg. 1953 (1).

La bigamia y otros delitos

Tan sólo disponemos de un par de causas en las que aparezcan gitanos acusados de bigamia, y en ambos casos los procesados son del sexo masculino. El primer proceso pertenece a Lucero Malla, gitano acusado en 1562 [57] de haber cometido este delito ante el tribunal de Toledo. La segunda, a Domingo Quirós, encarcelado en Murcia en 1745. Dos situaciones, por tanto, completamente aisladas, entre las que median casi dos siglos de diferencia, pero en las que se pueden apreciar algunos rasgos en común de los que es posible deducir algunas peculiaridades internas de la comunidad gitana. Veamos, pues, en primer lugar, el caso del gitano Lucero de quien se dice en el proceso que era un estupendo «bailador».

El tribunal del Santo Oficio de Toledo recibió en 1562 la denuncia de un gitano llamado Miguel Garcés que quería delatar a un compañero de su etnia por haberse casado en segundas nupcias en la villa de Ocaña. La novia era también gitana, hija de un picador, y el novio ya había estado casado anteriormente en Llerena con otra gitana. Su delator le describió como un «mozo bailador, pecoso de cara, moreno, mediano de cuerpo». Según Miguel Garcés, el asunto lo conocían muchos gitanos, pero no quiso señalar ningún testigo porque, según dijo, «tenían pacto entre ellos de no descubrir los delitos», y no dirían la verdad, aunque les llamaran a declarar.

Al parecer, el delator estaba atemorizado y afirmó que si llegaban a descubrir que había acudido ante la Inquisición, era seguro que le matarían. Aunque no aparece ningún dato acerca de la relación entre el declarante y los protagonistas del caso, cabe suponer que se trataba de alguna venganza.

Esta delación sumió en la perplejidad al comisario del tribunal, quien hace constar que «se trata de un caso dificultoso» del que sólo se podría averiguar la verdad examinando los libros en donde quedaron registrados los dos matrimonios y sometiendo a tormento a los protagonistas. A continuación añade: «no tengo duda de que este género de gentes viven como alarves haciendo mil abominaciones de que está nuestro Señor muy ofendido».

El tribunal ordenó que se realizara una investigación en Ocaña acerca de este matrimonio, y gracias a las declaraciones del sacerdote que celebró la boda y las de los testigos que le

---

[57] A.H.N., Inq., leg. 26, exp. 20.

acompañaron, contamos con la minuciosa descripción del acontecimiento.

Haría unos cuatro o cinco meses que se habían presentado en casa de un sacerdote llamado Pantoja, cura teniente de la villa, una pareja de gitanos, hombre y mujer. El gitano le enseñó al cura unos papeles que llevaba y le pidió que le desposara con la mujer que le acompañaba. Como el sacerdote se encontraba reunido en aquel momento con unos amigos, uno de ellos se acercó al grupo tratando de averiguar qué pasaba. Pantoja le explicó que el gitano quería casarse, pero que él le había pedido que suspendiera la ceremonia hasta el día siguiente. El amigo, sin embargo, intercedió a favor de la pareja: «Vea vuestra merced si traen buenos recados y despóselos vuestra merced luego, y haga obra de caridad, pues ahí hay dos testigos y ahora veremos una cosa que nunca hemos visto.»

El reverendo Pantoja escuchó la petición de su amigo y mandó a buscar al notario, un tal Luis Casarrubias, para que examinara los documentos y mientras llegaba hicieron entrar a la muchacha en una sala aparte, y allí la examinaron de la doctrina cristiana haciéndola preguntas sobre la fe, «de lo que dió buena cuenta».

Al cabo de un cuarto de hora, llegó el notario y comenzó la ceremonia. Los novios dijeron llamarse Diego de Alvarado, él, y ella María de Torres. Bartolomé Rodríguez y María Hernández, vecinos del lugar, fueron los padrinos y como testigos actuaron también otros habitantes de la villa. Después que los casaron, Diego de Alvarado se volvió a un tal Cristóbal Pérez, carpintero del pueblo que estaba presente, y le pidió que trajera de su casa una guitarra con la que improvisaron una fiesta en la que los gitanos bailaron, «y hicieron otras muchas vueltas e invenciones, porque el desposado es muy gran bailador». Diego Alvarado le pidió al carpintero que asistiese también a las velaciones, que se celebraron cuatro días después con la asistencia de mucha gente, gitanos y no gitanos.

La escena que acabamos de describir siguiendo la declaración del reverendo Pantoja no transcurrió sin llamar poderosamente la atención de los que la presenciaron. Todos los testigos fueron unánimes en declarar que habían asistido a un espectáculo «nunca visto», o que se había tenido «por cosa nueva que los gitanos se casen». En cualquier caso, el gitano Lucero, bígamo o no, debió tener buenas razones para realizar su boda de forma tan apresurada y sorprendente. Desgraciadamente, no nos resulta posible conocerlas, puesto que estamos ante una causa incompleta que se interrumpe en este punto del relato. A pesar de esto, todavía puede servirnos para comprender algunos puntos acerca de la situación de la comunidad gitana. A juzgar por la extrañeza de los testigos y amigos del cura Pantoja, los gitanos seguían siendo, después de más de un siglo de convivencia, un grupo extraño, distinto y pintoresco. Uno de los presentes, un sacerdote llamado Buendía, amigo de Pantoja, intercede para que su colega acceda a casarlos porque así verán «algo nunca visto», y todos los testigos están también impresionados por la novedad del caso. Otros aspectos, sin embargo, parecen indicar una cierta asimilación a la cultura del país. Los nombres son, indudablemente, bien castizos: Diego de Alvarado y María de Torres. La novia está en situación de responder a las preguntas que se le formulan sobre la fe y la religión católica —punto este sobre el que será preciso volver—. Por otra parte, los presentes se asombran, no sin razón, de que los gitanos acudan a la Iglesia para casarse.

La situación social del novio, cuyo único oficio parece ser el de bailar en las fiestas, resulta completamente marginal. Como es sabido, los grupos marginados suelen recurrir a la destreza en el baile y en la música como medio de asimilación y promoción social.

De acuerdo con el proceso, no resulta completamente claro si la única profesión de Lucero era la de «bailador» o si se trataba únicamente de una característica que llamó la atención de los presentes a la boda. Todos los testigos coincidieron también en alabar la destreza del novio en este arte, y algunos añaden que le habían visto bailar en distintos lugares. No resultaría sorprendente que se tratase, efectivamente, de su única profesión, pues como veremos en otro libro, los gitanos, hombres y mujeres, solían participar con frecuencia en las danzas que tenían lugar durante las fiestas del Corpus y otras festividades. Sin embargo, deducir que estamos ante un remoto antecedente del cante y baile llamados «flamenco» me parecería abusar de la imaginación. No olvidemos, en primer lugar que Lucero, o Diego Alvarado, se dirige a los propios vecinos del lugar para pedirles prestada una guitarra, un instrumento del país, por tanto, y en segundo lugar que la escena transcurre en Toledo.

Tampoco resulta posible averiguar si el gitano que se casó en Ocaña era el mismo a quien delató como bígamo Miguel Garcés. El sacerdote que le casó sólo puede explicar que era moreno y «bailador», pero no pecoso como indicó el delator. Se casaron con licencia del vicario general de Toledo y la novia era efectivamente hija de un picador de caballos. Diego de Alvarado —el que se casó en Toledo— dijo ser hijo de Julián de Alvarado y Sebastiana Bustamante, y María Torres, la novia, hija de Carlos Malla y Catalina Hernández. Nombres castizos, desde luego, pero la asimilación de los gitanos es más superficial que real, y su cristianismo no resulta del todo convincente, como podremos comprobar más adelante. La repentina presentación de los novios en casa del reverendo Pantoja, sus prisas por casarse y la sorpresa de todos los payos lo demuestran también a pesar de que el delator declare que acude al Santo Oficio por orden de su confesor y la novia llegue a responder las preguntas de los sacerdotes.

En cualquier caso, aunque nunca sepamos las causas de este apresurado matrimonio de Diego y María, y no podamos averiguar si efectivamente fue bígamo o no, todo parece indicar que estamos ante la descripción de uno de los acontecimientos de este tipo más antiguos en la península. Según la declaración del propio padrino de la boda, nunca vio «en toda su vida otros gitanos casados, ni lo ha oido si no es de el dicho Diego de Alvarado».

Menos pintoresca, pero mucho más complicada resulta la segunda y última causa en la que encontramos gitanos acusados de bigamia. Más de un siglo ha transcurrido entre la una y la otra, puesto que la acusación contra Domingo Quirós tuvo lugar en 1745, pero el azar que nos ha conservado el resumen de este proceso nos va a permitir comprender mucho mejor la situación anterior y reconstruir la situación en cierto modo.

En efecto, los datos del proceso de Domingo Quirós —alias Antonio Flores, alias Antonio Malla—, coinciden en muchos aspectos con la situación de Lucero Malla, el gitano «bailador».

A pesar de sus numerosos alias, parece que Domingo Quirós, o Antonio Flores, era conocido sobre todo por su sobrenombre de «el Botijos», tal vez por alusión a la venta de este tipo de vasijas. Era natural de Espinardo [58] y fue delatado por otro gitano llamado Francisco Montoya, natural de Murcia y de 72 años. Según Francisco Montoya, su verdadero nombre era Domingo Quirós y como tal se había casado legítimamente con una gitana, una tal «la Rondeña». A continuación, contrajo segundo matrimonio con otra gitana en el reino de Granada. Su primera cónyuge le denunció ante el tribunal de la Inquisición de Granada,

---
[58] A.H.N., Inq., leg. 3733, n.º 168.

pero consiguió escapar de la cárcel y pasar a Murcia. Un tal Domingo Heredia, mencionado por el testigo anterior, corroboró esta declaración.

Unos días después de que comparecieran ante el Santo Oficio los dos testigos que habían declarado en su contra, se presentó por su voluntad ante el tribunal el propio «Botijos». Dijo que era Domingo Quirós, y explicó que «dejado de la mano de Dios» se había amancebado con una gitana «de su misma nación», de cuyo nombre no se acordaba. En compañía de esta mujer había venido a Murcia desde Granada haciéndola pasar por su esposa. Esta gitana disponía de la documentación de un primo suyo, llamado Antonio Malla, y Domingo Quirós se apoderó de ellos y fue preso y castigado por este delito a permanecer en galeras durante ocho años. Según dijo, cuando cumplió esta condena prometió apartarse de su amancebamiento y casarse, lo que llevó a cabo en la villa de Cuevas, obispado de Almería, con una gitana cuyo nombre y apellido tampoco recordaba «por ser muy falto de memoria». Según vemos, «el Botijos» padecía de una notable amnesia para todo lo que se refería a las mujeres con las que había convivido.

Su manceba cayó en poder de la Inquisición, por motivos que también dijo desconocer, y utilizó esta oportunidad para denunciarle como bígamo ante los inquisidores. Casi al mismo tiempo que esta mujer le acusaba ante un tribunal, su primera mujer le denunciaba en Baza por el mismo motivo. Según vamos viendo, la Inquisición se convertía así en «martillo de Casanovas» que andaban amancebándose a lo largo de toda la geografía española al amparo de la amnesia que les impedía recordar si habían estado casados anteriormente o no. «El Botijos», sin embargo, debía considerarse perfectamente inocente puesto que aseguró a los inquisidores que él era responsable de la situación al haber contado a las gentes que estaba casado con su manceba, con el objeto de que no les molestara la justicia.

A causa de la denuncia de su mujer, el tribunal de Baza le tuvo preso durante un año, pero cuando le trasladaban a Granada consiguió la oportunidad para escaparse, según dijo, «porque inocente como estaba, le daba valor para librarse».

Como puede ver el lector, la vida del «Botijos» había sido bastante complicada a causa de su afición a cambiar de mujer en cada localidad, y lo había pagado ya con varios años de cárcel, pero la situación se va a complicar todavía más con la aparición de nuevos testigos. En vista de las circunstancias, el fiscal del

Santo Oficio de Murcia pidió al de Granada que enviara toda la documentación de que dispusiera acerca del caso, y de ella resultó que el acusado había vivido con una mujer llamada Juana de Acosta, sin estar casado con ella.

A la vista de los informes que llegaron, se llamó a declarar a la segunda esposa, quien se llamaba en realidad Isabel Maldonado, y a su madre, una tal Pascuala de Acosta. De acuerdo con estas mujeres, el bígamo sería Domingo de Bargas, y hacía dos meses que se había casado por la Iglesia en la villa de Cuevas con Isabel Maldonado, a quien había obligado a cambiarse el nombre por el de Juana de Acosta. Con este nombre había sacado en Cuevas el certificado de matrimonio, y después de la boda descubrieron que «el Botijos» ya había estado casado en Ronda con otra gitana. Isabel y su madre procuraron, en consecuencia, que se le llevara a la cárcel, y Pascuala impidió que su hija hiciera vida marital con «el Botijos».

Como consecuencia de la declaración de Isabel y Pascuala, se metió a Domingo Quirós, o Domingo de Bargas, en la cárcel, y se procedió a completar la investigación, aunque el acusado seguía asegurando que «la Rondeña» no era su mujer y que había vivido con ella sin estar casados. El Santo Oficio tomó declaración a continuación a otros testigos, también gitanos, y éstos confirmaron la acusación de bigamia en algunos casos, y en otros corroboraron la versión del acusado, para terminar de complicar las cosas. Los nuevos declarantes se llamaban Diego de Heredia, el mesonero con quien dio comienzo la causa, y su madre, Francisca Montoya, un tal Juan Montoya —alias Juan Maldonado, y también alias Juan Redondo—, cuya relación con el acusado no consta en el resumen del proceso. Finalmente, también declaró una hermana del «Botijos», quien figura como Juana Bermúdez. Como puede verse, los alias son tan frecuentes, y el cambio y libertad en el uso de apellidos tan total, que resultaba casi imposible para los inquisidores y las justicias —y para nosotros mismos— terminar de entender el proceso y no perder la cabeza en los asuntos tocantes a los gitanos. De los nuevos testimonios se desprende que «el Botijos» había estado preso en las galeras de Cartagena durante varios años, tiempo durante el cual había recibido con frecuencia las visitas de «la Rondeña», a quien todo el mundo consideraba como a su mujer. Cuando consiguió la libertad, estuvo viviendo con ella durante un tiempo, pero al fin se separaron y ella se fue a vivir con un gitano ciego al que abandonó también. Domingo Botijos —nombre con el que parece le conocían todos los gitanos— anduvo por varios lugares usando el nombre y los papeles de Antonio Malla, es decir, el estatuto de castellano viejo con el que se le autorizaba a asistir a ferias y avecindarse donde quisiera. Luego empezó a vivir con «la Chena», o «Tona», hija de Cristóbal y Pascuala, pero corrió la voz de que estaban amancebados y la justicia le obligó a casarse con ella.

Según esto, todo parecía indicar que la mujer llamada «la Rondeña» (a causa del lugar donde había nacido y vivido, sin duda) habría sido la primera mujer legítima del «Botijos» y como daba la casualidad de que también estaba en poder de la Inquisición, en el tribunal de Granada, se procedió a tomar su declaración. «La Rondeña» se llamaba en realidad María Jacinta de Bargas, era natural de Marchenilla y tenía 40 años. Aseguró que se había casado con Francisco Marqués, otro alias del «Botijos», en la villa de Ronda hacía 20 años. Jacinta dio detalles acerca de la ceremonia, señalando el nombre del párroco, de los padres del novio y la iglesia donde se había celebrado. Dijo que el alcaide de la prisión donde se encontraba entonces «el Botijos» había actuado como testigo. Antes de casarse con él, habían tenido un hijo al que bautizaron y registraron como si fuera de padres desconocidos, pero después de haber contraído matrimonio hicieron constar en la parroquia sus nombres como los padres del niño.

El Santo Oficio procedió a verificar todos estos datos, y la comisión que se envió a Ronda averiguó que el 11 de abril de 1715 Don Cosme Coloma, cura propio de la iglesia de Santa Cecilia, había casado con licencia del cura Milanés, a quien correspondía la cárcel como feligresía, a los gitanos llamados Francisco Pineda, vecino de Ronda, y natural de Bornos, hijo de Manuel Pineda y Juana Bargas, con la gitana María Jacinta, vecina de Ronda y natural de Marchenilla, hija de Manuel de Flores y Francisca Burgos. El cura recordaba que había casado a unos gitanos unos 21 años antes, actuando como testigos los presos que estaban entonces en la cárcel con el novio, pero el nombre del alcaide no figuraba entre los testigos y no se pudo encontrar a nadie que hubiera presenciado la boda.

Según vamos viendo, cada nueva declaración complica todavía más el estado de la cuestión, con hechos que resultan difícilmente verificables y testigos que no resulta posible encontrar, especialmente si tenemos en cuenta el tiempo transcurrido y la utilización en cada caso de un nuevo alias por parte del supuesto bígamo y sus sucesivas mujeres. Estando así las cosas, el inquisidor fiscal de Granada ordenó el traslado del preso desde la cárcel real de Baza a las secretas del Santo Oficio, dando ocasión, una vez más, al habilísimo «Botijos» para organizar su fuga desde un mesón de Guadix. Como ya supondrá el lector, no fue posible encontrarle... El inquisidor, sin embargo, mandó averiguar si el tal Francisco Pineda que se había casado en Ronda era el mismo Domingo Quirós o Antonio Malla, pero a nosotros no nos resulta posible saber si estas averiguaciones condujeron a algún resultado positivo o si, por otra parte, el supuesto culpable pudo ser recuperado por los inquisidores o alguna otra justicia, aunque es de suponer, a la vista de sus repetidas visitas a la cárcel, que tarde o temprano terminaría siendo encontrado de nuevo, aunque con algún alias nuevo que dificultaría su identificación.

La historia del gitano «Botijos», constituye, según hemos visto, una madeja difícil de desenredar pero repleta de datos interesantes acerca del comportamiento de algunos miembros de la minoría. La casualidad que nos ha conservado este resumen del proceso nos ayuda a comprender mejor algunos aspectos que quedaban en la sombra con respecto a la actitud del grupo gitano hacia el matrimonio en la delegación contra Lucero. Gracias a la causa contra Domingo Quirós, «el Botijos», resulta posible reconstruir de alguna manera la mentalidad del grupo.

El siglo y pico que ha transcurrido entre los dos casos ha permitido la aproximación de la comunidad gitana al resto del país, según parece deducirse de ciertos rasgos del relato. El matrimonio religioso entre gitanos ya no constituye una novedad ni sorprende a los testigos.

Sin embargo, las dos bodas del gitano «Botijos» sólo parecen el resultado de la necesidad. En el caso de su matrimonio con «la Rondeña», a causa de la permanencia en la cárcel. Con Juana de Acosta, obligado por la justicia. Los gitanos desfilan ante el Santo Oficio con la misma «naturalidad», por decirlo de alguna manera, que los acusados y testigos no-gitanos, poniendo de relieve en sus declaraciones muchos detalles acerca de la vida cotidiana del grupo: uno de los testigos es un mesonero, y en cuanto al acusado, se ha apropiado de los estatutos de castellano viejo de un compañero de grupo, mediante los cuales es posible avecindarse libremente y asistir a ferias. Los testigos implicados en el proceso parecen susceptibles de ser identificados y localizados por el tribunal sin excesivas complicaciones, lo que, de alguna manera, indica que ya no estamos frente a una comunidad en constante movimiento. En una palabra, los gitanos han perdido su carácter de gentes exóticas y se han incorporado al pulso cotidiano del país. Sin embargo, el puesto que ocupan en la sociedad no resulta envidiable si tenemos en cuenta la azarosa existencia del propio «Botijos», saliendo de galeras para ingresar en la cárcel o logrando fugarse en el traslado de una celda a otra. Tampoco es demasiado buena la situación de sus sucesivas cónyuges: la primera, huésped del Santo Oficio de Granada al mismo tiempo que su marido llamaba la atención de los inquisidores de Murcia. La segunda, sin poder averiguar con certeza si está casada o no, con un individuo que se pasa la mayor parte del tiempo en alguna prisión.

También aparecen en las «relaciones de causa» algunos resúmenes interesantes de procesos contra gitanos. Suelen ser casos aislados, miembros de la minoría que han incurrido en delitos relativamente frecuentes entre los cristianos viejos o los restantes grupos étnicos peninsulares, pero en los que el grupo gitano arroja un porcentaje ínfimo.

Por una parte, contamos con el caso del gitano Gabriel de Chaves, vecino de Marbella, y 30 años de edad. Fue acusado por varios testigos de haber querido «pasarse a Berbería», junto con otros hombres. Tanto sus compañeros como él mismo aseguraron a los inquisidores que no habían tenido la intención de «hacerse moros», pero no resultaría lógico creer esta versión. En Marruecos se habían vestido con el «hábito de moro», pero nuestro gitano se arrepintió y volvió a Sevilla donde, según dijo, pidió penitencia y se confesó. El Santo Oficio de Granada pidió el expediente de este caso a sus colegas sevillanos para averiguar si Chaves había tenido la intención de apostatar, y como en la documentación no constaba cuál había sido el motivo de su viaje, se le sometió a tormento en dos ocasiones para lograr una confesión. Chaves negó siempre que hubiera tenido la intención de renegar, pero éste suele ser el objetivo de los frecuentes casos de cristianos viejos, moriscos o judíos que pasan a África desde Murcia, Valencia, Sevilla u otros lugares costeros con la esperanza de mejorar su condición social o de escapar a la justicia. El Santo Oficio, por tanto, no prestó demasiado crédito a sus juramentos de inocencia y se le condenó a desfilar en un auto de fe, abjurar *de levi*, recibir cien azotes, servir durante seis años en galeras, y, finalmente, salir desterrado perpetuamente [59].

También aparece en las «relaciones...» un gitano acusado de haber cometido el llamado «pecado nefando», es decir, la homo-

---

[59] A.H.N., Inq., leg. 1953 (1).

sexualidad. Fue procesado por la inquisición de Valencia en 1597 [60] y se llamaba Montoya Mellado. Tenía el oficio de herrero y vivía en Écija. Sólo contaba dieciocho años. Negó enérgicamente los cargos, con la ayuda del abogado defensor que se le nombró a causa de su edad, por lo que se decidió someter a tormento a su «cómplice». Su compañero también negó la acusación y la causa se suspendió por falta de pruebas.

Los inquisidores denominaban también «pecado nefando» a la cópula con un animal, relación relativamente frecuente entre las gentes del campo.

El segundo gitano procesado por este delito había cometido en realidad la variante de bestialidad. Se trataba de Joan Marco, soltero, de 20 años, a quien los testigos encontraron arrimado a las ancas de una mula «haciendo lo mismo que suele hacer el hombre con la mujer». Joan Mario confesó que había sido tentado por el diablo, pero que no había llegado a consumar su deseo. Se le votó a tormento, que resistió sin añadir nada más, y fue condenado a cuatro años de galeras y pena de azotes [61].

La variedad de situaciones en que podía llegar a encontrarse la minoría surge una vez más en los casos de María Bustamante y Francisca Pérez, acusadas, respectivamente, de ceremonias judaicas e ilusión. Desgraciadamente, los detalles acerca de estas dos causas no permiten conocer bien las circunstancias de estas mujeres. María Bustamante, acusada en 1625 [62], había enterrado a su marido, al parecer, con ceremonias judaicas que ella misma confesó asegurando que era cristiana vieja y que lo había hecho sin intención. En otra audiencia confesó ser judaizante, pero no aparece ningún detalle más que nos aporte datos acerca de este caso. Lo mismo ocurre con Francisca Pérez [63], alias la «Madre Sacristana», calificada como hipócrita, embustera y fingidora de revelaciones. Excepto este criterio del tribunal, que fue aplicado también a un número muy elevado de mujeres durante los siglos XVI, XVII y XVIII, no aparece ninguna otra explicación.

La hechicería

Como hemos visto a través de las Relaciones de Causas, la inmensa mayoría de los gitanos que llegaron ante el Santo Oficio

---
[60] A.H.N., Inq., libro 938, f.º 51 v.
[61] A.H.N., Inq., libro 989, f.º 28 r.
[62] A.H.N., Inq., leg. 2135 (1).
[63] A.H.N., Inq., leg. 3732, n.º 46.

fueron mujeres acusadas de prácticas supersticiosas y hechicería. Tan conocida era esta faceta de los gitanos que los autores del Siglo de Oro, de los que volveré a hablar más adelante, se complacían sacando a escena gitanas y gitanos que decían la buenaventura o avisaban a los protagonistas de sus desventuras amorosas. En efecto, la imagen que de ellos tiene el gran público, incluso en nuestros días, hace referencia con frecuencia a este tipo de actividades, recogiendo así la gran tradición literaria de los grandes autores de los siglos XVI y XVII y también del XVIII y XIX. Indudablemente, acabo de hacer referencia a un cliché de cuyo autor vamos a hablar a continuación, pero que ha sido alimentado por los propios gitanos, incluso en los momentos actuales. Alguna vez, cuando iba de camino hacia el Archivo Histórico Nacional en busca de los datos eruditos con los que voy empedrando estas páginas, me han abordado un par de gitanas con sus chiquillos a cuestas, al igual que solían hacerlo en los siglos XVI y XVII, y me han ofrecido decirme la buenaventura. Cuando me he dejado leer por ellas las rayas de las manos, he tenido la sensacion de estar ante alguna reencarnación de Beatriz Montoya o de cualquiera de las gitanas cuyos procesos estaba leyendo en aquel momento. No se trata de ninguna casualidad, según vamos a ver. Estamos ante un auténtico «oficio» transmitido de generación en generación, y aprendido a través del ejemplo de la gitana con más años que sale en compañía de la joven «a buscarse la vida», y así lo dicen ellas mismas tantas veces ante el Santo Oficio. Estamos, por tanto, ante una auténtica «técnica» aprendida en la escuela de la vida con la que persuaden al incauto payo para sacarle unos cuartos. La causa de Bárbara Pérez, procesada en 1624 por el tribunal de Toledo [64] puede servir para acercarnos a la actuación de este tipo de hechiceras y comprender mejor la actitud de la Inquisición con estas mujeres, tan alejadas en sus actitudes y prácticas de la bruja, como de la auténtica magia.

Bárbara Pérez fue delatada ante la Inquisición de Toledo el 11 de septiembre de 1625 por Jacinto de Aguilar, que vivía en la calle Mayor de Madrid. Aunque Jacinto sólo tenía 25 años, parece que no contaba con muy buena salud.

Un día del mes de julio se acercó a él la gitana de esta pequeña historia para pedirle limosna, y como su mal estado físico debía ser evidente, no tuvieron que mediar muchas palabras en-

---

[64] A.H.N., Inq., leg. 93, exp. 209.

tre los dos para que la presunta hechicera cayera en la cuenta de la situación. Bárbara Pérez le comentó que su aspecto era el de alguien a quien habían hecho algún hechizo, y el pobre hombre en seguida contestó que algo así había pensado él puesto que hacía dos años que estaba enfermo sin que los médicos supieran lo que tenía, ni consiguieran mejorar su estado. En vista su estado de ánimo Bárbara Pérez no tuvo que hacer grandes esfuerzos para que el enfermo se pusiera en sus manos. Le pidió un cuchillo, un poco de sal y una vasija con agua y empezó a echarle bendiciones diciendo algunas palabras con las que invocaba a la Santísima Trinidad y los santos. Luego le bendijo todo el lado izquierdo, empezando por el pie, porque, según le dijo, en aquel lado era donde tenía la enfermedad. Como pago de esta primera «cura» Jacinto le dio dos o tres reales y al cabo de algunos días regresó Bárbara Pérez, esta vez en compañía de otra gitana. Le pidió 14 piezas de plata en reales de a dos que necesitaba, según aseguró, para ofrecérselos al «ánima sola». Jacinto se los dio, y ella procedió entonces al ceremonial con que pretendía deshacer el maleficio. Con una sábana que Jacinto le dio, hizo «una ceremonia que parecía una figura humana amortajada». Juntó lo que representaba una de las piernas con la otra, volvió a invocar a la Santísima Trinidad y a la corte celestial. Luego se sacó del pecho una pelotita de cera, formó con ella la figura de una paloma y la clavó con un alfiler encima de otro trozo de cera. Pidió de nuevo el cuchillo, sal y agua y los bendijo. Luego se volvió hacia la paloma y la interrogó en nombre de Dios para que le dijera si Jacinto estaba hechizado, indicándola que se moviera en caso afirmativo. Según Jacinto declaró, la paloma «anduvo alrededor», dejándole convencido de que estaba hechizado. La gitana ató entonces la paloma con una punta de la sábana y se la dio a su cliente explicando que tenía que hacer con ella una cruz en la alcoba donde dormía y ponerla dentro de la cama después de haber dicho una oración en lengua gitana. Jacinto no pudo entender ni pronunciar lo que dijo, y un tanto molesto por la cuestión le dijo a la gitana que la rezase ella, «puesto que la pagaba». Además de estas ceremonias, Bárbara Pérez le explicó que tendría que salir algunas noches al campo para conjurar la estrella «que llaman Diana», y que sería conveniente que él la acompañara alguna vez para lograr el efecto que deseaban. Jacinto fue con su hechicera durante tres noches, más o menos, y ella le mandó pasear en cruz e invocar su nombre en voz alta, lo que él ejecutó «con toda la devoción que pudo».

Cuando ya llevaba tres noches durmiendo con la sábana del hechizo, Bárbara le dijo que se la llevara a su casa para realizar nuevas ceremonias. Se la puso encima de las rodillas y del pie izquierdo —nuestro hombre debía padecer alguna enfermedad o deformidad en esta parte del cuerpo, pero no consta en el proceso— con las monedas de plata que le había pedido al efecto. La gitana le preguntó en aquella ocasión si sospechaba de alguna mujer que hubiera querido hechizarle y Jacinto confesó que tenía recelo de una mujer llamada Ana, porque después de una merienda a la que le había invitado nunca se había sentido bien. Bárbara procedió entonces a conjurar a la sospechosa diciendo: «Ana, si eres tú la que has hecho mal a Jacinto sal en este papel de la mano con él». Metió el papel que el propio Jacinto le había llevado dentro de un plato con agua, y cuando lo sacó del agua aparecieron pintadas las figuras de un hombre y una mujer cogidos de la mano. Parece que el crédulo Jacinto se espantó mucho ante aquel «prodigio» y le preguntó a la gitana si aquello lo había hecho con buenos medios. Ella le respondió: «¡Oh justo Juez, si mi confesor no me lo mandara yo no lo hiciera!» Rompieron el papel, recogió el pobre Jacinto su sábana y no pasó más en aquella ocasión.

Según va progresando la «cura», Bárbara Pérez parece animarse ante la ingenuidad de su víctima, y aumenta sus peticiones de dinero. Según consta en la declaración del interesado, a continuación le pidió cuatro ducados de plata y alguna moneda de oro, todo siempre acompañado del ritual semi-mágico, semi-religioso con el que impresionaba al cliente. En este caso le indicó que debía sumergirlos primero en alguna pila de agua bendita de tres iglesias distintas, rogando al tiempo que metía la mano, a la Santísima Trinidad y a los santos para que deshicieran el maleficio. Cuando Jacinto le entregó el dinero, Bárbara le bendijo con él, y naturalmente, se lo guardó.

A los pocos días le pidió un pollo negro, sin ninguna pluma blanca, para «contraponerlo» con la figura de cera que utilizaban, según dijo, para causarle el mal, nueve reales de plata que tenía que meterle en el pescuezo al pobre animal y un alfiler para atravesarle la cabeza porque los hechizos que le habían hecho estaban especialmente en esta parte y en el corazón. Jacinto se lo creyó ya que él se sentía peor en aquellas partes del cuerpo que le había mencionado la «hechicera». A continuación, Bárbara explicó que debían enterrar al pollo y tratar de conseguir la figura de cera con la que le habían hecho el maleficio. Jacinto no se atrevió a conseguir la figura en cuestión, y Bárbara le consoló diciendo que lo desharían de alguna otra forma. Así llegó el día de San Juan, en el que iban a terminar de hacer la cura, y los dos salieron juntos al campo. Durante un buen rato le obligó a pasearse en cruz mientras ella rezaba. Después de aquella última ceremonia, la gitana se despidió de su cliente y éste no la volvió a ver más. Pasó el tiempo y como el pobre hombre no mejoraba en absoluto, se confesó de aquellas prácticas y su confesor le ordenó que las denunciase ante el Santo Oficio por el bien de su conciencia.

Como consecuencia de la comparecencia del defraudado enfermo, Bárbara Pérez fue a parar a las cárceles secretas del tribunal, donde se le tomó declaración el 20 de noviembre del mismo año. Dijo que era viuda, tenía más de 40 años. Vivía en «el barrio de los gitanos», junto a la cruz verde. Aunque, en un principio, se resistió cuanto pudo a confesar ningún delito, presionada por los interrogatorios de los inquisidores, explicó a su manera la cura a la que había sometido al denunciante. En la audiencia sólo dijo que había sido conducida por otra gitana a casa de un hombre que estaba enfermo «y se curaba con doctores» sin conseguir ninguna mejoría. Le mandó que tomase zumo de lirio y unos buñuelos fritos durante tres mañanas mencionando a la Santísima Trinidad, y él la dio a cambio cinco reales que repartió con la gitana que la había llevado a casa del enfermo, asegurando que todo aquello lo había hecho tan sólo para engañarle y sacarle unos cuantos reales. Como vemos, Bárbara Pérez se resiste a contar la verdad, táctica habitual de las hechiceras, y sólo confiesa o da algún detalle exacto cuando resulta imposible evitarlo. Según consta en el mismo proceso, «anduvo negando todo cuanto se le preguntó hasta que se le dieron señas tan claras que ellas la dieron a conocer cuanto había hecho». Efectivamente, cuando los inquisidores la presionaron a través de sus preguntas, Bárbara sólo confiesa que había formado con cera una palomita que anduvo y se movió cuando ella la conjuró. Tal vez asustada por la actitud del tribunal confiesa que «aquella palomilla se hace con un palito de avena de la cebada que está torcido, y mojándole con un poco de sal se destuerce y se menea y ésta se pone dentro de la cera y así se meneaba la palomilla y parecía que hacía movimiento».

El caso de Bárbara Pérez vamos a verlo repetido una y otra vez con ligeras variantes a lo largo de estas páginas. Como se pone de relieve en este proceso, no estamos ante una auténtica hechicera. Tan sólo se trata de una pobre mujer que se vale del prestigio mágico de su raza para conseguir unos cuartos de sus vecinos, incautos y supersticiosos. En realidad son los no-gitanos quienes creen y practican la magia y no la minoría gitana, a pesar de su reputación al respecto. Así lo entienden también los inquisidores, que a veces las condenan a penas muy leves o prácticamente simbólicas. En el caso de Bárbara Pérez, sólo fue reprendida y advertida para que no volviera a repetir aquellos trucos, y se la advirtió que de lo contrario se la castigaría con rigor. Un proceso sin importancia, por tanto, si no fuera por los datos que puede aportarnos sobre la minoría.

Nuestra gitana se limita a actuar tal y como se esperaba que lo hiciera, en tanto que experta en curaciones y en componer hechizos, pero los hechos demuestran su total desconocimiento del auténtico repertorio hechiceril o de los curanderos al uso. Lejos de intentar cualquier práctica de tipo mágico o pseudocientífico, Bárbara Pérez alarga el engaño hasta donde le resulta posible limitándose a unos cuantos embustes más o menos ingeniosos y cuando le parece que ha llegado el momento oportuno, desaparece. ¿Cómo es posible entonces que los vecinos siguieran cayendo en el engaño, y recurriendo a los hechizos de las gitanas? La respuesta podemos encontrarla en este mismo proceso a través del comportamiento de María de Saavedra, llamada a declarar por el tribunal porque también había utilizado los servicios de Bárbara Pérez.

María de Saavedra recurrió a la presunta hechicera por motivos de salud. A pesar de sus 26 años parece que ya tenía muchos achaques, y al saber que su vecino Jacinto estaba en tratos con una gitana que entendía en curas, le pidió que se la presentara porque con los medicamentos no conseguía ningún alivio. Bárbara repitió con ella, por el precio de 20 reales, las mismas operaciones de la sábana, el papel blanco en el que aparecían el hombre y la mujer cogidos de la mano —en este caso era el hombre el que había llevado a cabo el hechizo y ella la hechizada— y bien fuera por sugestión o por el propio curso natural de su estado de salud, la enferma mejoró en esta ocasión con el «tratamiento». María de Saavedra manifestó su agradecimiento con claridad ante el Santo Oficio, asegurando que la gitana no había hecho nada malo, y que se había limitado a mencionar a Dios y los santos a pesar de la impresionante presencia de los inquisidores. Su actitud, en cierto modo, es comprensible, pues, según declaró, había estado enferma durante cuatro años y la habían sangrado nada más y nada menos que 67 veces durante este tiempo. Insistió en que después de la intervención de la gitana se encontraba «buena y sin achaque alguno».

¿Cómo extrañarse, ante el comportamiento de los médicos de la época —o de otros más recientes—, de que florecieran las prácticas hechiceriles, y los falsos y auténticos curanderos? Acuciadas por la necesidad y envueltas por su aureola mágica, una y otra vez veremos a las gitanas recurrir a este tipo de engaños para aumentar sus ingresos. Actúan con toda la cautela posible, pero no siempre pueden impedir que sus defraudados clientes recurran ante el Santo Oficio «para descargar su conciencia». Cuando sus relaciones con los payos las arrastran ante la Inquisición, las veremos tratar de impedir que la acción del tribunal pueda recaer también sobre sus parientes y amigos. A este efecto, falsean los datos, ocultan los nombres de los allegados, utilizan los múltiples alias que ya hemos visto en los procesos anteriores, o, sencillamente, se limitan a asegurar que son flacos de memoria. Bárbara Pérez había declarado que era viuda, pero mientras estaba en la cárcel esperando la vista de su causa, se presentó ante el tribunal «un hombre que vendía coplas» y que aseguró ser su marido. Quería pedir clemencia en el nombre de sus cinco hijos. Bárbara explicó que cuando había dicho que era viuda no se había dado cuenta de lo que decía, porque «no estaba en sí de la pena con que se hallaba y el mal de corazón que tenía».

Indudablemente, los gitanos son unos reos molestos. Con frecuencia les vemos dar voces, insultar a los compañeros, fingirse locos o con enfermedades de todo tipo. Bárbara Pérez se apoyó en este «mal de corazón» —real o imaginario— para pedir una compañera de celda que le hiciera compañía. Sin embargo, el tribunal consideró difícil conseguirlo, pues según la nota que aparece en el proceso, era dudoso que alguien se atraviera a estar con ella, a causa de los alborotos que formaba.

Consideración final

Después de haber examinado casi exhaustivamente las «relaciones de causas» y haber establecido el número de gitanos procesados por el tribunal de la Inquisición con la mayor exactitud posible durante los siglos XVI, XVII y XVIII, ya no resulta posible dar ningún crédito a la frase que Borrow pone en boca del inquisidor de Córdoba respecto a la minoría gitana. Los procesados o acusados no son muchos, pero sí un número suficiente y significativo respecto al contingente que podía haber por aquel entonces en nuestro país. Por lo que se refiere a las infracciones en que incurrieron, no son nada espectaculares, según hemos visto, pero nos proporcionan datos sumamente interesantes acerca de las opiniones del grupo, sus costumbres, y comportamiento durante los siglos XVI, XVII y XVIII. El delito de superstición por el que fueron delatadas tantas gitanas, constituye, sin duda alguna, la fuente principal de estas informaciones, pero no se pueden desdeñar algunos datos esporádicos —como los de la acusación por proposiciones heréticas contra Isabel Hernández— que surgen en otros procesos o en las «relaciones de causas».

III

LA HECHICERÍA DE LOS NO-GITANOS

6
INTRODUCCIÓN.
MAGIA CULTA Y MAGIA POPULAR

Durante los siglos XVI y XVII se sintió una gran pasión en todas las esferas por las cuestiones que concernían a las cosas de la magia. Hombres, mujeres, clérigos, judíos, moriscos y cristianos viejos procuraban mejorar su situación material desencantando algún tesoro, solucionar sus problemas sentimentales, averiguar el porvenir, convertir en oro los metales, y otras cuestiones; todo ello gracias a la magia. Ni siquiera los científicos escaparon a esta profunda atracción. Según señala Marie Boas [1], «cuando un problema no se podía solucionar por los medios naturales —los científicos— se sentían tentados de gritar con Fausto:

> La Filosofía es odiosa y oscura
> Derecho y Medicina no sacian:
> De las tres la peor es la teología,
> desagradable, ambigua y vil.
> Magia, la magia me ha cautivado.

Durante los siglos XVI y XVII, las fronteras entre la ciencia y la filosofía no están todavía bien delimitadas y, en muchas ocasiones, los problemas se plantean a través de un punto de vista más místico o metafísico que empírico. Boas [2] señala a propósito de esta compleja actitud de los científicos del Antiguo Régimen: «la dificultad no estribaba en que no hubiera diferencia entre la filosofía natural y la mística, más bien consistía en que los hombres

---

[1] MARLONE, Christopher, *Teatro,* traducción de Aliocha Coll, introducción de David Bevington, Alfaguara, 1984, pp. 840-841 (citado por Marie BOAS, *The Scientific Renaissance 1450-1630,* Nueva York, Harper Torchbooks, 1962, p. 166).
[2] M. BOAS, *ob. cit.*, p. 167.

veían en cada ciencia racional un aspecto mágico, oculto y sobrenatural».

La mística y la ciencia se entremezclaban sutilmente en todas las ramas del conocimiento, pero los campos en que magia y ciencia estaban más emparentadas eran, sin duda, la astronomía-astrología, química-alquimia y la ciencia en general respecto a la llamada «magia natural».

A pesar de los ataques dirigidos por Pico della Mirandola [3] a la astrología, los astrólogos siguieron disfrutando de una privilegiada situación durante el siglo XVI. La astrología judiciaria, o el método para elaborar horóscopos personales en los que se pronosticaba el porvenir de cada persona, estaba formalmente prohibida por contravenir la doctrina de Trento acerca del libre albedrío [4], pero se siguió practicando y gozando de prestigio social, en todos los ámbitos.

La mayor parte de los astrónomos consideraban legítima la aplicación de sus conocimientos a las predicciones generales, y aunque procuraban evitar la astrología judiciaria, casi todos ellos levantaron horóscopos en alguna ocasión para magnates importantes, e incluso a reyes y reinas. La mayor parte de los nombres que jalonan durante este siglo la historia de la astronomía intervinieron también en cuestiones astrológicas, unas veces por necesidad y otras por pura afición a las predicciones de este tipo. Regiomontanus publicó un almanaque astrológico —las «Ephémérides»— a través del cual se podían calcular horóscopos y comprender el significado de hechos que auguraban alguna catástrofe, como los eclipses o las conjunciones planetarias; Galileo hizo horóscopos para su mecenas el gran duque de Toscana, y un astrónomo como Tycho Brahe nunca perdió el interés por las cuestiones astrológicas a través de las cuales se introdujo en los problemas de la astrología. Se solía pensar, por lo general, que fenómenos naturales como los ya citados de eclipses, aparición de cometas y similares, presagiaban acontecimientos funestos, y así el propio Kepler advirtió acerca de las hambrunas, revueltas campesinas y otras catástrofes que se anunciaban para el año 1595, lo que efectivamente ocurrió. Como ya supondrá el lector, en realidad no se trataba de una predicción difícil, si tenemos en

---

[3] Wayne SHUMAKER, «The occult sciences in the Renaissance. A study in intellectual patterns», s.a., s.l. [Universidad de California, 1977].

[4] Sobre la actitud de la Iglesia de Roma hacia la astrología, puede verse el libro de H. CH. LEA antes citado, tomo IV, p. 194, y el de CARO BAROJA *Vidas mágicas...*, 1.ª parte, cap. VII.

cuenta la frecuencia con que intervenían durante el Antiguo Régimen los factores combinados de la guerra, malas cosechas y pestes. La de 1572 proporcionó a Tycho Brahe una excelente ocasión de lucimiento al poder anunciar la llegada de una nueva era de paz y prosperidad que comenzaría en Rusia a partir de 1632.

A pesar de que los astrólogos fueron atacados a lo largo de los siglos XVI y XVII por las autoridades católicas o protestantes —Calvino escribía en 1569 un *Avertissement contre l'Astrologie*— y algunos hombres de ciencia —Tomás Erastus atacó también la práctica de guiar las curaciones por los horóscopos en 1580 y en 1573, Pontus de Tyard escribió su *Mantice ou discours sur la vérité de devination par l'astrologie*[5]—, el complicado arte de levantar horóscopos y hacer predicciones teniendo en cuenta la influencia de los astros sobre las vidas humanas mantuvo una vigorosa influencia durante el Antiguo Régimen que se filtraba en la vida cotidiana llegando a influir incluso en la práctica de la medicina a causa de los días y las horas en que se consideraba oportuno llevar a cabo un determinado tratamiento de acuerdo con la situación de los astros.

A pesar del misterio y la complicada iniciación que requería la práctica de la alquimia, la expansión de este conocimiento místico fue también impresionante durante estos siglos. Los alquimistas de los siglos XVI y XVII, herederos de conocimientos que se remontaban hasta el mundo oriental y griego[6], profesaban una doctrina secreta que se ocultaba a los ojos del profano a través de símbolos-alegorías, que se había transmitido a través de la tradición oral y la iniciación. La alquimia es, en realidad, una mística, a través de la cual el iniciado entra en comunicación con la verdadera esencia del universo, pero los propios alquimistas distinguían varias clases de alquimia; por una parte, la puramente filosófica a la que acabo de aludir; por otra, la alquimia práctica que permitía la aproximación a la materia. La transmutación de los metales en oro sólo era una corrupción de esta última. Como es lógico, esta posibilidad, aunque era la menos estimada por los auténticos alquimistas, atrajo el interés de los contemporáneos, especialmente porque a lo largo del siglo XVI fueron varios los especialistas que aseguraron que eran capaces de fabricar oro puro. Figuras de carácter internacional, como Edward Kelly

---

[5] W. SHUMAKER, *ob. cit.*
[6] Serge HUTIN, *L'Alchimie,* París, P.U.F. (col. «Que-sais-je?»), 1971.

o Alexander Kelly, viajaron por las cortes europeas ofreciendo sus servicios a los reyes. Seton estuvo en Holanda y Alemania, donde obtuvo grandes éxitos gracias a un polvo rojo con el que consiguió la codiciada trasmutación. Cuando se negó a revelar su secreto al elector de Sajonia, fue torturado y sólo logró escapar gracias a la ayuda de un colega. La alquimia entra en franca decadencia después del siglo XVI, pero durante este siglo todavía produce una de sus figuras más conocidas y controvertidas: Paracelso (1493-1541), que maravilló a sus contemporáneos a través de sus ingentes escritos acerca de una enorme variedad de conocimientos.

La magia estaba presente también en el mundo científico a través de la llamada «magia natural». Según la definía Agrippa von Nettesheim (1486-1534), autor de numerosos libros acerca de las artes ocultas, la «magia natural» era la forma de obtener cosas que están por encima de la razón humana, gracias a la «ayuda de fuerzas y facultades naturales, a través de la oportuna y mutua aplicación»[7]. En otras palabras, era el estudio de las misteriosas y ocultas fuerzas naturales a través también de los medios naturales. La «magia natural» difería, por tanto, esencialmente de la magia en general, tanto por sus fines como por sus métodos. Los aficionados a esta disciplina se ocupaban fundamentalmente de estudiar las antipatías y simpatías —las virtudes y magnetismos de las piedras, hierbas, artes mecánicas, ilusiones ópticas y otros fenómenos similares—. Estos «magos» tienen también su vertiente mística, pero se ocupan de llevar a cabo numerosos experimentos y durante los siglos XVI y XVII es imposible prescindir de ellos al hablar de los orígenes de las ciencias empíricas.

Según acabamos de ver, el mundo mágico era absolutamente inseparable de la ciencia durante el Antiguo Régimen, pero quien estaba interesado en controlar las fuerzas ocultas disponía todavía de otra clave mística que le introducía en el mundo sobrenatural y le proporcionaba poderes extraordinarios. Me estoy refiriendo al complejo mundo de la Kabala, la disciplina especulativa judía por excelencia en la que también había una faceta práctica emparentada con la magia[8].

De acuerdo con todo lo anterior, los interesados en conocer el porvenir, obtener riquezas, poder, etc., disponían de un amplio

---

[7] M. Boas, *ob. cit.*, p. 183. W. Shumaker, *ob. cit.*, pp. 108 y ss.
[8] Henri Serouya, *La Kabbale,* París, P.U.F. (col. «Que sais-je?»), 1972.

abanico de posibilidades, pero todas ellas obligaban a realizar laboriosos estudios que no estaban siempre al alcance de una población analfabeta en su mayor parte, sobre todo por lo que concierne a las mujeres. Había, pues, una «magia culta» limitada para unos cuantos iniciados, que gozaba de extraordinario prestigio incluso entre los políticos y grupos más influyentes de la sociedad, y el resto de la comunidad debía conformarse con intentar otros procedimientos si deseaba averiguar cuál sería su suerte o deseaba salir de la pobreza.

Aunque la mayor parte de los europeos de los siglos XVI y XVII no tuvieran acceso al complicado mundo de la «magia culta», esto no quiere decir que sus aspiraciones y actitudes fueran radicalmente diferentes a las de los grupos dirigentes, por lo que procuraban obtener una respuesta satisfactoria a través de los medios que tenían a su alcance. El universo de la «magia popular», aunque menos complejo que el anterior, es tan amplio y variado como el que acabamos de ver y responde esencialmente a los mismos objetivos. Los sínodos, los confesores, los curas párrocos, etc., trataban en vano de alejar a los fieles de las prácticas supersticiosas, mientras la lucrativa profesión de curandera o curandero, ensalmador, experto en sacar tesoros o cuestiones amorosas —según veremos a continuación— florecía en cada esquina. Los hombres y mujeres menos encopetados disponían también de un amplio repertorio de métodos adivinatorios, conjuros, ensalmos y objetos mágicos con los que conocer el porvenir, conseguir riquezas, y alejar la enfermedad. La «magia popular» a la que dedicaré las páginas que vienen a continuación y el resto de este libro en su faceta gitana, gozaba de una amplia clientela en casi todas las esferas sociales y de un repertorio sumamente sugerente que ponía al alcance del «hombre de la calle» fórmulas elementales pero a las que se atribuía casi tanta fuerza como a la magia elaborada que he resumido anteriormente.

7
LA HECHICERÍA DE LOS CRISTIANOS VIEJOS EN ESPAÑA. HECHICERÍA Y BRUJERÍA

Según hemos visto en las páginas anteriores, el delito en que incurrieron mayoritariamente los gitanos procesados por el Santo Oficio, tanto hombres como mujeres, fue el de prácticas supersticiosas. La relación entre la minoría gitana y las cuestiones supersticiosas es tan estrecha que «gitano» o «gitana» es sinónimo en ocasiones de «embaucador» —cuestión que volveré a analizar más adelante—, tanto para el hombre de la calle como para los propios inquisidores. Conviene, por tanto, que nos detengamos brevemente en el análisis del problema que plantea la persecución inquisitorial a este tipo de infracción religiosa, estrechamente relacionado con la brujería.

A pesar de tratarse de dos actitudes estrechamente emparentadas, las prácticas que llevan a cabo la bruja y la hechicera son netamente diferentes. Ch. H. Lea señalaba ya en su importante manual sobre la institución inquisitorial la diferencia entre estos dos tipos de delitos, a los que dedica capítulos distintos [1], pero considera que la brujería es la culminación de la hechicería aunque se trate de problemas distintos. Mientras la hechicera, según los inquisidores, establece un pacto explícito o implícito con el demonio a través de sus prácticas, la bruja o el brujo han abandonado completamente el cristianismo para dar culto al diablo, es decir, estamos ante un problema de apostasía. El perfil de la hechicería y el de la bruja son, por tanto, netamente diferentes, pero basta con leer atentamente un cierto número de procesos inquisitoriales por el delito de prácticas supersticiosas para comprender que si el tribunal hubiera aceptado al pie de la letra

---

[1] H. Ch. Lea, *op. cit.*, tomo IV, cap. VIII, «Sorcery and Occult arts», cap. IX, «Wichtcraft».

muchas de las declaraciones llevadas a cabo por estos reos, la situación hubiera podido adquirir en España el mismo carácter de persecución sangrienta que en el resto de Europa.

Resulta interesante subrayar la actitud del Santo Oficio frente al problema de estas mujeres. Aunque los brotes de brujería según la definición que acabamos de ver, son escasos en España el comportamiento de los inquisidores españoles es francamente benévolo con respecto al que se puede observar en Francia, Alemania o Inglaterra. Mientras en el siglo XVII la «caza de brujas» arrecia en toda Europa originando numerosísimas víctimas, el criterio del inquisidor Salazar y Frías en el caso de las brujas de Zugarramurdi en 1610 da lugar a tal cautela y minuciosidad en el examen de los reos en este tipo de procesos que las brujas y brujos españoles contarán con el tratamiento más indulgente de toda Europa.

Según señaló ya J. Caro Baroja en su trabajo clásico sobre el tema, en el tribunal convivían dos tendencias, la de los teólogos, de mentalidad más rígida, partidarios de hacer énfasis en el aspecto herético de la cuestión —lo que hubiera conducido al Santo Oficio español por el mismo sangriento camino de los tribunales europeos que protagonizaron la «caza de brujas» en Suiza, Francia y otros lugares—, y la de los hombres en quienes predominaba la formación jurídica y la preocupación casi de vanguardia que les llevaba a preocuparse fundamentalmente por el procedimiento, a la hora de obtener las confesiones, el temor de los reos, y otros aspectos realmente importantes.

Después de la actuación de Salazar y Frías en Zugarramurdi, el criterio de los juristas se impondrá definitivamente al de los teólogos, y la cautela ante las declaraciones de los supuestos brujos y brujas, así como el énfasis en el aspecto jurídico, será la regla del Santo Oficio, pero esto no quiere decir que con anterioridad a 1610 la actuación de los inquisidores hubiera sido demasiado diferente. Incluso mucho antes de los sucesos de Zugarramurdi, los inquisidores españoles daban ya muestras de su interés por el aspecto procesal con una mentalidad poco común en el siglo XVI en otras partes de Europa, según se pone de relieve en las instrucciones que la Suprema envió al tribunal de Granada en 1554:

> Reverendos Señores: En este tribunal se a visto el proceso que la justicia seglar a hecho contra las mugeres que estan inculpadas por brujas de la villa de Adra e a pensado que han recevido mucho agravio ansi en las capturas como en los tormentos que a algunas dellas se an dado,

por no haber para ello suficiente ynformacion ni yndicios bastantes abiendo estado todas juntas en una carcel como mas largo entendereis Señores por un memorial que con la presente se os envia e ansi por esto como por ser la materia de la qualidad que es que muy raras veces se averigua ni prueva en este tiempo contra ningunas personas e a parescido consultado con el Reverendo Señor Inquisidor General que luego que esta recibieredes sin otro examen ni averiguacion soltareis Señores de las carceles para que libremente se bayan a sus casas a Teresa Rodriguez, muger del Señor Juan de Molina, e a Isabel de Vergara, muger de Juan de Serpas e a Catalina Ruyz, muger de Bolaño, e a Mari Diaz, muger de Diego Miranda, las cuales paresce que están presas injustamente e negativas de los delitos de que están testificadas y a todas las demas que están confitentes, porque de la poca justificación del proceso se colige que les han hecho confesar de si o de otros con fuerza e opresión, conviene que luego sin dar lugar a ninguna dilación las examineis estando apartadas en diversos aposentos las unas de las otras e las deis a entender como en este Santo Oficio no se pretende sino saber la verdad y que pueden libremente revocar o enmendar las cosas que hubieren dicho falsamente de si e de otras personas aconsejándolas con buenas palabras que miren por si y por sus conciencias y no digan ante vosotros cosa que no sea verdad porque esso les podría ser mas dañoso e si hechos los dichos examenes ellas enmendaren y revocaren sus primeras confesiones, también las soltareis libremente para que se puedan ir a sus casas pues ha sido harta ocasión de sus culpas de la injusticia que se les ha hecho e si hechos los dichos examenes con ellas e haviendoles quitado el miedo y temor que deven tener de revocar sus confesiones no quisieren hacerlo sino persistir todavia que es verdad y passa ansi lo que tienen confesado deveys señores hazerles mas preguntas y repreguntas e aberiguaciones cerca de lo que dixieren para alcanzar la verdad, y hecho todo lo susodicho enviad sus procesos a este tribunal con vuestro parescer de lo que en sus causas os paresciere se deve hazer para que todavia seays avisados de lo que en estas causas se deve hazer y executar, y encargamos os señores mucho la brevedad en esto porque cierto hasta agora paresçe que padecen injustamente y es justo que por via del Santo Oficio donde se tiene tanta noticia de semejantes negocios sean por medios jurídicos remediados. Granada, 28 de Diciembre 1554 [2].

Según puede observarse con toda claridad en el documento anterior —que me ha parecido conveniente reproducir en su totalidad a causa de su importancia—, es el temido tribunal de la Inquisición quien interviene para rescatar del brazo secular a estas mujeres granadinas acusadas de brujería, dando pruebas, por otra parte, de una actitud realmente sorprendente respecto al tratamiento de que deben ser objeto. El énfasis que ponen los inquisidores del tribunal central en las cuestiones de procedimiento no deja lugar a dudas. Sin embargo, no se trata de un

---

[2] Archivo Histórico Nacional, Inquisición, lib. 574, fol. 353. Debo este interesante dato a mi querido amigo Agostino Borromeo.

caso aislado. Según he señalado antes, en muchos inquisidores predominaba una preocupación por las cuestiones jurídicas que contrapesó la tendencia de los teólogos que hubiera podido conducir al Santo Oficio español a una caza de brujas similar a la de otros países europeos. La batalla decisiva entre estas dos tendencias se libró con motivo de los sucesos de Zugarramurdi en 1610 con la intervención de Salazar y Frías. Es preciso señalar, sin embargo, que Salazar no es una especie de iluminado, ni una persona radicalmente distinta a sus contemporáneos y colegas españoles. Tampoco es el individuo superior, aislado en medio de un ambiente de barbarie. Es el hombre oportuno en el momento adecuado, es decir, el eslabón definitivo en una cadena de acontecimientos que señala de forma definitiva cuál debe ser la conducta a seguir en el futuro por parte de los inquisidores en las cuestiones de brujería.

Desde mucho antes de la actuación de Salazar y Frías, es evidente que los inquisidores y los tribunales civiles distinguían claramente las prácticas supersticiosas, o hechicería, de la brujería en el sentido estricto, pero, desde mi punto de vista, es posible que si la corriente teológica se hubiera impuesto a la jurídica, la historia del tribunal a este respecto hubiera sido diferente de lo que fue y esto hubiera llegado a afectar, como es lógico, a las gitanas habituadas a utilizar sus artes pseudomágicas, que les permitían disfrutar de una reputación tan extendida como bien ganada en tanto que expertas en estas cuestiones.

La caza de brujas no produjo, por tanto, las mismas víctimas en nuestro país que en el resto de Europa, pero esto no quiere decir que el tribunal de la Inquisición se desentendiera de las mujeres y hombres que llevaban a cabo prácticas supersticiosas o el supuesto culto al diablo. A través de las «relaciones de causas» ya hemos visto que el número de reos procesados por este delito es bastante importante, e incluso se observa un ligero aumento durante los siglos XVII y XVIII.

CARACTERÍSTICAS DEL REPERTORIO HECHICERIL
DE LOS CRISTIANOS VIEJOS

El problema de la «caza de brujas», tanto en Europa —donde realmente tuvo lugar— como en España, ha venido provocando desde hace bastantes años la curiosidad de historiadores y antropólogos, de tal manera que casi se puede decir que no pasa año sin que salgan al mercado varios artículos o libros en los que se vuelve sobre el tema tratando de desentrañar algún misterio o de aportar la interpretación definitiva. El interés suscitado por las prácticas supersticiosas no ha alcanzado el mismo grado de interés público, pero esto no quiere decir que falten totalmente los estudios más o menos sustanciosos del tema. Desde mi punto de vista, sin embargo, todavía no se ha llevado a cabo el estudio sistemático del repertorio completo de las ceremonias, conjuros, oraciones supersticiosas, etc., que componen el ritual de las mujeres que ejercían esta profesión —puesto que de esto se trataba en realidad— en todos los rincones del país y clases sociales.

Cirac Estopañán, el erudito archivero de Cuenca [3], publicó en 1942 un trabajo bien documentado y amplio, en el que recogió minuciosamente la mayor parte de los conocimientos rituales de las hechiceras de Castilla la Nueva, es decir, los tribunales de Toledo y Cuenca. Después de este interesante trabajo, los historiadores y antropólogos parecieron considerar cerrada la cuestión, y orientaron sus investigaciones hacia otros aspectos del problema. Sin embargo, y desde mi punto de vista, es conveniente proceder a la revisión de los datos aportados por Cirac, sobre todo si tenemos en cuenta las nuevas perspectivas con que cuenta en la actualidad el historiador de la cultura y el antropólogo.

Aunque no es mi intención entrar en estas páginas en un estudio que requiere atención particular, resulta inevitable que llevemos a cabo un análisis por somero que sea, de los conocimientos y técnicas utilizados por las hechiceras no-gitanas, puesto que de otro modo resultaría imposible pronunciarse acerca de la originalidad del repertorio pseudomágico conocido por las gitanas que desfilaron ante el Santo Oficio. Con este propósito utilizaré a continuación los rituales recogidos por Cirac, en un trabajo que bien puede considerarse más próximo al catálogo que al auténtico análisis histórico-antropológico [4].

---

[3] Sebastián CIRAC ESTOPAÑÁN, *Los procesos de hechicería en Castilla la Nueva. Tribunales de Cuenca y Toledo,* Madrid, 1942.

[4] No conocí personalmente al erudito archivero de Cuenca, pero es indudable que pasó muchas horas leyendo y catalogando procesos, y quiero pedirle perdón desde aquí por el delito de «entrar a saco» en su libro, tratando además de enmendarle la página. Si el corazón del historiador es susceptible de sufrir en el otro mundo las indignaciones, bilis y «odios africanos» que este tipo de cosas suele provocar a los que estamos vivos, espero que me perdone en honor a las muchas horas que a quien esto escribe le robaron los archivos, privándome del aire, el sol y el *dolce far niente.*

En las páginas que van a continuación, llevaré a cabo un resumen del libro de Cirac Estopañán sobre la hechicería en Castilla la Nueva, en el que procuraré ceñirme lo más estrictamente posible al contenido del trabajo que he elegido como punto de referencia para el análisis que me parece oportuno.

La clasificación de los conocimientos supersticiosos de Castilla la Nueva que Cirac reunió, se refiere exclusivamente a las características externas de los conjuros, maleficios, etc. Dividió estos rituales en los distintos capítulos de que se compone su libro, de tal manera que una breve digresión a través de estas páginas puede situar al lector ante el repertorio de ritos, instrumentos y mecanismos verbales de los hombres y mujeres entregados al mundo de la superstición. Algo así como un breve catálogo de este «folklore mágico».

Después de una breve introducción acerca de la «Biblioteca de los magos y astrólogos», Cirac se ocupa en el capítulo II de los instrumentos y objetos utilizados por sus protagonistas. Es el «laboratorio de las hechiceras». Cirac recoge aquí varios ejemplos de los instrumentos, objetos y materiales manejados por las hechiceras procesadas por el Santo Oficio. Estas materias son muy diversas, pero siempre se refieren a objetos más o menos relacionados con la muerte, tales como tierras de muertos, sapos, dientes y sogas de ahorcados, amén de todo tipo de hierbas olorosas. Bastará con repetir la enumeración que Cirac hace de uno de estos laboratorios para comprender cuáles eran los instrumentos más comunes:

El primer laboratorio interesante se descubrió en Madrid el año 1622 al registrar la casa de Josefa Carranza. En un puchero tenía resina y trementina para las caderas de las mujeres, en otros, un poco de algo que parecía pez, figurillas de piernas, brazos, cabezas y otras cosas, y en otro un trapo con un papel que decía, «tierra de muertos». En otro puchero que estaba tapado con unas cosas negras había otro papel en que se leía «para aborrecer», y en otros pucheros y redomillas, cosas quemadas y negras. Se hallaron también en su laboratorio una calavera humana, corazones de lechones, ranas, huesos de abubillas que compraba a los pajareros, tierra de las tres cárceles de Madrid, velas de cera verde, trigo, azafrán, agua bendita, habas, un bocado de pan mordido, una cinta en una herradura y tres nudos y una faja de dos lienzos, cosidos el uno al otro de una vara de largo, y dos de ancho, dentro de la cual había plumas y huesos secos de abubilla [5].

El capítulo II está dedicado a la «adivinación». Después de una corta introducción en torno a los conocimientos astrológicos

---

[5] S. Cirac Estopañán, *ob. cit*, p. 40.

—de los que nosotros prescindiremos en esta ocasión— enumera las prácticas populares que fueron perseguidas por el Santo Oficio. Los ejemplos reunidos en el libro demuestran que las mancias más usuales y repetidas eran las que se enumeran a continuación:

- *a)* Predicciones llevadas a cabo mediante granos de trigo y cebada.
- *b)* Sortilegio «de las habas», similar al anterior.
- *c)* Sortilegio de la «piedra alumbre»;
- *d)* Sortilegios con naipes.
- *e)* Predicciones hechas con un cedazo.
- *f)* Predicciones en las que se utilizan huevos.
- *g)* Predicciones realizadas con la ayuda de redomas llenas de agua.

En esencia, los ritos conocidos en Toledo y Cuenca son los mismos y no puede apreciarse ninguna variante fundamental, a juzgar por los casos citados en el libro.

El el capítulo IV, Cirac se ocupa de los casos de encomendadores, saludadores y loberos. Como en el caso anterior, se limita a narrar los casos más significativos de los conjuradores de langosta y demonios que fueron procesados durante los siglos XVI y XVII.

El capítulo V hace relación de las supersticiones y hechicerías dedicadas a evitar males y conseguir bienes, librarse de la justicia, tener dicha, alcanzar fortuna y desenterrar tesoros, capítulo este último al que se le dedicará especial atención en este libro. Según los casos recogidos por Cirac, el temor de ir a la cárcel estaba bastante extendido y algunos hombres y mujeres trataban de conjurar este peligro poniendo una estampa de San Cristóbal detrás de la puerta o la ventana. Otras veces, utilizaban la imagen de Santa Marta o llevaban un papel atado con una cinta, como consta que lo hacía una mujer procesada, que llevaba un papel en el que había escamas de pescados, huesecillos y pedacitos de pan. Bastaba con esto y añadir:

> Amansaos, león bravo
> que cuando tú naciste
> Dios nacido era.

Para conseguir la dicha, parece que era corriente decir el Evangelio de San Juan en romance. La costumbre de recoger hierbas olorosas, como la retama, los cardos altos, etc., estaba también muy extendida [6]. Había que rociarla con agua bendita, luego se la conjuraba y ya se la podía utilizar, llevándola en bolsitas que se suponía iban a proporcionar la felicidad a su poseedor.

Ganar en el juego constituyó otra de las obsesiones de los hombres del Antiguo Régimen, y en este caso estamos ante una preocupación predominantemente masculina. Para conseguirlo se utilizaban granos de helecho y ciertas hierbas como el trébol y la cincorama. También se llevaban estas hierbas en bolsitas que pendían del cuello combinándolas con un trozo de soga de ahorcado.

Las sogas de ahorcado se aplicaban a fines muy diversos y además de servir para ganar en el juego, podían librar del servicio militar cuando estaban debidamente conjuradas. Según Cirac, algunos hombres aseguraban poseer «gracia» para librar de esta carga a quien tocaban.

El capítulo VI, dedicado a los maleficios, es uno de los más extensos e interesantes, según el catálogo que estamos siguiendo. Las modalidades que se usaban en Castilla la Nueva eran varias:

a) Aojamiento. Es decir, la extendida creencia según la cual se podía producir daño a alguien a través de los poderes que poseían algunas personas. Es la vieja creencia en el «maleficio», conocido desde la antigüedad, que llevaba a pensar que quien fallecía rápida o misteriosamente había sido víctima de alguno de estos hechizos.

b) Ligamen. Aunque también es una fórmula mediante la cual se lleva a cabo algún daño, el maleficio se realiza a través de algún objeto, alguna prenda, o por contacto físico.

c) Comedizos y bebedizos. Cirac denomina así a los maleficios que se llevan a cabo a través de la comida o la bebida, es decir, adobados con algún componente «mágico».

---

[6] Según puede verse en el libro de Julio Caro Baroja *La estación de amor,* Madrid, Taurus, 1979, la cosecha de estas hierbas, asimismo con fines amorosos, se ha mantenido vigente hasta fechas muy recientes. Como complemento de esta exposición, el lector puede consultar este bello libro, en el que se da cuenta de prácticas muy similares a las de este capítulo. Es conveniente consultar también el trabajo de Rafael Salillas *La fascinación en España (Brujas, brujerías, amuletos),* Madrid, Eduardo Arias, 1905, p. 107.

d) Maleficios por contacto físico. En realidad, se trata del mismo tipo de hechizo al que nos hemos referido al hablar del ligamen, según la división de Cirac.

e) Maleficios externos. Cirac reúne aquí aquellos maleficios en los que se utilizaban polvos que debía pisar el enemigo o el amante, comidas y bebidas compuestas según el apartado anterior. También hace referencia en este apartado a las torturas a las que se sometía a los sapos en muchas ocasiones atravesándolos con alfileres, enterrándolos, arrojándolos por la ventana, etc., con lo cual se suponía trasladar el mismo mal a la persona a la que se quería hacer daño.

Desde mi punto de vista, esta clasificación de Cirac resulta un tanto confusa y no logra establecer una diferencia clara entre algunas prácticas, tales como el «ligamen», los comedizos y bebedizos y los que denomina «maleficios externos». A pesar del enorme esfuerzo que llevó a cabo, Cirac prescindió del sentido que tenían estas prácticas en cada caso y sólo se preocupó de clasificarlas desde el punto de vista de las características formales en lugar de intentar desentrañar su finalidad.

Durante los siglos XVI y XVII, y también durante bastante tiempo después, estaba muy extendida la creencia de que se podía ser víctima a través de extraños poderes personales que permitían provocar males físicos sobre los enemigos simplemente con la mirada, o con la voluntad. Este tipo de maleficio es lo que se conocía como «aojamiento». Cirac habla de que cuando alguna persona se «desvirtuaba», se iba consumiendo día a día sin poder pasar la comida, se quejaba del pecho o padecía enfermedades rápidas que acababan con la muerte. Se decía que había sido «hechizado». Cita también el caso de unos médicos que diagnosticaron como «hechizo» la enfermedad de una mujer que cayó al suelo con grandes congojas después de haber tenido una pelea con una vecina.

El «ligamen» era otra forma de hacer daño a los enemigos, pero en este caso el maleficio se llevaba a cabo a través de un objeto. Cita los casos de una mujer que tenía el «ligamen» en una trenza de pelo que le había dado a su marido una «amiga». El «ligamen» también se podía llevar a cabo por simple contacto físico, o tomando una prenda de la persona a quien se quería hechizar.

Lo que Cirac denomina «maleficios por comida o bebida»,

son en realidad ligamentos que se han llevado a cabo dándole al galán —puesto que el hombre es el que suele ser el objeto de estos hechizos—, algún comestible o bebida preparada de determinada manera, o echándole algún elemento «mágico». Resulta muy significativo el caso de Catalina Doyagüe, citado por Cirac, que quiso maleficiar a un hombre echándole una araña en la ensalada. En general, son buenos los polvos de todo tipo, los bebedizos o comestibles preparados con la sangre menstrual, y otros procedimientos similares.

En cuanto al contacto físico, ya hemos señalado antes que el propio Cirac lo considera una de las formas de llevar a cabo un «ligamen», y cualquiera podía caer enfermo si la persona que poseía esa extraordinaria fuerza le tocaba las ropas o le rozaba siquiera. La misma Catalina Doyagüe presumía de poder hacer daño a quien quisiera con el contacto de su codo o sólo con cogerle de las ropas con este ánimo. Según parece, se paró a hablar con un hombre que conocía estos supuestos poderes y la temía mucho. Debía ser tan impresionable que cuando le cogió de las manos se sintió repentinamente enfermo, y ya no volvió a recuperar la salud. Según hemos visto, Cirac clasifica en el apartado «maleficios externos» a los que se llevan a cabo con polvos esparcidos por donde ha de pisar la persona a quien se quiere maleficiar; también incluye las comidas o bebidas compuestas de las que ya se ha hablado. En este capítulo tienen especial importancia los sapos, que sirven para llevar a cabo un sinfín de maleficios. Para matar a un galán desdeñoso, Juana Dientes echó un sapo muerto en su casa, porque pensaba que según se iba consumiendo el animal se iría «secando» la persona en cuestión. Con mucha frecuencia se le clavaban al animal alfileres o se le ponía debajo de una piedra o de la cama, para que el maleficiado sintiera las mismas angustias y dolores con que se torturaba al pobre animal. Otra fórmula muy utilizada era arrojar algún sapo o escuerzo al puchero.

De la misma manera que los sapos servían para provocar enfermedades y sufrimientos en la persona que se deseaba, las hechiceras castellanas utilizaban también figuras de plomo y cera a las que clavaban alfileres o enterraban en lugares a propósito. Clavar unas tijeras debajo de la cama se consideraba como una buena forma de llevar a cabo un maleficio.

«Los conjuros, filtros, sahumerios y hechizos amatorios», que considera Cirac en el capítulo VIII son muy numerosos y conviene que los mencione ahora para compararlos con el repertorio de las hechiceras valencianas. Cirac cita los siguientes, que suelen tener, todos en general, un carácter amatorio:

- conjuros a las estrellas;
- conjuro de la sombra y de la escoba;
- cercos y conjuros de demonios;
- conjuros de la sal;
- conjuros de las torcidas del candil;
- conjuros de los clavos;
- conjuros de los palmos;
- conjuros para desenojar;
- conjuros de la mesa y de la cama;
- conjuros de la puerta;
- conjuros para quitar el sueño;
- conjuros a Marta «la Mala», y oraciones a Santa Marta;
- conjuros y oraciones supersticiosas a las ánimas;
- otras oraciones supersticiosas.

En este mismo capítulo Cirac enumera otros ritos llevados a cabo en el área de Toledo y Cuenca, tales como filtros, sahumerios, hechizos con corazones de animales, hechizos con hierbas y en pucheros, figuras de cera, amuletos, bolsitas, cartas de toque, etc., a los que ya se ha hecho alusión en los apartados anteriores. Refiere hechizos realizados con corazones de carnero, de vaca, o de gallina que se enterraban con agujas clavadas, y las hierbas que se recogían la noche de San Juan con fines amatorios, como la valeriana, la ruda, el romero y las ortigas. A veces se plantaban en tiestos y se regaban con vino blanco, o se enterraban en ellos los corazones traspasados por los alfileres y agujas. El mismo tipo de manipulación que se observa en los corazones de animales lo llevaban también a cabo las hechiceras con figuras de plomo, cera o barro, siempre con el mismo objetivo. Unas veces, maléficos; otras, lograr el amor de algún hombre. Buscando siempre conseguir alguna pasión, colocaban sal gorda, vinagre, azogue, tierra de muertos, etc., en pucheros y luego derramaban el contenido en la puerta de los interesados o los rompían contra la pared de su casa. Los huesos de abubillas o de aves podían servir para atraer la gente con su contacto, junto con las llamadas «cartas de toque».

En medio de un ambiente mágico tan poderoso y cotidiano, es lógico que el individuo hubiera aprendido a protegerse y librarse de los maleficios y demás males que le amenazaban, y a esta cuestión dedica Cirac el capítulo VII, en el que recoge los ejemplos de curaciones más o menos supersticiosas. Como es lógico, estas «curaciones» se corresponden con las distintas fórmulas para llevar a cabo un maleficio:

  a) desaojamiento;
  b) desligaduras;
  c) ensalmos;
  d) santiguadores y saludadores;
  e) curaciones supersticiosas en general.

Los procedimientos para desaojar eran muy diversos. En algunas ocasiones se ponía un plato vacío, otro con agua, se preguntaba el nombre del aojado y se cambiaban los platos. En general, lo más común era hacer un sahumerio sobre la cabeza del paciente con sustancias muy diversas, tales como ruda, romero, azúcar y pez, o bien granos de culantro y de cebada y aceite del candil. A veces, se utilizaba simplemente vinagre y una herradura.

La forma de llevar a cabo las «desligaduras» es también muy diversa y depende, en realidad, de cada hechicera, pero lo más frecuente eran los sahumerios.

Por lo que se refiere a las curaciones supersticiosas, el repertorio varía mucho y se puede decir que cada curandero tenía su propio método. Se utilizaban mucho los emplastos, recetas a base de polvos, etc., de acuerdo con el estilo particular y la personalidad de cada uno. A este mismo universo pertenecen los ensalmadores, que pretendían curar las llagas, heridas y otros males mediante ceremonias supersticiosas y oraciones.

Como vemos, el trabajo de Cirac constituye una amplia e interesante recopilación del folklore mágico conocido y usado en Castilla la Nueva, y una vez que ha quedado resumido en estas páginas, con el fin de utilizarlo como punto de referencia, resulta posible realizar el análisis y comparación de este conjunto de prácticas con los que poseían las hechiceras procesadas en Valencia y Andalucía. De esta forma, dispondremos de elementos de juicio para clasificar los métodos de las gitanas procesadas por la Inquisición a causa de este mismo delito.

Aunque no es todavía el momento de establecer algunas conclusiones acerca de las prácticas supersticiosas en España, la aproximación que hemos hecho a los conocimientos de las hechiceras castellanas me permite adelantar algunas consideraciones que serán de utilidad para la comprensión de las páginas que vienen a continuación. Aunque las prácticas curanderiles y la magia culta no estaban ausentes del territorio castellano, el predominio de los reos femeninos determina que la característica más sobresaliente de la mayor parte de los ritos, conjuros, etc., recogidos por Cirac, sea el objetivo amoroso. Cirac hace alguna referencia a este respecto, pero no le presta especial atención. Desde mi punto de vista, sin embargo, éste era el objetivo perseguido en la mayor parte de los conjuros, filtros y maleficios no sólo de las hechiceras castellanas, sino también valencianas y andaluzas, según veremos a continuación. Me ha parecido interesante subrayar desde ahora este elemento que puede ser útil para comprender mejor el sentido de la superstición popular y las causas que motivaron que esta ocupación fuera el quehacer preferido por muchas mujeres.

Las hechiceras valencianas. Los «conventículos» de 1655 y 1671

Por lo que respecta al área levantina, disponemos de un documento excepcional a través del cual resultará posible que llevemos a cabo un muestreo suficiente, para el propósito de este libro, es decir, estudiar comparativamente la hechicería de la minoría gitana en relación con su entorno.

En 1655, el tribunal del Santo Oficio de la ciudad de Valencia llevó a cabo un auto de Fe en el que fueron procesados 40 reos [7]. Treinta y uno eran mujeres acusadas, casi en su totalidad, de llevar a cabo prácticas supersticiosas. En este mismo auto aparece una mujer procesada de proposiciones heréticas, y los nueve reos restantes son hombres acusados de delitos muy diversos: cuatro por haber llevado a cabo también prácticas supersticiosas —dos han ejecutado hechizos para desencantar tesoros, cuestión a la que dedicaré atención especial a continuación—, dos por bigamia, y un solicitante. Se trata de un auto de Fe con enorme interés, que viene a demostrar la importancia que adquirieron los que suelen denominarse «delitos menores» durante el siglo XVII —bigamia, solicitación, blasfemia y prácticas supersticiosas principalmente, una vez desaparecidos casi totalmente los «grandes clientes» de la centuria anterior, judíos, moriscos y luteranos. Por otra parte, ilustra a la perfección el comportamiento del San-

---
[7] A.H.N., Inq., libro 942, folios 1 a 157. El mismo auto aparece también desde el folio 158 al 304 v. En esta segunda copia se encuentran datos nuevos.

to Oficio respecto a estos «delitos menores» y en especial respecto a lo que se denomina en los procesos por «superstición de vana observancia».

En primer lugar, conviene subrayar la abundante presencia de la mujer que convierte a este delito, según vimos ya en parte en el tribunal de Cuenca y Toledo, en una especialidad femenina [8].

Las mujeres no sólo constituyen la absoluta mayoría de este auto del tribunal de Valencia, sino que pertenecen a todas las edades y estados: solteras, casadas y viudas. De las treinta y dos procesadas, y en contra de lo que se pudiera pensar, doce son casadas, diez están solteras, y tan sólo nueve son viudas. En un caso no consta el estado. También resulta sorprendente que la mayoría de ellas sean mujeres jóvenes, de menos de 35 años. Veinte tienen efectivamente menos de 35 años, seis están entre los 35 y los 50, y sólo dos casos cuentan más de 50, María Bosch, «la Catalana», que ya había sido procesada anteriormente, y Juana Ana Pérez, que tenía 58, pero seguía casada. Sólo en cuatro casos no consta la edad.

La procedencia de estas mujeres es también muy variada. Aunque la mayor parte pertenecen al área levantina (Barcelona, Valencia, Alicante o Mallorca), también hay castellanas o andaluzas. Inés García era natural de Simancas; doña Juana de la Paz, de Granada; Isabel Pérez, había nacido en Belmonte; María Antonia de Neroña, en Marchena; Isabel María de Mendoza, también de Granada; Jacinta Manuela, de Madrid; e Isabel Juan Gadia de Cañete, en Castilla. La mayor parte también se ocupaba en oficios modestos, cuando tenían alguno, y no faltan las que se veían obligadas a mendigar por carecer del apoyo de algún hombre o por accidentes que les impedía ejercer un trabajo. Éste es el caso de Úrsula Gil, de 40 años, quien según declaró, no podía trabajar a causa de una grave enfermedad, y pedía limosna. Interesante, desde el punto de vista humano, resulta el caso de la misma Isabel Juan Gadia, que había sido condenada ya por superstición el año 1655. Cuando iba a cumplir el destierro que

---

[8] La presencia mayoritaria de la mujer en este tipo de cuestiones es tan evidente que no pasó desapercibida a ningún autor. En este sentido se expresaba ya J. CARO BAROJA en *Las brujas y su mundo*, Madrid, Alianza Editorial, y en *Vidas mágicas e Inquisición*. Pueden verse también las interesantes observaciones de J. B. RUSSELL, *Wichcraft in Middle Ages*, Nueva York, Cornell Univ., 1972, y el trabajo de A. MACFARLANE, *Wichcraft in Tudor and Stuart England*, Londres, Routledge and Kegan Paul, 1970.

le había ordenado el tribunal resultó atropellada por una galera, y un hombre que se compadeció de ella la recogió. Aunque se la llevó a un hospital, murió durante el proceso. En la mayor parte de los casos sólo consta el estado civil de las procesadas, pero de María Cervera, viuda de 30 años, se dice que «trabaja en su casa de sus manos». Jacinta Manuela, natural de Madrid, y viuda de 28 años, parece que se «ocupaba en hilar».

No tenemos ningún dato más de las restantes solteras y viudas, y por lo que respecta a los oficios de los maridos de las casadas, hay que destacar que también son variados. Ana Badía estaba casada con un labrador, así como Juana de la Paz, Gerónima Ángel y Catalina Escribá, aunque viuda, en el momento del proceso. En otros casos, sin embargo, aparecen oficios muy diversos. Inés García estaba casada con un zapatero; Esperanza Badía, con un librero; el marido de Úrsula de la Llança era portero del Gobernador; el de Laura Garrigues, albañil; el de Ana Sensano, cabritero, y el de Clara Marimón, tejedor de seda. Merece la pena señalar que Ana María Miguel, que ya tenía 40 años, declaró estar casada con un estudiante de medicina; Isabel de Mendoza era mujer de un notario de Madrid, y Jacinta Manuela, la que se «ocupaba de hilar», dijo que su marido, un tal Jusepe de Arce y Velázquez, era pintor, aunque no me ha sido posible averiguar si se trataba de un pintor por lo fino o de los otros.

Un aspecto que interesa resaltar es que todas ellas eran cristianas viejas.

En cuanto a las penas, revisten ese carácter de «gravedad menor» al que me he referido en capítulo anterior. Por una parte, la hechicera y la bruja escapan, en España, efectivamente, a la tremenda pena final que se observa en el resto de Europa, pero eso no quiere decir que sus prácticas supersticiosas dejen indiferente al tribunal. La «pena menor» oscila, como sabemos, entre las simples penitencias espirituales y el destierro perpetuo acompañado de azotes. En el auto valenciano aparece una amplia muestra del precio que solían pagar las hechiceras por sus inocentes y, muchas veces, ingenuas prácticas. María Villa Roya, soltera de 24 años, y María Cervera, viuda de 30, lograron la condena de menor importancia, es decir, tan sólo tuvieron que abjurar *de levi* y llevar a cabo las penitencias espirituales que les marcó el tribunal. Jusepa Ramírez y Jusepa Cerdá lograron que la causa fuese suspensa.

Jusepa Cerdá falleció en la cárcel, al parecer de muerte natural, e Isabel Juan Gadia, de la que ya hemos hablado antes, murió también antes de terminar la causa, posiblemente a consecuencia del accidente con la galera. Las demás se vieron obligadas a cumplir penas de destierro —acompañadas en algunos casos de azotes—, que oscilaron entre los dos años y el destierro perpetuo. Ana Sensano, la viuda del cabritero, y Clara Marimón, la viuda del tejedor de seda, lograron escapar con dos años de destierro. Ana Badía y Francisca Candel, con tres años. Cuatro años de destierro fue la condena de Clara Gómez, doña Juana de la Paz, Gerónima Ángel, Jacinta Manuela, Lorenza Escri, Ana María Miguel y Laura Muñoz, a pesar de que las circunstancias de esta mujer, de la que hablaremos con detalle más adelante, parecían destinarla al Hospital de locos más que a ningún otro sitio. Con cinco años de destierro salieron de Valencia Esperanza Badía, casada con el librero, y Celia Ibáñez, soltera.

Las penas mayores, seis, ocho, diez años o destierro perpetuo, fueron destinadas a aquellas mujeres que habían tenido un mayor protagonismo o que ya habían comparecido alguna otra vez ante el tribunal. Jusepa García, Úrsula de la Llança, cuyo marido era portero del Gobernador, Isabel Pérez de Martínez y María Antonia de Neroña, salieron con seis años; Jusepa Climent, que ya había estado procesada anteriormente, y Laura Garrigues, con ocho. A diez fueron condenadas María Bosch, «la Catalana», que también había sido procesada en otra ocasión, y los inquisidores creyeron conveniente además que se le propinaran 200 azotes. Úrsula Gil, que estaba en las mismas circunstancias, tuvo la misma condena; Isabel María Gil, otros diez, dos de los cuales debía pasarlos en Zaragoza. La máxima pena, el destierro perpetuo, recayó sobre Juana Ana Pérez, tres de los cuales debía pasar en reclusión, además de recibir 200 azotes. En dos casos, sólo figura que fueron condenadas a destierro sin especificar el número de años. En cuanto a los azotes, siete tuvieron que soportar 100, además de su correspondiente destierro, y en cinco casos los inquisidores subieron hasta 200, pena considerable que generalmente se aplicaba en dos tandas diferentes, 100 en privado y 100 en las calles públicas. No obstante esto, aunque no he visto nunca que la acusada pasara a continuación al hospital, es indudable que la vítima debería quedar en situación física bastante mala después de este castigo. Sin embargo, conviene señalar que el tribunal solía tener en cuenta si la mujer condenada a esta pena estaba en situación de recibirla.

En segundo lugar es preciso detenerse en las características generales de los hechizos, conjuros, etc., llevados a cabo por las mujeres procesadas en el tribunal de Valencia. En la mayor parte de los casos, la práctica considerada como supersticiosa se ha realizado con el propósito de conseguir el amor de algún hombre o retenerle, si se ha distanciado. A juzgar por el catálogo reunido por mí gracias al auto de Fe de 1655, el amor sería la preocupación predominante de las mujeres, su objetivo fundamental, y la motivación que las llevaría a entregarse al mundo de la hechicería. En esto, las procesadas en Valencia no se diferencian en absoluto de sus compañeras de los tribunales de Cuenca y Toledo.

Los hechizos y maleficios amatorios llevados a cabo por estas mujeres, que son la abrumadora mayoría en estos procesos, demuestran que el amor —o algo parecido— es el eje de sus vidas, y su preocupación fundamental. De acuerdo con los términos gráficos que se utilizan para denominar a estas prácticas en la época, lo que se procura es «ligar y desligar» voluntades porque, como es lógico, a veces también puede resultar conveniente alejar a un hombre de otra mujer.

El elemento erótico también está presente y merecerá la pena que me detenga en este aspecto más adelante. En realidad, los objetivos de las hechiceras valencianas —y casi me atrevería a decir que de las hechiceras en general— pueden agruparse fácilmente en los siguientes apartados:

a) Lograr el amor de algún «galán».
b) Conseguir que regrese el que se ha ausentado.
c) Oraciones, conjuros, filtros, etc., con un fondo o finalidad erótica.
d) Prácticas adivinatorias (generalmente con fines también amorosos, tales como saber si se tiene el amor de un hombre o se realizará una boda).

Como vemos, las preocupaciones de las hechiceras valencianas son fácilmente resumibles, y bastante elementales: el amor, cómo conseguirlo y conservarlo. Si tenemos en cuenta el mencionado auto valenciano de 1655, el tema amoroso constituía el principal objetivo de las artes mágicas, al menos por lo que a la magia popular se refiere. A pesar del amplio repertorio de hechizos, maleficios, conjuros, etc., contenidos en este auto, tan sólo en unas cuantas ocasiones aparecen prácticas de carácter curanderil o que persigan objetivos distintos a los señalados.

El propio tribunal del Santo Oficio era consciente de esta faceta de la práctica hechiceril, y según puede observarse fácilmente si recurrimos a la calificación que llevaban a cabo, en cada caso, los teólogos del Santo Oficio. Por lo general, la Inquisición solía calificar estas prácticas de «superstición de vana observancia», pero con la minuciosidad que caracteriza todos los actos del tribunal, en cada práctica era preciso determinar, además, si existía o no herejía, si había pacto explícito o explícito con el demonio o no, y los matices del error en que había incurrido el inculpado o inculpada. En todos los casos que veremos a continuación, el Santo Oficio consideró que se trataba de «superstición de vana observancia», añadiendo, según las características de cada uno de los conjuros, maleficios, etc., los siguientes matices:

- *a)* «Superstición adivinatoria», cuando se trataba de averiguar alguna cuestión en relación con el futuro de las personas o de descubrir algo oculto.
- *b)* «Superstición adivinatoria-amatoria», si al sortilegio se añadía la voluntad de averiguar algo en relación con el mundo erótico-sentimental;
- *c)* «Sacrilegio», cuando la hechicera llevaba a cabo cruces, pronunciaba el nombre de Dios, la Virgen o los santos durante alguna de las prácticas anteriores, se había producido «superstición adivinatoria» o «superstición adivinatoria-amatoria, con sacrilegio».
- *d)* «Pacto explícito» o «implícito». El calificador del tribunal añadía esta característica cuando se había producido la invocación a un demonio (generalmente Barrabás, Satanás, el Diablo Cojuelo) o el ritual daba a entender que se invocaba a fuerzas del mal de manera implícita.

Por último, hay que señalar la relación de intereses que solía establecerse entre estas mujeres, lo que sirve para explicar de nuevo la abundante presencia femenina en estas cuestiones, en general, y en este auto en particular. Con mucha frecuencia estas mujeres entablaban una relación más o menos amistosa o se consultaban entre sí, aprendiendo las unas de las otras los distintos hechizos. De esta manera llegaban a formar una cadena en la que se transmitían los conocimientos, que nos permite comprender la existencia de los mismos rituales prácticamente en toda España. Al mismo tiempo, cuando el Santo Oficio lograba capturar a alguna de estas hechiceras, profesionales o aficionadas, bastaba que tirase del hilo que había caído en sus manos, por así decirlo, para conseguir controlar en poco tiempo casi toda la madeja. No era preciso que se llegase a la tortura, no nos engañemos a este respecto. Ninguna de las mujeres que resultó procesada en 1655 fue votada a tormento. Sencillamente, el tribunal se limitaba a preguntar, o ellas lo contaban espontáneamente, quién le había dado a conocer aquel rito. Aunque también, con mucha frecuencia, la hechicera contestaba vagamente, atribuyéndole sus conocimientos a alguna gitana que pasó al azar por su casa —y de esta manera vamos entrando ya en contacto con el origen del mito—, o alguna persona fallecida, en la mayor parte de los casos indicaban los nombres y apellidos personales de sus compañeras de «conventículo».

De acuerdo con los aspectos que acabo de esbozar, utilizando el auto del tribunal de Valencia de 1655, me parece que hemos logrado una aproximación al problema humano, sociológico y procesal suficiente para nuestros propósitos, que nos permite pasar a continuación al análisis detallado de las prácticas hechiceriles que llevaron a estas mujeres hasta el tribunal de la Inquisición, obligándolas a pagar por ello penas de azotes y destierro.

Con el fin de homogeneizar la denominación de cada una de estas prácticas, he conservado la titulación que Cirac le dio en el libro al que me he venido refiriendo y que era ya conocido por el propio tribunal de la Inquisición. Dada la reiteración con que suelen aparecer en las relaciones de causas, el escribiente del tribunal se limitaba con frecuencia a señalar al margen del folio el título de la práctica que iba a resumir: «cazoletas», «ánima sola», «redomas», etc. Veamos, pues, a continuación cada uno de los grupos a los que acabo de hacer referencia de acuerdo con esta denominación ya utilizada por el Santo Oficio:

a) Con el fin de lograr el amor de algún galán se llevaban a cabo las siguientes oraciones supersticiosas o conjuros con sus correspondientes ritos:

— conjuro del alumbre;
— oración de «hola, hola varón»;
— oración de «Lara, Lara»;
— oración a la Luna;
— conjuro de las misas por los ahorcados;
— conjuro de las naranjas;
— conjuro al Sol;
— conjuro de la soga de ahorcado.

En cierto modo, también se podrían incluir en este grupo las oraciones supersticiosas pronunciadas en honor de Santa

Elena y Santa Marta que suelen decirse principalmente con esta finalidad.

b) Con la intención de que venga un galán que se desea ver, también aparecen varias oraciones y conjuros específicos:
— conjuro de las «calles y cantones»;
— conjuros en general en que se invoca a la calle (hay diversas variantes);
— conjuro de las cazoletas;
— maleficio del corazón del carnero;
— conjuro de la chimenea;
— conjuro de las horas nonas;
— conjuro de los palmos;
— conjuro de la puerta;
— conjuro de la ventana;
— oración a San Silvestre.

Estos dos últimos aparecen con múltiples variantes, y, en general, cuando se invoca a la calle o desde la ventana se hace con la intención de lograr el regreso de algún galán.

c) Las oraciones y conjuros con un contenido específicamente erótico son también bastante frecuentes. Desde este punto de vista pueden considerarse las siguientes:
— conjuro de la cruz en las espaldas;
— conjuro de los estadales;
— conjuro del miembro;
— conjuro para que un hombre sólo pueda tener trato carnal con la interesada. Con este fin aparecen los que podemos llamar «de los nudos» o «de las misas»;
— filtros y hechizos llevados a cabo con la sangre menstrual;
— conjuro de las torcidas del candil;
— filtros, etc., elaborados con los cabellos de las «partes verendas».

d) Los conjuros y prácticas con fin mántico que el tribunal consideraba como «superstición adivinatoria-amatoria», podrían formar parte del cuarto gran grupo que caracteriza los intereses de las hechiceras valencianas. Son los siguientes:
— prácticas y conjuro del alumbre;
— práctica y conjuro de las ampolletas;
— oración y ritual al ánima sola;

— conjuro y rito de las candelas;
— ritual y conjuro de las naranjas;
— ritual y conjuro de los palmos;

Las prácticas mánticas más frecuentes son, como en Castilla la Nueva, la suerte de las habas y de los naipes. Pueden utilizarse con diversos fines, pero también aparecen con frecuencia los fines amorosos.

e) Como quinto grupo aparecen maleficios que tienen fines amatorios también pero de finalidad diversa, tales como «desenojar a un galán», adivinar si un galán vendrá o no, o para «encontrar» —hechizar— a un galán.

Como ya señalé antes, el amor es el objetivo bien demostrado de la hechización. Si tenemos en cuenta el mencionado auto valenciano de 1655, en el que he conseguido catalogar más de medio centenar de distintos tipos de maleficios, conjuros, filtros y oraciones supersticiosas —sin tener en cuenta las frecuentes variantes que aparecen de algún conjuro o maleficio especialmente frecuente—, sólo en seis ocasiones la finalidad de la práctica mágica no es de carácter amatorio. La única hechicera que parece tener una faceta curanderil es una tal Juana Ana Pérez, mujer casada de 58 años, que conocía un remedio para curar las verrugas y utilizaba sahumerios para sanar a los hombres que estaban «encontrados». Laura Garrigues, también casada, pero de 33 años de edad, es decir, una mujer relativamente joven que no se había visto obligada a renunciar por necesidad a las cuestiones eróticas, practicaba un conjuro que servía para tener de qué comer, y otro con la finalidad de conseguir dinero. En ambos casos, sin embargo, el repertorio era el mismo que el de las demás hechiceras, y estaba primordialmente dirigido a cuestiones amorosas. Las tres prácticas restantes que tampoco tienen carácter de «superstición amatoria» son las siguientes:

— Gerónima González realizaba un conjuro a base de agua bendita con el fin de alejar el mal de su casa.
— María Antonia de Neroña usaba el conjuro del alumbre con el fin de que aprovecharan las oraciones.
— Doña Juana de la Paz decía la oración al ánima sola y aseguraba que servía para alcanzar algún deseo.

En realidad, las hechiceras valencianas poseían un repertorio común que se repite en todos los procesos. Algunas, tal vez las más imaginativas, parecen conocer algunas variantes más o menos originales, procedentes indudablemente de su propia inventiva, pero sin apartarse fundamentalmente de las líneas esenciales seguidas por la mayoría. Desde mi punto de vista, si tomamos en cuenta el repertorio elaborado por Cirac para Toledo y Cuenca, así como los elementos que he examinado en algunos tribunales, como los andaluces y canarios, este fondo hechiceril es común en toda España. Como ya he añadido antes, algunos maleficios y conjuros se repiten con tanta frecuencia que son los propios funcionarios del Santo Oficio los que anotan al margen de las relaciones de causas el título de cada uno. Estas prácticas se refieren rápidamente, y en cambio, el funcionario se detiene en una narración más detallada de los casos que ofrecen alguna novedad.

En este sentido, los conjuros, filtros, etc., utilizados por Laura Garrigues pueden servir como ejemplo del repertorio manejado por las mujeres valencianas.

La lista de «conocimientos mágicos» de Laura Garrigues constituye el prototipo de la que se podría elaborar en el caso de cada una de sus compañeras condenadas en el mismo auto de fe, con ligeras variantes. Algunas hechiceras sólo conocían cuatro o cinco conjuros, pero todas sobrepasaban la docena por lo general.

De acuerdo con todos estos datos, resulta posible afirmar que el repertorio de las hechiceras españolas es común, a causa de la transmisión oral, y la movilidad de sus protagonistas entre las diferentes áreas del país. Por este mismo motivo tampoco sufre grandes transformaciones entre los siglos XVI al XVIII. Preguntarse por el origen de estas prácticas, seguramente de raíces medievales, nos situaría frente a una cuestión que desborda estas páginas, pero a la que trataré de responder en un trabajo próximo. Sin embargo, no debemos pasar adelante sin hacer un breve repaso al contenido de las prácticas supersticiosas que me he limitado a mencionar y catalogar hasta ahora:

1.º echar las habas con diversos fines;
2.º decir la oración al ánima sola con fines amatorios;
3.º decir el conjuro de la puerta y quicial para atraer a los amantes;
4.º realizar el conjuro de las torcidas con el fin de lograr el amor de los galanes;
5.º realizar el conjuro de la misa con el mismo fin que en el caso anterior;

6.º decir el conjuro para desenojar tan común en todas estas mujeres, tanto en Valencia como en el resto de España;
7.º hacer el conjuro de los palmos con el fin de tener trato deshonesto con un galán en dos versiones distintas;
8.º conocer la oración de Santa Elena;
9.º realizar las invocaciones a la ventana en dos variantes con el fin de lograr el regreso de algún galán ausente;
10.º hacer el conjuro de la calle, con el mismo objetivo que en el caso anterior;
11.º llevar a cabo el conjuro de las horas nonas;
12.º oración al ánina sola;
13.º hacer el conjuro del miembro para no perder la relación amorosa con el *partenaire* sexual;
14.º llevar unas bolsitas coloradas a modo de amuleto con fines amatorios;
15.º realizar un hechizo con tierra de un hormiguero;
16.º utilizar la sangre menstrual y los cabellos de las partes verendas en maleficios de carácter amoroso;
17.º recomendar que se moliera una piedrecita blanca y se le diera a comer a un galán con el fin de lograr su amor;
18.º realizar el conjuro del alumbre con una finalidad también amatoria.

Consideraciones generales

La contaminación religiosa

Lo primero que sorprende en las prácticas hechiceriles realizadas durante los siglos XVI, XVII y XVIII, tanto por parte de las mujeres procesadas en el tribunal de Valencia, como en los castellanos y otros, es la curiosa mezcla entre religión y superstición que suele estar presente en los ritos y conjuros. La influencia de la religión oficial es tan profunda que se pone de relieve a cada paso. Según Keith Thomas [9], la propia Iglesia católica fomentaba la superstición a través del ritual y de algunas prácticas admitidas y fomentadas por la propia Iglesia. Según Thomas, el Cristianismo anterior a la Reforma sería el responsable de muchas creencias supersticiosas del campesinado inglés, que la corriente angli-

---
[9] Keith Thomas, *Religion and the decline of Magic,* Londres, Widenfeld and Niblson, 1971, p. 716.

cana trató luego de corregir. Sin adoptar exactamente el punto de vista de Thomas, es evidente que los ritos oficiales habían calado tan hondo en el espíritu popular a través de su presencia cotidiana, que las sencillas mujeres que practicaban la hechicería no podían apartarse de este universo a la hora de ejecutar sus propios ritos, dando lugar a una curiosa relación entre el mundo mágico-supersticioso y el de la religión oficial. Duby[10] señaló cómo las ideologías habían sido elaboradas en el seno de un marco cultural determinado que las obliga a expresarse siempre con un mismo lenguaje, de tal manera que se las puede considerar como una imagen invertida. En el caso de las hechiceras españolas, no se puede hablar exactamente de una inversión de valores, sino de una profunda «contaminación» del mundo religioso en el que la hechicera vive inmersa cotidianamente, que penetra en la esfera de lo mágico de manera inevitable y casi imperceptible.

Los elementos utilizados por la Iglesia en sus ritos, las pautas seguidas en los rezos, y/o la forma de dirigirse a Dios y los santos se imitan y reaparecen a cada paso en los conjuros, maleficios, etc, de las mujeres procesadas por la Inquisición. De la misma, manera que la Iglesia recomendaba determinadas oraciones para curar el dolor de muelas o lograr el alivio de algunos males, las hechiceras usaban también «oraciones» específicas que servían para lograr el regreso del amante perdido o el amor de un hombre. Del mismo modo que la Iglesia oficial admitía que se apelara a la ayuda de determinados santos bajo cuya advocación se situaba el creyente en momentos de apuro sin incurrir en desviación herética —para lograr ayuda durante una tormenta se consideraba casi indispensable recurrir a santa Bárbara, y para recuperar algún objeto perdido conseguir la ayuda de san Antonio—, con esta misma mentalidad, las hechiceras buscarán la ayuda de santa Elena, santa Marta, san Silvestre, la Virgen y el mismísimo Jesucristo en los asuntos amorosos. Se trata de una mímesis bastante lógica, desde mi punto de vista. Estamos, en cierto modo, *ante* la reproducción de un universo tan conocido, según lo explicaba Duby, del que el individuo no puede prescindir, y que demuestra, al mismo tiempo, la «contaminación» a la que me refería antes, así como cierta incapacidad para crear un mundo absolutamente original.

---

[10] George DUBY, *Historia social e ideologia de las sociedades,* Anagrama, 1971, p. 86.

Si tenemos en cuenta todo lo anterior, ya no nos resultará tan sorprendente que la hechicera tenga por costumbre comenzar sus conjuros invocando la ayuda de san Pedro, san Pablo, o la Santísima Trinidad, tal y como le ha oído al sacerdote cuando dice la misa y en otros rituales. Si esa invocación significa la posibilidad de lograr la ayuda de fuerzas superiores en las que se cree, ¿porqué no utilizarla también para otros fines? De esta manera, el rosario servirá para averiguar si el amante va a venir a ver a su amiga, se ofrecerán misas con fines amatorios y aun abiertamente eróticos, y rezarán credos, avemarías, etc., con el mismo objetivo, por chocante que pueda resultar a nuestros ojos, especialmente si se tiene en cuenta que se trata del grupo de ritos que he agrupado bajo el rótulo de «eróticos».

Aunque el uso del nombre de Dios, la Virgen y los santos, así como del signo de la cruz, etc., es una constante que aparece en la mayor parte de los usos supersticiosos que veremos a continuación, merece la pena que mencione alguna práctica mágica, significativa dentro de este orden de cosas. Gerónima González, por ejemplo, procesada en 1655, ponía a hervir en un jarrito agua bendita cogida en tres iglesias distintas, a la que añadía palma y ramos de olivo cortados en trozos menuditos. Luego rociaba con ella la casa empezando desde el umbral y decía:

> Entre el bien y salga el mal
> tantos sean los andadores y venideros
> que vengan a mi casa
> como la Virgen tiene rogadores
> tratantes sean los que a esta casa vinieren
> para hacerme a mi bien
> como Dios hizo a la Divinidad
> con la Santa Humanidad [11].

El Santo Oficio consideró que había cometido superstición de vana observancia con sacrilegio a causa de la proposición sobre la Divinidad, pero es evidente que la buena mujer trataba de reproducir los exorcismos y prácticas llevadas a cabo por la Iglesia para expulsar las fuerzas del mal y los demonios. Si esto era posible, ¿porqué prescindir del efecto benéfico del agua bendita para proteger su casa de los posibles enemigos?

Otro elemento tomado directamente del mundo eclesiástico son los filtros y hechizos que se ejecutaban confiando en la fuer-

---

[11] A.H.N., Inq., libro 942, folio 27 v.

za sobrenatural del ara, lugar donde al fin y al cabo se producía el milagro de la transformación del pan y el vino en la carne y la sangre de Jesucristo. Las bolsitas que habían estado debajo de un altar podían tener facultades para proteger, atraer la buena suerte, hacer ganar en el juego, etc., a las personas que las llevaban. Otras veces, un trozo de ara molida y vertida en el vino permitía recuperar el amor perdido. María de la Raya se los daba a beber con este objetivo a sus amigos.

Con los estadales, elemento también claramente religioso, llevaba a cabo María Bosch, según el auto de 1655, un conjuro que tenía el mismo fin amatorio. Se cortaban los estadales y se encendían. Al mismo tiempo había que hacer señas con el brazo, como llamando al galán que se quería atraer. El conjuro se decía poniéndose boca abajo, es decir, como el sacerdote en algunos momentos de la misa:

> San Antonio glorioso
> vestido vais del hábito del padre menor
> una gracia que os pido me la querais otorgar
> de los nueve fuegos que teneys, uno me querais otorgar
> el más ardiente que lo querais poner sobre el corazón de
> [Fulano
> que no pueda sosegar hasta que a casa de Fulana venga a
> [descansar
> assí quemen su corazón como quemen las habas
> delante la Virgen María en el altar [12].

La influencia del universo religioso es tan poderosa que desde este punto de vista deben interpretarse también, según mi criterio, otras muchas características de las prácticas hechiceriles, como la repetida aparición del número nueve o del tres. Hay oraciones que es preciso decir durante nueve noches o nueve veces, invocación al ánima sola tres veces seguidas, etc. El número nueve y el tres, que se repiten constantemente, recuerdan los novenarios practicados en el seno de la religión oficial o la importancia que debe tener para el creyente la existencia de tres personas distintas en la Divinidad, Padre, Hijo y Espíritu Santo.

Por último, y según resulta lógico suponer, la misa no podía dejar de atraer la atención de las hechiceras interesadas en utilizar en su provecho la «fuerza» del rito fundamental y piedra angular de la Iglesia. Laura Garrigues, por ejemplo, creía que

---
[12] A.H.N., Inq., libro 942, folio 22 v.

cuando la misa se oía de acuerdo con determinado ceremonial y se pronunciaba cierto conjuro, servía para conseguir que un hombre tuviera trato carnal con la mujer que la había ofrecido. Ella iba con este motivo al colegio del Corpus Christi, porque allí la decían más despacio, oía tres misas consecutivas, y desde que alzaban la hostia hasta que se levantaba el cáliz pronunciaba la siguiente oración:

>   Jesuchrist fonech not
>   Jesuchrist fonech crucificat
>   en lo ventre de la Verge fonech encarnat
>   adxi comeste paraceles sont veritat
>   ligo y ato el tal y los tales de Fulano
>   [aquí había que atar una cinta a los calzones
>   del galán que quería enamorar] [13].

María Bosch también lo practicaba y a una persona le pidió tres sueldos para hacer que se dijeran misas por las almas de los ahorcados. Era preciso que se oyera de pie, con las manos detrás, y cuando el sacerdote consagraba, se exclamaba «miente con toda la boca y garganta». Luego, se debía coger un puñado de tierra de una sepultura. También se hacía con el fin de lograr el amor de algún hombre.

El tribunal del Santo Oficio perseguirá este uso indebido de los ritos de la Iglesia que solía calificarse como sacrílego.

Además del nombre de Dios, la Virgen y los santos, las hechiceras toman prestada la creencia en el poder del diablo. Sin demasiados escrúpulos, las reas de 1655 solían invocar también a Barrabás, Satanás y al Diablo Cojuelo siempre que les parecía conveniente. El tribunal lo solía considerar como «invocación de demonio» con «pacto implícito» o «explícito», según los casos, pero el asunto no solía tener repercusiones graves, porque con cierto desparpajo las hechiceras aseguraban que si bien llamaron a los demonios, éstos no acudieron [14].

---

[13] A.H.N., Inq., libro 942, folio 55 z.

[14] De esta manera, realmente escéptica, suelen expresarse las cristianas viejas. Por sólo citar un par de casos, pueden verse las «relaciones...» de Ana de Xerez y María Pérez, procesadas también en Valencia en 1671, quienes dijeron al tribunal que nunca se habían «seguido efectos» de las ceremonias que ejecutaban. (A.H.N., Inq., leg. 478).

Los instrumentos: La cocina mágica

La limitación imaginativa de las mujeres metidas en el negocio de la hechicería, a que ya he aludido antes, se pone principalmente de relieve en el repertorio de los utensilios y herramientas que utilizaban. Los instrumentos de las hechiceras suelen proceder de su entorno cotidiano y se componen de animales domésticos, herramientas de cocina, comedizos y bebedizos fabricados con polvos o hierbas, y algún que otro filtro en el que intervienen los «fluidos mágicos» procedentes de las partes del cuerpo más denostadas por la iglesia, como la sangre menstrual, el semen o el vello de las «partes verendas».

Las hechiceras españolas suelen sacrificar animales para completar algunos conjuros o maleficios. Las víctimas de estas ceremonias suelen ser animales domésticos muy próximos a ellas por su carácter doméstico, como el gato o la gallina, a los que se atribuye mayor «fuerza mágica» o peligrosidad cuando tienen color negro. Algunos otros tenían una reputación realmente horrible, que ha llegado en parte hasta nuestros días, probablemente a causa de su aspecto. Me refiero al pobre sapo, del que debió hacerse un enorme consumo para las prácticas hechiceriles durante el Antiguo Régimen. Las hechiceras le clavaban alfileres, le dejaban morir lentamente para recoger sus babas, le enterraban debajo de ladrillos y le sometían a toda suerte de torturas con el objeto de que el amante desdeñoso también llegara a sentirlas. El sapo fue el animal que más sufrió las consecuencias de la pasión amorosa, significando al mismo tiempo las artes mágicas de estas mujeres tan preocupadas por sus problemas de orden sentimental.

Las hechiceras completaban los ritos de sus mancias, conjuros y maleficios encendiendo velas o candelas de distintos colores, especialmente verdes o amarillas. Estas velas resultaban imprescindibles en algunas ocasiones, como cuando se decía la oración de santa Elena. En otros casos, el rito se acompañaba con la luz de un candil, y para alcanzar ciertos resultados extraordinarios recurrían a velas fabricadas con ceras de carácter exótico, y mezcladas entre sí.

Las hierbas a las que recurren las hechiceras pertenecen a un repertorio muy extenso y son el elemento indispensable para sahumerios. Por lo general, suelen ser olorosas y se recogen la noche de San Juan, pero también se plantan directamente en macetas a las que resulta conveniente regar con vino blanco. Las más utilizadas son el culantro, la ruda y los granos de helecho, según he aludido ya en páginas anteriores.

Cuando la hechicera se proponía realizar una «ligadura» realmente eficaz, recurría a los residuos corporales. Para maleficiar o «ligar» a un galán con carácter definitivo, había que tomar elementos que procedieran directamente del hombre o la mujer a quien se quería hacer objeto del hechizo, especialmente de las partes masculinas o femeninas relacionadas con los impulsos eróticos que tanto preocupan a estas mujeres. En este orden de cosas, será igualmente válido el semen masculino que la sangre menstrual —a los que se atribuyen una gran «fuerza» y capacidad para llevar a cabo un hechizo— y en un sentido descendente, el pelo de todas las partes del cuerpo, incluido el de las llamadas «partes verendas», los orines o las uñas.

Por supuesto, para establecer el contacto directo que desean las hechiceras con el cuerpo o la intimidad física del futuro hechizado, también se pueden utilizar las prendas de uso cotidiano, o los objetos con los que haya estado en contacto él o ella.

Los elementos que se emplean como amuletos, tanto en Castilla como en el área levantina o andaluza, son igual de simples. Nuestras hechiceras solían llevar con frecuencia bolsitas coloradas que contenían materiales diversos, pero bastante elementales, tales como piedras blancas, trozos de ara consagrada y piedra alumbre. El imán era muy buscado y apreciado porque se consideraba que traía suerte en el juego.

En algunas ocasiones, estos mismos elementos se emplean para componer algún comedizo o bebedizo, dando lugar a lo que podríamos calificar como «cocina mágica». Los componentes son tan similares a los de la cocina habitual, que se tiene la sensación de que la mujer no ha conseguido liberarse de una de sus obligaciones cotidianas a la hora de llevar a cabo sus prácticas extranaturales. La sal, el vinagre, el aceite y el aguardiente, forman parte de casi todas las fórmulas con las que se lleva a cabo el conjuro de las «cazoletas», «ampollas» o «redomas». También se añade un poco de piedra alumbre, se mezcla todo en un recipiente, y ya se está en situación de conseguir el amor de algún hombre. Con el huevo, elemento casi indispensable en toda cocina, era muy frecuente ejecutar una práctica adivinatoria que consistía en echarlo en un recipiente con agua y esperar hasta el día siguiente para interpretar el aspecto que presentaba.

Con la sangre menstrual, de gran eficacia para llevar a cabo hechizos, se untaban las chuletas que debía comer el galán, o bien se reducía a polvo para añadirla después en cualquier guiso.

En otras ocasiones, también se ponían a la comida otros componentes de carácter «mágico», debidamente reducidos a polvo, puesto que el objetivo era conseguir el amor de algún hombre y no su fallecimiento. Así, la hechicera valenciana Laura Garrigues aconsejó a una mujer que llevara una piedra blanca dentro de una bolsita, la acariciara con frecuencia y luego se la diera a comer a su galán.

Según vemos, y si recordamos el laboratorio mágico de Josefa Carranza, la serie de instrumentos y materiales utilizados por las hechiceras valencianas era muy similar al de las castellanas, aunque un poco más reducido. Al menos, según lo que se puede deducir del auto de fe de 1655. En el laboratorio de las valencianas tampoco faltan los instrumentos más o menos macabros como la soga de ahorcado, que según María Bosch era útil para conseguir la correspondencia amorosa de los galanes. La misma mujer también hacía un maleficio en el que se usaba un corazón de carnero, tal y como lo hemos visto llevar a cabo en los tribunales de Castilla la Nueva.

La fuerza de la palabra

Según habrá podido apreciar el lector en la aproximación que acabamos de hacer a las características generales del folklore mágico, todos los materiales utilizados por las hechiceras pertenecen al entorno cotidiano y resulta difícil entender cómo llegaron a adquirir reputación de componentes con capacidad para hacer daño o influir en las voluntades.

Desde mi punto de vista, estos sencillos elementos no hubieran podido producir la impresión que las hechiceras pretendían lograr sobre sus clientes sin el elemento indispensable en todo rito: la fuerza de la palabra y la capacidad de sugestión. Lo que realmente impresionaba al cliente y convertía al huevo, las habas o los naipes, etc., en utensilios mágicos, es el ritual con que la hechicera los envuelve. La fuerza del conjuro o del maleficio que se iba a realizar dependía de la personalidad de la hechicera, su propio carisma e imaginación para sugestionar al cliente a través del énfasis con que pronuncia las palabras mágicas. El conjuro o la oración se decían de acuerdo con un ritmo que resulta imposible reproducir, pero que es posible adivinar a través de la medida de las frases y el sentido de la ceremonia. La hechicera se preocupaba de subrayar los aspectos esenciales repitiéndolo a manera de estribillo, como en la oración de santa Elena, o a través del énfasis que se ponía en cada sentencia. Es muy probable que todas estas oraciones, etc., se pronunciaran de acuerdo con un sonsonete en el que se imitaba también, en cierto modo, al de las oraciones oficiales de la Iglesia. El ritmo de la letanía del rosario, repetido en voz alta por los fieles y en especial por las beatas, parece resurgir en el ritmo de la mayor parte de las frases que veremos a continuación. El parentesco entre el rezo repetido en las iglesias y este tipo de ceremonias es probablemente muy estrecho.

Intento de clasificación final

De acuerdo con las consideraciones que acabo de hacer, pasaremos a ver con cierto detenimiento estos rituales supersticiosos que me he limitado a mencionar hasta ahora. En las páginas anteriores he seguido denominándolos con los rótulos tradicionales que aparecen en los procesos inquisitoriales y que luego reprodujo Cirac Estopañán. En el análisis que trataré de llevar a cabo a continuación prescindiré de esta clasificación para tener en cuenta la afinidad que puede existir entre estos ritos en razón de los instrumentos utilizados, o del elemento fundamental que sirve para caracterizarlos. Además de la clasificación de las páginas anteriores, por hechizos, conjuros, etc., pueden agruparse en los apartados siguientes, de acuerdo con los fines perseguidos por las mujeres que los llevaban a cabo:

1.º Los procedimientos mánticos o sortilegios:
   a) los llevados a cabo con habas, naipes;
   b) mediante la utilización del fuego:
      — alumbre, sal;
      — cazoletas, ampollas, etc.;
   c) otros elementos: rosarios, naranjas, etc.

2.º Los que contienen un elemento erótico:
   a) hechizos con sangre menstrual, semen, cabellos, etc.;
   b) de contenido erótico implícito.

3.º La «fuerza de la palabra»:
   a) conjuros con fines amatorios diversos: «furioso bie-

nes...», «hola, hola varón», conjuro a las estrellas, al Sol, a la Luna, etcétera;
b) conjuros desde la puerta o la ventana;
c) oraciones mágicas: a san Silvestre, Ánima Sola, santa Elena, santa Marta, Marta «la Mala», san Onofre, y otras.

8
RITOS, INSTRUMENTOS Y CONJUROS

Según espero haber puesto de relieve en las páginas anteriores, la figura de la bruja y la de la hechicera son netamente diferentes. Mientras la bruja está dotada de *«poderes»,* especiales y extraordinarios, la hechicera es una artesana, alguien que conoce una *técnica,* susceptible de aprenderse y ser transmitida. En el capítulo anterior ya vimos a grandes rasgos cuáles eran los intereses fundamentales y los rituales utilizados por estas mujeres para lograr sus objetivos. Merece la pena, sin embargo, que nos detengamos ahora con mayor atención en cada una de estas prácticas según el esquema general que queda esbozado.

PROCEDIMIENTOS MÁNTICOS O SORTILEGIOS

a) *Habas y naipes*

Al igual que en el caso de Castilla la Nueva, los procedimientos adivinatorios que aparecen con más frecuencia en el tribunal de Valencia son los sortilegios de los naipes y las habas. Tanto los naipes como las habas se echan con el fin de adivinar cosas muy diversas, pero las valencianas, y las mujeres en general, suelen echarlas casi siempre con el objeto de conocer cuál es la marcha de sus amores. Sin embargo, también se usan para averiguar si se recibirá la visita de la Justicia, que es otra de las preocupaciones mas comunes.

En el caso del sortilegio de las habas, en Valencia se toman, por lo general, doce habas a las que se añaden otros elementos que sirven para completar el significado que se quiere dar a la suerte; un trapito colorado, un dinero, un pedazo de alumbre, azufre, papel, etc. La hechicera añade estos materiales según la necesidad del caso y su propia inventiva, y son por lo tanto muy diversos. María Bosch se las echó a una mujer que quería saber si su galán «la quería bien» de la manera siguiente: Compró una vela verde que debía atraer al galán, y tomando una escudilla con agua bendita, apartó doce habas «fresca». Señaló algunas con los dientes: dos por la persona que le había pagado para que hiciera la suerte, cuatro que representaban a dos personas que se encontraban presentes, una por la Justicia y otra por el galán. Luego las echó en la escudilla que contenía el agua y encendió el cirio, vertiendo tres gotas de cera en el interior y lo conjuró. En el resumen de la causa no figura el conjuro, tal vez porque María Bosch no lo pronunció en voz alta.

Luego se desnudó el brazo y la pierna izquierda, y echó dos veces la media y el zapato en el interior. También se puso detrás de la puerta, donde llevó a cabo extraños movimientos con el cuerpo, cuya finalidad no se explica en el resumen de la causa, ni ella, ni los testigos. Por último, añadió un pedazo de tela grana, un trozo de carbón, unos dineros, y vertió el contenido de la escudilla sobre la mesa.

Para interpretar la suerte se tenía en cuenta el lugar que ocupaban los distintos elementos. Si el haba que significaba la Justicia se apartaba de las demás, indicaba que el galán no vendría. Si el haba que simbolizaba el galán salía junto a la que representaba la mujer, era que la quería bien.

Si tenemos en cuenta la catalogación de Cirac Estopañán, los sortilegios utilizados en Valencia son prácticamente los mismos que los que llevaban a cabo las hechiceras de Castilla la Nueva. El sortilegio de las habas y de los naipes eran los más utilizados, pero también aparecen las suertes del huevo, el cedazo, el alumbre, la sal, y todas las que se han citado en las páginas anteriores.

La suerte de las habas se practicaba en Castilla igual que en Valencia, pero en este auto del tribunal valenciano no aparecen los conjuros a los que hace referencia Cirac. Las valencianas sólo las conjuraban por san Pedro, san Pablo, etc., mientras en Castilla aparecen fórmulas más complicadas, como la de una mujer apellidada Castellanos:

> Habas, que entre el cielo y la tierra
> fuisteis sembradas
> con rocio del cielo fuisteis rociadas
> así como esto es verdad
> me declareis lo que os fuere preguntado

>   conjuroos con San Pedro
>   con San Pablo
>   con el apostol Santiago
>   con el seráfico San Francisco
>   con la virgen de la berdad
>   con la ara,
>   con la hostia consagrada
>   con el clérigo que está rebestido en el altar
>   con el libro misal
>   con las tres misas que dice el clérigo
>   la mañana de Navidad
>   con la santa cassa de Roma
>   con los hijos de Israel
>   con el mar
>   con las arenas
>   con el cielo
>   con el suelo
>   con los siete cielos
>   con la virtud que hay en ellos
>   con la Santísima Trinidad,
>   habas, que me digais la verdad
>   desto que os fuere preguntado
>   si hubiere de venir Fulano
>   que salga el haba junto al yesso [1].

Isabel Bautista, sevillana de nacimiento aunque procesada por el tribunal de Toledo, utilizaba un conjuro totalmente distinto del anterior. Comenzaba con la invocación ritual a san Pedro, san Pablo y el apóstol Santiago. Y añadía:

>   [...]
>   y con el bienaventurado san Cebrián
>   suertes echasteis en el mar
>   muertas las echasteis
>   vivas las sacasteis
>   así me saqueis vivas y verdaderas estas suertes
>   si Fulano ha de venir
>   salga en camino [2].

La manera de llevar a cabo la interpretación era también muy similar, en cuanto al método, aunque cada hechicera modifica los significados según la forma en que se reparten los distintos elementos al echarlos sobre la mesa. Según Isabel Bautista, si las habas se apartaban significaba que el galán vendría, es decir, justo lo contrario que las procesadas en Valencia. Si el haba

---
[1] Citado por CIRAC ESTOPAÑÁN, *ob. cit.*, cap. III, p. 51.
[2] Citado por CIRAC ESTOPAÑÁN, *ob. cit.*, cap. III, p. 50.

partida se juntaba con otra quería decir que le daría ropa; y si caían cerca del real o el maravedí que añadía, significaba que le daría dinero.

Celia Ibáñez acusada —ante el tribunal de Valencia— utilizaba 18 habas, de las cuales la mitad significaban hombre y la mitad mujeres, Añadía un dinero, alumbre, azufre, papel, yeso, un pedacito de lana azul y otro de sarga colorada. Luego las conjuraba:

> Yo os conjuro
> por san Pedro, por san Pablo
> por el mar y las arenas
> por el Sol y las estrellas
> si ha de venir Fulano [3].

Las interpretaciones, como en el caso anterior, dependían de que el haba que significaba al galán ausente y desdeñoso cayera cerca de la mujer que deseaba volver a verle.

Tan frecuente como el sortilegio de las habas es el de los naipes, es decir, la adivinación por las cartas, en la que suele faltar una regla fija. La hechicera dispone de unos significados generales admitidos de una manera más o menos general, pero también añade componentes y ritos que proceden de su propia inventiva y que hacen de este sortilegio un procedimiento flexible en las manos de cada experta. Doña Juana de la Paz ejecutaba la suerte conjurándolos en primer lugar por San Pedro y por San Pablo. Luego los echaba y arreglaba en grupos de cinco en cinco, y de seis en seis. Se interpretaba, como en el caso de las habas, por la proximidad de las unas respecto de las otras. La sota representaba a la dama, el caballo y el rey al galán. Si la sota salía cerca del caballo o el rey, quería decir que el galán la «quería bien», le daría de comer, o le regalaría alguna cosa. Cuando salían oros significaba que el hombre le daría dinero. Las copas, que recibiría alguna prenda, el cuatro de bastos que tendrían «tratos torpes». Las espadas significaban que sobrevendría alguna pena. Si junto al caballo, que indicaba el enamorado, salía una sota distinta de la que representaba a la cliente, era señal de que el caballero se marcharía con otra mujer.

Con los naipes solía llevarse a cabo otra forma de averiguar el futuro que es la mancia conocida como «carta de toca». El Santo Oficio describe así el procedimiento en un pliego de instruccio-

---

[3] A.H.N., Inq., lib. 942, folio 51 v.

nes sobre las supersticiones más usuales en Castilla, que fue recogido por Paz y Meliá y reproducido también por Cirac Estopañán:

varias personas tienen una carta que llaman de tocar que dicen que es buena para granjear voluntades tocando en tales dias y haciendo tales ceremonias, que dicen se ha de tocar con la dicha carta a las personas pretendidas dia de Navidad, San Juán, Jueves Santo, antes que salga el sol y primero se ha de meter la carta debajo de un ara y decirse sobre ella tres misas, y después tres evangelios por tres sacerdotes [4].

b) *Mediante la utilización del fuego*

Conjuros del alumbre, la sal y otras materias

En algunos sortilegios la hechicera suele utilizar el fuego como vehículo fundamental para llevar a cabo las averiguaciones que se desean. Éste es el caso de los conjuros «del alumbre» y de la «sal», y sus variantes más complejas «de las cazoletas», «las ampollas» y «redomas», entre los más significativos e importantes. De todos ellos aparecen ejemplos en el auto de 1655 que paso a detallar.

En el caso del conjunto «del alumbre» se trata tan sólo de poner un pedazo de este mineral al fuego, que luego se conjura también con una fórmula muy simple:

> así queme el corazón de Fulano
> y arda en amor mio
> (Gerónima González, Valencia, 1955) [5].

María Antonia de Neroña, y otras hechiceras, solían decir en el momento de poner el alumbre en el fuego:

> No pongo alumbre
> sino el corazón y entrañas de Fulano [6].

Según esta misma hechicera, si el alumbre se pegaba a las brasas, era señal de que la mujer y el hombre se querían. Para completar la interpretación, mandaba que la interesada se pusiera en la ventana y escuchara las palabras que pudiera oír, mien-

---
[4] PAZ Y MELIÁ, *Papeles de Inquisición. Catálogo y extracto,* Madrid, Patronato del Archivo Histórico Nacional, 1947.
[5] A.H.N., Inq., lib. 942, folio 282.
[6] A.H.N., Inq., lib. 942, folio 60v.

tras calentaba al fuego el cuchillo con el que iba a cortar el alumbre. Había que pronunciar unas palabras «en secreto» —recuérdese a este respecto que también el sacerdote solía decir durante la misa rezada en latín largos fragmentos que quedaban en «secreto» para los fieles—. Las palabras o ruidos que se habían oído en la calle durante la ceremonia se interpretaban luego como positivas o negativas.

A esta misma «familia» pertenece, desde mi punto de vista, el conjuro de la sal que utilizaba Gerónima González. En este caso se ponía un anafe con mucho fuego, se arrojaba dentro un puñado de sal y se hacía el conjuro:

> Sal, salida
> en el mar fuistes nacida
> en la tierra fuistes criada
> assi como moros ni cristianos
> pueden estar sin ti
> que Fulano no pueda [estar] sin mi [7].

Si el fuego se volvía negro cuando se arrojaba la sal era mala señal, y a la inversa.

Al igual que en el caso anterior, también aparecen en Castilla, según Cirac, los conjuros del alumbre, la sal, el rosario y los palmos. En esencia, el método seguido por las hechiceras es siempre el mismo, pero también varía la forma de conjurar los distintos instrumentos.

Por lo que respecta al conjuro del alumbre, Cirac cita sólo un conjuro del que las valencianas sólo habían retenido los elementos fundamentales:

> Conjúrote alumbre
> con Barrabás, con Satanás y con el diablo Cojuelo
> que puede mas.
> No te conjuro por alumbre,
> sino por el corazón de Fulano
> porque me venga a ver
> asi como te echo en la lumbre
> para que se quemen
> y an de ir divididos
> que si echo Fulano a de venir a verme
> que se junten.
> y si no se estén apartados [8].

---

[7] A.H.N., Inq., lib. 942, folio 27v.
[8] Cirac Estopañán, *ob. cit.*, cap. VIII, p. 52.

Una variación similar aparece en el «conjuro de la sal» al que se refiere Cirac. Aunque en el tribunal de Castilla se utiliza también la sal como elemento mántico, el conjuro no se pronuncia con este fin, sino para lograr el amor de una persona. La fórmula, por otra parte, es muy similar a la del conjuro del alumbre. En este caso, la hechicera se limita a pasar de una mano a otra un puñado de sal mientras llevaba a cabo una invocación:

> Yo te conjuro, no por sal,
> sino por el corazón de Fulano
> y ansi como esta sal salta
> salte su corazón.

A continuación seguía con la conocida fórmula «que no pueda dormir, ni reposar, etc.», que se completaba con el deseo de que la dama —en este caso se trataba de un muchacho que deseaba tener éxito en sus amores con una doncella— no pudiera reposar a causa de la presencia de sabandijas y otros visitantes igualmente molestos:

> y que no pueda sosegar
> ni dormir, ni comer
> ni bocado le sepa bien
> ni gusto tener
> con hombre casado ni soltero
> ni sueño duerma
> dando mil vuelcos
> con doscientas mil sabandijas
> y mil serpientes
> de ellas preñadas y de ellas paridas;
> ansi como ellas braman por parir
> su corazón por mí
> donde quiera que estuviere,
> y que no pueda reposar
> ni gusto tener
> sino es conmigo [9].

Conjuros de las «cazoletas», «de las redomas» o «ampolletas»

Como hemos visto en el caso anterior, tanto el sortilegio del alumbre como el de la sal estamos ante dos procedimientos mánticos muy sencillos, que luego vienen a complicarse, al menos por lo que a las herramientas utilizadas se refiere, en los que

---

[9] Cirac Estopañán, *ob. cit.*, cap. VIII, p. 120.

hemos llamado de «las cazoletas», «las redomicas» y «las ampolletas», según los propios nombres utilizados por el tribunal. En general, en todos estos casos, aunque varía el instrumento, la finalidad y la sustancia del rito es siempre la misma: averiguar si se tiene el amor del «galán», y si vendrá o no a ver a la interesada que lleva a cabo el sortilegio.

En todos los conjuros citados, el ritual consistía en llenar la ampolla, redoma o cazoleta, con una mezcla que solía variar. En unos casos era simplemente aguardiente y alumbre, en otros se añade además vino, azufre, sal, etc. Es decir, sustancias que puedan producir una llama al calentarse. Luego se procede a pronunciar la oración mágica. En el caso del «conjuro de las ampollas» (o ampolletas, tal y como figura en las relaciones de causas valencianas), la oración es la siguiente:

> Yo te conjuro por san Pedro y por san Pablo
> y por el apóstol Santiago
> y por las misas de Navidad
> por la Santísima Trinidad
> y por la paloma blanca
> que nació en el río Jordán
> buscando su ventana
> que así la busque Fulana [aquí el nombre de la interesada]
> en el corazón de Fulano [el nombre del «galán»].
> si le quiere bien que te enciendas
> y si no que estés apagada
> por la Santísima Trinidad que me didas la verdad.
> (Juana de la Paz, Valencia, 1955) [10].

Si la ampolla se rompía al calentarse era mala señal. Si hervía mucho y levantaba grandes llamas indicaba la buena fortuna de la cliente. Según algunas «expertas», también podría indicar que se llegaría al matrimonio. En algunos casos, la hechicera invocaba a Barrabás, Satanás y Caifás.

El «conjuro de las cazoletas», que se usaba generalmente para lograr que volviera un «galán» que había abandonado a la mujer que consultaba a la hechicera, es sólo una variante del anterior. En este caso, se solía poner sal y alumbre en una cazuela que se ponía a hervir sobre el fuego y se conjuraba como sigue:

> Por Barrabás, por Satanás y por Lucifer
> por doña María de Padilla
> y toda su compañía

---

[10] A.H.N., Inq., lib. 942, folio 179r.

>   que así como hierve esta cazoleta
>   yerba el corazón de Fulano
>   que no pueda sosegar ni reposar
>   hasta que a Fulana venga a buscar.
>   (Gerónima González, Valencia, 1655)[11].

Como en el caso anterior, la predicción se llevaba a cabo según las llamas que se producían al hervir el contenido de la cazuela.

El tribunal solía considerar estas prácticas como «superstición adivinatoria-amatoria», y cuando se producía la invocación a Satanás, Barrabás, etc., como en este segundo caso, añadía que había «invocación a los demonios».

c) *Sortilegios del rosario, las naranjas y diversos materiales*

La infuencia de la religión oficial de la que ya he hablado antes, es muy evidente en este sortilegio que tiene como principal instrumento un rosario. Se trata también de un procedimiento muy sencillo. Únicamente hay que pronunciar una «oración mágica» mientras se sostiene el rosario. Si éste se mueve, es señal de que se conseguirá el amor del hombre que se desea. La oración que debe decirse es la siguiente:

>   Yo te conjuro
>   por doña María de Padilla
>   con toda su cuadrilla
>   por el marqués de Villena
>   con toda su gente
>   por la mujer de Satanás
>   por la mujer de Barrabás
>   por la mujer de Belcebú
>   assí como estas tres estaban unidas
>   y venían juntas con paz
>   venga el corazón de Fulano
>   atado, preso y enamorado.
>   (Esperanza Badía, Valencia, 1655)[12].

En el llamado «conjuro de las naranjas» hay que clavar unas agujas de coser en las naranjas y luego arrojarlas por las noches en una acequia. Si flotan es buena señal. Se suele llevar a cabo para saber si se tendrá el amor de un hombre. Esperanza Badía

---
[11] A.H.N., Inq., lib. 942, folio 194v.
[12] A.H.N., Inq., lib. 942, folio 186r.

variaba la situación en la que se encontraban Satañás, Barrabás y Belcebú, y decía:

> assí como estos tres estaban reñidos
> y venían juntos con paz
> venga el corazón y Fulano
> atado, y preso y enamorado [13].

Mientras decía el conjuro sostenía el rosario colgando, y si rodaba era buena señal.

La «cocina mágica», de la que hablamos antes, da lugar también a algunos procedimientos mánticos en los que el elemento fundamental es algún comestible sencillo y cotidiano, cuya apariencia nunca haría pensar en un elemento mágico. Me refiero a los augurios qe se llevan a cabo utlizando una naranja o un huevo.

Por lo que se refiere al procedimiento del huevo, basta con cascar un huevo en un original o en algún recipiente con agua, y luego llevar a cabo la predicción según el aspecto que presenta al día siguiente. María Antonia de Neroña, también hechicera valenciana, lo encontró revuelto y aseguró que llevaría a cabo un largo viaje. La testigo asegura que sucedió así.

En cuanto a lo que hemos denominado «elementos terribles» en el laboratorio de las hechiceras castellanas, no aparecen con frecuencia en el auto del tribunal de Valencia, pero sí hay algún caso que demuestra que también los conocían y utilizaban. María Bosch llevó a cabo un maleficio en el que se sirvió de un corazón de carnero, para conseguir que volviera su «galán». Había que traspasarlo con un alfiler y clavarle unos clavos. Se le ataba con un hilo, y se enterraba entre estiércol.

En otros casos, el proceso es sumamente inocente y sencillo. Doña Juana de la Paz encendió unas candelas amarillas para saber si la querían sus «galanes»; se arrodilló en el suelo y rezó una oración que no se oyó.

Entre las supersticiones más usuales que se usaban en Castilla, y que el tribunal de la Inquisición consideró conveniente recoger en un pliego conservado en el Archivo Histórico Nacional, bajo el título de «Advertencias para algunos sortilegios y hechicerías», figura el sortilegio del cedazo y el de la carta de toca que no aparecen en el auto valenciano. El sortilegio del cedazo se usaba para saber cosas futuras, pero también, y sobre todo, para

---

[13] A.H.N., Inq., lib. 942, folio 20v.

cuestiones amatorias, tales como averiguar si tendría lugar alguna boda y asuntos similares. Se tomaba el cedazo y se conjuraba como de costumbre por san Pedro, san Pablo, etcétera:

> Yo te conjuro, cedazo
> con San Pedro y San Pablo
> y Cristo crucificado
> y si Fulano me quiere
> anda
> y si no, para
> si me he de casar
> anda,
> y si no, para [14].

Otras mujeres se limitaban a decir:

> Por San Pedro y por San Pablo
> y el apóstol Santiago
> Sanpiolín y Sanpiolán.

A veces las hechiceras prescinden de cualquier elemento que les ayude a llevar a cabo el augurio y recurren a un extraño procedimiento que consiste en medirse y desmedirse el brazo izquierdo con la mano derecha, y luego a la inversa. Esta práctica, que suele denominarse «de los palmos», va acompañada por diversos conjuros, que las hechiceras solían llevar a cabo de manera bastante diversificada. Gerónima González conjuraba al brazo diciendo:

> Yo te conjuro, brazo christiano bautiçado
> por San Pedro, por San Pablo
> y por el apóstol Santiago
> y por la Virgen Santísima
> que en Roma está
> que me digas la verdad [15].

Esperanza Badía medía la mano izquierda con la derecha, desde la punta del dedo hasta el cuello, y con el palmo decía:

> Fuego de amor te abrase [dos veces]
> Fuego de amor sea abrasado
> así como el Cristo fue crucificado [16].

---

[14] Paz y Meliá, *ob. cit.*, p. 16.
[15] A.H.N., Inq., lib. 942, folio 195r.
[16] A.H.N., Inq., lib. 942, folio 185v.

Doña Juana de la Paz conocía dos formas distintas de llevarlo a cabo. Según uno de los métodos, había que medirse, como en el caso anterior, desde la punta de los dedos hasta el cuello. Doña Juana, mientras lo hacía, dijo unas palabras que no se oyeron, excepto:

> Fulano,
> yo te envío este ramalaço
> y te alargo la vida
> y acorto el paso [17].

Lo repetía dos o tres veces, y cuando llegaba al cuello hacía una cruz. Luego «desmedía» el brazo y a cada palmo hacía una cruz. Después, medía otra vez en sentido ascendente, haciendo seis cruces. Cada vez que hacía una cruz decía unas palabras en latín que al parecer eran: «ergo, sum est». Al final había que escupirse la mano izquierda, juntar las dos, tragar la saliva y dar tres puñetazos sobre la palma de la mano izquierda.

Según el segundo procedimiento que utilizaba doña Juana de la Paz, también se podía llevar a cabo de forma más sencilla. En primer lugar, se conjuraba por san Pedro y san Pablo. A continuación se medía y se desmedía el brazo y si al desmedirlo coincidía la punta de la mano con la muñeca, quería decir que vendría el hombre al que deseaba ver. En otras ocasiones, al hacer los palmos decía: «de fuego de amor te abraso»; y luego: «de fuego de amor seas abrasado como Jesucristo fue crucificado». Si al desmedir el brazo llegaba sólo con tres palmos hasta la muñeca decía que era buena señal, y a la inversa.

También lo llevaba a cabo Laura Garrigues, en su caso para saber si «un galán volvería a comunicar ilícitamente como antes solía». Cruzaba el dedo anular con el medio de la mano derecha, y así hacía tres cruces sobre la izquierda, diciendo:

> Fulano,
> yo te conjuro con Dios vivo,
> con Dios santo
> con Dios Espíritu Santo.

Luego descruzaba los dedos de la mano derecha, cruzaba los mismos dedos de la mano izquierda y se medía el brazo diciendo:

---

[17] A.H.N., Inq., lib. 942, folio 178v.

> No palmo mano,
> ni palmo brazo,
> sino el corazón y'entrañas de Fulano
> en amor y voluntad mia.

Cuando llegaba junto al cuello, ponía la palma abierta sobre el pecho y exclamaba:

> Fulano,
> donde quiera que estés
> te envio este clavo
> te doy este martillaço
> te alargo la vida
> y acorto el plaço
> te aprieto la venda
> y el cordelaço
> Por mi amor, presto vengas,
> preso, atado
> así como mi Señor Jesucristo fue preso y atado
> y murió crucificado por mi
> crucificado
> en la cruz,
> asi vengas a estar delante de mis ojos
> y en mi compañía
> como mi Señor Jesucristo delante de la Virgen María [18].

En Castilla la Nueva también aparece el «conjuro de los palmos», pero varía, como en los casos anteriores, la fórmula con la que se realiza el conjuro. Según Cirac, María Castellanos, 1631, también medía el brazo y el corazón con la mano como manera de llevar a cabo un augurio. En su caso, si cuando terminaba la medición llegaba con el dedo hasta el corazón significaba que la persona de quien se quería saber estaba también en el corazón de la interesada. La forma en que llevaba a cabo la invocación era la siguiente:

> Yo, Maria, te llamo Francisco
> que vengas por mi amor
> gimiendo y llorando
> como la Virgen gimió y lloró
> por el amor de su hijo al pie de la Cruz [19].

En el caso de Inés Rodríguez, Cirac menciona una práctica similar, pero no con una finalidad mántica, sino de lograr el

---
[18] A.H.N., Inq., lib. 942, folio 230v.
[19] Citado por Cirac Estopañán, *ob. cit.*, cap. VII, p. 126.

amor de una mujer. Con este objeto, midió al muchacho que se había confiado a ella desde la mano izquierda hasta el pecho, le golpeó con el pulgar y dijo:

> Fulana,
> Fulano te llama
> los pasos te acorta
> la vida te alarga

Luego, continuaba:

> Fulana,
> de fuego de San Anton
> arda tu corazón
> de fuego de San Marcial
> de fuego de alquitrán
> arda tu corazón por mi.
> Mansa y humilde
> y atada y ligada
> vengas a mi
> como mi Señor Jesucristo fue a la cruz [20].

HECHIZOS Y CONJUROS CON UN CONTENIDO O FINALIDAD ERÓTICA

Hemos incluido dentro de este grupo todos aquellos hechizos y conjuros en los que la mujer (o el hombre) se plantea de manera implícita o explícita el establecimiento de relaciones sexuales con una hipotética pareja. En algunos casos, la mujer ha establecido ya lo que los inquisidores denominan «relaciones deshonestas» o «ilícitas», y teme perderlas. En otros, se pretende conseguir que el «galán venga a comunicar ilícitamente». Con mucha frecuencia, los hombres que han perdido la virilidad también recurren a la magia para procurar que una hechicera logre para ellos el «trato o acceso ilícito» con una mujer. Este grupo, por tanto, tiene un marcado carácter sexual, no sólo por sus fines, como acabamos de ver, sino también por sus características. Con mucha frecuencia aparece la utilización de la sangre menstrual femenina con la que se lleva a cabo todo tipo de manipulaciones, desde untarla en el alimento del «galán» hasta secarla para utilizarla luego en la comida y bebida. Como resulta lógico, es la

---

[20] Citado por CIRAC ESTOPAÑÁN, *ob. cit.*, cap. VIII, p. 125.

mujer quien suele utilizar la sangre del menstruo, a la que se atribuye, al parecer, una gran fuerza mágica, para atraer al hombre de su elección. También se atribuye gran poder a los fluidos sexuales y se recomienda que se recojan en lienzos con los que se lleva a cabo después el hechizo. Los rituales en los que puede observarse un contenido erótico más o menos implícito son frecuentes y sumamente interesantes. Me refiero a todos aquellos en los que la mujer suele considerar necesario desnudarse totalmente para llevarlos a cabo, y algunas ceremonias similares. Veamos separadamente cada uno de estos grupos, para lo que será preciso tener en cuenta no solamente los ejecutados por las hechiceras del auto de 1655, sino también los que recogió Cirac Estopañán.

a) *Hechizos con sangre menstrual y cabellos de las partes verendas*

La forma de utilizar ambos elementos es muy variada y depende de la imaginación y costumbres de cada hechicera. Laura Garrigues, procesada en el auto de 1655, y que disponía de un amplio repertorio mágico especialmente orientado hacia estas cuestiones, usaba los cabellos del «galán» para hacer un hechizo que servía para mantener su interés. Juntaba el vello masculino con alumbre y hacía un envoltorio que se ponía al fuego. Se hacían unas cruces y se conjuraba el pequeño paquete apelando a Barrabás, Satanás y Lucifer. Mientras se quemaba, había que dar golpes en la ventana con un cuchillo. El alumbre se quedó blanco después de quemarse y levantó mucha llama, y Laura interpretó que era buena señal para la interesada. Luego le mandó molerlo para reducirlo a polvo y echarlo por donde pisase el hombre en cuestión.

El cabello y la sangre menstrual se unen en el hechizo que llevó a cabo Esperanza Badía para conseguir el amor de un hombre. Había que darle a comer una mezcla de sesos de asno, sangre menstrual y «cabellos quemados y por quemar de las partes vergonzosas». Según esta hechicera, desde que se los dio había conseguido que su hombre la quisiera mucho. Laura Garrigues también llevaba a cabo un hechizo similar, pero añadía un poco de pimienta, sin duda para mejorar el sabor.

Doña Juana de la Paz reducía la sangre a polvo para mezclarla con el vino. Luego la conjuraba como sigue:

> Yo te conjuro
> sangre de la fuente de la vermeja
> que vaya Fulano tras de Fulana
> como el cordero tras la oveja [21].

En otras ocasiones, las hechiceras no usaban de tantas complicaciones y delicadezas y se la daban a comer al hombre que querían retener, untándosela en las chuletas directamente.

Aunque Cirac es consciente de la fuerte carga de erotismo que se expresa en muchas ocasiones a través del mundo de las hechiceras, la época y probablemente su propio temperamento no le permitieron contemplar el fenómeno con objetividad y extraer las debidas conclusiones [22].

No obstante esta opinión, Cirac recoge escrupulosamente todos estos hechizos y conjuros que demuestran, una vez más, el paralelismo existente entre el repertorio castellano y el valenciano. La utilización de la sangre menstrual desecada en polvo o añadida a la comida o la bebida tiene siempre fines amorosos, bien sea conservar el amor del marido, o conseguir el de un amante. En cuanto al semen masculino, Cirac cuenta que la hechicera apellidada Castellanos preparaba un filtro que luego conjuraba con la invocación siguiente, y que no aparece en el repertorio valenciano:

> Conjurote semilla
> asi como del cuerpo del hombre fuiste salida
> y de su cerebro destilada [23].

---

[21] A.H.N., Inq., lib. 942, folio 180r.

[22] En la introducción que suele hacer a cada capítulo comenta de la forma siguiente el artículo que dedica a los conjuros, filtros, sahumerios y hechizos amatorios, y que me ha parecido merecía la pena reproducir como ejemplo de la actitud mental con que solían tratarse estos temas:

Vivo y enérgico palpita el espíritu pagano en las páginas que a continuación escribimos. Nos revela su concepción de la vida, sus ideas y sentimientos, en el vacío más bestial que corrompe el alma y extingue la llama de la espiritualidad. Aquí nos va a salir al encuentro la lujuria enfurecida en toda su exaltación con todas sus abominaciones.

Y ella misma nos presentará a sus sacerdotisas, las celestinas castellanas, diligentes y astutas, a sus más fieles adoradoras, pobres mujeres preteridas o maltratadas o abandonadas por sus maridos, viudas desoladas y miserables doncellas traicionadas y solteras deshonradas con la profesión del lujo y del vicio.

Cirac Estopañán, *ob. cit.*, cap. VIII, p. 105.

[23] Citado por Cirac Estopañán, *ob. cit.*, cap. VIII, p. 150.

En el caso del conjuro de las torcidas del candil, Cirac da cuenta de su utilización también en el área castellana a través del proceso de Leonor la Barzana [24], quien se lo aconsejaba a las mujeres de «mal vivir», pero añade que no había podido encontrar la fórmula correspondiente.

Hechizos ejecutados con los fluidos sexuales

La descripción de los hechizos a los que nos estamos refiriendo no deja lugar a dudas, y demuestra que estas mujeres atribuían una gran fuerza mágica a todo aquello que estaba relacionado con el sexo, especialmente el femenino. Al igual que la sangre de la regla tenía la virtud de retener el amor del *partenaire* cuando se le daba el tratamiento adecuado, los fluidos producidos durante el coito poseían también una energía que podía aprovecharse con fines mágicos.

Doña Juana de la Paz, y otras muchas hechiceras valencianas, usaban el hechizo denominado «de las torcidas del candil». Las torcidas se hacían utilizando el algodón con el que la interesada se había limpiado después de tener «trato» con su amigo, y se encendían durante varias noches usándolas para alumbrarse. Mientras se quemaban había que decir:

> Assí como arde esta torcida
> arda el corazón de Fulano [25].

La invocación que llevaban a cabo, sin embargo, las hechiceras castellanas —recogida por Paz y Meliá en las mencionadas «Instrucciones»—, demuestra con mucha más claridad la razón por la que las hechiceras atribuían fuerza mágica al semen masculino:

> Vida de la vida
> de la carne y de la sangre
> de N. [aquí, el nombre del varón] que me ames
> que me estimes y que me regales
> que me des quanto tuvieres
> y me digas lo que supieres
> y te conjuro N. con Barrabás
> y así como estas torcidas arden en este candil
> assi me quieras.

---

[24] Citado por Cirac Estopañán, *ob. cit.*, cap. VIII, p. 123.
[25] A.H.N., Inq., lib. 942, folio 178r.

Algunas añadían:

> Con Satanás, Caifás,
> con el chico y con el grande
> con el mayor y con el menor
> con el de la portería
> con el de la carniceria
> con el del carnero
> y con el del matadero
> y todos os junteis
> y do está N. ireis
> y en el corazón entrareis [26].

La estrecha relación entre religión y creencia mágica se observa de forma evidente, y bastante sorprendente para nosotros, en la forma en que procuraban satisfacer su frustración sexual algunas mujeres a través de este mismo conjuro:

Primero se conjuraba el lienzo del semen:

> Conjúrote con tres libros misales
> y tres iglesias parroquiales [27].

Las torcidas se quemaban en un candil, una cada noche, mientras se rezaba un padrenuestro y un avemaría a santa Marta para «llamar al galán a actos torpes». Las hechiceras se reunían en círculo y se pasaban de mano en mano nueve habas, tres granos de sal, tres carbones, una vela de cera, nueve torcidas encendidas alrededor de un candil, y nueve clavos. Las arrojaban al círculo y las volvían a coger tres veces. Si dos habas que habían señalado con los dientes quedaban juntas en el círculo, era señal de que el amante ausente volvería y se entregaría a la interesada.

b) *De contenido erótico implícito: hechizos para lograr el trato ilícito y mantenerlo*

Aunque, en un principio, quien no ha leído con cierto detenimiento los procesos inquisitoriales pueda tener la sensación de que durante el Antiguo Régimen el acto sexual era algo restringido al matrimonio y mantenido en el mayor de los secretos, la

---

[26] PAZ Y MELIÁ, *ob. cit.*, p. 241.
[27] PAZ Y MELIÁ, *ob. cit.*, p. 240.

lectura de algunos hechizos que aparecen con cierta frecuencia en las páginas inquisitoriales bastará para hacerle cambiar completamente de opinión con respecto a la supueta «represión sexual» padecida por nuestros predecesores. Durante los siglos XVI, XVII y XVIII, la actividad sexual preocupaba a los hombres y mujeres de forma tan preminente como ahora, según resulta lógico suponer, por otra parte, en una sociedad en donde las horas de ocio debían ser más numerosas que en nuestros días, y la Inquisición no siempre se preocupaba excesivamente por la cuestión ni lograba mantenerla bajo su control.

Las hechiceras valencianas usaban un hechizo que servía para conseguir el «trato ilícito» con el hombre que se deseaba y que me ha parecido conveniente denominar como «el de los nudos». Había que coger una cinta que hubiera estado en poder del hombre con quien se deseaba tener esta relación, y al toque del primer avemaría, se hacían nueve nudos atándolos y desatándolos nueve veces. Luego, se llevaba puesta durante nueve días. La importancia del número nueve en este hechizo depende, desde mi punto de vista, de la práctica religiosa difundida entre los creyentes y protegida por la Iglesia, de realizar los rezos dedicados a la Virgen y a los santos durante nueve días determinados, las denominadas «novenas». En algunos casos, además, este rito se acompaña con la oración a san Silvestre a la que me referiré más adelante.

El que se podría denominar «hechizo del miembro», usado por Laura Garrigues [28], no necesita comentario ni deja lugar a dudas acerca de su carácter. Laura Garrigues pensaba que un medio infalible para conservar este «trato» consistía en tomar el miembro del galán y hacer sobre él tantas cruces como fuera posible, mientras se decía: «Hago coro, entra cruz». Indudablemente, el temor a perder «los favores» del caballero con quien se ha llegado a tener una relación íntima constituía una de las grandes preocupaciones de nuestras hechiceras y casi siempre las prácticas para mantenerlas dan lugar a hechizos en los que se pone de manifiesto esta extraña mezcla entre lo sagrado y lo más profano, tan chocante para nosotros. La misma Laura Garrigues recomendaba, «para que viniese el galán a comunicar deshonestamente como antes», un conjuro en el que había que cruzar el dedo anular con el del centro de la mano derecha y hacer tres cruces sobre la izquierda mientras se decía:

---

[28] A.H.N., Inq., lib. 942, folio 230r.

> Fulano, yo te conjuro
> con Dios vivo
> con Dios Santo
> con Dios Espíritu Santo.

Luego se repetía con la mano izquierda.

La misma preocupación aparece en María Antonia de Neroña, quien recomendaba hacer cruces en la espalda del varón mientras se estaba con él en la cama y decir:

> Hasta que esta cruz tu veas
> tu (me) ames y (me) quieras [29].

Naturalmente, cuando se producía esta utilización expresa de signos sagrados o de invocación a la Virgen, Dios y los santos, el Santo Oficio consideraba que además de la correspondiente superstición, se había producido sacrilegio.

En el repertorio recogido por Cirac aparece un hechizo que tiene, desde mi punto de vista, un marcado carácter erótico y del que no hay mención en el auto valenciano. Me refiero al que denomina de la «sombraescoba», y que puede ejecutarse de varias maneras distintas. En general, parece que se utilizaba para lograr el regreso de algún amante. La mayor parte de las hechiceras se desnudaban totalmente para ejecutarlo y se soltaban el cabello. Luego, solían colgar un candil a su espalda. En esencia, éstos eran los movimientos que se realizaban casi siempre. El conjuro que pronunciaban a continuación presenta algunas variaciones, pero es también el mismo en esencia y consiste en reclamar la ayuda del espíritu de la sombra. Catalina Gómez se limitaba a decir: «Ven, marido, que estoy sola y desacompañada», y luego barría su propia sombra con la escoba andando hacia atrás. La fórmula que utilizaba la Beata de Huete me parece que es la que mejor expresa por qué la sombra tenía en este caso un valor mágico:

> ¡Sombra
> cabeça tienes como yo
> cuerpo tienes como yo
> todos los miembros tienes como yo
> yo te mando que ansy como tienes
> mi sombra verdadera
> que tu vayas a Fulano
> e lo traigas para mi! [30].

---

[29] A.H.N., Inq., lib. 942, folio 62v.
[30] Citado por Cirac Estopañán, *ob. cit.*, cap. VIII, p. 112.

Se acababa con el conocido estribillo «que no pueda beber, ni aver ningún plaser», etc., para terminar con la ofrenda: «e sy me lo traxereys, yo te bendire, e sy no me lo traxeres, yo te maldire».

Como en los demás casos, y según vamos viendo, la imaginación de cada hechicera podía encontrar posibilidades, sustancialmente iguales, pero más sugestivas por la longitud e incluso el contenido poético del conjuro, y éste es el caso de las dos fórmulas que también aparecen en el libro de Cirac, las de María de Medina y María de Santarem.

La fórmula que utilizaba María de Medina, en Guadalajara, según consta en su proceso de 1538, era como sigue:

> Sombra, señora
> unos os llaman sombra
> porque espantais.
> Otros os llaman señora
> porque enamorais.
> Al monte Olivete me vais
> varitas de amor me cortad
> y en el corazón de Fulano las hincad
> que me quiera y que me ame,
> y Señora siempre me llame
> y me diga lo que supiere
> y me de lo que tuviere [31].

María de Santarem, también en Guadalajara y en el mismo año, lo pronunciaba teniendo en la mano nueve garbanzos que iba soltando al llegar el momento cumbre de la invocación. La fórmula es menos poética, desde mi punto de vista, que la anterior, pero resulta también bastante sugerente y explica claramente cuál era el estado de ánimo de las mujeres que llevaban a cabo este conjuro:

> Sombra, señora
> con vos me vengo a enamorar
> sombra, señora
> con vos me vengo a consolar
> ava, que me habeis de ir por fulano
> y me la aveys de traer
> ava, que quiero echar las suertes
> ava, que las quiero echar
> ava, que si en vos cayere
> ava, que me lo aveis de traer [32].

---

[31] Citado por Cirac Estopañán, *ob. cit.*, cap. VIII, p. 114.
[32] Citado por Cirac Estopañán, *ob. cit.*, cap. VIII, p. 113.

Aquí echaba los garbanzos uno tras otro, de manera que el último cayera en la sombra. Luego, terminaba:

> A!, en vos cayó la sombra
> presto, presto,
> traédmelo presto y atado
> y presto, en un credito
> y no me lo dexeys a la puerta
> sino traedmelo a mi cama.

Para completar su ritual barría con la puerta de la casa cerrada, y se echaba en la cama.

La fuerza de la palabra

a) *Los conjuros con fines amorosos diversos*

Según hemos repetido varias veces, la preocupación sentimental parece ser el tema clave de la actividad supersticiosa. La mujer trata de solucionar mediante la magia todos los conflictos que le pueden surgir en la relación amorosa, seguramente porque se siente impotente en muchos casos para conseguir por sus propios medios la solución de sus problemas. En este primer grupo de conjuros, la mujer suele manifestar la preocupación que le producen la ira y los momentos de cólera de su compañero.

Esa inquietud se pone de relieve abiertamente en los diversos «conjuros para desenojar» que aparecen con frecuencia.

Laura Garrigues, tan experta, según vamos viendo, en las cuestiones amorosas, conocía varias versiones del «conjuro para desenojar». El primero había que decirlo metiendo la mano debajo de la ropa con disimulo y tirando de los «pelos de la natura», mientras se decía:

> Furioso bienes a mi
> [se repite]
> tan fuerte como un toro
> tan fuerte como un horno
> tan sujeto estés a mí
> como los pelos de mi coño
> están a mí [33].

---

[33] A.H.N., Inq., lib. 942, folio 55r.

En general, se solía pronunciar cuando se apercibía al galán y, al llegar a la frase en que se aludía el vello, era cuando se daba el tirón de ritual.

En el segundo caso, la interesada tenía que taparse los ojos dejando en medio la nariz, al encontrarse con el amante desdeñoso. Teniendo en cuenta que se trata de un gesto bastante evidente, y no muy estético, cabe preguntarse cuál sería la reacción del aludido. En este caso había que decir:

> Con dos te miro
> con tres te ligo y ato
> la sangre te voto
> el corazón te parto
> con las parias de tu madre
> la boca te tapo
> harre asno [aquí había que taparse la boca]
> sobre ti cabalgo [34].

Este último conjuro utilizado por Laura Garrigues constituye una variante del muy conocido y usado tanto por las hechiceras valencianas como castellanas, del que constituye, para mi gusto, la versión más poética y depurada de todos éstos. Es probable, sin embargo, que se trate de una especie de síntesis de los anteriores, depurada por el uso:

> Con dos te miro
> con cinco te ato
> la sangre te bebo
> el corazón te parto
> que vengas tan sujeto a mí
> como la suela de mi zapato [35].

En el grupo de conjuros que he denominado «para desenojar», los tribunales castellanos proporcionan también fórmulas que me parecen menos deformadas que las del auto de fe de Valencia, probablemente por ser más antiguas. La más breve y expresiva es, seguramente, la que usaba la Cabeza de Vaca en 1553 para atraer al marido:

> Con dos te miro
> y con cinco te cato
> la sangre te chupo
> y el corazón te parto [36].

---

[34] A.H.N., Inq., lib. 942, folio 56v.
[35] Citado por CIRAC ESTOPAÑÁN, *ob. cit.*, cap. VIII, p. 127.
[36] Citado por CIRAC ESTOPAÑÁN, *ob. cit.*, cap. VIII, p. 126.

La que pronunciaba Juana la Esquiladora tiene un aspecto más tremendo, pero es igualmente poética e, incluso, se puede considerar que el conjuro resultaba más perfecto e impresionante gracias a la sensación de fuerza que lograba comunicar en esta breve invocación:

> Con dos te tiro
> con tres te mato
> la sangre te bebo
> el corazón te parto
> que vengas a mi
> como la suela de mi zapato [37].

Cuando terminaba de pronunciarla daba una patada en el suelo.

La que utilizaba Isabel Bautista en 1637 [38] parece ya una versión un tanto deformada, en la que se han perdido gran parte de los elementos terribles que daban fuerza expresiva al conjuro, y la hechicera ya sólo se limita a utilizar términos que «riman» con el eje rítmico del conjuro conservando el sentido general y la frase final:

> Con dos te miro
> con tres te tiro
> con cinco te arrebato
> calla, bobo, que te ato

Aquí se daba un golpe en las rodillas, y seguía:

> tan humilde vengas a mi
> como la suela de mi zapato.

Los conjuros de la Luna y las estrellas tampoco están ausentes del tribunal de Toledo y Cuenca. Abundan en especial las invocaciones a las estrellas, de las que Cirac recoge nada menos que siete variantes, sin contar las que conocía doña Antonia Acosta Mejía, que merece capítulo aparte. En general, el contenido del conjuro es siempre el mismo. Se trata de lograr la ayuda de las nueve estrellas más brillantes, mencionándolas una a una para que se reúnan y despierten el amor del hombre que se desea. Para ello se invoca también otros medios, como hincar una

---
[37] Citado por CIRAC ESTOPAÑÁN, *ob. cit.,* cap. VIII, p. 127.
[38] Citado por CIRAC ESTOPAÑÁN, *ob. cit.,* cap. VIII, p. 126.

vara de amor en su corazón. En otros casos es preciso llamar también a los demonios más significativos.

El que aparece en el tribunal de Cuenca en 1499, utilizado por la Beata de Huete, era el siguiente:

> Estrella donzella
> la mas alta y la mas bella
> conjuro a la una con las dos
> [seguía conjurando hasta nueve]
> e todas nueve os ayunteis
> e de las manos vos traveys
> al monte synay ireys
> e nueve varas de amor me saquedes
> por la cabeça de Santa Cruz las hinquedes
> e de la cabeça al coraçon
> e del coraçon al riñon
> y al taso o al baço
> y a las andas del espinaço
> e a las tresientas e sesenta coyunturas
> que en su cuerpo son
> que no pueda comer ni bever
> hasta que a mi venga a bien querer
> e a aver plaçer [39].

La versión de Catalina Gómez [40], procesada en Toledo en 1535, amplía la versión anterior en el sentido de que la glosa que dedica a las varas que hay que hincar en el corazón del hombre que se quiere atraer es bastante extensa y se especifica con todo detalle cómo debe llevarse a cabo la herida amorosa que se quiere causar al hipotético amante.

A mediados del siglo XVI realizaba también una invocación a las estrellas Catalina Doyagüe de una enorme simplicidad. En el caso de Doyagüe estamos, en realidad, ante el conocido conjuro con el estribillo «que no pueda comer, ni dormir, etc.», que comienza conjurando a las estrellas como elemento transmisor de los deseos de la mujer que llama a su amante, pero carece en absoluto de la complejidad que va adquiriendo en las versiones que veremos a continuación:

> Estrella, doçella
> llevesme esta seña
> a mi amigo Fulano

---
[39] Citado por CIRAC ESTOPAÑÁN, *ob. cit.*, cap. VIII, p. 107.
[40] Citado por CIRAC ESTOPANAN, *ob. cit.*, cap. VIII, p. 108.

>   y no me le dexes comer ni beber
>   ni dormir, ni responder,
>   ni con otra mujer holgar
>   sino que a mi me venga a buscar
>   ni nacida ni por naçer
>   sino que a mi me venga a ver
>   Isaque me le ate
>   Abraham me le reboque
>   Jacob me le traiga [41].

Más poética resulta la invocación de Catalina Gómez, condenada en Toledo en 1535:

>   Ruégote, estrella, donçella
>   la mas alta y la mas bella
>   asi ruego a la una como a las dos
>   [como en el caso anterior, se sigue conjurando hasta nueve]
>   todas nueve os ayunteedes
>   todas nueve os ayuntad;
>   e todo el cielo rodeedes
>   todo el cielo rodead;
>   nueve varas de amor me cortedes
>   quan bien que las cortedes
>   en la huerta del laurel entrad
>   en la huerta del laurel entrades
>   quan bien que las cortad;
>   e las quatro dellas sean saetas
>   para el corazon de mi marido [o amigo]
>   que le pase de parte a parte
>   y las cinco sean navajas
>   para que le traspasen las entrañas
>   que no pueda comer ni beber
>   sino que me venga a decir lo que siente
>   y me de lo que tiene [42].

Según habrá observado el lector, el conjuro anterior posee un indudable contenido poético y la invocación se mantiene en todos sus versos sin apelar en ningún caso a ninguna fuerza maléfica. No es el caso, sin embargo, de la variante que introduce en este conjuro Juana Dientes, cuyos ribetes de bruja son evidentes en todas sus manipulaciones, quien prefiere llevarla a cabo comenzando por la tradicional llamada a san Pedro, san Pablo, etcétera, de los conjuros que suelen tener contornos más maléficos, y continuar después con la invocación a toda suerte de demonios

---

[41] Citado por CIRAC ESTOPAÑÁN, *ob. cit.*, cap. VIII, p. 109.
[42] Citado por CIRAC ESTOPAÑÁN, *ob. cit.*, cap. VIII, p. 108.

que claven en el corazón del amante, no ya las varas del amor, de que hablan los anteriores, sino auténticos rejones que le atormenten si no se acerca a la mujer que desea poseerle. Veamos, pues, el anterior conjuro de la estrella, convertido en una invocación maléfica en manos de Juana Dientes:

> Conjurote, estrella
> con sant Pedro e con Sant Pablo
> e con el apostol Santiago
> e con todos los sanctos
> de la corte celestial
> e con la misa que se dize
> en el altar de Santiago
> en virtud de aquellos
> [sigue aquí la invocación a las nueve estrellas]
> todas nueve os juntad
> al dicho Fulano combate le dad
> por la puerta de Moysen entrad
> e siete varetas de amor cortad
> y con la fragua de Belzebu y Satanás
> siete rejones le amolad
> e con el coraçon de Fulano las lançad
> para que ningún reposo pueda tomar
> hasta que venga a mi mandar
> Diablos del horno
> traedmelo entorno;
> diablos de la carnicería
> traedmelo ayna
> diablos del peso
> diablos de la plaça
> traedmélo en dança
> diablos de la encrucijada
> traedmelo a casa [43].

Para completar el efecto erótico que indudablemente adquiere este conjuro en boca de la Dientes, esta mujer lo llevaba a cabo desnuda y descabellada.

Estas características más o menos «terribles» que tiene el conjuro a la estrella en Juana Dientes, aparecen de nuevo en Inés Rodríguez e Isabel Bautista, quienes coinciden en que el instrumento que se clave en el corazón del enamorado ha de ser pasado, como signo de su poder maléfico, por las muelas de Barrabás y Satanás. Según Inés Rodríguez, ya en la segunda mitad del siglo XVI, se comenzaba como de costumbre y luego se aludía a los demonios de la forma siguiente:

---

[43] Citado por CIRAC ESTOPAÑÁN, *ob. cit.*, cap. VIII, p. 108.

> Por el río Jordán pasareis
> por el monte Oliveti entrareis
> el cuchillo de las cachas negras me buscareis
> por las muelas de Barrabás y Satanás lo amolareis
> tres varicas de mimbre negro me cortareis
> tres clavos, sean los dos en el corazon de Fulana
> y el otro en la cabeza
> para que siempre se acuerde de mi [44].

Ni el ritmo, ni el efecto poético conseguido por Inés Rodríguez es de los más notables, y es indudable que dentro de la misma línea que el anterior, el conjuro de Isabel Bautista era muy superior en cuanto a sonoridad y juego de imágenes, a pesar de ser muy similar. Isabel Bautista añadía además el ritual de medir la puerta de la calle, una vez con palmos, otra con un cordel, luego echaba sal sin moler en los quicios de las puertas. En otro quicio ponía una escoba de algarabía y guardaba las cabezuelas. La invocación que pronunciaba era la siguiente:

> Estrella,
> la mas linda y bella
> que en el cielo estás
> conjúrote con una,
> con dos, o con tres,
> con cuatro, con cinco o con seis
> [seguía, como de costumbre, hasta nueve]

> Todas nueve os ayunteis
> al valle de Josafá
> tres varas de hierro negro me traereis
> por las muelas de Barrabás las afileis
> por las calderas de Pedro Botero las pasareis
> una la hincareis por el sentido
> que no me eche en olvido
> otra por el coraçon
> que vaya a mi afiçion
> otra por las espaldas
> que venga por mis palabras [45].

Finalmente, y ya casi a mediados del siglo XVII, Cirac recoge una variante del conjuro de la estrella que pronunciaba Castellanos asomada a la ventana, que parece el resumen o la síntesis de las anteriores: La Castellanos conjura en este caso a la estrella Diana, con lo que vemos filtrarse ya un cierto matiz «culto» en

---

[44] Citado por CIRAC ESTOPAÑÁN, *ob. cit.*, cap. VIII, p. 110.
[45] Citado por CIRAC ESTOPAÑÁN, *ob. cit.*, cap. VIII, p. 110.

la variada serie de llamadas a las estrellas que usaban las mujeres con el fin de atraer el amor de un hombre:

> Estrella Diana [esto se repetía tres veces]
> tu eres mi vida
> y tu eres mi alma
> Conjúrote con nueve estrellas
> como te conjuro con nueve te conjuro con una
> como te conjuro con una te conjuro con dos
> [así continuaba hasta nueve, en lo que se observa también otra novedad]

> Al monte Tabor ireis
> y nueve varas de mimbre negro arrancareis
> en las muelas de Barrabás las hincareis
> y luego la quitareis
> que no le dexeis sosegar
> hasta que venga a mi querer
> y a mi mandar [46].

Como ya he señalado antes, es frecuente apreciar el despecho y afán de venganza que abriga la amante abandonada y ya hemos visto algunos ejemplos a este respecto, pero desde mi punto de vista, este deseo parece haber logrado una expresión más clara en el que se puede denominar, según la primera frase del conjuro, «Malas noches te dé Dios», o de la sábana. Lo utilizaba Leonor Martí, que era una viuda de 46 años, y algunas otras:

> Malas noches te de Dios
> malas te las quiero dar
> las sábanas en que duermes
> se te buelvan de ortigas
> los colchones de ormigas
> debajo la cama cuatromil silvas
> las unas preñadas y las otras paridas
> así como las unas rabian para parir
> y las otras criar
> ravie Fulano para venir a mi casa [47].

Según Leonor Martí había que ponerse un paño en la cabeza que luego se arrojaba una vez pronunciado el conjuro.

Los conjuros que he agrupado bajo los títulos «Lara, Lara», al Sol, a la Luna, y «hola, hola varón», se dicen siempre con el deseo de hacer venir a un «galán» o de lograr su amor. Son conjuros sencillos, que las hechiceras valencianas no siempre re-

---
[46] Citado por Cirac Estopañán, ob. cit., cap. VIII, p. 110.
[47] A.H.N., Inq., lib. 942, folio 47v.

cuerdan de manera coherente, pero que es preciso tener en cuenta para completar esta visión del repertorio de conjuros utilizados en Valencia.

Según Esperanza Badía, el de «Lara, Lara» se decía como sigue:

> Lara, Lara
> en la mar fuistes hallada
> en la tierra consagrada
> assí como el sacerdote
> no puede decir misa sin ti
> assí Fulano no pueda estar sin mi [48].

Había que pronunciarlo asomada a la ventana, pero estando cerrada.

Según doña Juana de la Paz, el conjuro al Sol había que decirlo mirando al Sol desde la ventana. El objetivo del conjuro resulta obvio:

> Sol salido, sol salido
> que del seno del Padre Eterno
> fuiste engendrado y nacido
> assi tantos rayos como en ti son
> vayan, y se le pongan a Fulano por mi amor
> que me quiera [49].

La misma doña Juana conocía también el conjuro a la Luna; que servía, como el anterior, para que un «galán» la quisiera bien:

> Luna nueva
> tan hermosa y bella
> como me paresces a mi
> tan bella y hermosa
> asi paresca yo a los ojos de Fulano
> y me quiera tanto
> como la estrella que está más cerca de ti [50].

b) *Conjuros desde la puerta, la ventana y la calle*

El conjuro que se pronuncia responde a versiones muy diferentes, y el objetivo —aunque casi siempre es de carácter amoroso— suele ser también distinto, pero me ha parecido convenien-

---
[48] A.H.N., Inq., lib. 942, folio 20r.
[49] A.H.N., Inq., lib. 942, folio 16r.
[50] A.H.N., Inq., lib. 942, folio 16r.

te agrupar bajo la denominación de «conjuros de la ventana» todos aquellos que se realizan llevando a cabo algún tipo de invocación tomando como punto de referencia una ventana desde donde la interesada debe asomarse para conseguir alguna respuesta a sus inquietudes. Lo esencial, por tanto, desde mi punto de vista, es el gesto que lleva a cabo la enamorada al asomarse a la ventana e invocar a los demonios para que la devuelvan al amante que la ha abandonado. Las posibilidades que ofrece este conjuro son múltiples, por lo tanto.

Laura Garrigues solía decirlo asomándose a la calle en pleno día, cruzada de brazos y repitiendo la oración tres veces:

> Fulano
> ni tu me ves
> ni yo te acato
> yo te llamo con el Padre
> y el Hijo
> y el Espíritu Santo
> tan sujeto
> y tan humilde,
> vengas a mi,
> como mi Señor Jesucristo
> subió al santo árbol de la cruz
> a morir por ti y por mi
> día del viernes sancto
> Amén [51].

En otros casos, el conjuro que se dice desde la ventana pone de relieve el resentimiento de la enamorada por el abandono de que ha sido objeto, y en ella parece anidar cierto deseo de devolver a su ex-amante las mismas angustias que ella padece por su ausencia. Esta necesidad se presenta de manera especial en el estribillo que se repite en muchos conjuros: «... que no pueda comer, ni beber ni reposar...» En muchos conjuros de los clasificados como «de la puerta», «de la ventana» y «de la calle», aparece este deseo como una especie de *leit-motiv*.

María Antonia de Neroña decía uno de estos conjuros poniéndose en la ventana a las diez de la noche. Se trata de uno de los más largos que he podido recoger:

> Fulano
> [aquí se repetía tres veces el nombre del interesado]
> por la calle abajo te veo venir

---

[51] A.H.N., Inq., lib. 942, folio 233v.

> una soga traes a la garganta de ahorcado
> a grandes voces diciendo
> Fulana, váleme [tres veces]
> no te quiero valer [tres veces]
> válgate Barrabás y Satanás
> y todos los diablos que allá están
> todos os juntareis
> en compañía ireis
> y en el corazón de Fulano entrareis
> y este cuchillo de cachas negras
> por el corazón le clavareis
> tantas ansias le dareis
> que a mi casa le traereis
> y no le dejareis reposar,
> ni comer, ni dormir
> ni en la cama sosegar
> sino conmigo pensar
> que venga con ansias y pena
> en su corazón
> por verme y hablarme
> dándome lo que tuviere
> y diciéndome lo que supiere [52].

El conjuro se pronunciaba sosteniendo en la mano un cuchillo de cachas negras y, al llegar a la frase en que se hacía alusión a él, se clavaba con ahínco en la ventana. Luego se tomaba una piedra que se tenía preparada y se daban tres golpes en el poyo de la ventana, diciendo:

> Diablo Cojuelo
> dáme señal
> de perro ladrar
> gallo cantar
> hombre pasar
> de puerta llamar [53].

Si alguna cosa de las que se mencionan ocurría, era buena señal. Finalmente, había que arrojar a la calle un dinero o un cabello de la interesada en recompensa por la señal. Como es lógico, esto venía a representar el «pacto implícito».

También había que asomarse a la ventana en los conjuros que comienzan invocando la calle, ya que, según se va viendo, la

---

[52] A.H.N., Inq., lib. 942, folio 59v.
[53] A.H.N., Inq., lib. 942, folio 59v.

hechicera o la mujer abandonada debe asomarse a la ventana y tratar de atraerse la benevolencia de las fuerzas que se encuentran, supuestamente, en el exterior. En este caso, el ceremonial suele ser también mínimo. Se limita a la recomendación de pronunciar la invocación a una hora determinada, del día o de la noche. En muchos casos a las nueve de la noche, en otros a las once o doce. En alguna ocasión, se dice simplemente que hay que pronunciarlo a «prima noche». La forma en que solía decirlo Gerónima González me parece que explica por sí misma la finalidad de este divulgadísimo conjuro:

> ¡Ah, de la calle, ah, de la calle!
> ah, so compadre
> mire que le llamo
> mire que le digo
> mire que le he menester
> que me traigan tres malos andadores
> y tres diablos los mayores
> que es Barrabás, Satanás y Lucifer
> que me den a saber si vendrá Fulano [54].

La respuesta que enviaba supuestamente el demonio al que se invocaba, tenía forma de animal. Si pasaba un gato era buena señal. Si se trataba de un perro, todo lo contrario.

Laura Garrigues, que también lo utilizaba, lo decía de acuerdo con la siguiente variante:

> Vecino y compadre
> gran Señor de la calle
> [aquí nombraba al galán]
> solía venir a casa
> y ahora no viene
> yo quiero que vengas
> si me lo has de traer
> yo te conjuraré
> con tres almas de mocicos enamorados
> con tres almas de desesperados
> con el alma de doña María de Padilla
> y toda su cuadrilla
> todos os juntareis
> en compañia ireis
> en el corazón de Fulano entrareis
> y a mi casa lo traereis
> muchas ansias le dareis
> que no le dejeis reposar

---

[54] A.H.N., Inq., lib. 942, folio 27r.

>hasta que me venga a buscar
>dándome lo que tuviere
>y diciéndome lo que supiere [55].

El grupo de conjuros en los que se utiliza la puerta como elemento clave, la invocación suele resultar más homogénea que los anteriores. Las variantes están relacionadas frecuentemente con las almas que se mencionan en el conjuro, en cuyo terrible trance no suelen coincidir las hechiceras, probablemente tanto a causa de su gusto personal como de su capacidad para memorizar. En este caso, recurro también al repertorio de Laura Garrigues, cuyos conocimientos mágicos resultan tan interesantes.

Laura Garrigues lo pronunciaba a las once del día, después del primer toque del avemaría. Se decía con la puerta de la calle un poco entornada, y situándose detrás:

>Conjúrote, puerta y quicial
>por donde Fulano ha salido
>ha de volver a entrar [56].

Como se verá, este fragmento del conjuro es el que se repite siempre, a modo de núcleo fundamental. Laura Garrigues hacía luego una cruz hacia el quicial, abría la puerta del todo y se situaba en el umbral mirando hacia la calle. Continuaba luego diciendo:

>Animas de aquellos tres anegados
>animas de aquellos tres asaeteados
>animas de aquellos tres sentenciados
>almas de aquellos tres hombres muertos en armas por amores
>por amores
>alma sola, alma sola [tres veces]
>trece sois, trece sereis,
>todas en compañia ireis
>y a Fulano me traereis
>que no le dejareis comer ni beber
>ni con otra mujer estar
>sino en mi pensar
>dándome lo que tuviera
>y diciéndome lo que supiere [57].

Cuando se decía «alma sola», había que tener los brazos abiertos y hacer la exclamación «con muchas ansias y agonías».

---

[55] A.H.N., Inq., lib. 942, folio 56v.
[56] A.H.N., Inq., lib. 942, folio 54v.
[57] A.H.N., Inq., lib. 942, folio 54v.

Luego se entornaba un poco la puerta y se rezaban trece padrenuestros poniéndose detrás, y trece avemarías con sus correspondientes glorias. Todo se dedicaba al ánima sola, a la que se le decía: «ni te los quito ni te los doy, en las faldas de la Virgen los deposito hasta que me deis remedio». Por lo general, las demás hechiceras no llevan a cabo esta última parte del conjuro, aunque sí podían completarlo con algún pequeño ritual adicional, tal y como arremangarse el brazo izquierdo.

En el repertorio recogido por Cirac aparecen también varios conjuros que se pronuncian así sin ningún rito y que se pueden comparar, por tanto, a los que he agrupado en este apartado, y en los que es esencial la «fuerza de la palabra». Es decir, la fuerza de la invocación mágica contenida en la oración que dice la hechicera. El pequeño grupo de conjuros con fines amorosos diversos que aparece en el libro de Cirac tiene, desde mi punto de vista, un enorme interés, porque los castellanos suelen presentar, según vamos viendo, la fórmula mejor elaborada, por lo que se refiere al aspecto poético de estas composiciones. Es preciso señalar también que en muchos casos pueden calificarse con justicia como «poesía popular». En Cirac aparece una de estas «poesías primitivas», recogida en el tribunal de Toledo de 1631, con una enorme originalidad, y que no he vuelto a ver en ningún otro caso. Durante la medianoche de un lunes, miércoles o viernes, la Castellanos tomaba un poco de sal de sardinas y cilantro, se lo pasaba de una mano a otra y lo conjuraba por Barrabás, Satanás y el Diablo Cojuelo, «no por sal y cilantro, sino por el corazón de Fulano». A continuación, arrojaba la sal a la lumbre y continuaba:

> Asi como te has de quemar
> se queme el corazón de Fulano
> y aquí me lo traigas.
> Conjúrote con la Reina sardineta,
> y con la tartanieta
> y con los nabegantes,
> que nabegan por el mar.
> Yo te llamo, Fulano,
> con Barrabás, con Satanás,
> y con el Diablo Cojuelo,
> que puede más,
> con quantos diablos ay en el infierno
> Diablo de la plaça
> id y entregaos en Fulano
> y traédmelo aque en andança
> Diablos de la carneceria,

> traédmelo aqui en guia;
> Diablos de çocodover,
> traédmelo aqui a mas correr.
> Con mas mensajeros te embio a llamar
> con la Reina sarraçena
> con la taratina del Rey Faraón
> que andan de día por las aradas,
> de noche por las encrucijadas,
> armando guerras y batallas
> todos os junteis y os vais
> y en Fulano os entregueis
> y aqui me lo traigais
> bien asido, bien prendido
> asido de un coxon
> asido de su pulmón
> de las telas de su corazón
> que no me le dexeis sosegar
> hasta que me venga a mi querer
> y a mi mandar.
> Conjurote, diablo Barbarote
> conjurote con treçe diablos
> con treçe amarrados
> con treçe atados
> que me des uno que a Fulano beia
> y en el se entregue
> y aqui me lo traiga
> asido de su coxon
> de su riñón
> de su baçon
> de las telas de su corazón
> espinas y abrojos le hinqueis
> que no le dejeis sosegar
> hasta que venga a mi querer y mi mandar [58].

El conjuro de la puerta, recogido por Cirac según un ejemplo de 1644 [59], coincide en todo con el que ya hemos visto en el tribunal valenciano. Comienza por el tradicional «conjúrote, puerta y umbral» y continuando con la invocación de las almas de los ahorcados, ahogados y muertas en pecado mortal, para terminar con el estribillo de no dejarle comer, ni reposar, etc. Las llamadas Bautistas, en el corral de Almaguer, llamaban a tres muertos, tres ahogados y tres degollados «a hierro frío». Lo decían delante de una imagen de san Juan y sosteniendo en la mano una vela encendida que hubiera ardido en los divinos oficios.

---

[58] Citado por CIRAC ESTOPAÑÁN, *ob. cit.,* cap. VIII, p. 121.
[59] Citado por CIRAC ESTOPAÑÁN, *ob. cit.,* cap. VIII, p. 129.

El conjuro de la ventana, sin embargo, es muy similar al que pronunciba María Antonia de Neroña, procesada en Valencia, por lo que respecta al comienzo de la invocación «a Fulano veo venir, soga de ahoracado trae tras el»; sin embargo, el resto del conjuro resulta bastante menos coherente que el anterior y no logra la misma impresión a pesar de los numerosos demonios que invoca. Al igual que en otros conjuros castellanos, se pide a los demonios que obliguen al «galán» a volver, asido de sus partes más sensibles.

c) *Oraciones supersticiosas o mágicas*

La relación entre la religión oficial y el mundo de las hechiceras, de la que se hablaba antes, se pone de relieve en múltiples prácticas llevadas a cabo por estas mujeres, pero una de las manifestaciones más interesantes lo constituye, sin duda alguna, el grupo de las oraciones supersticiosas dirigidas a santa Elena, santa Marta, san Silvestre, san Onofre, san Erasmo y otros santos. Por lo general, suelen tener el mismo objetivo amoroso de la mayor parte de las prácticas supersticiosas que se han analizado hasta aquí.

Desde mi punto de vista, la oración al «ánima sola» representa, mejor que ninguna otra, la relación entre el culto oficial y las prácticas de las hechiceras. La existencia del Purgatorio, y el respeto hacia los antepasados difuntos que existe en el Catolicismo —a través de las oraciones dedicadas a su memoria y por su eterno descanso, así como la creencia de que las oraciones de los vivos pueden, todavía, servir de apoyo y ayuda a los que han desaparecido—, lo que la Iglesia denomina la comunión de los fieles, era lógico que desembocara en algún tipo de deformación supersticiosa si tenemos en cuenta que se trata de una creencia que relaciona directamente al creyente con el mundo de ultratumba. Estamos ante la espinosa cuestión de la comunicación con seres desaparecidos. A través de la «oración al ánima sola», la hechicera se dirige al mundo de los espíritus en la versión cristianizada, aunque con fines heterodoxos. Es una de las más frecuentes y la que presenta una mayor homogeneidad, por lo que al ritual se refiere, porque el contenido de la oración con la que se lleva a cabo la invocación al ánima aparece en diversas versiones en los procesos y relaciones de causas, de las que veremos algunas:

Cecilia Ibáñez ofrecía las oraciones que iba a decir al ánima a cambio de la gracia que pedía —solían ser 33 padrenuestros, y otras tantas avemarías y glorias—, y luego decía, asomada a la ventana:

> Anima sola, abre los oídos y óyeme
> abre los ojos y mírame
> abre la boca y respóndeme
> Anima sola, no me niegues esto que pido
> Anima sola, esto que recado [sic]
> ni te lo doy ni te lo quito
> en las faldas de la Virgen lo deposito
> hasta que me concedas esto que pido
> Dame señal de hombres cantando
> vigüelas tocando
> gallos cantando
> perros ladrando
> hombres hablando [60].

Doña Juana de la Paz se limitaba a rezar los 33 padrenuestros, avemarías y glorias, asomada también a la ventana, y advertirle luego al ánima:

> Esto que he rezado os ofrezco
> os encomiendo, ánima sola
> para que me traigais y me deis
> buenas nuevas de esto que os pido [61].

Si echaban agua o se oía abrir alguna puerta, era buena señal.

Sin embargo, el sentido mágico-religioso de la oración al ánima sola se percibe mejor que en ningún otro caso en las versiones recogidas por la propia Inquisición en un pliego de instrucciones contra la superstición en España:

> Anima sola, anima sola, anima sola
> la más sola [igual, tres veces]
> y la más triste [tres veces]
> y la más desamparada [ídem]
> mas no de mi señor Jesucristo
> yo te conjuro por la sangre de Lucano
> yo te conjuro por el corazón del hombre muerto a hierro frio
> yo te conjuro con las doce tribus de Israel
> yo te conjuro con todos aquellos que están en la peña carmesí
> que todos os junteis

---

[60] A.H.N., Inq., lib. 942, folio 51r.
[61] A.H.N., Inq., lib. 942, folio 16v.

> por la puente del rio Jordán pasareis
> las nueve varas de mimbre negro me cogereis
> en las muelas de Barrabás me las aguzareis
> tres me le clavareis a Fulano por el corazón
> que no pierda mi amor
> tres por el sentido
> que no me eche en olvido [62].

En el pliego de instrucciones del Santo Oficio aparece también otra versión, en la que el único elemento religioso es la mención al ánima del Purgatorio. Sólo varía la primera parte del conjuro:

> Anima sola,
> la más sola y la más sola
> alma, ven
> que te llamo
> que te he menester
> Yo te conjuro,
> anima sola
> con los tres vientos
> yo te conjuro,
> anima sola
> con tres elementos
> yo te conjuro,
> anima sola
> con la sangre de Lucano
> [... etc., igual que en el caso anterior] [63].

En algunos casos, las hechiceras no modificaban el principio del conjuro, pero alteran la parte final. En lugar de pedir que le claven las varas de mimbre negro por las espaldas hacían la siguiente súplica:

> [...]
> que hinquen por las espaldas
> porque no vean sus faltas
> guerra me le dareis
> y con esto me le traereis
> que no me le dejeis estar ni reposar
> hasta que conmigo venga a estar [64].

Para conseguir que una persona fuese a visitar a otra, las procesadas por el tribunal valenciano consideraban muy eficaz

---

[62] PAZ Y MELIÁ, *ob. cit.*, p. 242.
[63] PAZ Y MELIÁ, *ob. cit.*, p. 241.
[64] PAZ Y MELIÁ, *ob. cit.*, p. 242.

decir la oración a san Silvestre, que había que repetir nada menos que nueve veces de acuerdo con la versión de Laura Garrigues, cuyos conocimientos he utilizado con tanta frecuencia en estas páginas. La razón por la que san Silvestre era un buen abogado para estas cuestiones se me escapa en absoluto. La forma en que la decía Laura Garrigues era como sigue:

> Fulano, yo te conjuro con el mar y las arenas
> Fulano, yo te conjuro con el cielo y las estrellas
> Fulano, yo te conjuro con la ara consagrada
> que de los altos cielos fue bajada
> Fulano, yo te conjuro con la luna y el sol
> y con Santa Maria de Roque Amador
> Fulano, yo te conjuro con el Sr. San Silvestre de Montemayor
> Papa fuisteis en Roma
> Papa fuisteis y buen varón
> con el anillo de oro preciossisimo
> dedo encortasteis a la draga y al dragon
> al León y a la Reyna y al Barón
> y a los treinta y tres sabios que dentro de Roma son
> y a los tres toros bravos en la calle,
> así santo glorioso, santo dichoso
> como todos estos se humillaron
> y se sujetaron a vuestros preciosos pies
> así me raereis a Fulano,
> enamorado y postrado
> a cuanto yo dijera y le mandare, y le pidiese
> que venga con ansias y con agonias
> y bascas de su corazón
> por mi amor [65].

Cuando se llegaba a aquello de «Glorioso santo, como todos estos se sujetaron a vuestros pies...» había que repetirlo tres veces.

La versión que utilizaba Isabel María de Mendoza resultaba menos confusa en algunos puntos y nos ayuda a comprender mejor la razón por la que las mujeres recurrían a san Silvestre para tratar de recuperar al amante perdido. Comenzaba igual que Laura Garrigues, y luego continuaba:

> Papa fuisteis y buen varón
> en el anillo de vuestro santísimo dedo
> encortastes a la Draga y al Dragón
> a la Reina y al varón
> y a los treinta y tres sabios

---

[65] A.H.N., Inq., lib. 942, folio 56v.

> que dentro de Roma son
> asi, santo glorioso,
> como atasteis y encortastes a todos estos
> así venga Fulano, tan humilde,
> tan rendido, tan postrado,
> tan atado y tan encortado,
> como todos estos se rindieron y postraron
> a vuestros santisimos pies
> que no pueda comer, dormir, ni reposar
> hasta que a mi casa venga a entrar [66].

La misma Isabel María de Mendoza conocía una oración a san Onofre que servía para los mismos fines, y que también se decía puesta en la ventana a cualquier hora:

> Glorioso San Onofre
> en el monte estuvisteis
> gran penitencia hicisteis
> de yedra y vello
> vuestro cuerpo Santisimo cubierto tuvistes
> y a su Santísimo Sacramento por manjar tuvistes
> así como estas palabras son verdad,
> santo glorioso,
> me cumplais esto que os pido
> de traerme a mi marido [67].

Algunas santas tienen también para las hechiceras castellanas y valencianas posibilidades mágicas, se le dirigen oraciones lo mismo que a san Silvestre, san Onofre, etc. Las más divulgadas son las oraciones a santa Marta y a santa Elena. La oración a santa Marta circulaba en dos versiones distintas. Una comenzaba «señora santa Marta, digna sois y santa», y la otra a Marta «la mala», que fueron recogidas ya por Paz y Meliá. Las hechiceras valencianas utilizaban la primera versión, igual en todas sus frases a la que manejaban las castellanas. Gerónima González la decía puesta a la ventana:

> Martha, Martha
> no la digna ni la santa
> sino la que los hombres prende
> liga y ata
> y las excrucixadas salta
> a Fulano veo venir,
> con una soga de ahorcado en la garganta

---

[66] A.H.N., Inq., lib. 942, folio 76r.
[67] A.H.N., Inq., lib. 942, folio 80r.

> y un cuchillo en el coraçón atravesado por mi amor
> diciendome, Fulana, váleme,
> no te quiero valer,
> tres amigas tienes
> que ellas te valdrán
> que es Martha, Marthica y sorlica,
> que no le dexaran comer, ni beber,
> ni dormir, ni reposar,
> hasta que me vengas a buscar [68].

La oración a santa Elena es una de las más utilizadas, tanto por las procesadas en el tribunal de Valencia como por las castellanas, poniendo de relieve una extraordinaria popularidad de la santa a la que se atribuía una enorme influencia en cuestiones amorosas difícil de explicar. Solía acompañarse con rituales que varían según la personalidad de cada hechicera, lo mismo que la longitud del fragmento conocido por cada una de ellas. En general, solía ser una de las más largas. En el caso de Juana Ana Sánchez, procesada en Valencia en 1571, el tribunal anotó que conocía una oración a santa Elena, tan larga que llenaba dos «hojas de escrito». A pesar de esto, la refirió y dictó ésta con gran agilidad [69].

La que conocía Gerónima González, procesada en el auto de 1655, tampoco puede decirse que fuera breve. Gerónima encendía tres estadales ante un cuadro de la santa y la decía como sigue:

> Señora Santa Elena, bienaventurada
> quan ansiossa, y cuidadossa estaba
> pensando donde hallaria
> la cruz de mi Señor Jesucristo
> un angel vino y nos dixo
> Elena, Elena,
> un navio tomarás
> y en el te embarcaras
> a buscar la cruz de mi Señor Jesuchristo
> irás tu Santa Elena, bienaventurada
> naves y navios tomas, tomasteis
> con vuestro hijo Constantino hos embarcasteys
> assí se embarque en mi voluntad Fulano
> que no pueda comer,
> vivir, ni dormir
> estar, ni reposar
> hasta que me venga a buscar.

---

[68] A.H.N., Inq., lib. 942, folio 196r.
[69] A.H.N., Inq., lib. 943, folio 194.

Señora Santa Elena, bienaventurada
a las puertas de Jerusalem llegasteys
con tres judios encontrasteys
la cruz de mi Señor Jesucristo les demandasteys
y ellos fuertemente hos la negaron
assi niegue el amor y voluntad
que tenga de cualquiera muger
y no pueda comer, ni beber
ni dormir, ni reposar
hasta que me venga a buscar
Señora Santa Elena, bienaventurada
los judios mandasteis encarcelar
tres dias sin comer ni beber
los hicisteys estar
ellos hos enviaron a llamar
y hos dixeron
Elena, Elena,
sácanos de aquí
que nos morimos de ambre y de sed
vos les dixisteys
judios, de ai no saldreis
que la cruz de mi Señor Jesucristo de me deis
ellos os dixeron
Elena, Elena
a Judas llamarás
y la cruz de mi Señor Jesucristo le pedirás
vos Santa Elena, bienaventurada
a Judas llamasteys
la cruz de mi Señor Jesuchristo
le demandasteys
y el hos dijo,
Elena, Elena
un pico tomarás
y al calvario subiras
la tierra cavaras
la cruz de mi Señor Jesuchristo
alli hallarás
Santa Elena bienaventurada
el pico tomasteys
al Calvario subisteys
la tierra cavasteys
tres cruces hallasteys
estavades muy ansiossa,
qual sería la cruz de mi Señor Jesucristo
Por allí pasava una cuerpo muerto
allí le mandasteys traer
pusisteys la cruz
la cruz del mal ladrón
encima del cuerpo muerto
y no resucitó
pusisteis la cruz del buen ladrón

encima del cuerpo muerto
y no resucitó
pusisteis la cruz de mi Señor Jesucristo
encima del cuerpo muerto,
y luego resucitó
assi hos pido Santa Gloriosa
resucite el amor y voluntad
en el coraçon de Fulano
que no pueda comer, bever,
ni dormir, ni reposar
hasta que me venga a buscar
Señora Santa Elena, bienaventurada,
vos y cuestro hijo Constantino,
la cruz adorasteys
al castillo hos subisteys
las messas pusisteys
a todos los convidasteys
de la gracia de Dios
havia gran sobra
assi hos pido
Santa Elena, bienaventurada
haya sobra de vuestra voluntad
en el coraçon de Fulano,
que no pueda comer, [etc.]
...
hasta que me venga a buscar
Señora Santa Elena, bienaventurada
los tres clavos de mi Señor Jesucristo
para vos los guardasteys
el uno hechasteys en el golfo de Thesalia,
donde naves y navios se perdían
y alli le consagrasteys
assí hos pido Santa Elena, bienaventurada
agora y en esta hora
y en este punto sea guardado
el amor mio en el coraçon de Fulano
y no pueda comer, [etc.]
...
hasta que me venga a buscar
El otro clavo de mi Señor Jesuchristo
a vuestro hijo Constantino le disteys
para que en cualquier batalla que entrasse
fuesse vencedor y no vencido,
assi hos pido, Santa Gloriosa,
salga yo vencedora en esto que hos pido
El otro clavo de mi Señor Jesuchristo
para vos le guardasteys
para prestar a cualquiera muger,
que hos le pidiera,
viuda, casada o soltera,
y asi hos le pido

me le presteys para clavarlo
en el coraçon de Fulano
que no pueda comer... [70]
[sigue la invocación como en los casos anteriores].

La oración a santa Elena recogida por Cirac, sin embargo, es tan sólo un resumen, a manera de compendio, de la larga relación de los hechos de la santa, que tan extendida estaba entre las hechiceras procesadas en Valencia. En esta versión resulta curioso observar que Constantino ha sido sustituido por un supuesto hermano llamado Esteban:

Elena, Elena
hija de Rey y Reyna
por ti la cruz de Cristo buscaste
y con tres clavos la hallaste
el uno en el mar echaste
y con él le consagraste;
el otro a tu hermano Esteban le diste
y con él peleó, defendió y ganó
y con el otro te quedaste
con ese Elena quiero
que le barrenes el corazón a Fulano
para que le traygas
que ni coma ni beba
hasta que por mis puertas vuelva a entrar [71].

Las oraciones a santa Marta y a Marta, «la mala», que recoge Cirac, están igualmente tomadas del pliego de instrucciones de la Inquisición sobre las supersticiones que el tribunal pretendía reprimir. Ninguna de las dos versiones aparecen en el auto valenciano.

La que se dirigía a santa Marta, «para sensualidad», según se dice en el pliego de instrucciones, es como sigue:

Señora Santa Marta,
digna sois y santa
de mi Señor Jesucristo querida y amada
de nuestra Señora la Virgen
huéspeda y convidada
por los montes de Toroço entrasteis
con la braba serpiente encontrasteis
con el hisopo y el agua bendita la rociastis
con vuestra santa faja atastis
en ella subistis

---

[70] A.H.N., Inq., lib. 942, folio 24v a 25v.
[71] Citado por CIRAC ESTOPAÑÁN, *ob. cit.*, cap. VIII, p. 134.

> y cabalgastis
> a las puertas del Rey llegasteis
> a los paganos dixistis
> Paganos, veis aquí os traigo,
> la braba serpiente
> que comía en dia y mataba
> así como esto es verdad
> liga, lerda, y aligada
> asi como esto es verdad
> me traiga aquí lo que os pido [72].

La oración se empleaba, como de costumbre, para atraer al varón. Como vemos, los elementos más o menos legendarios de su vida se utilizaban como base para atribuirle poder mágico, que podía resultar extraordinario, y se pedía que de igual manera que había llevado a cabo aquel hecho maravilloso lograra el sometimiento amoroso del hombre que se deseaba.

La oración a «Marta la mala» figura también en dos versiones distintas en el pliego de instrucciones acerca de las supersticiones más divulgadas. El carácter amatorio de la invocación es tan evidente en la fórmula que no precisa comentario alguno:

> Marta, Marta
> no la digna, ni la santa,
> la que descasas casadas
> la que juntas los amancebados
> la que andas de noche por las encrucijadas
> Yo te conjuro
> con tal y tal demonio
> y con el de la carniceria
> que me traiga a N. mas ayna
> o me de hombre que hable
> o perro que ladre [73].

Es evidente que la hechicera trata aquí de invocar a una fuerza maléfica, abogada y protectora de los amores heterodoxos. Para recalcar este carácter de fuerza del mal de esta especie de diabla, se señala que anda en las encrucijadas y se la llama en compañía de otros demonios. En la variante que veremos a continuación, menos bella formalmente, se llega incluso a asegurar que fue la que corrompió al padre Adán y nos hizo pecar a todos. Es decir, de alguna manera, se alude a la serpiente del Paraíso en forma de súcubo que acompaña en trances siniestros:

---

[72] Paz y Meliá, *ob. cit.*, p. 239.
[73] Paz y Meliá, *ob. cit.*, p. 240.

Marta, Martha
a la mala digo
que no a la santa
a la que por los aires anda
a la que se encadenó
y por ella nuestro padre Adán pecó
y todos pecamos
al demonio del polo
al del repolo
al del repeso
y al que suelta al preso
al que acompaña al ahorcado
al diablo Cojuelo
al del rastro
y al de la carniceria
que todos juntos os junteis
y en el corazón de N. entreis
a guerra, a sangre y fuego le deis
que no pueda parar
hasta que me venga a buscar
traédmelo luego
demonio del peso
tráemelo preso [74].

El repertorio hechiceril en Andalucía

El 10 de noviembre de 1626 se decidió en el tribunal de la Inquisición de Sevilla llevar a cabo una investigación para averiguar cuáles eran las supersticiones más divulgadas en el distrito, ante la petición formulada al respecto por la Suprema. Se encargó a don Pedro de Vargas, «cura muy antiguo» del Sagrario de la Iglesia Catedral, que se informara entre sus feligreses puesto que llevaba muchos años como penitenciario, y se requirió también la opinión de otros curas de la ciudad igualmente antiguos.

Los curas resumieron, tal y como se lo pedía el Consejo Central, las prácticas más usuales entre las hechiceras sevillanas, y este precioso documento conservado en el Archivo Histórico Nacional [75] nos va a venir ahora como anillo al dedo para realizar una aproximación al mundo de la hechicería en Andalucía que sirve para completar cuanto hemos visto anteriormente.

Según el resumen del informe que aparece en el expediente, las supersticiones más usuales «entre las moças», como dice el

---

[74] Paz y Meliá, *ob. cit.*, p. 239.
[75] A.H.N., Inq., leg. 2963.

texto —con lo que de nuevo volvemos a tropezar con que estas cuestiones de la magia popular son fundamentalmente cosa de mujeres—, eran las siguientes:

— Las noches de san Juan, solían rezar las «suertes que llaman de las alcachofas», que consistía en colocar unos tiestos con esta planta durante la noche y hacer el pronóstico de acuerdo con las flores que salían para saber si se iban a casar o no.

— Las casadas o mujeres que tenían sus maridos en Indias y querían averiguar si volverían, utilizaban el sortilegio del huevo que ya hemos visto en Valencia y en Castilla. Como sabemos, el huevo se echaba en un orinal. Según informan los sacerdotes, las mujeres pensaban algunas veces que la forma que adoptaba era la de un navío, y en él una especie de «bultillo» que representaba para las que querían conocer el porvenir, la figura de un hombre. Naturalmente, cuando esto sucedía quería decir que el marido ausente volvería. Si el bultito faltaba no era buena señal.

— La divulgadísima suerte de las habas también se utilizaba, al parecer, en las hechiceras de Sevilla, de forma muy similar a la que hemos anotado en Castilla y Valencia. Según informan los sacerdotes, se señalaban algunas poniéndolas nombres y se rezaba para que salieran juntas al echarlas. En este caso, cuando así ocurría era señal de que las dos personas «se querían bien».

— Por último, los curas consultados dan cuenta de que hacen con frecuencia oraciones a san Juan, santa Marta y san Onofre a pesar de que los confesores les repiten que no deben hacerlas.

Las supersticiones descritas por el buen cura del Sagrario, y otras a las que pasaré revista más adelante teniendo en cuenta los tribunales de Córdoba y Granada, demuestran una vez más la comunidad de las prácticas supersticiosas en España, punto de vista que ya sostenía en su carta a la Suprema el propio beneficiado, quien añade que estas supersticiones son, a su entender, «comunes en todas partes». Pide encarecidamente a la Suprema que mantenga a la Inquisición alejada de estas cuestiones. «Nada de esto Señor, es cosa para que el tribunal se entrometa e impida para que cosas mayores i no pasa de ordinario de pecado venial i sería entrarse por todas las casas de Sevilla y su tierra sin excepción u el pueblo se escandalizaría porque hasta ora de semejantes cossas i causas no se a conocido en este tribunal». Don Pedro de Vargas, que así se llamaba el sacerdote que con tanta valentía pretendía apartar a tal Santo Oficio de lo que sólo considera como «pecados veniales», encarece al tribunal su larga experiencia en estas cuestiones y su importante carrera dentro de la Iglesia, puesto que había ejercido todas las judicaturas eclesiásticas y en particular había actuado como cura del Sagrario durante 24 años. También había sido penitenciario durante nueve. Según don Pedro de Vargas, la intervención de la Inquisición no resulta precisa en absoluto puesto que las sinodales del arzobispado pueden remediar esta cuestión «i cosas semejantes i otrossi manda que se ponga en los edictos que cada año se publican esta bastantemente remediado, porque los de la inquisición tratan destas cosas quando son de diferente i mayor calidad»[76].

En cuanto a lo que podemos saber más directamente de las prácticas hechiceriles llevadas a cabo por las procesadas ante la Inquisición, aunque son bien pocas —tan sólo por lo que se refiere al siglo XVI— las Relaciones de Causas vienen a confirmar lo que ya había explicado el cura del Sagrario a la Suprema. De Luisa Cortés y Francisca Quirós[77], procesadas en 1571 y 1574, en Granada, se dice que «echavan suertes para tener la amistad de los hombres», suponiéndoseles pacto implícito con los demonios. En cuanto a Francisca Quirós, se juzgó que había habido pacto explícito porque les ofrecía las uñas de los pies para que «truxese los hombres a su amistad». Es decir, el amor sigue siendo la obsesión fundamental y los ritos no varían en lo esencial.

Las Relaciones de causas del tribunal granadino no son muy explícitas, pero en alguna ocasión se menciona las prácticas que llevaban a cabo las encausadas sin que se pueda añadir nada nuevo a todo lo que ya hemos analizado hasta aquí. Beatriz de Mendoza[78], procesada en 1582, le dio a un hombre que huía de la justicia una soga de ahorcado que había preparado con distintas oraciones para que no le hallaran y al mismo tiempo tuviera suerte para ganar en el juego. Beatriz de Mendoza fue acusada de usar los huesos de las abubillas con fines mágicos; Leonor Rodríguez, «la Doncella»[79], que salió en el auto de 1585, había acon-

---

[76] A.H.N., *ibid.*
[77] A.H.N., Inq., leg. 1953 (1).
[78] A.H.N., Inq., leg. 1953 (1).
[79] A.H.N., Inq., leg. 1953 (1).

sejado a una mujer que quería contraer matrimonio con un hombre que dijera: «hic sacris no lo hago por consagrarte, sino por ligarte y atarte, que ansi vengas umilde y manso como Jesuchristo al madero a hacer de ti lo que quiero». La misma Leonor Rodríguez fue acusada de haber recomendado a una persona que ofreciese una parte de su cuerpo a los diablos para lograr lo que quería.

En general, las hechiceras granadinas parecen conocer también las divulgadísimas oraciones a santa Marta, santa Elena y demás santos mágicos, pero manifiestan una preferencia muy marcada por los ritos relacionados con la noche de san Juan. Las «Relaciones» se refieren vagamente a «cosas de hechicerías» pero es evidente que ni los ritos, ni los conjuros y oraciones diferían esencialmente de los que ya conocemos. Sólo en el caso de Leonor Rodríguez aparece el conjuro al que ya he hecho referencia, y una invocación a la estrella de la que merece la pena dar cuenta por su brevedad y la similitud con las invocaciones pronunciadas por las hechiceras castellanas y valencianas:

> Conjurote estrella
> conjurote con Dios Padre y con Santa Maria su madre
> y con San Juan Bautista
> y con Sant Miguel el Angel
> y con el nombre de la Santissima Trinidad
> y con el libro misal
> y con el sacerdote que dice la misa
> la mañana de Navidad
> tres sahetas de amor le den en tu coraçon
> que como yo estoy diciendo
> vengas haciendo
> y como yo estoy hablando,
> ventas andando,
> anda,
> nada no te detenga
> la noche oscura
> ni la mujer mala [80].

CONCLUSIONES GENERALES Y PROVISIONALES ACERCA DE LA HECHICERÍA EN ESPAÑA

Según espero haber puesto de relieve en las páginas anteriores, el tema de la hechicería en España puede dar lugar todavía a

---

[80] A.H.N., Inq., leg. 1953 (1).

muchos estudios que nos permitan una mejor comprensión de un tema tan sugestivo como rico en planteamientos. Desde luego, la aproximación que he llevado a cabo en los capítulos anteriores no es completa todavía, pero sí suficiente para realizar algunas reflexiones a manera de conclusión final.

El análisis comparativo de las procesadas en Valencia, Cuenca, Toledo, Granada, Córdoba y Sevilla confirma la impresión provisional. Las hechiceras españolas poseían un acervo común de conocimientos mágicos, transmitido de generación en generación, que nos ha permitido conservar este rico material hasta bien entrado el siglo XVIII y probablemente el XIX y parte del XX. La movilidad del Antiguo Régimen —superior, desde mi punto de vista, a lo que se puede suponer—, según he podido comprobar al analizar el origen de las procesadas en Valencia y Andalucía, fue indudablemente uno de los factores que permitieron esta transmisión de conocimientos de ciudad en ciudad, pero es preciso tener en cuenta también la «profesionalidad» de la mayor parte de las hechiceras. Es decir, la dedicación continuada y especializada a las artes mágicas que deriva muchas veces en un auténtico oficio, en el sentido estricto del término. Naturalmente, no todas las mujeres procesadas por llevar a cabo estos ritos son profesionales de la magia, ni cobran por ello. Muchas acuden simplemente como clientes, pero con frecuencia terminan actuando como «expertas» —como es el caso interesantísimo de doña Antonia de Acosta Mexía, también estudiado por Caro Baroja [81].

La unidad de estos conocimientos debe entenderse, sin embargo, de forma relativa. En realidad, la pervivencia y comunidad de estos ritos es debida también a la absoluta flexibilidad con que las hechiceras utilizaban sus ritos y conjuros. Como hemos visto en los distintos grupos en que he catalogado estas prácticas, el conjuro o invocación que se lleva a cabo es un elemento del ritual tan importante que a veces puede aparecer aislado, sin el apoyo de ningún otro elemento. Por otra parte, es preciso tener en cuenta los elementos materiales: utensilios, herramientas y gestos.

Considerando esta doble vertiente del folklore supersticioso es posible señalar algunos aspectos que nos ayudarán a comprender la continuidad y comunidad de los conocimientos mágicos. Según se ha podido comprobar en las páginas anteriores, los que

---

[81] J. Caro Baroja, *Vidas mágicas e Inquisición,* vol. II, cap. XVI.

se pueden denominar «elementos materiales» se mantienen sin variación en todas las regiones y a lo largo de los siglos XVI, XVII y XVIII, e incluso en nuestros días. Los sortilegios a base de habas, naipes, rosario, naranjas, corazones de animales, etc., no desaparecen ni se modifican. Los rituales de plantar o recoger determinadas hierbas o plantas, tampoco. El elemento verbal, sin embargo, está sujeto a constantes variaciones —a pesar de que se mantienen ciertos núcleos fundamentales— y es el apartado en el que he tropezado con más dificultades al intentar una sistematización de los conocimientos mágicos populares. A pesar del aparente caos y complejidad, resulta posible establecer los núcleos fundamentales a los que aludía antes y que son aquellos que las hechiceras repiten una y otra vez, introduciendo en el resto del verso las variaciones que les sugería su imaginación o las propias circunstancias. Desde este punto de vista, pueden señalarse los siguientes núcleos fijos que aparecen y reaparecen, dando lugar a las múltiples variaciones que reducen el aparentemente rico repertorio de las hechiceras a unos cuantos lugares comunes:

  a) conjuros introductorios;
  b) estribillos que se repiten;
  c) invocación final que resume el sentido y objetivo del rito;

a) *Conjuros introductorios*

Según hemos visto al mencionar los distintos ritos, las hechiceras suelen comenzar el rito de las habas, el de las ampollas,y el de los palmos, con la misma invocación tradicional que se repite en casi todas ellas y en todas las áreas estudiadas: «Yo os conjuro, por San Pedro, por San Pablo, y por el Espíritu Santo.» Este encabezamiento se repite con ligeras modificaciones, y pretende, indudablemente, imitar las técnicas de la Iglesia oficial. Laura Garrigues, del auto de Valencia, solía decir en el conjuro de los palmos: «Fulano, yo te conjuro con Dios vivo, con Dios santo, con Dios Espíritu Santo», pero esto no representa, desde mi punto de vista, ninguna variación substancial.

En otras ocasiones, la fórmula inicial pretende dar al ritual un significado maléfico invocando la ayuda de seres terribles que provocan espanto, y que llevan a los calificadores a la conclusión de que se ha producido la invocación «explícita» o «implícita» de los demonios. Me refiero a la conocida fórmula:

> Conjúrote...
> con Barrabás,
> con Satanás,
> con el Diablo Cojuelo
> que puede más.

La invocación ritual a los demonios Barrabás, Satanás y Diablo Cojuelo aparece también en prácticas muy diversas y repetidas. La encontramos en el sortilegio de la piedra alumbre, pero la mención de estos diablos, que se consideran como los más influyentes y poderosos —según consta expresamente en algún conjuro—, es casi constante en muchos otros. Como ya sabemos, María Antonia de Neroña comenzaba el conjuro de la ventana llamando «Anas, Gaifás, Bercebu, Satanás, y quantos demonios en el infierno están». En el conjuro de las cazoletas aparece asociada a esta triada maléfica —cuyo paralelismo con la Santísima Trinidad es imposible evitar— la figura de doña María de Padilla, que también aparece frecuentemente involucrada en estos negocios, probablemente a causa de la influencia amorosa que ejerció sobre Pedro I y que el vulgo atribuyó, como suele suceder en estos casos, a obra de hechicería. Como se recordará, Gerónima González solía decir:

> Por Barrabás, por Satanás y Lucifer
> por doña Maria de Padilla
> y toda su cuadrilla.

Esperanza Badía reunía a todos los personajes mágicos en el sortilegio del rosario, y la mención de tantos personajes infernales, incluida la del marqués de Villena —cuya presencia es inútil justificar, ya que si alguien gozó fama, justificada por otra parte, de mago y quiromante, fue este curioso personaje de la Corte—, casi no le dejaba lugar para que en el conjuro pudiera hacerse mención de ninguna otra cosa:

> Yo te conjuro por doña Maria de Padilla
> con toda su cuadrilla
> por el marqués de Villena
> con toda su gente [Valencia, 1655] [82].

Luego añadía la invocación a Barrabás, etc., modificándola mediante la llamada a las compañeras de tan poderosos persona-

---
[82] A.H.N., Inq., lib. 942, folio 186r.

jes, cuya condición femenina, probablemente, podía ser más eficaz en una cuestión de amores:

>	por la muger de Satanás
>	por la muger de Barrabás
>	por la muger de Berzebú.

A continuación, bastaba con añadir la frase final, en la que se expresaba el objetivo que pretendía obtenerse con el conjuro, y ya se había completado la operación mágica.

b) *Estribillos que se repiten*

Las frases que pueden considerarse como «estribillos» o sentencias en las que se suele compendiar el objetivo del hechizo reiterándolo varias veces a lo largo del ritual, forma parte esencial de las «oraciones supersticiosas». El caso más representativo lo constituye, sin duda alguna, la larguísima y complicada oración a Santa Elena.

Como se recordará, en casi todas las versiones las hechiceras se limitan a contar el milagro de la santa al encontrar y reconocer la Cruz en la que fue sacrificado Jesucristo y los clavos que forman parte de su martirio. La oración constituye una larguísima narración rimada en la que la hechicera introduce la invocación amorosa a la santa en los momentos cruciales de la peripecia. En realidad, las hechiceras se limitan a contar de acuerdo con un sonsonete fácil de rimar, la conocida anécdota de la búsqueda de la cruz y sus dificultades, con variaciones que introducen de acuerdo con la riqueza de su capacidad verbal e imaginativa. Al margen de esta regla general, la hechicera podía modificar, alargar o acortar la oración —como ocurre con todos los conjuros— y es lo que explica la gran cantidad de versiones. En el caso de la oración de santa Elena, ni siquiera estamos ante un estribillo absolutamente original, como luego veremos, sino ante una frase que se repite con enorme frecuencia en casi todos los conjuros que he podido catalogar. El *leit-motiv* de la oración de Santa Elena es el conocido:

>	Que no pueda comer,
>	vivir, ni dormir,
>	estar, ni reposar,
>	hasta que me venga a buscar
>	[Gerónima González, Valencia, 1655][83].

---

[83] A.H.N., Inq., lib. 942, folio 24v a 25v.

La oración de santa Elena se convierte, por tanto, en una especie de larguísima letanía en la que la hechicera hace su ruego, tomando un poco la ocasión por los pelos, como se dice vulgarmente, en cada uno de los pasos dados por la santa para lograr el milagro. Cuando santa Elena se embarca para ir en busca de la cruz, se aprovecha la ocasión y se realiza el ruego: «con vuestro Hijo Constantino os embarcasteys, assí se embarque en mi voluntad Fulano, etc.». Más tarde, los judíos con los que se dice que tropieza en su búsqueda niegan conocer el paradero de la Cruz, y la hechicera utiliza también el hecho para compararlo con su propio caso:

> [...] ellos fuertemente la negaron
> assí niegue el amor y voluntad
> que tenga a cualquier muger
> que no pueda comer, ni beber, [etc.].

Más tarde, tiene que dejar a los malvados judíos varios días sin comer ni beber para que confiesen dónde han ocultado la cruz, cava en el lugar que ellos la indican y encuentran las cruces que la dejan perpleja y sin saber cuál de las tres es la que corresponde al martirio de Jesucristo. Según se cuenta en la oración —y en la propia tradición oficial de la vida de la santa— la Vera Cruz —de tan larga resonancia en toda la historia maravillosa de la Edad Media— produce el milagro de resucitar el cadáver que se deposita sobre ella, y aquí la hechicera lleva a cabo de nuevo la súplica y el favor que le interesa conseguir de tan prodigiosa y valerosa mujer como santa Elena:

> assí os pido, Santa Gloriosa,
> resucite el amor y voluntad
> en el corazón de Fulano
> y no pueda comer, ni beber, [etc.].

Finalmente, y para completar la maravillosa historia, viene el relato de lo que la santa hizo con los clavos de la crucifixión, uno de los cuales fue arrojado al golfo de Thesalia (otras versiones dicen sólo que lo arrojó al mar), donde muchos barcos se perdían. En la versión de Gerónima González, la oración termina de acuerdo con el ritual más ortodoxo de la Iglesia, tomando en este caso como pie la «consagración» del golfo peligroso que se hizo con el clavo de Jesucristo:

> assi os pido
> Santa Elena bienaventurada
> agora y en esta ahora
> [recuérdese la fórmula del Padrenuestro]
> que en este puerto sea guardado
> el amor mío en el coraçon de Fulano
> y no pueda comer [etc.].

Naturalmente, como en esta larga versión Gerónima González supone, de acuerdo con las costumbres de su propia clase social y época, que la santa debió celebrar el hallazgo tan anhelado con un buen banquete, también aprovecha la ocasión para solicitar «que haya copia de vuena voluntad en el corazón de Fulano, y no pueda comer, beber, etc.».

Según otras versiones, uno de los clavos de la crucifixión fue conservado por la santa para consagrarlo a la ayuda y consuelo de mujeres afligidas por los trances amorosos, lo que nos ayudaría a comprender el carácter de abogada de mujeres enamoradas que se le atribuye entre las hechiceras de toda España.

La versión que María de la Raya, de las procesadas valencianas, daba del asunto de los clavos es la siguiente:

> la gloriosa Santa Elena
> de la cruz los tres clavos sacó
> el uno en el mar echó
> el otro a su hijo Constantino dio
> para que en las batallas que entrase
> no fuese vencido, sino vencedor,
> así, Santa Bienaventurada
> sea yo la vencedora con Fulano
> que no pueda estar... [etc.]

> hasta que a mi me venga a buscar
> que venga volando
> que yo le estoy esperando
> vengame dando quanto tuviere
> y me diga quanto supiere
> La Gloriosa Santa Elena
> con el otro se quedó
> para hacer bien a doncellas
> viudas y casadas
> muchas pobres necesitadas
> Santa bienaventurada
> yo os le pido
> que me le deis [84].

---

[84] A.H.N., Inq., lib. 942, folio 24v a 25v.

c) *Invocación ritual final*

Sin ningún lugar a dudas, lo que resulta más frecuente y característico de los conjuros de las hechiceras españolas es la frase final en la que se resume el objetivo del rito. Las mujeres con problemas amorosos contaban con un puñado, no muy amplio, de invocaciones a las que recurrían para formular el objetivo de su requerimiento mágico, en una especie de cláusula final. Este tipo de llamamiento a las fuerzas sobrenaturales son muy comunes en el grupo de conjuros que he reunido en el apartado en el que la palabra es predominante, especialmente en los de la puerta y la calle. Es la frase utilizada por Laura Garrigues, María Antonia de Neroña, Isabel Perol y otras. Como ya resulta habitual, Laura Garrigues utilizaba una de las fórmulas más acabadas para completar el conjuro de la calle:

> [...]
> ansias le dareis
> que no le dexeis reposar
> hasta que me venga a buscar,
> dándome lo que tubiere
> y diciéndome lo que supiere [Valencia, 1655] [85].

Este deseo de obligar al «galán» no sólo a que las ame, sino que entregue regalos y las diga «lo que supiere» resulta sumamente significativo. En el fondo, la hechicera no desea únicamente la comunicación amorosa, sino también los posibles favores materiales que la relación puede traer consigo. Lo que, al menos desde mi punto de vista, resulta completamente misterioso, es ese «diciéndome lo que supiere», cuyo significado resulta más propio del ambiente de la guerra fría. Como es lógico, sin duda la hechicera se refería a la voluntad de lograr una total sinceridad por parte de su amante en cuanto a sus intenciones, etc.

Las fórmulas con las que se completan los conjuros de la calle, la puerta, etc., son sumamente parecidas entre sí, salvo variaciones mínimas. Todas se limitan a suplicar el regreso del amante bajo cualquier circunstancia y condición. María de la Raya señala con toda claridad el grado de sumisión que le gustaría lograr en su caso:

---

[85] A.H.N., Inq., lib. 942, folio 231v.

> [...]
> y a Fulano traereis
> atado
> que venga volando
> que le estoy esperando
> [Valencia, 1655] [86].

En el caso de la oración de san Silvestre, la técnica que siguen las narradoras es, más o menos, la misma, aunque no hay apoyo en ningún estribillo. La simple narración de las maravillas realizadas por el santo, dominando a la draga y el dragón, etc., le da pie a la hechicera para imprecar su ayuda pidiéndole que someta de la misma manera a su enamorado desdeñoso. En realidad, la necesidad de controlar al varón suele estar presente en casi todos los conjuros y suele expresarse casi siempre de la forma que lo encontramos en la oración a san Silvestre:

> así venga, Fulano,
> tan humilde, tan rendido
> tan postrado, tan atado,
> y tan encartado...
> ...
> que no pueda comer, dormir, ni reposar
> hasta que a mi casa venga a entrar, [etc.].
> [Valencia, 1655] [87].

Este tipo de frases, sin embargo, se repiten constantemente con ligeras variaciones y no pueden considerarse como exclusivas de ningún conjuro. En el de los estadales, María Bosch intercalaba una bastante similar:

> [...]
> una gracia que os pido me la querais otorgar
> de los nueve fuegos que teneys uno me lo querais otorgar
> el más ardiente que lo quieras poner sobre el corazón de Fulano
> *que no pueda reposar hasta que a casa de Fulana*
> *venga a descansar* [Valencia, 1655] [88].
> ...

En algunas ocasiones, como Laura Garrigues en el conjuro de la ventana, y otras muchas en distintos hechizos, completaban algún conjuro apresurando al espíritu que había de conducir al galán hasta ellas:

---

[86] A.H.N., Inq., lib. 942, folio 88v.
[87] A.H.N., Inq., lib. 942, folio 76r.
[88] A.H.N., Inq., lib. 942, folio 22v.

> Venga, nadie lo detenga,
> ande, no le detenga noche [Valencia, 1655»] [89].

En otras ocasiones, y de acuerdo con la mezcla de sagrado y profano de que hemos hablado antes, se alude a la mansedumbre de Jesucristo, como ejemplo. Es el caso de nuevo de Laura Garrigues en una de sus versiones del conjuro de la ventana:

> [...]
> tan sujeto, tan humilde, vengas a mi
> como mi Señor Jesucristo
> subió al santo árbol de la cruz
> a morir por ti y por mi
> dia del viernes santo. Amén [Valencia, 1655] [90].

En los casos más sencillos, la mujer desdeñada se limita a concluir:

> venga el coraçón de Fulano
> atado y preso y enamorado [91].

Según hemos podido observar, por tanto, en esta apresurada conclusión final que deberá ser objeto de una mayor profundización en otro próximo trabajo, las hechiceras trabajaban con un fondo común de conocimientos que podían ampliar o recortar a voluntad. Tanto en Castilla, como en Andalucía o Levante disponían de una serie de comodines fácilmente rimables y adaptables a las situaciones. Todas ellas conocían este repertorio de frases y unos cuantos rituales sencillos de practicar, tanto por sus componentes como por el ritual que los acompañaba —como los divulgadísimos de las redomas, cazoletas, habas, piedra alumbre, etc.— y los repetían una y otra vez con las variantes obligadas por el caso, su propia inventiva o la limitación de su memoria. El resultado final, sin embargo, es bastante colorista. Con mucha frecuencia las oraciones y conjuros consiguen un auténtico efecto poético y a pesar de que otras veces se invoque a la reina Tarantina y la reina Sardina —cuyo efecto resulta bastante jocoso— resulta comprensible que las féminas del Antiguo Régimen para quienes su relación con el varón parece ser, a juzgar por el análisis de su repertorio mágico, un elemento fundamental en sus vidas, pudieran atribuir un auténtico efecto sobrenatural a sus manejos.

---

[89] A.H.N., Inq., lib. 942, folio 56v.
[90] A.H.N., Inq., lib. 942, folio 33v.
[91] A.H.N., Inq., lib. 942, folio 186r.

9
LA BÚSQUEDA DEL TESORO ESCONDIDO

El anhelo y la necesidad de enriquecerse con rapidez ha constituido, sin duda, una de las constantes en el comportamiento humano que puede rastrearse a lo largo de todas las épocas y culturas. Está relacionado con la voluntad de solucionar rápidamente los problemas materiales, y con la no menos humana esperanza de conseguir la felicidad a través del bienestar económico, a pesar de los agoreros de todos los tiempos que suelen repetir que «el dinero no da la felicidad». Esta honda preocupación no precisa, por tanto, de demasiadas explicaciones. En las literaturas hay constancia de esta viejísima y comprensible aspiración del individuo. Cada momento cultural ha representado a su manera la posibilidad de acceder a la riqueza con facilidad y rapidez, pero casi todas han coincidido, hasta la moderna invención de la lotería y las quinielas, en el hecho de que el procedimiento más accesible y recomendable lo constituía, sin duda alguna, la posibilidad de tropezarse de buenas a primeras con algún tesoro escondido. En la literatura oriental esta posibilidad puede venir de la mano de algún genio o ser sobrenatural al que se puede invocar en determinadas circunstancias, obligándole a cumplir los deseos de quien posee esa facultad. Éste es el caso que se ilustra en los cuentos de Aladino y su lámpara maravillosa, pero también resulta posible que el tesoro haya sido acumulado con métodos absolutamente humanos, como el robo, y que el elegido por la fortuna —como se ve, incluso uno de los sinónimos de la buena suerte es absolutamente monetario— no necesite apelar a las fuerzas sobrenaturales para conseguirlo. La segunda posibilidad es evidente que está perfectamente ilustrada con las aventuras de Alí Babá y los que Sombart hubiera considerado [1] «cuarenta acumuladores primitivos».

La primera posibilidad, o la que podríamos denominar la «opción de Aladino», constituye la vía mágica, y el conocido cuento de *Las mil y una noches* representa, desde mi punto de vista, uno de los ejemplos más acabados de este medio para obtener el bienestar material. El segundo caso —o la «opción de Alí Babá»— está relacionado con una mentalidad más pragmática y racionalista, pero tampoco está exenta de elementos poéticos o imaginativos. Según la tendencia de cada momento, los individuos han recurrido a una u otra posibilidad, pero el deseo ha permanecido el mismo, y el mito de la búsqueda del tesoro escondido es el que inspira viajes como el de Jasón a la Cólquida en busca del vellocino de oro, o el más modesto de Jim y sus amigos hasta la isla, no menos exótica, donde se ocultaban las riquezas del viejo pirata, según el relato de R. L. Stevenson [2].

Durante los siglos XVI, XVII, e incluso XVIII, hombres y mujeres se inclinaron preferentemente por la «opción mágica» y, según veremos más adelante, los gitanos jugaron un papel importante en todos estos asuntos.

El impacto de la expulsión de los moriscos y la creencia, bastante extendida, de que habían dejado ocultas grandes riquezas antes de su partida, mantuvo toda su vigencia a lo largo del Antiguo Régimen. Los moriscos, por una parte, y la presencia activa de los gitanos, por otra, van a representar dos de los elementos «exóticos» del tema. Los moriscos —los «moros»— se identificarán con la posibilidad de encontrar algún tesoro oculto. Los gitanos, con la de disponer de «expertos» en artes mágicas capaces de sacarlos a la luz, puesto que se suponía que los moriscos no habían abandonado sus riquezas sin protegerlas previamente mediante algún hechizo, en tanto que grandes magos.

Las referencias en torno a estos tesoros en los procesos inquisitoriales son frecuentes, aunque no siempre estuvieran acompañadas de intentos para recuperarlos. Sin duda, los rumores en torno a estas riquezas ocultas eran numerosos en todas las regiones donde había habido población morisca, y tratar de reunirlos sería un esfuerzo casi imposible y demasiado prolijo. Cirac hace

---

[1] Werner SOMBART, *El burgués,* Madrid, Alianza Universidad, 1972. Sombart consideraba al pillaje, la búsqueda de tesoros y la magia como otros tantos «gérmenes de empresa» y en este sentido aludo a los ladrones de Alí Babá.

[2] Robert Louis STEVENSON, *La isla del tesoro,* Buenos Aires, Espasa Calpe, 1946.

referencia [3] a que poco después de la expulsión de los moriscos se decía en Madrid que uno de ellos había dejado escondido en Madrid nueve o diez mil ducados junto al Pozo de la Nieve, y esta alusión, que se encuentra aislada en el testimonio de un proceso sin que luego se vuelva a tratar para nada de este tema, puede servir como ejemplo de este tipo de afirmaciones y rumores, y del clima creado en torno a esta cuestión. Resulta curioso señalar, sin embargo, que los judíos, otro núcleo de población que fue eliminada del país, y a los que se suponía poseedores de riquezas, no suelen figurar en los relatos de este tipo como ocultadores de tesoros —al menos, durante los siglos XVI y XVII—, sino como todo lo contrario. Es decir, como posibles «desencantadores», al igual que los miembros de la minoría gitana. Durante los siglos XVI y XVII, el prestigio mágico de los judíos era superior a su fama de buenos administradores.

Entrar más detalladamente en estos aspectos nos llevaría ahora demasiado lejos y sería mejor dejarlo para otra ocasión, no muy lejana.

Judíos, moriscos y gitanos, un interesante mosaico de «gentes mágicas» que van a tener comportamientos, repertorios y roles perfectamente diferenciados. España, por tanto, contaba con un importante elenco, propio de posibles expertos en las cuestiones relacionadas con encantar y desencantar, no sólo tesoros, sino cualquier otra cosa que se terciara, pues a los grupos antes mencionados habría que añadir los esclavos y esclavas berberiscos, turcos, negros y mestizos que también eran bastante dados a estos asuntos. Siguiendo también a Cirac Estopañán, una berberisca le habló en 1654 a María Rodera del descubrimiento que había hecho en un montecillo alto de Alcalá la Vieja. En un escenario de cuevas y edificios antiguos había varios tesoros escondidos y encantados que se podían sacar a la luz hincando un clavo y encendiendo una vela. Sin necesidad de más ceremonias, la tierra se abriría y quedarían al descubierto unas estatuas debajo de una de las cuales se ocultaban tres ollas de monedas. La berberisca aseguraba haber sacado dinero en varias ocasiones, y por eso ya sólo quedaban veinte reales de a ocho en una de ellas.

Como ya he señalado anteriormente, cada uno de estos grupos tenía actitudes y formas de actuar bien diferenciadas con respecto a la manera de encontrar y desencantar un tesoro. Los judíos y algunos crisitianos viejos, tan interesados en esta cues-

---

[3] Cirac Estopañán, *ob. cit.*, art. I, p. 70.

tión como los miembros de las minorías étnicas, solían actuar de acuerdo con conocimientos procedentes de lo que se suele denominar «magia culta», Astrología, elementos de la Cábala, etc. Berberiscos, negros y gitanos tan sólo recurrían a fórmulas más sencillas, generalmente ritos inventados por ellos en los que se mezclaban elementos procedentes de la divulgación más o menos degenerada de las artes mágicas superiores. Según hemos visto en la historia de la berberisca, la esclava recomienda uno de los recursos más conocidos de las hechiceras populares que hemos analizado en Castilla, Andalucía y Valencia, el clavo hincado en la tierra, para descubrir una cueva que recuerda precisamente a la de los cuentos de *Las mil y una noches.* Desde mi punto de vista, la divulgación por vía oral de este tipo de historias tuvo una notable influencia en la difusión de la creencia en tesoros ocultos, aunque este aspecto resulte difícil de demostrar.

Para comprobar cuanto acabo de decir, basta con recordar uno de los testimonios recogidos por Westermarck, a quien le fue relatado como verídico por su supuesto protagonista:

En las cercanías de la capilla del santo Mûlai 'Abdallah en Dukkâla, a orillas del Atlántico, existe una roca, llamada j-Jûrf l-Sfar, con dos agujeros profundos en los que nadie se atreve a penetrar por temor a los *jnun* que han encantado el lugar. Debajo de la tierra existen también grandes tesoros que están tan bien guardados por los espíritus, que cualquier intento llevado a cabo por los escribas para conseguirlos ha sido en vano. Los tesoros enterrados están siempre encantados por los *ŷinna*. En Amzmiz, un beréber me contó que, junto a otro beréber de Dukkâla fueron en cierta ocasión a sacar un tesoro en las ruinas de Garrando, cerca de la ruta de las caravanas que va desde Dukkâla a Marraquesh. Los dos bereberes estaban leyendo conjuros mientras el árabe cavaba. Una serpiente enorme surgió de la tierra y abrió sus fauces, pero, sin prestarle ninguna atención, el árabe continuó su trabajo y la serpiente se fue. Después de haber cavado un poco más, encontró dos cajas que estaban completamente llenas de sortijas. Entonces pareció una muchacha negra y puso un pie sobre las cajas y dijo al que cavaba: «¿No te da vergüenza de llevarte nuestro dinero? Si no te vas, te arrojaré de aquí.» El que cavaba contestó: «Hermana, ya me voy». Entonces los dos bereberes fueron arrojados, uno de ellos —mi informante— no muy lejos, pero el otro sobre la capilla de Mûlaî Abdllah, y murió a consecuencia de ello. El hombre que cavaba quedó intacto, pero el agujero que había abierto se volvió a cerrar [4].

---

[4] Edward WESTERMARCK, *Ritual an belief in Morocco,* Londres, MacMillan and Co., 1926, 2 vols. (*The jnúnn (jninn), nature and daings,* pp. 289-90). La traducción me pertenece.

Aunque la naturaleza de los *ŷinna* no es la misma que la de los «demonios» del mundo cristiano, no deja de ser sorprendente que su forma de actuar resulte similar en algunos aspectos por lo que respecta a los encantamientos; el consumo de alimentos, la posibilidad de ser sometidos al mandato humano encerrándoles en anillos, etc. Como se recordará, la Bula de Sixto V prohibía encadenar espíritus en anillos, y la utilización de los mismos para fines puramente humanos y personales —prohibición que fue, como es lógico, recogida también por los Inquisidores— y las tradiciones orales recogidas por Westermarck dan cuenta de historias muy similares. El parentesco de este tipo de tradiciones con el cuento de Aladino parece obvia, aunque no estará de más compararlas ahora.

En efecto, si comparamos algunas descripciones de tesoros que veremos a continuación, y los procedimientos empleados para desencantarlos, así como el ambiente que rodea a las riquezas ocultas, resulta posible encontrar elementos comunes tanto en las historias de este tipo, y de las que existe constancia a uno y otro lado del Mediterráneo, como en las narraciones de *Las mil y una noches* a las que he aludido antes; es decir, Alí Babá y los 40 ladrones, y Aladino y la lámpara maravillosa.

La similitud entre estos relatos y los supuestos testimonios recogidos por Westermarck resulta fascinante. Desde mi punto de vista, parece lógico deducir que la historia del tesoro escondido y encantado tiene características comunes en el área mediterránea, así como una larga continuidad, puesto que la misma historia o parecida se repite con insistencia entre los siglos XVI y XIX, a juzgar por los procesos inquisitoriales y el trabajo de Westermarck. Estos puntos en común serían los siguientes:

a) La existencia de riquezas fabulosas enterradas bajo tierra.
b) La presencia de seres sobrenaturales, intermedios entre los servidores de Dios y los propios hombres, que guardan el tesoro. En Marruecos, estos seres se corresponden con los *jnun,* espíritus que aparecen siempre junto a estas riquezas, y que a veces manifiestan necesidades materiales de comida y bebida, tal y como veremos sentir también al Ánima Sola de la que hablan los gitanos.
c) Las ceremonias para llevar a cabo la recuperación del tesoro suelen hacerse durante la noche. A medianoche se entrevistan las gitanas con el Ánima Sola y la llevan las ofrendas de comida y bebida que han obtenido de sus

clientes. De noche llevan a cabo sus ceremonias los judíos, moriscos y frailes que veremos actuar a continuación. Sin embargo, es cuando se manifiestan con más actividad los *ŷinna*, según Westermarck, lo que no impide que los bereberes que le cuentan las historias maravillosas de tesoros escondidos actúen también después de la puesta del sol. Por lo que respecta al mundo cristiano, los «duendes» y «familiares» de que hablan los tratados inquisitoriales, condenando su utilización encadenados a sortijas, parecen también una réplica de los seres sobrenaturales que acuden en socorro de Aladino.

d) Como resulta lógico en empresas relacionadas con seres sobrenaturales, el peligro —un tanto indefinido— acecha al hombre que se atreve a enfrentarse con ellos, y el relato adquiere así un cierto *suspense* que está presente de forma más o menos explícita tanto en las historias recogidas en *Ritual and Beliefs in Morocco* como en los procesos inquisitoriales.

Todos hemos leído en alguna ocasión que Aladino era un muchacho pobre y holgazán —una especie de pícaro— que recibe un buen día la visita de un supuesto hermano de su padre, decidido a ocuparse de la fortuna de la viuda de su hermano y de su inútil sobrino. En realidad, el pariente era un terrible mago que deseaba obtener un tesoro oculto y encantado al que sólo podría tener acceso con la ayuda del muchacho. He aquí un primer elemento cuya proximidad a las historias en las que intervienen judíos, moros y gitanos, no es preciso subrayar. Si seguimos desgranando los elementos fundamentales del cuento todavía nos será posible encontrar otros muchos puntos de contacto, desde mi punto de vista.

En segundo lugar, veamos la forma de proceder del mago. Alejándose de la ciudad y después de mucho andar, llegan hasta el pie de un monte elevado. Cuando Aladino había descansado ya de su larga caminata, le ordena que reúna leña suficiente como para encender un fuego con el que empezó la ceremonia mágica:

Entonces sacó del bolsillo una caja, la abrió, y cogió de ella el incienso que necesitaba; lo encendió, lo difundió y pronunció exorcismos y palabras ininteligibles. Tinieblas, sacudidas y convulsiones de la tierra precedieron a la aparición de una hendidura en la misma. Aladino, asustado, trató de huir. El brujo magrebí se puso rojo de ira, pues todos sus esfuerzos quedarían frustrados si Aladino se iba.

Las declaraciones de los testigos que participaron en ceremonias similares no son versiones muy diferentes al relato de Aladino, no sólo por lo que se refiere a la forma de proceder del mago, sino por las consecuencias psicológicas de los espectadores:

> La tierra, que se había abierto delante del mago, mostraba en su interior una losa de mármol con una anilla de cobre fundido. El magrebí se volvió a Aladino y le dijo: «Si haces lo que te voy a decir, serás más rico que todos los reyes juntos. Por esto, hijo mío, es por lo que te he pegado, aquí se encuentra un tesoro consignado a tu nombre, y tú, en cambio, querías despreciarlo y huir. Ahora presta atención, mira cómo he abierto la tierra con mis conjuros y exorcismos» [5].

Como es sabido, Aladino logra levantar la pesadísima losa gracias al anillo hechizado que el brujo le coloca en el dedo, y después de su descenso al jardín contempla la interminable serie de riquezas fabulosas: oro y plata en cantidades incalculables, vajillas de metales preciosos, y gemas valiosísimas que cuelgan de los árboles y que el muchacho confunde con piedras de colores. Probablemente «Aladino y la lámpara maravillosa» es el relato de *Las mil y una noches* que más abunda en descripciones de riquezas sin cuento y ambientes extraordinarios:

> Aladino decidióse al fin, bajó al subterráneo y encontró las cuatro salas en cada una de las cuales había cuatro jarrones de oro. Las cruzó tal y como le había indicado el magrebí con todo cuidado y diligencia y se internó en el jardín. Avanzó hasta llegar al pabellón, subió la escalera, entró en la sala, encontró la lámpara, la apagó, vertió el aceite que contenía y la guardó en su seno. Luego bajó al jardín y empezó a admirar los árboles, poblados de pájaros que ensalzaban con sus trinos al Creador [...] Los árboles daban como frutos valiosísimas piedras preciosas de todas formas y colores: verdes, blancas, amarillas, etc. Brillaban más que los rayos del sol al mediodía. Eran indescriptibles, y ni en el tesoro del rey más rico de la tierra se habrían encontrado ni una sola que se pudiese comparar con aquella [...] Observándolas bien advirtió que los tales frutos eran grandes piedras preciosas: esmeraldas, diamantes, jacintos, perlas y otras gemas que le dejaban absorto [6].

Ninguna descripción puede compararse, sin embargo, con las maravillas que Aladino lleva a cabo gracias al genio de la lámpara, los esclavos engalanados y cargados de riquezas con las que consigue la mano de la princisa El Budur, la hija del sultán, de la

---

[5] *Las mil y una noches.* Traducción, introducción y notas de Juan Vernet, Barcelona, Planeta, 1964, 3 vols.
[6] *Ibid.*

que se enamora al verla entrar en el baño, y el palacio que hace construir en su honor. Me parece que merece la pena recordar algún fragmento. Veamos, en primer lugar, el desfile de los esclavos y esclavas con los que consigue deslumbrar al sultán: El Genio de la lámpara se le aparece y Aladino le describe cómo debe ser la comitiva:

«Señor mío, ¿necesitas alguna cosa?» «Sí, quiero que me traigas cuarenta y ocho esclavos. Veinticuatro irán delante de mí y los otros veinticuatro me seguirán. Irán con sus caballos, vestidos y armas. Todas las cosas que lleven, así como los arneses de sus caballos, serán de la mejor calidad, de forma que no tengan par ni en los mismos tesoros de los reyes. Me traerás además un corcel que sea la montura de un césar, con arreos de oro y todos ellos con engarces de piedras preciosas. Deseo asimismo cuarenta y ocho mil dinares y que entregues mil a cada mameluco pues quiero dirigirme al palacio del sultán [...] tráeme además doce esclavas, únicas en belleza; vestirán los trajes más preciosos y acompañarán a mi madre hasta el palacio del sultán. Cada una de ellas llevará ropas propias de las diosas de los reyes» [7].

Aladino se dirige así hasta el palacio del sultán, vestido con la mayor riqueza y elegancia; él mismo conquista la mano de la princesa, y este abundante despliegue de magnificencia y tesoros fabulosos culmina con la descripción del palacio que el Genio de la lámpara construye para la pareja:

Cuando llegó la noche quinientas sesenta y cuatro (a) refirió (Sahrazad). «Me he enterado, ¡oh rey del tiempo, de que el esclavo (el genio de la lámpara) contestó: "Oír es obedecer", y desapareció. Antes de que despuntase la aurora regresó al lado de Aladino y le dijo: "¡Señor mío! El palacio ha sido construido con tus deseos. Si quieres verlo ahora mismo, ven"». Levantóse Aladino y el esclavo lo trasladó al palacio en un abrir y cerrar de ojos. El joven se quedó perplejo al verlo: todas las piedras eran de ágata, mármol, pórfido y mosaico. El esclavo lo hizo entrar en un tesoro repleto de oro de todas clases, plata y piedras preciosas, en tal número que era imposible contarlas, calcularlas o determinar su precio o su importancia. Luego lo llevó a otro lugar en el que vio todo lo necesario para la mesa: platos, cucharas, jarros, bandejas de oro y de plata, cántaros y vasos. Desde aquí pasaron a la cocina: allí estaban los cocineros y todos los objetos necesarios para la misma, los cuales también eran de oro y plata. Otra habitación estaba llena de cajas, atiborradas de regios vestidos: tejidos indios y chinos bordados en oro y brocados. Todo ello en tal cantidad que causaba pasmo. Siguió entrando en otras muchas habitaciones, todas llenas de objetos cuya descripción es imposible. Visitó los establos ocupados por caballos que no los tenía ningún rey de la tierra; pasó luego a una armería, atestada de riendas y

---

[7] *Ibid.*

sillas valiosísimas, adornadas por perlas, piedras y otros objetos. Y todo esto lo habían hecho en una sola noche... El palacio estaba lleno de criados y esclavas que encantaban con su fascinante belleza. Pero lo más maravilloso de todo era el quiosco que había en el interior, con veinticuatro saloncitos, todos de esmeraldas, jacintos, y otras piedras preciosas. Uno de los saloncitos no había sido terminado, pues Aladino deseaba que el sultán se viera incapaz de concluirlo... [8].

Efectivamente, ningún otro cuento de la colección representa tan a la perfección, desde mi punto de vista, la fascinación por el lujo, la riqueza y el oro como el de Aladino, hasta el punto de que si eliminamos los esplendores logrados gracias al Genio de la lámpara el relato se vería reducido a la mitad. Si comparamos las descripciones de estas riquezas, conseguidas por la vía de la magia, la acumulación lograda por los Cuarenta ladrones a los que logra desvalijar a su vez Alí Babá resulta completamente pálida. Una colección de «sencillos» objetos acumulados por procedimientos exclusivamente humanos:

[...] se encontró (Alí Babá) con una amplia e iluminada habitación de mármoles bien edificada, sostenida por columnas y de hermosa construcción. Había allí todos los guisos y bebidas que pudieran apetecerse. Desde esta sala pasó a una segunda más grande y amplia que la primera, en la que se encontraban tales riquezas, prodigios y maravillas que quien las hubiera visto se hubiera quedado estupefacto. Los propios narradores se habrían cansado de describirlos, dadas las grandes cantidades de lingotes de oro puro, de plata, de dinares acuñados y de dirhemes que contenía. Todo en montones, como si se tratase de arena o de guijarros que se pueden contar [9].

En una tercera sala Alí Babá encuentra también trajes y piezas de tela costosas, etc., etc. Como vemos, la enumeración de lo que se consideraba apetecible por encima de todo en este mundo resulta muy similar en ambos casos, aunque la importancia atribuida a la riqueza de características sobrenaturales está mucho más acentuada en el caso de Aladino y la lámpara maravillosa que en el segundo cuento, a pesar de que tampoco faltan en el caso de Alí Babá la intervención de los espíritus. La cueva que se abre al grito de «¡Sésamo, ábrete!» ha sido construida, según se señala, por los genios llamados *merid*, y también está encantada y «sujeta a grandes talismanes». En los relatos que veremos a continuación, procedentes de los procesos de Inquisición, los

---
[8] *Ibid.*
[9] *Ibid.*

protagonistas no llegan en ningún caso a la perfección de unos relatos literarios tan elaborados como los que acabamos de ver, pero los puntos de contacto son varios y la conexión entre las tradiciones a este propósito de los pueblos de ambas orillas del Mediterráneo es bastante probable, desde mi punto de vista.

Mientras la actitud de los españoles de los siglos XVI-XVIII está impregnada de la misma fantasía que los cuentos de *Las mil y una noches* que acabamos de analizar, el prototipo anglosajón al que hemos aludido antes, «La isla del tesoro» de Stevenson, parece dar prioridad al espíritu de aventura y un ambiente de intriga y cierto misterio en torno al resultado final. El relato no está desprovisto tampoco de poesía, pero el espíritu anglosajón parece preferir que la historia transcurra en un ambiente más realista y «pragmático», aunque el consumidor teórico de este tipo de narraciones sea un público adolescente.

La búsqueda del tesoro escondido en las distintas regiones peninsulares

Otro punto en común que merece la pena señalar entre los relatos inquisitoriales y las tradiciones del norte de África es la intervención de los espíritus, los *ŷinna*, en el caso de Marruecos, según Westermarck, y los genios encerrados en lámparas y anillos que hemos visto en los cuentos de *Las mil y una noches* y que tampoco faltan en las tradiciones cristianas.

Barrantes y Hurtado [10] han recogido las tradiciones que hacen alusión en Extremadura a los tesoros ocultos e incluso a las personas que han tenido la suerte de encontrarse con alguno. Según estos autores, la afición se ha mantenido viva en la zona desde el siglo XVII hasta principios del XX, y las riquezas ocultas tan pronto se atribuyen a moros y judíos, que las ocultaron en el momento de abandonar la península, como a los propios cristianos. Hurtado cuenta que de acuerdo con la tradición popular, hubo catorce obispos que se refugiaron en una ermita próxima a un pueblo denominado Carnaceda en la que había un Cristo al que se atribuían muchos milagros. Estos obispos, que procedían

---

[10] Vicente Barrantes, *Aparato bibliográfico para la historia de Extremadura*, Madrid, Pedro Núñez, 1875, 3 vols., y Publio Hurtado, *Supersticiones extremeñas. Anotaciones psico-fisiológicas*. Prólogo de Urbano González Serrano. Cáceres, Libr. de Jiménez, 1902.

de Andalucía y Extremadura, llevaron con ellos todas sus riquezas, y entre ellas incluso un Cristo completamente de oro que pesaba seis arrobas. Todo lo ocultaron en aquella zona, y como a los pocos días de haberse refugiado en el lugar fueron sorprendidos por los invasores mientras celebraban misa y éstos les dieron muerte, se perdió la pista del lugar donde estaban ocultas las riquezas. Como recuerdo de aquel hecho ha quedado una fuente de aguas medicinales que se convirtió en tal, a causa de las hostias consagradas que arrojó a un manantial cercano uno de los celebrantes con el fin de que no las profanaran.

Tanto Barrantes, siguiendo las tradiciones recogidas por Vicente Mestre, como Hurtado, dan abundantes referencias de los lugares donde la tradición suponía que se encontraban escondidos este tipo de botines, incluso en fechas relativamente recientes. Según Hurtado, las fincas en donde se supone [11] que se puede tropezar en cualquier momento con uno de estos tesoros son frecuentes. Así, casi toda la Sierra de Gata, la Sierra del Oro, de la que se dice que está hueca en su interior en el lugar próximo a Esparragosa de la Serena, y las ruinas de numerosos castillos, tales como Medellín, Reina, Coria, Azuaga, Segura y los Lucillos, Castillón de Cíjara, la Cueva de los Maragatos, etc. Los tesoros extremeños se encuentran en sitios muy diversos y presentan modalidades asimismo muy variadas. Unas veces están bajo tierra, otras en pozos o fuentes, algunos en mezquitas que se supone están también debajo de la tierra. Consisten en oro, plata, en polvo o en barras, dentro de ánforas o en arquitas repletas, como es costumbre de piedras preciosas. Hay también alhajas y utensilios de enorme valor...

Los relatos recogidos por Hurtado —correspondientes al siglo pasado—, resultan tan próximos de los procesos inquisitoriales que veremos a continuación, que merece la pena referir algunos.

Según va resultando ya familiar, los moros juegan un papel casi imprescindible en estas tradiciones. En la sierra de Gata, por ejemplo, se supone que hay una fuente llamada Habera o Habeleras —«Haber» es sinónimo de caudal o tesoros, señala Hurtado—, y se cuenta que debajo de esta fuente existe un tesoro custodiado por un moro convertido en un gallo con plumaje de oro y recamado de brillantes a causa de un hechizo. En el cuello

---

[11] BARRANTES, *ob. cit.*, cap. X, «Tesoros y zahoríes»; HURTADO, *ob. cit.*, sobre tesoros ocultos tomo II, pp. 99.

lleva un collar con doce cascabeles de oro cincelado. Esto da lugar a la canción que repiten los mozos y mozas de la aldea:

> Niña, en la fuente de los Haberes
> reza un gallito
> con cascabeles.

Una vecina del pueblo, que se llamaba Eleuteria, le vio una mañana y trató de apoderársele sin el menor éxito. Cuando dio cuenta a sus vecinas de su encuentro y fracaso, las comadres le recordaron que para desencantarlo hubiera bastado con echarle encima unos asperjes del agua de la propia fuente.

Las mujeres parecen tener una parte fundamental en estos hallazgos en Extremadura, ya que casi todos los relatos recogidos por Hurtado se relacionan con el sexo femenino. En otra ocasión, fue una pastora llamada Aniceta, «la Polea», la que se tropezó, mientras guardaba su ganado en la sierra de Jálama, con un tesoro de telas preciosas, joyas, adornos de oro y otras cosas semejantes. Encima de todo aquello estaba sentado un moro de aspecto venerable con ricas babuchas y turbantes. «La Polea» tomó una jarrita de oro, pero el moro le dijo que dejara aquella joya que todavía no se la había merecido. Le recomendó que volviera al cabo de un año y que mientras tanto hiciera uso de un tesoro más pequeño cuyo emplazamiento le señaló. Cuando la mujer volvió la cabeza, el moro desapareció. «La Polea» contó la aparición en el pueblo, y los vecinos cavaron en el lugar que les había señalado para encontrar las riquezas que les habían dicho, aunque no lograron nada. «La Polea» esperó, y trató de volver al encuentro del moro al cabo del año, pero como sus parientes y amigos se empeñaron en acompañarla, el moro no acudió a la llamada y tuvo que vivir el resto de sus días pobre y miserable.

Al igual que muchas mujeres de los siglos XVI, XVII y XVIII a quienes las gitanas convencieron de que tenían oculto un tesoro en sus propias casas, una mujer de Guijo de Granadilla se empeñó en que había muchas riquezas escondidas en el solar de su propiedad, y para conseguirlo derribó el edificio. Aseguraba que por las noches se oían ruidos bajo tierra, como si hubiera gallinas cluecas, que demostraban la existencia de estas riquezas. Los sábados después de misa predicaba a sus vecinos acerca de la importancia de estas riquezas, y luego les pedía limosna «para los trabajos» y les fijaba los plazos en que culminarían. Cuando la credulidad de los vecinos se agotó, la mujer se vio obligada, según Hurtado, a pedir limosna para sí misma.

La relación entre los moros y la existencia de riquezas fabulosas y ocultas no es exclusiva, sin embargo, de las tierras del Sur, sino que también resulta posible encontrar alusiones a este tema en el norte de la península. Según Vicente Risco, las referencias a este tema son tan numerosas en Galicia que la lista que contenía el pergamino de don Gutierre de Altamira, y que se conserva en Barcelona, contiene ciento setenta y cuatro lugares en donde se supone que hay tesoros ocultos. Los propietarios de estas riquezas son, por supuesto, los moros, de quienes dejó escrito el arzobispo de Reims, el legendario Turpin, que serían dueños de España mientras la estatua que se levantaba precisamente en Galicia con una llave en la mano derecha no llegara a caer. Cuando Carlomagno «conquistó» España se produjo el deseado acontecimiento, y los moros se vieron obligados a esconder sus riquezas bajo tierra. Ellos mismos siguen viviendo en Galicia todavía ocultos en lugares subterráneos, de los que entran y salen pronunciando las palabras mágicas. Es decir, de la misma manera que los ladrones del cuento de Alí Babá.

Las personas que han podido contemplar estas riquezas aseguran que son fabulosas, pellejos de animales llenos de oro, instrumentos de la casa y de labranza completamente fabricados en oro, etc. Como es lógico suponer, tanto ellos como sus bienes están encantados. A este respecto, señala Risco: «¿Qué es estar encantados?» Nadie lo ha explicado todavía. Hay vida, muerte y encantamiento; conocemos la vida y la muerte, pero el encantamiento es un enigma para nosotros.

Según Risco, ser moro en Galicia es equivalente a «pagano», es decir, son los «antiguos», los «gentiles». Para los gallegos, señala, todo el que no es cristiano equivale a cosa «ajena, remota y enemiga». Por supuesto, los moros son también los depositarios de grandes saberes perdidos y de grandes secretos, incluidos todos los de la magia.

Estos seres extraordinarios gustan de relacionarse con los mortales vulgares y acuden a las ferias a comprar y vender, aunque los que les ven ignoran su auténtica identidad. Estas relaciones, sin embargo, no están exentas de peligro para los campesinos, ya que los moros, y especialmente las moras, muestran cierta afición por la «carne de cristiano», que les gusta consumir bien guisada. No obstante todo esto, el que se porta bien con ellos, reprime su curiosidad, y sabe guardar un secreto, puede conseguir grandes ventajas de su amistad, lo que demuestra que no son tan temibles como pudiera parecer. Dinero, protección, revelaciones, consejo y remedios son los favores que se pueden obtener del trato con los moros, todo ello sin excluir la posibilidad del acceso a sus tesoros, según veremos más adelante.

Los tesoros escondidos en Galicia y el norte de España

A pesar de las características que hemos denominado «mediterráneas» en la descripción de los tesoros escondidos, resulta interesante señalar cierta continuidad en toda la península —y probablemente fuera de ella— en relación con este tema. En los relatos recogidos por Vicente Risco y trabajados literariamente por Cunqueiro [12] pueden apreciarse una serie de constantes que enlazan directamente con las que acabamos de ver en el mundo mediterráneo, aunque algunos rasgos deban considerarse, desde mi punto de vista, como específicos del área gallega. Veamos en qué consiste, según Cunqueiro, el carácter de los tesoros ocultos en el área de cultura a la que él se ciñe en su discurso *Tesouros novos e vellos:*

1.º Los tesoros están «encovados» y guardados por seres mágicos: moros, enanos, gigantes, hadas y cobras; «son os que se chaman encantos».

2.º Los tesoros son gentes vivas:

> A miña idea primeira —dice Cunqueiro— é que un tesouro è coma unha pesoa viva, coa sua memoria e a sua vontade. Eu non sei si e certo o que lin en Lady Gregory de que houbo un tempo en que todos los tesouros do mundo eran dum soio ome e que estes cansos del, fuxiron i esconderonse nun lados e outros e pra non ser atopados pagaronlles aos magos do pais pra que os encantasen. O fio da vida do tesouro pende de que se desfaga este encanto ou non. Si se desfai, o tesouro deixa de selo e conviertese en ouro propio, e o que o desfixo podeo levar pra casa. Téñense dados casos de tesouros que pasaron de ouro a cinza, es decir, que desveado o segredo que os defendia, morreron.

3.º También consumen alimentos, punto en el que puede señalarse cierta semejanza con los espíritus que custodian los tesoros mediterráneos y los *jninn:*

---

[12] Vicente Risco, *Orden y caos* (exégesis de los mitos). Prólogo y notas de Luis Cincillo, Madrid, Prensa española, 1968: Álvaro Cunqueiro, *Tesouros novos e vellos*. Prólogo de J. Rof Carballo, remate de F. Fernández del Riego, Vigo, Galaxia.

Hai tesouros que todos los años teñen que xantar e beber algo. Eu teño ouvido dun tesouro no Valedouro que estaba gardado por un enano que gastaba pucha coloroda e o enano tiña que manter ao tesouro con sangue de ovella, ainda que noutro tempo o mantiña con sangue de home, co cal estaba sempre relucente. Os do pais cansaronse de darlle ovellas ao enano que non llas queria pagar, e un de Budian que sabia ler i escrebir, puxo cum papel selado que se jugaba a aquela renda, e o enano ao lelo tivose que conformar porque a negativa iba por escrito e levaba unha firma. O enano marchou do pais co tesouro, pro esquecellouse unha tixela de ouro que a repartiron entre os veciños [13].

4.º También se señala en los relatos recogidos por Cunqueiro una relación entre los moros y la existencia de tesoros ocultos, pero los personajes de este grupo étnico que se mencionan en las leyendas gallegas se parecen más, desde mi punto de vista, a los genios y a los espíritus con poderes mágicos de los relatos de *Las mil y una noches*. La descripción de Cunqueiro, a pesar de que asegura que son «gente más seria» que los enanos, en quien no se puede tener ninguna confianza, demuestran con toda claridad esta calidad fantástica de los moros en las tierras gallegas:

Xente mais seria son os mouros que ficaron os tesouros dos seres. Teño preguntado que facian os mouros cando per ben ou por mal lles quitaban os tesouros, e ninguen me soupo contestar. Os mouros son xeneralmente vespertinos e cando lles ve é à hora de entre lusco e fusco, e sempre andan co a sua cabeza cuberta, è as mais des veces un baston na man. Teñen barba e si quixeran berrar oíasellos a cinco leguas. Os tesouros dos mouros estan en sacos ben atados e un home de Valcarria que ato pou un tesouro dos mouros perdeu caseque un año en desatar o saco que a amarralla yiña mais de mil años. Cando a tivo desatado apareceron os mouros pre non lle fixeron nada que lle pediron premiso pra contar o que habia no saco. Contáronlo e foronse. No saco habia anelos, un peite de ouro, alfinetes de prata, colares e unha pedra moura [14].

Cunqueiro reseña otra historia en que el carácter cuasi mágico de estos seres se pone aún más de relieve. Según este segundo relato, un hombre se encontró con un moro en una cueva, y como éste no tenía amo le pidió que se convirtiera en el suyo. El

---
[13] CUNQUEIRO, *ob. cit.*, p. 31.
[14] CUNQUEIRO, *ob. cit.*, p. 45.

hombre le rechazó diciéndole que sólo estaba interesado en el tesoro que había en la cueva, pero al cabo de unos días se arrepintió y le llevó miel y unos zuecos porque había visto que estaba descalzo. El moro le recompensó, entonces, revelándole dónde podía encontrar otros tesoros, con lo que llegó a hacerse rico.

Al margen de estos rasgos más o menos similares a los que se observan en la zona gallega, siguiendo a Cunqueiro, es evidente que el área posee características propias que se deben considerar aparte. Los relatos gallegos están más próximos a los llamados «cuentos de hadas», y nos aproximan a un mundo más etéreo, con menos pretensiones de conexión con lo material, por decirlo de alguna manera, que la visión barroca pero cercana al mundo de los vivos de las tradiciones marroquíes, etc. Son los elementos «celtas» de la cultura gallega que pueden agruparse, desde mi punto de vista, en torno a los siguientes apartados:

a) La existencia de individuos próximos al mundo sobrenatural, burlones y misteriosos como los enanos y las hadas, que rodean al tesoro escondido de un clima en el que predominan las habilidades del individuo que entra en contacto con ellos —gracias a la suerte o, tal vez, a una cierta sensibilidad especial—, antes que las arte mágicas.

Los enanos y las hadas que aparecen en las historias recogidas por Cunqueiro son bastante diferentes de los espíritus mágicos, y poco benéficos en general, que custodian los tesoros mediterráneos. A pesar del carácter socarrón de los enanos, tan próximo al propio carácter gallego, y al enigma que pueden encerrar las hadas, parecen mucho más amistosos y proclives a entregar sus riquezas al hombre capaz de aproximarse a ellos, siempre por métodos naturales, que los espíritus terribles que guardan celosamente los tesoros en el resto del país y que en los procesos inquisitoriales terminan identificándose con el Diablo a través de una relación completamente lógica en la visión cristiana del mundo.

Veamos en primer lugar el comportamiento de los enanos, siguiendo siempre el discurso de Cunqueiro. Son seres desconfiados, «bufarentos». Cuando se encuentran con alguien se ponen en un sitio alto para no parecer tan pequeños, y les gusta que se les halague. Van siempre vestidos de rojo, verde y amarillo. Algunos son músicos, y entretienen sus penas tocando el violín, la trompeta o el tambor, pero nunca se ha sabido de ninguno que toque la gaita.

En cuanto a las hadas, suelen tener el aspecto de una mujer fea, con los ojos llenos de legañas, desdentadas, cojas y con los vestidos remendados. Es decir, un aspecto lamentable. Ofrecen el tesoro que custodian al hombre que se atreve a darles un beso —lo que representa un gran mérito si tenemos en cuenta la descripción anterior—, pero se transforman milagrosamente en mujeres bellísimas cuando el hombre en cuestión es capaz de llevar a cabo esta hazaña, al igual que acontece a las doncellas que se atreven a besar a las ranas en los cuentos de hadas*. En algunas ocasiones, el buscador de riqueza se ve obligado a elegir entre el amor del hada y todas las riquezas del mundo.

b) En el área gallega, los complicados rituales mágicos son sustituidos por habilidades personales, tales como el ingenio, la rapidez para atinar con la respuesta apropiada, etc. Tanto los enanos como los moros son aficionados a plantear enigmas que deben resolver los aspirantes al tesoro, y ya hemos visto el tipo de pruebas por las que hacían pasar las hadas a los suyos. Las pruebas exigidas por los enanos están en consonancia con su carácter burlón y Cunqueiro relata a este respecto una divertida historia acerca de un hombre que para conseguir un tesoro recurrió a la ayuda de un abogado. Un delicioso cuento, a manera de versión gallega del famoso encuentro entre Edipo y la esfinge:

Un home de Meira falou cum enano que estaba no outo de Vilares e o enano dixolle que ali habia un tesouro que seria pra quen contestase unhas preguntiñas. O meirés foi a Lugo buscar un abogado pra que viñesse con él a Vilares e o abogado dixo que iba coa condicion de partir o tesouro en tres partes, unha pra o home, outra pra él e outra pra o codigo das argalladas no que tiña que estudar unha semá enteira. Pasada esta foron a Vilares e aparecéu o enano acolá enriba. O abogado xa tiña esquerecido que as perguntiñas eran en latin. O abogado dixolle que habia que pagar os gastos do viaxe e o enano tras moitas voltas entregou unha onza.

El enfrentamiento dialéctico que acabamos de presenciar entre dos seres que pueden representar la habilidad verbal en el

---

* El tema de la ranita que se convierte en príncipe al recibir un beso circula en varias versiones. En la de los hermanos Grimm la ranita se transforma cuando la princesa la arroja contra la pared, cansada de sus exigencias. (Jacob GRIMM, *The complete Grimm's Fairey Tales,* Routledge and Kegan Paul, 1975).

mundo gallego, los enanos y los abogados, resulta mucho menos duro cuando se trata de los moros. Los moros, en general, tienen en el área gallega un matiz bonachón y un tanto paternalista. Según Cunqueiro, suelen entregar los tesoros cuando el interesado conoce determinadas respuestas o pronuncia ciertas palabras, pero tampoco es imprescindible. «O que parez seguro é que si alguen atopa un tesouro que garda un mouro que esta daio sin mas e non fai forza algunha por retelo.» Este carácter «benéfico» se observa con toda claridad en la siguiente historia con la que se completa esta serie de ejemplos que ilustran las características de la búsqueda del tesoro escondido en el área gallega:

Non sei onde, un mouro que gardaba un tesouro dixolle a tres homes que lles daria todas aquelas riquezas pro que tiñan que vir todos dias onda el a perguntarlle si era a hora chegada de darllas. Pasou mais dun año e dos homes cansaronse de ir todolos dias de Deus a preguntarlle ao mouro si xa era o tempo dito. Somentes un seguia indo e levaballe ao mouro leite fresca. Un dia o mouro dixolle: Xa ven ahi o dia! O home por consello do mouro vestiu roupa nova e tivo que esperar sete dias con sete noites no castro a que o mouro rematose de contar o tesouro denantes de darllo. E non se cansou de esperar, nin dixo nada contra a tardanza. O mouro deulle o tesouro, que eran sesenta moedas, e puxolle por condicion que tiña que gastallas de duas en duas. O home dixo que non pensaba gastar nengunha, que as esconderia. O mouro riouse [15].

Muy similares a las que acabamos de ver en el mundo gallego, son las leyendas que se han conservado en la zona asturiana, de acuerdo con las tradiciones recogidas por Jové y Bravo[16]. Este mismo autor considera que los mitos asturianos están estrechamente emparentados con los de los pueblos de habla celta, tales como los irlandeses y escoceses.

Al igual que el universo gallego, el asturiano está poblado de espíritus más o menos amistosos que conviven con el hombre presentes en el entorno. Según Jové, pueden clasificarse en dos grupos: los que habitan en el hogar y los que se encuentran al aire libre. Entre los primeros señala el *trasgu*, los familiares, la *guaxa*, el *samiciu*, y toda clase de duendes.

Entre los que viven en el campo señala las *xanas*, el *nubera*, el *busgoso*, la *huestia*, los *atalayas*, los *espumeros*, los *ventolines*, y otros. En estrecha relación con estos segundos parecen estar las

---
[15] CUNQUEIRO, *ob. cit.*, p. 49 y p. 73.
[16] Rogelio JOVÉ Y BRAVO, *Mitos y supersticiones de Asturias,* Oviedo, La Comercial, 1903.

leyendas en las que se mencionan tesoros ocultos, a causa de la relación que a veces se establece entre ellos y los espíritus femeninos llamados *xanas*.

El propio Jové señala, una vez más, la similitud entre estas historias y los cuentos «para niños», de *Las mil y una noches*, entre estas historias que en la zona asturiana también aparecen escritas, como hemos visto en Extremadura. En este caso, se trata de manuscritos llamados «gacetas» o «gacepas», a los que Jové no sabe señalar un origen definido. Están escritas en pergaminos amarillentos y casi destruidos por el tiempo o en papeles viejos. Jové se ve obligado también a señalar la difícil frontera entre lo real y lo maravilloso, puesto que no resulta completamente descabellada la existencia de riquezas escondidas por los moros o por cualquier otro.

Como veremos más adelante, la conexión con la forma en que los hombres de los siglos XVI, XVII y XVIII se aproximaron al problema es directa. Tan directa como las descripciones que Jové copia de estas gacetas y que merece la pena que el lector compare por sí mismo:

En la *cueva de la mora*, en el cielo de la cueva hace una media luna pintada y por dentro de ella cavarás y a poco trabajo hallarás unos pollos, mójalos en la fuente, arrójalos a la misma peña y ellos te descubrirán la entrada donde hallarás muchas riquezas [17].

El tono misterioso en que se describe la existencia del tesoro y la extraña fórmula con que se puede acceder a las riquezas ocultas coincide, en efecto, tanto con las historias de *Las mil y una noches* como con los relatos inquisitoriales, y lo mismo ocurre con la descripción del tesoro encantado, según puede apreciarse en la misma «gaceta»:

En la fuente, a seis pies de hondo, hallarás un pendón de oro y un estandarte metidos en un pellejo de un camello y atado a una serpiente, hallarás un cofre de bronce y dentro de él un pendón de oro y un estandarte juntos y un clarín de oro y muchas riquezas [18].

En estrecha relación con la naturaleza y las maravillas que puede ocultar, entre las que se encuentran también los tesoros, aunque de carácter más fantástico y poético que los anteriores, están las semideidades del campo que llaman *xanas* en Asturias,

---

[17] JOVÉ Y BRAVO, *ob. cit.*, p. 64 y ss.
[18] JOVÉ Y BRAVO, *ob. cit.*, p. 64 y ss.

tan similares a las ninfas latinas, y a otros espíritus acuáticos. Las *xanas,* en realidad son las hadas asturianas, imaginadas por el campesino de esta zona con gran altura poética. Según Jové, se las puede ver saliendo de las cascadas, de las ondas del río, o en el entorno de alguna fuente oculta. Es decir, siempre en rincones escondidos y húmedos. Son pequeñitas, como los gnomos sajones, y aparecen envueltas en túnicas plateadas. Se las ve poco antes de amanecer y llevan en las manos la madeja de oro que han estado hilando durante el día y las tienden a secar junto al río. Mientras la madeja se seca, ellas bailan alrededor y el suelo se cubre de flores a su paso. Apenas surge el primer rayo de sol, las *xanas* se recogen en sus moradas precipitadamente, llevándose las madejas, y las flores se secan. En un instante, no queda ninguna huella de ellas, pero si alguien tuviera la suerte de llegar a tiempo para recoger alguna de esas flores antes de que se marchitase, habría logrado apoderarse del talismán de la eterna felicidad. Se cuenta que en algún caso, ha habido afortunados que han logrado apoderarse de un extremo de la madeja de oro tejida por ellas, y siguiendo este hilo, que no se rompe nunca, penetrar hasta su lugar de residencia, donde hay riquezas inmensas escondidas. Sin embargo, como las *xanas* son muy hermosas, nunca recuperaron la libertad.

Para completar esta panorámica rápida de las leyendas en torno a los tesoros escondidos y los diversos matices con que se presentan en las distintas culturas españolass conviene que repasemos también las características del tema en el País Vasco. Desde mi punto de vista, y siguiendo los estudios de Barandiarán y Caro Baroja [19], el tono fantástico de las leyendas las aproxima a cuanto acabamos de ver en la zona gallega y asturiana, pero el tono general de la mitología vasca es más tosco, menos lírico que el que se observa en las otras dos áreas del norte de España. Lo vasco tiende un tanto, o así me lo parece, a revestirse de tonos más oscuros, un tanto pesimistas, más próximos a la pesadilla o la pintura negra (lo que no carece, por otra parte, de poesía especial) frente a la visión más amable del mundo gallego o asturiano. En lo vasco hay casi siempre un tono dramático y un tanto trágico que también puede observarse en·este tema de los tesoros escondidos. Tomemos, por ejemplo, el caso de una deidad en cierto modo similar a las *xanas* asturianas y las hadas gallegas,

---

[19] José M. BARANDIARÁN, *Mitología vasca.* Prólogo de Julio Caro Baroja, San Sebastián, Txertoa, 1982 (4.ª edición aumentada y corregida), p. 80 y ss.

para comprobar este tono dramático y sombrío al que acabo de aludir. Me estoy refiriendo, por supuesto, a los espíritus llamados *lamiñ, lami* o *lamiñaku,* genios en figura de mujer, pero con piernas de gallina. Son también de pequeña estatura y tienen un ojo en medio de la frente, es decir, nada queda de la hermosura y atractivo de las diminutas *xanas.* El aspecto de la *lamiñ* es más bien terrible y repelente. Aunque Barandiarán indica que el nombre de *lamiñ* rara vez se emplea como propio de un genio determinado y es más bien un nombre común que se aplica a todos aquellos de ciertas características, entre las que se encuentra el vivir en cuevas, pozos y antiguos castillos abandonados, son conocidos los relatos en que una *lamiña* ordena con amenazas que se les entregue un peine que le han robado. Suelen requerir ofrendas de comida que consumen de noche, y recompensan a quien se las entrega. Como las *xanas* e *inellos,* pueden enamorarse de un mortal. Caro Baroja ha recogido muy bellamente la leyenda de una *lamiña* [20] que sedujo a un campesino y el trágico desenlace de estos amores entre dos seres de naturaleza tan distinta.

Según vemos, también existen en la mitología vasca espíritus intermedios entre el hombre y lo realmente sobrenatural que habitan en la tierra. Estos númenes y seres míticos son relativamente numerosos. Según creencia muy extendida —siempre siguiendo a Barandiarán—, la tierra es también el receptáculo de importantes tesoros.

Aunque no se señala el emplazamiento concreto, se dice que hay montañas y cuevas en las que se esconden pellejos llenos de oro, campanas de este metal, devanaderas, y otros objetos del codiciado metal [21]. Como de costumbre, los campesinos se cansan de cavar sin resultados prácticos. En este punto, no se puede decir que haya gandes variaciones entre las tradiciones del norte de España y otras áreas del país [22]. A causa de las características del personaje y de las circunstancias que le rodean, podemos incluir aquí una alusión a Mari, genio de sexo femenino, como la mayor parte de los de la mitología vasca, pero en el que pueden

---

[20] Julio CARO BAROJA, *Algunos mitas españoles,* Madrid, 1947, p. 47 (citado por BARANDIARÁN, *ob. cit.,* p. 81).

[21] BARANDIARÁN, *ob. cit.* (Lur), p. 96.

[22] Para completar este panorama hubiera sido necesario disponer de datos del área levantina; desgraciadamente, los folkloristas valencianos como Martínez y Martínez Almela, etc., no se han ocupado de recoger las tradiciones respecto a estas interesantes cuestiones.

señalarse ciertos rasgos paralelos a los genios mediterráneos. Si exceptuamos que es una mujer —rasgo típicamente vasco, al parecer, según hemos visto— Mari también mantiene muchachas cautivas y está relacionada con la existencia de riquezas fabulosas y ocultas, por lo que me parece conveniente decir alguna palabra a su respecto.

Según Barandiarán, Mari acapara funciones muy diversas atribuidas a otros seres en distintos países. Jefe de los restantes genios, habita también en el interior de la tierra, y está casada con Maju. Se presenta en forma de señora elegante, sentada a veces en un carro, otras envuelta en fuego, o tomando como asiento a distintos animales tales como el carnero. En ocasiones, es ella misma la que se aparece como un animal: un ave, un caballo, un cuervo, etc. Las habitaciones de Mari en el interior de la tierra están cubiertas de oro y piedras preciosas. Mantiene cautiva a una muchacha, hija de algún caserío, a la que también llaman Mari. La chica ha quedado reducida a este estado a causa de una maldición de su madre, entregada como ofrenda, o sencillamente ha sido raptada mientras estaba en el campo. En ocasiones, Mari la retiene y la educa, pero el final también puede ser terrible y luego se la encuentra petrificada.

Los tesoros escondidos y su relación con los mitos

Indudablemente, el análisis de las leyendas gallegas y los relatos de Cunqueiro nos ha aproximado, aún más, y por paradójico que pueda resultar, al mundo de la imaginación e incluso de lo onírico, que los relatos de *Las mil y una noches,* revelándonos de manera definitiva el carácter de los tesoros escondidos y de los hombres entregados a su conquista. Como señala atinadamente Rof Carballo en su prólogo al librito de Cunqueiro, los tesoros escondidos no son, ni más ni menos, que el arcano de los alquimistas o, traducido al lenguaje moderno, el «Selost», el «sí mismo», dicho de otra manera no demasiado clara: «la unidad interior, armónica de la persona, a quien sólo se llega después de un largo peregrinar por los senderos del alma y en lo que se integra todo lo bueno y lo malo, lo angélico y lo malo que hay en el hombre».

Es decir, Rof comprende que el último significado de la búsqueda del tesoro y las múltiples facetas con que se presenta es preciso desentrañarlo a través del psicoanálisis de Jung, de ahí el estrecho parentesco entre las narraciones literarias de los cuentos, los mitos peninsulares, aun con toda su diversidad, y las declaraciones de los procesos inquisitoriales.

Después del breve paseo que acabamos de realizar por el mundo de la literatura y de las fantasías campesinas, parece claro que las historias de tesoros escondidos están íntimamente relacionadas tanto con los cuentos de hadas como con los mitos en general. Ahora bien, a pesar de esta relación, las historias de tesoros tienen características propias que las aproximan a los unos y a los otros sin que lleguen a constituir, en puridad, ni un cuento de hadas ni un mito. Si tenemos en cuenta el análisis realizado por Bruno Bettelheim [23], aunque se deben señalar puntos de contacto entre el mito y el cuento de hadas, ya que en ambos aparecen personajes y situaciones ejemplares, y ocurren hechos similares, el autor es partidario de señalar también diferencias fundamentales a causa de la forma en que se transmiten esos hechos. Mientras todo lo que ocurre en los mitos es grandioso, inspira temor, y no podría haberle ocurrido a ninguna otra persona sino al héroe, lo que ocurre en los cuentos de hadas se presenta siempre como algo verosímil, por insólita que sea la narración, y podría sucederle a cualquiera. Por otra parte, el desenlace de los mitos suele ser trágico, mientras que el de los cuentos es feliz. Es decir —y Bettelheim considera que se trata de una diferencia decisiva—, mientras el mito es pesimista, el cuento es optimista.

Otra diferencia importante estriba en que los mitos presentan demandas del super-yo que no pueden ser superadas por un modesto mortal. En el cuento, los obstáculos son superables para un hombre corriente.

En las leyendas con un tesoro escondido como tema de fondo, nos tropezamos con elementos fantásticos —hadas, monstruos, situaciones maravillosas, etc.—, que los sitúan muy cerca del cuento. Incluso intervienen seres sobrenaturales que son también personajes típicos de los cuentos de hadas, tales como los que acabamos de ver. La diferencia fundamental con los cuentos estriba, sin embargo, en que no se trata de relatos concebidos para niños, sino que han sido elaborados *por y para adultos.* Una historia para adultos en la que todo resulta tan verosímil que el tesoro puede ser asequible para cualquiera que entre en contacto

---

[23] Bruno BETTELHEIM, *Psicoanálisis de los cuentos de hadas,* Barcelona, Grijalbo, 1977.

con los seres extraordinarios que lo custodian, o sea capaz de dominarles y hacerles actuar a su arbitrio. El final feliz de los cuentos, por tanto, no es el único posible, sino que puede variar en función de las capacidades y conocimientos del que se enfrenta con el problema.

A pesar de su estrecho parentesco con los mitos y los cuentos, los relatos de tesoro no pertenecen, desde mi punto de vista, ni a uno ni a otro grupo, pero sí están íntimamente relacionados con demandas subconscientes, lo que explicaría su pervivencia a lo largo de periodos tan largos de tiempo, y la continua reaparición del tema con ropajes adecuados a cada tiempo y época.

Si tenemos en cuenta la existencia de riquezas escondidas, no es únicamente un producto de la fantasía, sino que con alguna frecuencia el azar ha puesto al descubierto algún escondrijo en el que se hallaban monedas de oro y alhajas, no podemos sorprendernos de la frecuencia de las referencias, importancia y diversos matices del tema.

Hurtado se planteaba en su libro si sería oportuno incluir un capítulo en relación a los tesoros escondidos dentro del apartado de las supersticiones, puesto que no se trata de una invención pura y simple, y aunque, como ya hemos visto, el aspecto mítico es enormemente importante, es justo reconocer que el tema tiene una base real a la que también debemos hacer alguna referencia.

Si hablamos de tesoros reales, riquezas fabulosas y accesibles a los hombres, es preciso hacer alguna referencia a aquellas que cayeron, casi como llovidas del cielo, en manos de los españoles que fueron a América y participaron en las expediciones de exploración y conquista. Como todos sabemos, el mito de El Dorado encendió y estimuló las voluntades de muchos hombres de la época, tanto o más que el fervor evangélico —de cuya existencia tampoco se puede dudar—; y por lo que a nosotros respecta ahora, es imposible prescindir de unos relatos que probablemente debieron tener hondas repercusiones en los que se afanaron por conseguir tesoros fantásticos, y similares a los que podían aparecer sin necesidad de salir del país y gracias a la magia. Como veremos en los procesos inquisitoriales que vamos a utilizar, sus protagonistas son hombres de cualquier edad, campesinos ignorantes, marginados por una razón u otra, que procuran enriquecerse sin salir del país, mientras los jóvenes y robustos corren a la sangría humana de la Conquista. El fulgor del oro americano, sin embargo, había brillado en los ojos de todos, y no resulta extraño que la combinación de realidad y fantasía, en algunos casos tan próxima a los relatos de *Las mil y una noches* en que la realidad parece imitar a la imaginación, hiciera soñar a los hombres y mujeres de los siglos XVI, XVII y XVIII, llevándoles a la búsqueda sin descanso de una parte de esta abundancia que la magia también podía hacer posible en el viejo continente. Si tenemos en cuenta los relatos de algunos cronistas de Indias, y recordamos las características fabulosas de las riquezas que transportaron los navíos españoles, capaces de estimular incluso a los pragmáticos hombres de nuestro tiempo, tal vez nos resulte más fácil comprender la actitud de los magos, zahoríes, etcétera, que trataron de enriquecerse durante el Antiguo Régimen, aun corriendo el riesgo de caer en manos del tribunal de la Inquisición:

Preguntado yo por qué causa llaman a aquel principe el cacique o rey Dorado, dicen los españoles que en Quito han estado e aqui a Sancto Domingo han venido (e al presente hay en esta ciudad mas de diez de ellos) que lo que desto se ha entendido de los indios e que aquel grand señor o principe continuamente anda cubierto de oro molido e tan menudo como sal molida, porque le paresce a el que traer cualquier otro atavio es menos hermoso e que ponerse pieças o armas labradas de martillo o estampadas o por otras manera es grasería es cosa común, e que otros señores e principes ricos las traen, quando quieren, pero que polvoriçarse es cosa peregrina, inusitada e nueva, e más costosa, pues lo que se pone un dia por la mañana, se lo quita e lava en la noche, e se echa e pierde por tierra. E esto hace todos los dias del mundo, e es habito que andando como anda de tal forma vestido o cubierto, no le da estorbo ni empacho, ni se encubre ni ofende la linda proporción de su persona de que mucho el de presçia, sin se poner encima otro vestido ni ropa alguna [...] [24].

A las descripciones fantásticas se unían los hallazgos casi increíbles, y la llegada a puerto de naves tan repletas como los asnos de Alí Babá después de visitar la cueva encantada. La nao Santa María del Campo desembarcó en Sevilla el 9 de enero de 1534 con 463.000 pesos de oro, sin contar la forma en que se dispusieron los presentes que llegaban para el rey, realmente dignos de las descripciones de los conocidos cuentos a los que hemos tomado como paradigma:

[...] para S. M. treinta y ocho vasijas de oro y cuarenta y ocho de plata, entre las cuales había una aguila de plata y cabían en su cuerpo dos

---

[24] Citado por Constantino BAYLE, «El Dorado fantasma», Madrid, *Razón y Fe,* 1930, p. 7.

cántaros de agua y dos ollas grandes, una de oro y otra de plata, que en cada una cabía una vaca despedazada y dos costales de oro que cabía en cada uno dos fanegas de trigo y un ídolo de oro del tamaño de un niño de cuatro años, y dos atambores pequeños. Las otras vasijas eran cántaros de oro y plata que en cada una cabían dos arrobas... Este tesoro fué descargado en el muelle y llevado a la Casa de Contratación, las vasijas a cargas, y lo restante en veintisiete cajas que un par de bueyes llevaban dos cajas en una carreta [25].

Los españoles contemporáneos de los hombres que hicieron la exploración y conquista no sólo pudieron contemplar con sus propios ojos espectáculos tan fabulosos como el anterior, en el que sólo se ha hecho un relato objetivo, aunque minucioso, de la carga del barco y la forma en que fue trasladado, sino que con cierta frecuencia recibían noticias, más o menos directas, de los hallazgos increíbles con que sorprendían a sus compatriotas las tierras del Nuevo Mundo: la pepita que se encontró en Cibao, tan grande «como una hogaza de Alcalá», y sobre la que comieron los soldados que la encontraron [26], otra de cuatro arrobas que apareció en el lavadero de Janaguaya, los montones de esmeraldas de los que habla Gonzalo Jiménez de Quesada en Bogotá, etc. Incluso las descripciones de algunos cronistas resultan sumamente similares a las fabulaciones de los buscadores de tesoros:

Si hubiera quien lo sacare, hay oro y plata que sacar para siempre jamás, porque en las sierras y en los llanos y en los ríos, por todas partes que caven y busquen, hallarán plata y oro [27].

Como señala acertadamente Cirac Estopañán, los grandes buscadores de tesoros pertenecen fundamentalmente al siglo XVII, según veremos nosotros mismos más adelante, y aunque es posible plantearse si la cacareada crisis del siglo XVII —cuestión sobre la que no parece que terminen de ponerse de acuerdo los historiadores, a juzgar por la reciente bibliografía—, lo que sí resulta claro es que la existencia en la península de moriscos y judíos en tanto grupos étnicos claramente diferenciado era ya lo bastante lejana como para adquirir ribetes míticos en la imaginación de los españoles de entonces. Dejando al margen

---

[25] Citado por C. BAYLE, *ob. cit.* (JEREZ, *Conquista del Perú*, p. 165, Madrid, 1891).
[26] Citado por C. BAYLE, *ob. cit.* (LAS CASAS, *Historia de las Indias*, II, cap. 3).
[27] Citado por C. BAYLE, *ob. cit.* (*Crónica del Perú*, cap. 115-116).

las discusiones de los historiadores, la novela picaresca nos ha dejado el eco de una sociedad sumamente preocupada por la supervivencia, incluso en los aspectos más elementales, como el condumio cotidiano, el vestido, o protegerse del frío, cuadros que resultan también sumamente familiares a los que estamos acostumbrados a examinar las fuentes inquisitoriales o los pleitos de las Chancillerías. Como es lógico, estas circunstancias constituían un poderoso acicate para querer enriquecerse a cualquier precio.

LA INQUISICIÓN CONTRA LOS BUSCADORES DE TESOROS

I. *Cristianos viejos, moriscos y judeo-conversos*

Aunque la actuación de cada uno de los grupos étnicos que he mencionado merecería un estudio propio, que no resulta posible realizar en esta ocasión, es conveniente que procuremos aproximarnos a la forma de actuar de judíos, moriscos y cristianos viejos a través de unos cuantos ejemplos que permitan comprender las diferencias entre ellos.

La afición, casi obsesiva, por la búsqueda de tesoros escondidos afectaba por igual a todos los grupos sociales y culturales de la España de los siglos XVI y XVII, pero la personalidad de cada uno se ponía también de manifiesto a través de esta cuestión, aparentemente sin importancia. Los judíos solían aplicar sus conocimientos más o menos profundos de Astrología y Cábala, razón por la que muchas veces les encontramos asociados a cristianos viejos de cierto rango cultural que también se orientaban hacia este tipo de prácticas. Así, en el proceso contra don Antonio de Sandoval y sus cómplices, del año 1600 [28], encontramos asociados a un judío, un cristiano viejo y un morisco en la búsqueda del quimérico tesoro encantado bajo tierra. Extraordinaria comandita que pone de relieve las diferentes corrientes culturales de país, que, a pesar de todo, podían llegar a un acuerdo cuando sus intereses confluían.

---

[28] A.H.N., Inq., leg. 96, n.º 4. De algunos personajes que veremos actuar a continuación como Sandoval o Pramosellas, se ocuparon ya CIRAC ESTOPAÑÁN (*ob. cit.*, cap. V) y CARO BAROJA (*Vidas mágicas...*, vol. II, cap. III). El interés de estos procesos se agotó en las ocasiones anteriores y me ha parecido conveniente volver sobre ellos a causa de las descripciones de los tesoros, cuestión que quiero subrayar aquí.

Don Antonio de Sandoval entró en contacto, en efecto, con un judío converso para sacar un tesoro que llevaba escondido más de 11 años. Fueron a un campo en el que había una fuentecilla, en compañía de un clérigo y unos criados. Sandoval, que era quien llevaba la voz cantante, se dirigió a la fuente y la interrogó diciéndola: «Jarro, no dices la verdad, yo te tengo que quemar». Hizo en un papel unos caracteres redondos y lo arrojó a la fuente. Sobre este papel puso luego otro en blanco que pidió a los que le acompañaban. Al cabo de un momento recogió el papel en blanco y salió escrito: «Ya lo han sacado». Sandoval se enfureció y gritó: «Mientes, perro», lo que hizo suponer a sus acompañantes que se lo decía al demonio. Repitió la operación, y en esta ocasión el papel decía: «Cierra fuerte, oro mucho». El grupo se sintió satisfecho con esta respuesta, y volvieron a la ciudad pensando en desencantarlo al día siguiente. Don Antonio preparó con este fin unas pastillas a base de ámbar, menjuí y estoraque, y volvieron de nuevo al campo llevando además una vela que ya tenía preparada don Antonio, hecha con diferentes sebos. También llevaron un puchero nuevo y carbón para hacer fuego. En esta ocasión les acompañó José Rodríguez, que era de la Alpujarra de Granada.

Encendieron el carbón y la vela. Don Antonio se metió dentro de un círculo con el carbón encendido en la mano derecha y la vela en la izquierda. Puso delante de sí un espejo encajado en un pergamino que estaba hecho, según decía, con piel de león y en el que había diferentes caracteres. Se hincó de rodillas y echó las pastillas al fuego mientras movía los labios como si hablara. Todos quedaron en suspenso esperando los acontecimientos y, al cabo de una media hora, oyeron un fuerte ruido mientras uno de los testigos tenía la sensación de que caía sobre la fuente una gran plancha de metal que le pareció de plata. Don Antonio continuó echando las pastillas, exclamando «ea, perros», y durante todo ese tiempo siguieron cayendo planchas de metal en la fuente, algunas de las cuales parecían también de oro, de tal manera que la fuente se llenó. Don Antonio, sin embargo, comentó que se sentía muy cansado y se salió del círculo.

Después de un breve descanso, volvieron al círculo y don Antonio comenzó a rezar en hebreo el salmo *Miserere**, consiguiendo que cayeran algunas planchas más. Abandonaron de nuevo el círculo y don Antonio aseguró al resto de la compañía

---

* El «salmo Miserere» es el 50, y el versículo que se cita más adelante es el 8.

que todavía quedaba tanto material de oro y plata que se podrían llenar 4 o 5 carros. Regresaron al cabo de un rato a la cueva en la que se encontraba la fuente y don Antonio les pidió permiso para pasar delante. Tomó agua de la fuente, se enjuagó la boca [...] y todas las planchas desaparecieron. Naturalmente, se produjo un movimiento de admiración entre los que contemplaban la escena, pero él les aseguró que no debían preocuparse porque «quien había hecho aquello haría lo demás», y lo que había quedado desencantado ya no podía desaparecer. No obstante las seguridades que les daba, sus compañeros se desnudaron y se metieron en el agua para tratar de encontrar las planchas de oro y plata, pero, efectivamente, no quedaba ya nada, de manera que se pusieron de acuerdo para volver a Madrid a buscar ciertos perfumes que les hacían falta, y pedir el permiso del rey para continuar desencantando el tesoro.

Según la declaración del converso Domingo Picamilio —antes Judas Malaquí, cuyo oficio era «traer cristianos cautivos»—, Sandoval no sólo se ocupaba de desencantar tesoros, sino que también llevaba a cabo operaciones para adivinar el porvenir, etcétera. A un tal Pero Ibáñez le ofreció averiguar lo que le iba a ocurrir, y lo llevó a cabo con operaciones complicadas, pero en cierto modo próximas a las que realizaban las hechiceras populares y las gitanas procesadas por este delito.

Sandoval tomaba una redoma nueva y una escudilla blanca, a continuación un pliego de papel, trazaba unos caracteres y lo dejaba en el suelo poniendo la escudilla encima. En la boca de la redoma colocaba otro papel con caracteres escritos, y después de hacer un círculo en el suelo se situaba en él con la rodilla hincada y volviendo la cara al cielo. A continuación, echó una pastilla al fuego que habían encendido mientras pronunciaba unas palabras, pidió un pliego de papel del que cortó la mitad y lo dobló delante de todos los presentes hasta que entró en la mano de Pero Álvarez, indicándole que le preguntara lo que quería saber. Lo recogió y colocó encima de una bacía grande de plata, llena de agua, debajo de la cual había escrito ciertos caracteres. Cuando el pliego doblado se mojó vieron todos que en él había escritas algunas palabras en las que se indicaba cuál sería el porvenir del consultante, es decir, iba a conseguir otro trabajo mejor.

Al parecer, el tal Picamilio, quien sólo hacía un año que se había convertido, hizo una denuncia tan completa del procesado que llegó incluso a entregar un memorial al Santo Oficio detallando todas las personas a las que había engañado Sandoval, entre las que se encontraba la propia suegra de Picamilio, quien también estuvo mezclada en la búsqueda de un tesoro... Indudablemente, don Antonio de Sandoval era un «mago a lo culto» (según la expresión de Caro Baroja), que resultaba sumamente caro para sus clientes, a pesar de que las consultas obedecían siempre a las mismas motivaciones que hemos visto entre los que consultaban a las hechiceras populares.

En compañía del mismo Pero Álvarez de Pereyra, y una tal doña María del Castillo, trató de desencantar un tesoro que estaba cerca de la puerta de Toledo. Don Antonio trazó el consabido círculo, colocó la vela, encendió lumbre, arrojó perfumes al fuego, sacó un espejo y un pergamino y ejecutó otras ceremonias similares a las anteriores. Las operaciones se interrumpieron en esta ocasión porque sobrevino una tormenta y todos regresaron.

Desgraciadamente para nosotros, también la interesante causa de don Antonio de Sandoval se interrumpe sin que podamos saber cuál fue la pena a que le condenó el tribunal del Santo Oficio, pero es de suponer que no sería superior a las que veremos a continuación en los restantes procesos. Es decir, abjuración *de levi* y destierro, de Madrid y alrededores.

Tan aficionados y entendidos en cuestiones de magia como pudieran serlo los judeoconversos se manifestaban muchos cristianos viejos, generalmente con un nivel cultural elevado. El caso más representativo, desde mi punto de vista, de estos cristianos cultos, también apasionados por las cuestiones de la «magia aplicada», lo constituye don Cristóbal Rodríguez, que era matemático de oficio, medidor de tierra y maestro de Astrología, procesado en 1636 [29]. Don Cristóbal Rodríguez no constituye, ni mucho menos, un caso aparte, sino que con enorme frecuencia aparecen encausados ante el Santo Oficio médicos, herbolarios, licenciados, etc. A estos cristianos viejos hay que añadir los numerosos frailes y clérigos que tenían la misma afición. Generalmente, estos miembros de la mayoría cultural solían utilizar los mismos conocimientos astrológicos y elementos de la Cábala que los judeoconversos.

Al igual que en el caso de don Antonio de Sandoval, los hombres y mujeres aficionados a estas pesquisas no suelen actuar solos, sino que procuran unirse a otros «expertos», individuos que ya han llevado a cabo búsquedas similares. En otros casos, la

---

[29] A.H.N., Inq., leg. 94, n.º 229.

asociación se realiza con aquel que ha tenido las primeras noticias de la existencia de estas riquezas ocultas. Cristóbal Rodríguez, que era astrólogo y matemático, según he señalado ya, se unió a un francés llamado Juan de la Comba, herbolario de profesión, y a un tal Joan Leonés, también francés y sombrerero. Según parece, los tres eran muy pobres, condición casi indispensable entre los buscadores de tesoros tanto literarios como reales, hasta el punto de carecer de lo necesario para comprar alimentos. Fueron denunciados por un cirujano llamado Antonio Rodríguez en cuya casa servía la hija del sombrerero, una niña de siete u ocho años, Elena.

Los méritos de Cristóbal Rodríguez como astrólogo y matemático son escasos, en realidad, tan sólo «enseñaba a contar».

El relato es tan simple que no sitúa a Cristóbal demasiado lejos de las mujeres procesadas por delitos de «superstición amorosa» en cualquiera de los tribunales que ya hemos visto. Los tres hombres se limitaron a tomar una redoma de vidrio y llenarla de agua, procedimiento frecuente entre las hechiceras. Luego la colocaron encima de un papel en el que habían dibujado un círculo en cuyo interior había una cruz.

Sobre la redoma, a su vez, una reliquia. Llamaron a la hija del sombrerero y le hicieron que rezara un padrenuestro puesta de rodillas, y una oración que estaba escrita en un papel. Según la declaración de la pequeña, únicamente invocaba a san Cebrián y San Julián. Le explicaron que debía decirla para que unos hombrecillos acudieran a la redoma. Elena explicó también a los inquisidores que luego habían acudido en efecto cuatro hombrecillos vestidos de negro con los que habían hablado su padre y demás socios sin que ella pudiera oír lo que decían. A continuación, derramaron el agua por la casa y repitieron la operación varias veces.

Como vemos, en esencia la ceremonia es casi la misma que la que estamos acostumbrados a observar en los usos de las mujeres preocupadas por conseguir el amor de sus galanes: una redoma llena de agua que se vierte alrededor de la casa, unas oraciones en las que se menciona a los santos... Lo único que se ha modificado substancialmente es el objetivo. Sin embargo, los tres hombres habían procurado documentarse y Juan Leonés había comprado a un adivino por 12 reales un libro mágico en el que se explicaba la forma en que se «alzaba figura». Con él habían intentado averiguar si el padre de la patrona de Elena estaba vivo o muerto por el módico precio de 20 reales, aunque ella se negó.

Los inquisidores llevaron a cabo un registro en busca de este libro, y en una alacena en la que Cristóbal guardaba sus propiedades encontraron un repertorio bastante amplio de objetos y utensilios mágicos que hubieran podido hacer sospechar que su propietario era capaz de llevar a cabo operaciones complicadas: varios sigilos de plomo con números y caracteres matemáticos por ambas partes, junto con un molde hecho con planchas pequeñas de bronce o de latón para vaciar caracteres semejantes, un legajo atado con un hilo que contenía papeles llenos de figuras matemáticas, un libro de Raimundo Lulio, y algunos otros escritos en latín sobre cuestiones científicas relativamente en boga, tales como una *Astronomía* de Tycho Brahe.

En realidad, tanto Cristóbal Rodríguez como el resto de sus socios estaban tan obsesionados y necesitados de dinero que ya habían intentado hacerse con algún tesoro en varias ocasiones. Según la declaración de Juan Leonés, una mujer a la que habían conocido en el hospital les contó cómo un tabernero había enterrado 60.000 reales, a tres leguas, y aunque cavaron durante 15 días, no los encontraron. El mismo Leonés y Cristóbal Rodríguez habían ido en otra ocasión en busca de unas supuestas riquezas ocultas cerca de Pozuelo de Aravaca con el mismo resultado infructuoso. Si tenemos en cuenta la declaración de Leonés, el oficio de Cristóbal Rodríguez era el de «matemático y medidor de tierras» y utilizaba los palos de las mediciones para localizar los posibles tesoros ocultos, pero la clave de los métodos utilizados por el supuesto matemático reside en su propia declaración, en la que relató las ceremonias astrológicas que había aprendido en Salamanca con su maestro el doctor Çamora.

El individuo más versado en conocimientos elementales de Cábala, etc., de esta serie de casos que vamos viendo, parece ser un tal Jácome Pramosellas. Según decía, había sido ordenado sacerdote, y contaba 54 años cuando fue procesado el año 1660. Se presentaba también como italiano de Milán. La Inquisición lo incluyó dentro de la peligrosa categoría de los astrólogos:

[...] en la calle de San Gerónimo frontero de la calle de el Vaño, y de una taberna más arriba de el embajador de Malta, vive un hombre que dice ser un astrólogo, el qual dice ser de milan y aver estudiado la astroloxia judiciaria. Ay concurren muchos señores y señoras y demas jente humilde y les haze natividades para sus hijos, diciendoles desde la ora en que nahazen hasta la ora en que an de morir y ademas desto lo que les a de suceder cada mes y cada año, así tocante a felicidades como desgracias en todo el discurso de su vida y a otros que les han hurtado algunas haciendas y huido algunos esclavos dize donde se hallan las dichas haciendas y jente fugitiva. Además desto a mujeres preñadas les dice el suceso que han de tener y si sus maridos bendrán en conocimiento de algunas cossas que las dichas mujeres an obrado en su ausencia [30].

Como podemos ver, las precauciones de los que recurren a las hechiceras de preparación más rudimentaria, como las de los que acuden a este hombre que ha estudiado Astrología y Matemáticas, son exactamente las mismas, y la clientela muy similar: mujeres, tanto humildes como ricas, preocupadas por el devenir de sus relaciones amorosas, y algunos hombres que tratan de averiguar el porvenir de sus haciendas. No podemos extrañarnos, por tanto, cuando vemos aparecer en los procesos de las hechiceras castellanas, valencianas o andaluzas, vestigios de lo que hemos denominado con Julio Caro Baroja la «magia culta».

Según resultaba en cierto modo inevitable, algunos vecinos de Madrid tomaron contacto con él para que les ayudara a desencantar un tesoro que decían estaba enterrado en El Prado. Según la declaración de un tal Joan Fernández, vecino de Madrid, aunque nacido en Alfaro, las ceremonias que llevó a cabo el astrólogo, al que llamaban «el doctor Milanés», fueron tan terribles que uno de los participantes murió de terror unos días después. Pramosellas utilizó una vela y una estatua, por las que pidió una cantidad de dinero. La estatua, que se mandó fabricar expresamente, debía tener los ojos para significar que «predominaba sobre los tesoros». La persona que la llevó a cabo les aseguró que asentando esta estatua en la tierra con la vela encendida en la mano, y trazando un círculo con una cuerda de lana dentro del cual debía colocarse una persona, se abriría la tierra. No debían estar presentes mujeres, porque cuando llegaban los momentos más impresionantes solían lanzar exclamaciones mencionando a Dios y la Virgen, con lo que se anulaba el efecto de los conjuros y se corría el riesgo de que volviera a cerrarse la tierra, dejándoles a todos sepultados. También era preciso llevar «lumbre sal» (alumbre) para quemarla en señal de sacrificio al demonio. Según parece, Pramosellas y sus acompañantes llevaron a efecto las ceremonias que acabamos de describir; trazaron un círculo, dibujaron unas letras, y un sacerdote revestido con sobrepelliz y estola pronunció los conjuros a los cuatro elementos leyendo unos papeles en los que se mencionaba a las plantas y a los espíritus malignos.

---

[30] A.H.N., Inq., leg. 88, n.º 14.

El tesoro no salió a la superficie, a pesar de todo, pero los testigos pensaron que todo había sido debido a que no habían llevado a cabo la ceremonia como era debido. Según he señalado al principio, uno de los que participaron en estas diligencias falleció de terror a los pocos días...

Los testigos contra Jácome Pramosellas, es decir, los antiguos clientes que testificaron ante el Santo Oficio, fueron numerosos. El ya mencionado Joan Fernández; Thomas Alonso, mercader de Burgos; Felipe de la Caponara, natural de Nápoles y bibliotecario del Duque de Medina de las Torres; don José Ramírez, sastre; doña María de Matienzo Núñez; doña Ana María Navarro, viuda, quien declaró que acudió a Pramosellas para averiguar si su marido estaba vivo o muerto; doña María Ruiz, que también participó en el asunto del tesoro; Catalina López, criada de la anterior; don Juan de Salzedo; Francisco Gutiérrez, vaciador; don Miguel de Castro, gentilhombre del vicecanciller de Aragón; Martín de la Vega, también vaciador y autor de la estatua; Diego de la Calzada; don Juan de Armasa, criado, empleado del vicecanciller de Aragón y a quien Pramosellas había dado un pergamino con ciertas letras para que tuviera suerte en el juego; doña María de Cortos, que trató al procesado como averiguador del porvenir; doña Juana Crespín, marquesa de Villavidro, y una tal María García, que también había intervenido en la cuestión del tesoro. Una variada gama de gentes, por tanto, entre las que figuran gentes humildes y de alcurnia, mujeres ignorantes, y hombres de cierto nivel cultural y social.

Las declaraciones que llevaron a cabo estos testigos ante el tribunal del Santo Oficio nos sirven para completar el perfil de Jácome Pramosellas —alias Pedro Milanés en su oficio—, y el repertorio de sus conocimientos mágicos, tan amplio y variado que lo mismo le permitía ocuparse de una viuda desconsolada que participar en las complicadas ceremonias astrológicas para desencantar un tesoro. La acusación a la que dieron lugar es sumamente interesante, como veremos a continuación, a fin de profundizar mejor en este interesante personaje. Como es costumbre del tribunal, los errores que se le imputan van precedidos de la calificación que han merecido por parte de los teólogos. Según puede verse los términos utilizados son tremendos:

Don Pedro Jacome Pramosellas, sacerdote y arcipreste de Briñano, diócesis de Cremona, natural de Milan y residente en Madrid que está aquí presente, sobre y en raçon que siendo el susodicho christiano baptiçado, habido, tenido y comunmente reputado por tal goçando de las inmunidades previlexios y acepciones que suelen y deben goçar los buenos y fieles christianos, pospuesto el temor de Dios en grande peligro de su condenación y menosprecio de la Justicia Divina, y de la que este Santo Oficio administra, su rectitud y castigo, era hereje, apostata, impenitente, e incorrejible, docmatiçante, susperticioso, majico, con especie de Idolatria, sacrílego con pacto expreso e imbocación del Demonio, Astrólogo Judiciario haciendo juycio de los nacimientos de diferentes personas, pronosticándoles y adivinandoles por los astros celestes los futuros continxentes, usando de diferentes oraciones supersticiosas, assi para sacar tesoros como para otros fines [...]

Siguiendo siempre los capítulos de la acusación, Pramosellas era, además, un reo reincidente que había estado preso ya en las cárceles de la Inquisición de Granada en 1658 por haber asegurado que sabía cómo hacer una «cédula» que usaban los soldados en Alemania para defenderse de los balazos. A pesar de las seguridades ofrecidas por Pramosellas parece que hicieron experimentos con un perro que no pudo sobrevivir al asunto. Fue condenado a abjurar *de levi* y a ser desterrado de Málaga, pero no cumplió la pena y se refugió en Osuna, donde siguió utilizando sus conocimientos astrológicos «haciendo natividades... y sustentandose de ello». La personalidad de Pramosellas parece corresponder a un personaje bastante rocambolesco. Aunque no constan las razones, en el momento de su primera condena ante el Santo Oficio estaba ya cumpliendo una pena como forzado en las galeras, y según los inquisidores —y a pesar de la forma en que se dicta la acusación en su contra— no sólo no era sacerdote sino que tampoco había nacido en Milán. De acuerdo con lo que se afirma en el documento que estamos resumiendo, en realidad había nacido en Suecia, y ocultaba esta procedencia para que no se supiera que se trataba de un «hereje», «por serlo casi todos los naturales del Reyno de Suecia».

Parece que la justicia real se había sentido interesada por sus quehaceres astrológicos, lo que le obligó a cambiar de nuevo su residencia y a trasladarse a Antequera, donde tropezó con las mismas dificultades. De allí pasó a Córdoba y luego a Madrid, donde estaba ya instalado a principios de mayo de 1659. Como en las ciudades anteriores, J. Pramosellas se dedicó en la corte a la preparación de cartas astrológicas, y a todas las variedades de magia, culta o popular, que le permitieran ganarse unos cuartos. A una viuda que le consultó acerca de una herencia le adivinó que sí la recibiría, como efectivamente ocurrió.

Menos afortunado anduvo con otro cliente, quien le consultó

para tener noticias de una persona que estaba en Alfaro. Pramosellas ejecutó el augurio a través de una original combinación de «magia culta» y popular, es decir, primero trazó unos círculos y rayas en un papel, de los que dedujo que la persona estaba muy enferma, y a continuación verificó su vaticinio ejecutando la suerte del cedazo. Al cabo de cuatro o cinco días de estas operaciones llegó la persona a Madrid, completamente sana, con el consiguiente desprestigio del adivino que había cobrado además 400 reales por estas operaciones.

A pesar de este mal paso, Pramosellas no perdió su clientela, y en el mes de septiembre del mismo año recibió la visita de una mujer que quería saber dónde estaba su marido, de quien temía que estuviera buscándola para matarla. Por este trabajo cobró doce reales de a ocho, y la respuesta que obtuvo su cliente fue que su marido estaba en Madrid y que andaba buscándola, en efecto, con fines no muy amistosos, lo que había averiguado gracias a un cuadrante de rayas en que había puesto los planetas, algunos signos y otros caracteres. A causa de sus fracasos, en una ocasión dos clientes desengañados fueron a casa de Pramosellas y le amenazaron con una pistola para que les devolviera los reales que había cobrado por el servicio.

Las mujeres parecen, como de costumbre, las principales clientes de nuestro astrólogo y no falta, como es lógico, la que va a consultarle para recuperar el amor de un antiguo amante. Pramosellas realizó un conjuro similar al del clavo, sacándole el corazón a un pichón, clavándolo detrás de una puerta, y echándole «lumbre sal» para quemarlo. Mientras, leía un papelito y daba pasos atrás y adelante. También llevó a cabo otras ceremonias para mujeres con problemas amorosos, similares y tan conocidos que podríamos denominarlos «clásicos», y algún que otro experimento menos habitual como asegurar que era capaz de volver invisibles a los hombres cortándole la cabeza a un gato y dejando que su sangre goteara en un hoyo abierto en la tierra.

Si tenemos en cuenta que los clientes de Pramosellas son aproximadamente los mismos que solían visitar a las hechiceras castellanas, valencianas o andaluzas, no puede sorprendernos que las recetas que aplica Pramosellas fueran una mezcla de conocimientos pseudo-astrológicos y ritos populares. Para que uno de los clientes tuviera buena fortuna, buena venta de vino y se librase de la Justicia —otro de los lugares comunes a los que aplicaban sus artes las hechiceras que hemos analizado— le dio un ladrillo «labrado el jueves en la primera hora, por ser hora de

Júpiter». Para averiguar el hurto de una pieza de plata que había tenido lugar levantó figura utilizando un libro que tenía de Nigromancia, e hizo rayas, círculos y caracteres en medio pliego de papel. A otro le entregó un pergamino o «carta virgen» para que ganara siempre en el juego, otro lugar común que tampoco podía faltar en el repertorio de nuestro mago.

A pesar de tan amplio y variado repertorio, lo que no deja de sorprender es que J. Pramosellas pudiera ejercer con cierta prosperidad su oficio, pues si exceptuamos el caso de la viuda a la que acertó en el vaticinio de la llegada del navío con su herencia, en el resto de los casos parece que los clientes no quedaron nada contentos con sus servicios.

Como hemos visto, algunas veces tuvo que devolver sus emolumentos, y en más de una ocasión fueron a verle para quejarse de la inoperancia de sus prácticas.

A pesar de todo, el contacto que Pramosellas tenía con algunos libros mágicos de gran divulgación, como la *Clavícula de Salomón* *, algunos fragmentos de Juan Taynier, y otros, hacía que fuera «muy conocido en Madrid por sus matemáticas y ciencias prohibidas». Así fue como entraron en contacto con él otros testigos para que les dijera la verdad acerca de un tesoro que estaba supuestamente enterrado en El Prado.

Pramosellas realizó «un juicio» y afirmó que el tesoro estaba enterrado en el lugar donde pensaban, y que además era muy grande y fácil de conseguir. Dijo también que no estaba encantado, pero para sacarle a la luz hacía falta una vela y una estatua en la que se debían invertir cien reales.

Hicieron una estatua de Júpiter de madera, con una inscripción en la frente. Cuando la vaciaron en estaño, la preparó mediante algunos conjuros y oraciones. La frase de la estatua en la frente decía: «Viveros Jupiter», y en el pecho: «Astro Deus». En los pies un carácter similar a una N y otro en forma de V. La estatua se pondría encima del lugar donde se suponía que estaba el tesoro llevando en la mano derecha la vela que habían preparado, la mitad «con unto de hombre» y la otra mitad con cera amarilla virgen y otros ingredientes. Para preparar la vela habían

---

* La *Clavícula de Salomón* o *Clavicula Salominis* era uno de los textos pseudo-salomónicos más divulgados y utilizados durante estos siglos por los buscadores de tesoros. Tiene un marcado carácter astrológico, según los expertos, y se conocen diversas versiones. A este respecto, puede verse el apartado que dedica Julio Caro Baroja a la cuestión en su *Vidas mágicas e Inquisición,* vol. I, cap. VII.

sido necesarios ciertos requisitos tales como que el pabilo lo hilase una doncella.

Pramosellas explicó también a sus clientes que las ceremonias debían empezar antes del amanecer en el lugar donde se suponía que se encontraba el tesoro. Una vez allí, trazarían un círculo sobre el emplazamiento exacto, pronunciarían ciertos conjuros y colocarían la estatua con la vela encendida. Si la luz se apagaba era señal de que el tesoro se encontraba en aquel lugar y de que saldría a la luz. El astrólogo se opuso a que fuera con ellos ninguna mujer porque, en estas ocasiones, según dijo, no era conveniente que estuviesen presentes, ya que solían lanzar exclamaciones mencionando a Dios y a la Virgen, y corrían el riesgo de que se cerrase la tierra y quedaran todos sepultados. El Santo Oficio dedujo de este apartado que si temía que se pronunciara el nombre de Dios y los santos, era debido a que todo se llevaba a cabo por medio del Demonio. Como Pramosellas había solicitado que llevasen un pavo para quemarlo en ofrenda, los calificadores dedujeron que, además de invocación al Diablo, había idolatría.

Una vez que Pramosellas les explicó las operaciones que se debían llevar a cabo, se negó, sin embargo, a ejecutarlas por sí mismo, y los interesados en la búsqueda del tesoro recurrieron a un moro. Según la declaración de otro testigo, recogida en la acusación, todo lo realizaron según les había indicado el astrólogo, y al terminar los conjuros se les apareció en la boca de la cueva un fantasma «que creció hasta hacerse como un jigante, y echándose sobre una de dichas personas le maltrató de manera que dentro de ocho días murió, y cojiendo al moro, lo arroxó media legua de allí». Cuando relataron a Pramosellas el fracaso de la aventura, éste les explicó que todo era debido a que no habían ejecutado las ceremonias de la manera conveniente, puesto que era necesario que todas las personas que participaran en la búsqueda ayunaran durante 21 días, y por último hubieran debido celebrar una misa de septuagésima, durante la cual el sacerdote debía verter vino blanco en el cáliz y poner dentro las cenizas de un gallo y un pájaro que se hubieran quemado con este propósito. El sacerdote bebería primero y a continuación todos los presentes, mientras se decía: «Mag y Magog»*. Una vez hecho

---

* De la misma forma que la mujeres que llevan a cabo ritos supersticiosos invocan el nombre de personajes con supuestos poderes mágicos: El marqués de Villena, doña María de Padilla, el diablo Cojuelo, estos hombres con conocimientos rudimentarios de Cábala invocan a personajes bíblicos de los que se quieren valer.

esto, aparecerían algunos demonios en forma de mujeres, bailando, pero los presentes deberían quedarse muy quietos y limitarse a mirar. Luego se presentaría otro espíritu en la forma que se le ordenara. A esta nueva aparición había que decirle *quid petis,* y él respondería: «tesoro», con lo cual se abriría la tierra. Pramosellas se ofreció a ayudarles a sacar el tesoro si en esta segunda tentativa prometían llevarlo todo a cabo tal y como él lo había explicado.

Para el caso en que estas complicadas ceremonias no obtuvieran el resultado apetecido, disponía Pramosellas de un segundo método, también muy eficaz —y también utilizado con mucha frecuencia, según hemos visto—, consistente en cortar unas varitas de oliva con un cuchillo nuevo y de un solo golpe al salir el sol. Con estas varitas, que debían ser cuatro, y después de pronunciar ciertas palabras sobre ellas, se debían celebrar tres misas. Finalmente, era preciso conjurarlas. Ninguna de estas operaciones obtuvo ningún resultado; sin embargo, ni con el tesoro que se suponía estaba en El Prado ni con otro que anduvieron buscando en una casa de Madrid mediante círculos, conjuros, sahumerios y misas. Después de haber estado realizando todas estas operaciones durante más de tres meses habían cejado en el empeño cansados y desengañados.

Como ya sabemos, Pramosellas fue a parar a las cárceles del Santo Oficio más bien como consecuencia de sus fracasos en la magia —es decir, a causa de las denuncias de sus clientes defraudados— que por culpa de sus experimentos astrológicos, y no parece que una vez allí abandonara del todo sus aficiones al tema. Bien para conseguir clientes entre sus compañeros de prisión, bien porque todavía concediera a sus propios manejos algún crédito, allá en lo más íntimo, parece que trataba de averiguar cuándo se le iba a tomar declaración y cuándo lograría la libertad, para lo cual hacía unas rayas en un ladrillo con aceite y ceniza, en un diurno ponía las puntas de unas tijeras clavándolas en el versículo «ece enim veritatem delixiisti» del salmo *Miserere,* y otras operaciones. Aseguró a los otros presos que lograría que fuera a visitarles un espíritu gracias a un aro que fabricó cortando un pedazo de su golilla y cosiéndolo a una gasa. Como de costumbre, trazó círculos en el suelo y les advirtió que sentirían un ruido enorme. Pero el espíritu no se presentó y los presos se burlaron de él, a pesar de que les aseguró que en otras ocasiones lo había logrado y que probablemente en esta ocasión no había acudido porque se encontraba en la cárcel.

El final de Jácome Pramosellas fue muy triste. Condenado a salir en auto público con una vela en la mano —según se usaba con los penitenciados que desfilaban en un auto público*— debía abjurar *de levi* y ser debidamente reprendido, advertido, etcétera, para que no volviera a valerse de la Astrología en ningún caso. Luego se le desterraría de España a perpetuidad, debiendo pasar tres años sirviendo en las galeras, al remo y sin sueldo. El mal estado de su salud le libró de esta última parte del castigo, pero el memorial que él mismo dirigió más adelante al tribunal demuestra la gravedad de su situación y lo duras que podían llegar a ser las condiciones de los presos de las cárceles inquisitoriales [31]:

Señor, Pedro J.P. sacerdote y doctor en Utroque, natural de la ciudad de Milán. Dize que estando en Madrid a unos pleytos fué preso por el Santo Oficio de la ciudad de Toledo y conbenzido de judiciario que fué condenado a 6 años de destierro (?) los tres en galeras sin sueldo para cuyo cumplimiento estoy en la cárcel pública de Toledo con la miseria más rigurosa que imajinarse puede, pues para su sustento no se le da mas de medio pan de veinticuatro a veintiquatro horas, sin otro alivio de comida ni bebida y porque me hallo de edad de 58 años sin tener a quien bolver los ojos en desdicha tan irreparable, teniendo noticia de la piedad de Vuestra Señoria de quien me balgo para que me favoresca disponiendo algún desaogo en tan considerable conflicto para lo qual propongo a V. Sa. que por las entrañas de Dios se sirva de pedir al Señor Inquisidor General que atento a tres años y seis meses que [he] estado preso en las cárceles secretas con las tribulaciones que alli se padezen al estado que tengo de sacerdote, la desnudez y sumo desamparo se me alibien las galeras poniéndome en un combento hospital o en una torre adonde el tiempo que me queda de vida pase haziendo penitencia de mis pecados para que muera en ella como espero de la misericordia de Dios sin el peligro de una desesperanza cumpliendo puntualmente las penas que me impusieren tan merecidas por mis delitos y dada con tanta benignidad del Santo Oficio, y también suplico a V. Sa. se sirva pedir una pobre cama que dejé en la carcel que es un colchón miserable y una fracada que en ello ará V. Sa. umna gran limosna y consolará a quien siente este trabajo con lágrimas del corazón y quiera Dios que sean de verdadero arrepentimiento y dar a V. Sa. grazia.

---

* Los condenados a salir en un auto de fe público participaban en un auténtico espectáculo, dirigido a la edificación de los presentes. Según su delito y la gravedad de la pena desfilaban con «corozas», especie de mitras, morazas para los blasfemos, sambenitos, con llamas o sin ellas según que estuvieran condenados a la hoguera. A este respecto puede verse el capítulo que dedica H. CH. LEA al Auto de Fe (*ob. cit.,* tomo III, cap. V).

[31] *Ibid.*

II. Frailes y gentes de Iglesia

Según vamos viendo, tan aficionados eran a la búsqueda de tesoros los cristianos viejos como los miembros de las minorías étnicas de la península, pero todavía nos queda por examinar un grupo realmente sorprendente y no menos entregado que los anteriores a la pasión de enriquecerse con facilidad y rapidez gracias a la magia. Me estoy refiriendo a los numerosos frailes de todas las órdenes religiosas que desfilaron ante el Santo Oficio por este delito; y de los que veremos algún ejemplo a continuación. Esta «vocación» era relativamente frecuente entre los hombres de Iglesia y, como tantas otras cosas, mereció la atención del Santo Oficio que consideró oportuno conservar el modelo de una de las sentencias dictadas contra uno de estos sacerdotes, según se reproduce a continuación [32]:

Represión a un sacerdote que ejecutó sortilegios para buscar tesoros. Aviendo de reprehender gravemente como por vuestra sentencia se manda y considerando qual aya sido la causa y monición principal de disculpar, solo tengo de traeros a la memoria unas palabras del Apostol Pablo en la carta Iª ad Timotheus cap. 6 y 9 y que no dudo las sabreis muy bien por razón del oficio de predicador que aveis tenido, pero nose si abreis cargado bastante de la consideración sobre ellas. Dice, pues, el Apostol que volunt divites fieri incidunt in tentationes et in loqueris diaboli et desideria mult inutilia et nociva quae mergunt homines in interitus et perditiones. Pareciaos que no teniendo todo lo que aviades menester para pasar la vida humana, porque la religión con las apreturas y estrechuras de los tiempos no puede saciar a sus religiosos en todo lo que han menester o por ventura queriendo vos hazienda o dineros por mas de lo que es menester lo tengan ni gasten los religiosos no an los cristianos, deseando como dice el Apostol ser rico, caisteis en la tentación y en el lazo de Satanás procurando serlo por los medios y caminos tan desproporcionados tratando de buscar y hallar y tesoros mediante los conjuros e invocaciones buenos o malos que a todo clavador dispuesto, pues los libros y papeles de que os valiades y queriades valer unos están prohibidos por hereticos como la Stregruno grafica de Tritemio que ya teniades sabiendo estaba prohibida y otros son supersticiosos y algunos con la Clavicula de Salomón o la Clavis triplex que buscabades sospecha vehemente de pacto explícito con el demonio y todo el indigno de que un hombre cristiano les tuviese cuando mas un relligioso sacerdote confesor predicador de primera de Teologia.

Caisteis también en lo que también dice el Apostol in desideria multa inutilia et nociva qua mergunt homines in teritus et perditiones, adonde advierte Teophilato que en el original griego en lugar de inutilia et nociva ay una palabra que dice Aulan et amentia que es decir que

---

[32] A.H.N., libro 1265, fols. 421 a 425.

deseavades ser rico por medios nuevos y locos porque ¿qué mayor locura y necedad, pregunto yo, pueda ser que esperar tener algo y no conseguirlo por medio de esta locura y necedad en que vos y otros como vos aveis dado de inquirir, buscar, descubrir y esperar hallar tesoros y riquezas pro medio de conjuros y supersticiones?

Todas estas cosas dice el Apostol que traen a los hombres a la muerte y a la perdición en la otra vida y en esta al estado presente en que os veis. No se contenta el Apóstol con lo dicho, sino que pasa adelante y hablando de la codicia de la haçienda sin decir aun por los medios tan desordenados de los que usavades dice que Radix maius maleus est cupiditatur, que es raiz de todos los males que bien se ve verificando en la ocasión presente pues para poder conseguir alo que deseavades a ningún mal se perdonava ni a los vivos ni a los muertos, ni a las aves ni a las yervas, y lo que mas es, ni a los sacramentos como se ve en el abuso de la santa ola de la extramaunción y en las muchas misas sobre los huesos de los sapos y de muertos dijisteis. Desta codicia y deseo desordenado de hacienda, prosigue el Apostol y dice guay quidam apetenter es saverum a flide et inseverunt se doleribus multis. No se que se pueda decir cosa mas ajustada en la materia pues esta codicia y deseo de hazienda os hizo venir no a errar en la fe por la misericordia grande de Dios, pero a estar muy cerca dello, pues facilitando estos medios dixisteis y posiciones que tomavades en sentido riguroso eran heregias formales y interpretandolas ellas y todas vuestras acciones con la benignidad posible os constituyen por lo menos en sospechoso en la fe y como a tal se os manda abjurar et inserveruntse doleribus multos, desto ninguno puede ser mejor testigo que vos que dolores no aveis pasado, dolores al tiempo de la prisión, dolores en las cárceles, dolores en la verguenza y conclusión de la ocasión presente, y finalmente dolores para toda la orden que es un religioso que se veía antes de ahora se mas de quedar sin ellos aveis de quedar a todo para siempre entre los vuestros. Y no me maravillo que este es el fruto que de semejantes acciones se saca que es fructus sahurtis iniis in nunc e ubiscitis [...]

Como vemos, los inquisidores reprendían en un tono severo, pero un tanto paternal, al sacerdote que usaba los conocimientos mágicos, al parecer procedentes del folklore popular (los sapos, las misas, etc., a las que se hace alusión en el texto) para intentar desencantar un tesoro. Lo más significativo de este texto lo constituye, desde mi punto de vista, el hecho de que los miembros del tribunal consideraran interesante conservarlo en la colección de libros denominada genéricamente «Varios para la Recopilación», en la que se reunieron aquellos fragmentos más interesantes para la casuística del tribunal. De alguna manera, esto prueba la frecuencia con que los frailes y hombres de Iglesia incurrían en estos delitos, que hacían necesaria la existencia de una copia de este tipo de reprimendas a modo de prototipo al que se podía recurrir en el momento oportuno.

Un caso sumamente característico en este sentido lo representa fray Francisco de Montes Gayangos [33], religioso dominico que residía en Madrid y que fue procesado por el Santo Oficio de Toledo en 1630. La denuncia la llevó a cabo un tal Domingo Pardo, cuyo confesor le había ordenado que delatara la intervención que había tenido en un caso de búsqueda de tesoros. Este Domingo Pardo había entrado en contacto con un tabernero que se llamaba Juan Marcos para buscar un tesoro que estaba escondido en un jardín. Domingo Pardo pensaba contar con la ayuda de dos gitanas, una de las cuales se llamaba Bárbara y disponía de un familiar. No parece, sin embargo, que diera buen resultado ese intento, porque el tabernero se vio obligado a llevar a cabo una segunda búsqueda, esta vez con la ayuda de un soldado que utilizó conocimientos más profundos. Según parece, disponía de unas varillas en las que había unas letras escritas en hebreo, realizó unos círculos en el suelo con una cédula pronunciando unas palabras que hicieron estremecer el suelo. Según declaró el tabernero, sintió que se le pusieron «los cavellos muy altos». El soldado que llevó a cabo estas operaciones era, en realidad, nuestro religioso dominico, de quien la Inquisición procuró en seguida hacerse cargo.

Francisco de Montes Gayangos fue detenido, y el 5 de marzo de 1631 pidió audiencia voluntaria para confesar los pecados a causa de los cuales suponía que había sido detenido por el Santo Oficio. Desde su punto de vista, todo había sido motivado porque en el mes de julio del año anterior había contado algunas cosas ante un miembro de la Inquisición, tales como que había trazado un círculo y entrado en él, invocando demonios, con el objeto de sacar un tesoro, aunque nada de lo que dijo era verdad. Fray Francisco intentó disculparse cuanto pudo al relatar los acontecimientos, no obstante lo cual los calificadores estimaron que su declaración demostraba que había pacto e invocación de demonios, así como varios hechos «hereticales». Los inquisidores, perfectamente conscientes de que el fraile no confesaba toda la verdad, votaron que se le sometiera a tormento, del que pudo librarse gracias a que se encontraba enfermo. A causa de la gravedad de los hechos, tuvo que prestar varias declaraciones, pero no es posible llegar a ninguna conclusión nueva, y el proceso resulta interesante, aunque confuso.

De acuerdo con la versión que fray Francisco dio al Santo Oficio, don Cristóbal Chirinos y don Agustín de Roda acudieron

---

[33] A.H.N., Inq., leg. 92, n.º 1.

a él en compañía de un mozo con quien pensaban ir a desenterrar un tesoro encantado que estaba en Carabanchel de Arriba, y le pidieron que les ayudara. Fray Francisco se unió al grupo en el que también estaba un tal Miguel Pérez que tenía orden del rey para buscar tesoros, y otras personas, de tal manera que componían un grupo relativamente numeroso de cazadores de fortuna. Una de ellas le dio para que lo copiara un cuaderno en el que estaba escrita la *Clavícula de Salomón* y el *Examerón* de Petro de Abano. El fraile asegura en su declaración que él no sabía en aquella ocasión que estaban prohibidos, aunque lo comprendió en cuanto los leyó. A pesar de ello, los copió, y se los devolvió a Simón Pérez, el buscador profesional de tesoros, quien probablemente no los entendió porque no sabía leer. Un tal Agustín Verdugo llevó también la *Clavícula* en un cuaderno de mano, y de él sacaron la forma en que se debían hacer los «pentáculos». En este punto se interrumpió la audiencia por haberse hecho demasiado tarde.

Cuando continuó su declaración, fray Francisco explicó que los pentáculos son unos pergaminos que llaman «carta nonnata» porque se hacían a base de cuero de animal abortivo o virgen, en cuyo caso se llama «carta virgen». Fray Francisco añade que ignora cuál es el animal que se utiliza en estos casos, aunque se figura que se trata de la vaca. Uno de los miembros del grupo le dio a otro cien reales diciendo que era «para los pentáculos», y luego el encargado llevó un pergamino con el que se hicieron. Parece que Agustín Verdugo fue quien realizó varios círculos, trazando unos dentro de otros. Entre el primero y el segundo círculo escribió unas palabras.

Al mismo tiempo que se iban haciendo estos pentáculos, se les iba echando agua bendita y se pronunciaban ciertas oraciones y salmos. El agua que se utilizó para estas operaciones había sido «preparada» asimismo con otras oraciones que estaban en la *Clavícula de Salomón* y que pronunció Agustín Verdugo. Luego se los entregaron a él, que los recibió de rodillas para dar a entender que cumpliría con lo que se le pedía, porque había que ponerlos debajo de la sábana y corporales del ara de un altar, y decir sobre ellos tres misas. Fray Francisco declara que debían ofrecerse a la Santísima Trinidad, y el Espíritu Santo, «aunque no está seguro», y repartirse en determinada forma, aunque tampoco se acordaba bien cómo...

Para «perfeccionar los pentáculos» se llevaba a cabo otra ceremonia que consistía en tomarlos en una mano, y en la otra una aguja en la que se hincaba un grano de incienso. Se prendía el grano con una vela de cera virgen, aunque no está muy seguro de este último punto. Los pentáculos se incensaban moviendo el grano alrededor de ellos mientras se pronunciaba un salmo que también estaba en la *Clavícula*. Los salmos que se decían en total eran unos doce, pero el que se repetía con más frecuencia era: «Deus, in nomine tuo salvus me fac», y luego una oración en la que se venía a decir, poco más o menos, lo que sigue: «Deus Abraham, Deus Isaac». Luego se corrigió y dijo que lo único que se repetía era: «Adonay Santissime, et potens onpiisime [*sic*] qui est alfa et omega...» Una vez que los pentáculos estuvieron preparados mediante estas ceremonias los depositaron envueltos en un tafetán en el cajón de un escritorio. Los pentáculos que fabricó por encargo de don Agustín Verdugo fueron los cuatro que ha mencionado, pero a solas hizo otro más, ya que así como se debían preparar de acuerdo con la *Clavícula* en este último hizo un círculo, y dentro de él unos caracteres en forma de estrella. A este pentáculo se le llama «sigillum Saturni ad tesauros» (*sic*). Siguiendo siempre las instrucciones de la *Clavícula de Salomón* hay que decir: «hoc signum in ora Saturni in plumbo valet ad tesauros» (*sic*). Interrogado por los inquisidores acerca del sentido de estos pentáculos, añadió que se hacían para tener en ellos defensa contra los espíritus y que cuando se trazaba un círculo que denominaban «almagno» se encerraban en él, los invocaban y con este método se descubrían los tesoros.

Fray Francisco de Montes fue sometido a varios y detallados interrogatorios, en los cuales a veces se desdijo de su declaración anterior asegurando que prestó testimonio no sabía lo que se decía por estar loco furioso. En otra audiencia, sin embargo, añadió que el tesoro que habían estado buscando pertenecía a un rey moro y que ascendía a dos millones y medio (¿de maravedíes?)*, aunque estaba custodiado por los demonios.

---

* Evidentemente se trataría de una cantidad enorme puesto que la correspondencia con las monedas actuales sería más o menos la siguiente:

1 maravedí = 1,10 pesetas
1 cuarto (4 maravedíes) = 4,4 pesetas
1 real (34 maravedíes) = 37 pesetas
1 ducado (375 maravedíes) = 400 pesetas.

«Hacia 1650 un trabajador no especializado solía ganar 4 reales diarios; un artesano, seis, un médico de pueblo, veinticinco ducados al mes... y un cura percibía por el estipendio de una misa dos o tres reales...» (Tomado de A. DOMÍNGUEZ ORTIZ, *Alteraciones andaluzas*, Madrid, Narcea, 1973, 237 p., p. 14).

Según otro testigo que también declaró en esta causa, no sólo se llevó a cabo la ceremonia descrita por fray Francisco para «componer» los pentáculos, sino que también se consagró un aposento con el fin de ofrecer un convite a los demonios. En esta ceremonia se quemó incienso y se les ofreció oro y comida a los espíritus, así como otras cosas incluyendo sus almas.

Según puede observarse en la causa seguida contra fray Francisco de Montes Gayangos, algunos frailes practicaban la magia culta y disponían de conocimientos, más o menos rudimentarios, de la Cábala y de los textos mágicos reputados y divulgados en esta época. La mezcla en este ritual de elementos que también parecen proceder de la religión oficial —tales como las bendiciones realizadas con agua bendita, aunque en este caso lo que se pronuncien sean salmos tomados de la *Clavícula* —junto a rituales puramente cabalísticos resulta tan impresionante y digno de ser señalado como en el repertorio de las mujeres de conocimientos modestos que hemos visto procesadas por hechicería. Resulta difícil pronunciarse acerca de si en ellas se inspiraron en los procedimientos de los grandes magos, o si estamos ante dos caminos completamente distintos que coinciden, sin embargo, en algunos puntos esenciales a causa de la decisiva influencia que debió ejercer sobre ambos grupos el ritual de la Iglesia oficial. Desde mi punto de vista, no podemos considerar a las mujeres que se dedicaban a la hechicería como un núcleo radicalmente separado de los astrólogos y hombres que practicaban la magia de alto coturno puesto que, como hemos visto, éstos no eran en realidad más que simples frailes como fray Francisco de Montes, o modestos profesionales como el herbolario Juan de la Comba, quienes debían mantener indudables contactos entre sí.

III. *Los buscadores de la zona levantina*

Además de los grupos que acabamos de examinar, conviene hacer alguna observación respecto a la actitud de las gentes de las distintas áreas españolas. Todos los ejemplos anteriores están tomados del tribunal de Toledo, lo que parece ser indicativo del enorme interés que se observa en la zona por estas cuestiones. Desgraciadamente, carecemos de datos suficientes sobre los tribunales de Sevilla, Granada y Córdoba, ya que los procesos son escasos y tampoco las Relaciones de Causas pueden servir para obtener una imagen completa de las prácticas hechiceriles por 'estas tierras, pero es posible suponer que la afición fuera aproximadamente la misma que en los restantes tribunales. Donde puede observarse una marcada tendencia a ocuparse en la búsqueda de tesoros entre las gentes del campo, a pesar del conocimiento fragmentario que tenemos también de las actividades de este tribunal, es en la zona valenciana. Hasta el tribunal de Valencia llegarán procesadas por este delito casi todas las gitanas de quienes se han conservado procesos. Según veremos más adelante, y con relativa frecuencia, surge en las Relaciones de Causas la pequeña historia de algún esclavo, fraile, etc., que fue denunciado por haber participado en la búsqueda de tesoros. En general, los relatos valencianos tienen un carácter colorista y barroco al que conviene que nos acerquemos, aunque sólo sea someramente, con el fin de que dispongamos de más datos a la hora de observar el comportamiento de las hechiceras gitanas de esta zona procesadas por la misma causa.

En 1692 fue condenado por el tribunal valenciano a abjurar *de levi* un tal Juan González [34], cristiano nuevo, esclavo de Felipe Bru, familiar este último del Santo Oficio y vecino de Játiva. La descripción del esclavo demuestra su origen más o menos exótico: era natural de Argel, tenía 34 años y era «negro atezado», pelo negro y barba atezada. Según los que testificaron contra él, estaba en el campo, mirando un castillo y haciendo gestos extraños, cuando se le aproximó una persona que se ofreció a ayudarle si le ocurría algo. Juan González y su amigo comieron juntos en casa del segundo y, aprovechando esta oportunidad, el esclavo reveló que en el castillo había enterrada «mucha moneda» que él podía entregarle si le guardaba el secreto. Como es fácil adivinar, se pusieron rápidamente de acuerdo y Juan González pidió que le entregaran gran cantidad de cera verde con la que hizo cinco velas mientras pronunciaba el nombre de Luzbel y otros semejantes. Dejó dos encendidas en la casa de su socio, encomendándole mucho que no se apagaran, y a continuación fueron hasta el castillo donde se suponía que estaba el tesoro. Llevaban cuatro talegas llenas de pepitas de melón agua, ceniza, un trozo de carne envuelta en un paño, un pie y un pedazo de «enjundia de gallina», amén de cabellos femeninos procedentes de debajo de los brazos, la cabeza y las «partes verendas».

Al llegar al castillo encendieron las velas, Juan se acercó a un aljibe y dijo: «Luzbel, o, ya está aquí». Le llamó varias veces, y

---

[34] A.H.N., Inq., leg. 87, n.º 12.

también pronunció el nombre de Caifás, Barrabás y otras palabras mientras tomaba tierra con las manos y la arrojaba dentro del aljibe. Después leyó un pergamino mientras pedía a los demás que le sujetasen fuertemente por los brazos, para poder arrojar las pepitas de melón al interior de la cueva que estaba al lado del aljibe junto con la ceniza y la carne. La persona que llevó a cabo esta operación debía decir: «Madre de los diablos, cómete eso.» Un segundo debía tirar el trozo de gallina y exclamar: «Cómete ese pie y que revientes», y un tercero echar al suelo la enjundia y enterrarla. Finalmente, les mandó llenar los sacos de tierra asegurándoles que se convertirían en monedas de oro cuando llegaran a su casa.

Para completar estas ceremonias, perfumó las arcas en que pusieron las talegas, mandó retirar los santos pintados que había en la sala, pronunció algunas palabras que no se entendieron, pidió un rosario, le quitó la cruz y una medalla que tenía, lo puso delante de una de las arcas, y finalmente mandó extender una sábana delante de ellas que dijo serviría para colocar la moneda.

Como todavía no debía parecerle suficiente ritual, se sangró él mismo, mandó matar y sangrar un cordero para enterrar juntas ambas sangres, anunciando que se «acercaba la hora». Además, mezcló agua, vinagre, aceite y cenizas en una caldera, lo revolvió todo diciendo que con esto se «purificaría la moneda», también mandó matar una gallina blanca para que la comieran todos los interesados en el asunto.

Todas estas barrocas ceremonias no estaban totalmente desprovistas de sentido, según puso de relieve Juan González en su declaración voluntaria ante el Santo Oficio el 16 de septiembre de 1689. Al parecer, Juan González se había escapado de casa de su amo después de algunas discusiones, consiguiendo refugiarse en la del hombre con quien estuvo buscando el tesoro; seguramente con el fin de lograr esta ayuda, le había convencido de que era zahorí y veía la moneda enterrada. Como resulta fácil deducir, las complicadas ceremonias habían sido necesarias para prolongar su estancia en casa de su anfitrión e impedir que su amo le encontrara. De esta manera, había conseguido reponer fuerzas comiendo gratis durante unos días mientras proseguía su fuga de regreso a Argel. Como suele ser la regla, la declaración del esclavo despoja al relato de los detalles coloristas —probablemente ciertos— con que han hecho su exposición al tribunal los testigos y frustrados propietarios del tesoro, pero el esquema de la historia sigue siendo el mismo. Resulta lógico suponer que el procesado trata de evitar los detalles «enojosos» que pueden agravar su situación, mientras sus acusadores actúan a la inversa.

Juan González fue condenado a una pena muy similar a la que se solía dictar contra las hechiceras que participaban en «supersticiones adivinatorias-amatorias»: abjuración *de levi*, gravemente reprendido, advertido y amonestado y seis años de destierro de Játiva, Hule y Madrid, amén de doscientos azotes por las calles públicas antes de salir para su destierro.

También en el siglo XVII tuvo lugar la actuación de Feliciano Piquer, pintor de oficio, de 50 años de edad y natural de Valencia, que salió en el auto de fe de 1673 condenado a abjurar *de levi* como supersticioso buscador de tesoros [35]. Feliciano había sido requerido por una mujer de 34 años que deseaba averiguar la fórmula para sacar el que había oído decir estaba enterrado en su casa. Feliciano inspeccionó el subterráneo de la vivienda y aseguró que «allí había tesoro», preparándose luego a desencantarlo. A este efecto, mandó que una muchacha de 16 años, doncella, pusiese agua clara en una ampolla grande de vidrio, mirara en ella, y que repitiera unas palabras que él leía en un papel:

> sancte latiana,
> por tu sanctitate
> y pro la mia virginitate
> me dexeis ver si ay guardas
> malas o cualquier cosa que sea.

La muchacha se quejó de que no veía nada, y Piquer le respondió que probablemente no era virgen. Después de esta acusación, como es lógico, la muchacha agudizó la vista y se repitió la ceremonia mágica. Piquer le metió por el cuello el papel en el que había estado leyendo y ella aseguró que veía cosas de diferentes colores: azules, blancas, rojas... Piquer explicó que se trataba de perlas del tesoro.

La ceremonia de mirar en la redoma de agua se repitió varias veces y con diferentes intermediarios, siempre de sexo femenino, quienes también hicieron gala de la imaginación apropiada al caso. Según la propietaria del tesoro, que estaba embarazada, en el agua no sólo se veían diversos colores, sino también a un «turco» y varios «animalotes». Ante esta ampliación de la visión, Piquer explicó que esto era debido a que al estar ella embarazada

---

[35] A.H.N., Inq., libro 943, fol. 325.

«lo veía todo». La misma mujer llegó a ver en otra ocasión a una viuda con un libro en la mano y una doncella «muy polida».

Como cabe suponer, no se limitaron a mirar en la redoma sino que cavaron un hoyo lo suficientemente grande como para que cupiera una persona, y Piquer mandó entonces a la doncella que se introdujera en él, mirando con atención si aparecía algo. Sólo salieron dos escarabajos, de los que Feliciano aseguró que se trataba de los demonios que guardaban el tesoro, y se los llevó.

El tesoro no apareció y Piquer anunció a sus clientes que era preciso llevar a cabo una diligencia más complicada. Aseguró que había que verter «lágrimas de doncella» en el hoyo, a cuyo efecto él azotaría a unas muchachas. Durante unos días propinó azotes a unas jovencitas y realizó con ellas «actos torpes» —según la terminología inquisitorial— muy similares a los que luego veremos emplear a los hechiceros gitanos que se ocupaban también de estos asuntos.

Indudablemente, la preocupación de las gentes del campo valenciano por los posibles tesoros, encantados o sin encantar, que pudiera haber debajo del suelo que trabajaban, era inmensa. Ya en el siglo XVIII —época en la que también hubo un enorme interés por este asunto, según se desprende de los procesos en los que intervinieron gitanas—, el alcalde de Alcira tuvo que intervenir en un suceso en el que habían participado numerosos vecinos del pueblo y otros lugares. El asunto fue tan sonado que el alcalde mandó prender a los cabecillas más notables, algunos lograron escapar, y finalmente puso el proceso en manos de la Inquisición de Valencia.

Después que el asunto pasó al Santo Oficio, acudieron a delatarse hasta quince personas, de cuyas declaraciones resultó que uno de los principales líderes en la búsqueda de los tesoros era un religioso trinitario calzado que con roquete, estola, un cirio encendido y carbón, que habían sido bendecidos por él, y haciendo varios círculos y formando algunas figuras, todo ello según un libro, llevaba a cabo las operaciones mágicas y conjuros con que encontrar la moneda.

El proceso debió ser tan complicado y prolijo que el propio tribunal se lamenta de las dificultades con las que tropieza para desenredar la maraña de testimonios, auto-delaciones, etc.: «Por las dichas declaraciones hechas por los complices en este tribunal se descubre que el número de todos ellos serán de treinta a cuarenta, y assí aunque desde luego que empezaron los complices a presentarse en este Santo Oficio, se ha trabajado sin pérdida de tiempo en formar las sumarias a cada uno de los complices según estilo; como son tantos los que resultan y largas las declaraciones recibidas, no se ha podido adelantar lo que se quisiera en este negocio, ni se podrá practicar en muchos dias por ser de larga extensión lo que hai que copiar para cada una de las sumarias...»

IV
LA HECHICERÍA GITANA

10
EL MITO: «LA TRIBU MÁGICA»

GITANOS Y LITERATURA

Si tenemos en cuenta la frecuencia con que fueron procesadas las gitanas por el Santo Oficio —según se observa a través de las «relaciones de causas»— en relación de sus prácticas supersticiosas, no resulta sorprendente la fama de «gente mágica» de que gozaron a lo largo del Antiguo Régimen en España y fuera de ella. Según Clébert [1], la peor acusación que pudo caer sobre ellos en su caminar por Europa es esta de tratarse de un grupo de adivinos y brujos, pero ya hemos visto que no se puede decir que esta suposición resultara fatal para ellos en nuestro país. Julio Caro Baroja señala que ésta es una acusación [2] corriente y recíproca entre los pueblos hostiles, y que en el caso de los gitanos hay que subrayar la desconfianza que debía provocar entre los cristianos viejos la presencia de un grupo nómada, misterioso y poseedor de una lengua extraña, pero es preciso recordar, por otra parte, que los propios gitanos parecían interesados en fomentar esta fama terrible y peligrosa, pero también lucrativa. Desde los primeros momentos de su aparición en Europa, las gitanas utilizan ya este recurso —puesto que de eso se trata— para aproximarse a los no-gitanos de quienes piensan que pueden obtener algún beneficio. El canónigo parisiense, autor de la crónica conocida como *Journal d'un bourgeois de Paris,* les describe a su llegada a París en 1427 como sigue [3]:

---
[1] J. CLÉBERT, *Los gitanos,* ed. cit., p. 16.
[2] J. CARO BAROJA, *Vidas mágicas e Inquisición,* ed. cit., p. 59.
[3] *Journal d'un bourgeois de Paris sous François Ier,* París, Union Générale d'Editions, 1963, citado por J. BLOCH, *Los gitanos,* Buenos Aires, Editorial Universitaria, 1968, p. 7.

Casi todos tenían ambas orejas perforadas, y llevaban en cada una de ellas uno o dos aros de plata; decían que en su país era signo de nobleza. Los hombres eran muy negros, de cabellos crespos; las mujeres las más feas que puedan verse. Todas tenían el rostro surcado de arrugas, cabellos negros como la cola de un caballo, y vestían una vieja manta muy ordinaria, prendida al hombro con un lazo de paño o de cuerda y bajo esa prenda, como todo adorno, un pobre corpiño, o una camisa. Eran, en suma, las criaturas más miserables que jamás se haya visto en Francia.

Estos exóticos visitantes causaron, como ya se supondrá, sorpresa y miedo, lo que se comprende mejor si tenemos en cuenta la observación que añade la crónica:

A pesar de su torpeza había entre ellos brujas que adivinaban examinando las líneas de las palmas de las manos lo que a uno le había ocurrido o había de pasarle. Con sus afirmaciones trajeron dificultades a varios matrimonios, pues, le decían al marido, «Tu mujer te ha coronado», o a la mujer «Tu marido te es infiel». Lo peor era que mientras hablaban a los curiosos, ya por arte de magia o por otro procedimiento, ya sea por obra del enemigo que está en el infierno o por hábiles manejos, les vaciaban de dinero las bolsas para engrosar la propia, según se decía.

Esta colorista escena coincide con la que se hace de la llegada de otro grupo de gitanos a Italia, más o menos en las mismas fechas [4]:

Mucha gente fue muy respetuosamente al encuentro de la mujer del duque para hacerse decir la buenaventura por ella y efectivamente pasaron muchas cosas; algunos se enteraron de su futura suerte; pero, en todo caso, ninguno regresó sin que le hubieran robado su bolsa o tal o cual prenda de su vestuario. Las mujeres de este pueblo recorrían la ciudad de seis a ocho de la tarde, exhibían sus talentos en las casas de los burgueses y se apoderaban de todo cuanto quedaba al alcance de sus manos. Otras, entraban en las tiendas simulando querer comprar, pero en realidad, era exclusivamente para robar.

Como vemos, en estos textos, las artes adivinatorias y la necesidad de sobrevivir van unidas. Imposible llevar a cabo los trucos del prestidigitador sin distraer la atención de los espectadores. El «burgués de París» añade la siguiente observación:

bien es verdad que tanto muchachas como varones eran más astutos que nadie.

---

[4] MURATORI, *Cronaca di Bologna*, 1749, cit. por J. CLÉBERT, *ob. cit.*, p. 51.

La astucia gitana; he aquí otro tópico sobre este pueblo que, sin embargo, no parece susceptible de desmitificación. Sin demasiadas posibilidades para insertarse en la sociedad no-gitana, el gitano ha hecho de la supervivencia un auténtico arte. Sus «artes mágicas» no son otra cosa, según veremos, que una de estas habilidades para sobrevivir. La imaginación del gitano, al servicio de su imperiosa necesidad de comer, es barroca y demuestra un conocimiento somero, pero profundo, de los resortes del alma humana. Las anécdotas a propósito de sus engaños dan fe de un comportamiento muy similar al de las demás hechiceras cuyos trucos han quedado recogidos en los fondos inquisitoriales. Según J. Bloch [5] un capitán de gitanos llamado Juan Carlos engañó en Francia a un sacerdote gracias a la siguiente artimaña: El grupo estaba acampado en un pueblo cuyo cura era muy rico y avaro. Como el hombre no se movía nunca de su casa, los gitanos no lograban encontrar la oportunidad propicia para robarle. Fingieron entonces que había habido un crimen entre ellos y que iban a ahorcar al culpable, quien había pedido un sacerdote para confesarse. Fueron, por consiguiente, a buscar al cura rico y avaro, que se resistía a abandonar su casa y no lo hubiera hecho si no le obligaran sus propios feligreses. Cuando el cura llegó al pie de la horca, el «condenado» exclamó que quería apelar ante el rey del Pequeño Egipto, y todos levantaron el campamento antes de que el cura pudiera regresar a su casa y comprobar que le habían robado durante su ausencia.

De la misma forma que hemos visto a este grupo apelar a la astucia para conseguir sus fines, veremos a las hechiceras recurrir a la credulidad del no-gitano y a su fama de «gentes mágicas» para sobrevivir. Las gitanas se apoyan en su reputación en este sentido para conseguir algún dinero, comida o ropa del ingenuo campesino sin variar apenas, a lo largo de los siglos XVI; XVII y XVIII su repertorio para encontrar algún tesoro escondido, ayudar a algún amante en apuros, o «componer» una piedra imán que permita ganar en el juego y tener suerte. Lo mismo el ingenuo campesino que la encopetada dama creen tan a pies juntillas en los poderes de estas mujeres que Caro Baroja les ha llamado atinadamente la «tribu mágica», según el título de este capítulo. En efecto, al igual que en Francia e Italia, los gitanos gozaron en España de una gran reputación como adivinas, mujeres aficionadas a cuestiones supersticiosas y embaucadoras. Así las describe

---

[5] J. BLOCH, *ob. cit.*, p. 13.

ya el padre Martín del Río, hacia 1600, y toda una serie de autores del Siglo de Oro en los que es preciso detenerse ahora.

Al igual que en el caso de los memorialistas, la visión que se desprende de los gitanos a través de los autores del Siglo de Oro no es demasiado positiva. Martín del Río les atribuía una estrecha relación con el diablo, gracias a la cual conseguían que el dinero de las bolsas ajenas pasara a las suyas mientras leían las rayas de las manos [6]. En efecto, su habilidad para leer el porvenir era tan conocido que el mismo tratadista considera necesario hacer una digresión, en la que resume todos los datos conocidos acerca de la historia de la minoría [7], al llegar al apartado en que se ocupa de la Quiromancia, o lectura del porvenir a través de las rayas de las manos. Según Del Río, tanto las mujeres como los hombres se entregan a prácticas mágicas, y a pesar de ello, disfrutan de una impunidad casi total [8].

La imagen de la gitana que pide limosna y dice la buenaventura es ya una estampa tan conocida y familiar durante el siglo XVI que su salida a escena constituye un recurso pintoresco utilizado con frecuencia por los autores de comedias. Lope de Rueda, Gil Vicente, A. de Solís, Lope de Vega y Cervantes, entre otros [9], las retratan pidiendo limosna y animando la compasión de las gentes con el recurso de la buenaventura.

La escena que Juan de Timoneda[10] imaginó en la *Comedia*

---

[6] Martín DEL RÍO, *Disquisitionum magicarum libri sex,* Venecia, 1616, lib. IV, cap. III, quaestio IV) Madrid, Biblioteca Nacional. «Anus eorum chiromantiae, et divinationi intendunt, atque interm quo quarentibus dant responsa, quot puerosm narutis aut xores sint habitari miro astu, et agilitate enumeras quarentium rimantur, et evacuant». [La primera edición de este libro se publicó entre 1599 y 1600 en Lovaina.]

[7] Del Río recoge todas las noticias conocidas entonces acerca de los gitanos, en cuya crítica no es oportuno entrar ahora, como su origen egipcio y el haber negado asilo a la Virgen María, causa de su deambular por Europa.

[8] DEL RÍO, *ob. cit.* «Nam scelerum impunitatem permitit, qui sceleratos tolerat. Si hos jures licet tolerare, certe, et alios. Si horum chiromantia et maleficia reliqua toleratur: non id est viti contra divinae legis, et Ecclesiasticorum canonum auctoritatem.»

[9] Sobre los gitanos en la literatura española hay un precioso artículo de Julio CARO BAROJA, «Los gitanos en cliché» (en el libro *Temas castizos,* Madrid, Istmo, 1980). Apareció en primer lugar como epílogo del libro de CLÉBERT *Los gitanos* en 1965, con la confusión de atribuirle a Caro Baroja la Introducción y a Clébert el epílogo. Puede verse también la edición dactilografiada del trabajo de Bernard LEBLOND, *Les gitans dans la littérature espagnole,* Toulouse, Université de Toulouse, 1982.

[10] Juan DE TIMONEDA, *Turiana, colección de comedias que sacó a la luz Juan de Timoneda,* jornada IV (en *Obras completas,* Valencia, 1911).

llamada Aurelia debía ser familiar a todos los espectadores y provocar, por tanto su regocijo:

Perogordo:	Cara de toda puxança
	garridica
	danoz, por Dios, hermozica
	a estoz pobrez gitanoz.
Alonso:	Christianoz çomoz, christianoz
	danoz una limosnica.
Gitana:	Para esta criaturica
	danoz pan.
Perogordo:	E que nada no haremoz
	harta fortuna traemoz.
Aurelia:	Que ay os lo sacarán.
Gitana:	¡Ea, daca! e decirte
	la ventura.
Aurelia:	Desdicha tengo segura
	¿qué más me hareys saber?
Alonso:	¿No sabez que te haz de ver?
Aurelia:	¡Por Dios, la cosa está escura!
Gitana:	Daca, cara de frezcura
	y sabráz
	que venturica que habraz.
Aurelia:	¿Seré otra vez casada?
Gitana:	Cazada ni dezpozada
	no erez, mas sello haz;
	mucho triztezica eztaz
	cara de flores.
Perogordo:	Edad a eztoz peccadorez
	que andamoz en penitencia.
Alonso:	Todo ce tome en paciencia
	no zomoz tan malhechorez.

Las predicciones de las gitanas, como es lógico si tenemos en cuenta su clientela, suelen referirse a cuestiones amorosas, relaciones conyugales, futuros matrimonios o posibilidades de alcanzar la riqueza. La profecía se suele entremezclar con referencias al temperamento de la persona interesada y sus circunstancias personales. Así lo describe Cervantes [11] cuando la supuesta gitana de *La gitanilla* dice la buenaventura a una señora casada, según todas las reglas que ha aprendido gracias a la vieja que la ha educado:

«Hermosita, hermosita,
la de las manos de plata,
más te quiere tu marido
que el Rey de las Alpujarras.

---

[11] Miguel DE CERVANTES, *La gitanilla,* tomo I, p. 29.

> Eres paloma sin hiel
> pero a veces eres brava
> como leona de Orán
> o como tigre de Ocaña
> pero en un trás, en un tris
> el enojo se te pasa
> y quedas como alfiñique
> o como cordera mansa.
> Riñes mucho, y comes poco;
> algo celosita andas
> que es juguetón el Tiniente
> y quiere arrimar la vara.

Hasta aquí, Preciosa le ha dicho a la señora las generalidades más precisas de su buenaventura que, a continuación, mezclará con predicciones agridulces y alguna que otra exploración del pasado, en un alarde de sabiduría. Cuando su cliente se pone a llorar al anunciarle el fallecimiento de su marido, matiza el vaticinio con buenas noticias acerca de la prole, y con la posibilidad de que no llegue a enviudar. Los versos de Cervantes son muy notables, y el parecido con la técnica de las gitanas también:

> Cuando doncella te quiso
> uno de una buena cara:
> que malhayan los terceros
> que los gustos desbaratan.
> Si a la dicha tu fueras monja,
> hoy tu convento mandaras
> porque tienes de abadesa
> más de cuatrocientas rayas.
> No te lo quiero decir...
> pero, poco importa, ¡vaya!
> Enviudarás, y otra vez,
> y otras dos, serás casada.
> No llores, señora mia,
> que no siempre las gitanas,
> decimos el Evangelio;
> no llores, señora, acaba.
> Como te mueras primero
> que el señor Tiniente, basta
> para remedar el daño
> de la viudez que amenaza
> has de heredar y muy presto
> hacienda en mucha abundancia.
> Tendrás un hijo canónigo;
> una hija rubia y blanca,
> tendrás, que si es religiosa,
> también vendrá a ser perlada.

> Si tu esposo no se muere
> dentro de cuatro semanas,
> verásle corregidor
> de Burgos o Salamanca.
> Un lunar tienes ¡qué lindo!
> ¡ay, Jesús, qué luna clara!
> ¡qué sol, que allá en las antípodas
> escuros valles aclara!
> Más de dos ciegos por verle
> dieran más de cuatro blancas...!
> ¡Agora sí es la risica!
> ¡Ay, que bien haya esa gracia!
> ¡Guárdate de las caídas!
> principalmente, de espaldas;
> que suelen ser peligrosas
> en las principales damas.
> Cosas hay más que decirte
> si para el viernes me aguardas
> las oirás, que son de gusto
> y algunas hay de desgracias.

La relación que establece Cervantes entre esta señora casada a quien interesa oír cuáles han de ser sus relaciones con su marido era otro lugar común utilizado con frecuencia tanto por las gitanas como por las mujeres que practicaban la hechicería en general, según sabemos, y en este sentido Lope de Vega hace referencia en *El Arenal de Sevilla* a este punto clave de la magia popular:

> Iré
> sin duda, y allá os diré
> untos y aceites extraños
> para el rostro, para dientes,
> para el cabello y las manos
> y hechizos que veréis llanos.
> Para enloquecer las gentes
> tengo piedras, yerbas, flores
> oraciones y palabras,
> nóminas que quiero que abras
> para secretos de amores
> que te quitarán el seso [12].
> (Ap. ¡Qué les digo de mentiras!)

---

[12] Lope DE VEGA, ed. cit., acto II, escena VI, 1943. Tanto la gitana de Cervantes como esta de Lope son, en realidad, falsas gitanas, puesto que la de Lope es una enamorada disfrazada, y la de Cervantes una niña que había sido raptada, lo que refuerza mi punto de vista de que los autores del Siglo de Oro utilizan a las gitanas a causa del buen efecto que produce entre los espectadores. Esta utilización no disminuye el carácter «realista» de sus interpretaciones.

Las cuestiones amorosas que tanto preocupan a la mayor parte de las mujeres durante el Antiguo Régimen —y aún después— proporcionan un alto porcentaje de obras a los literatos y las gitanas salen, pues, a escena para dar la pincelada exótica con su predicción acerca de la suerte que espera a la protagonista. La gitanilla de Solís —como la de Cervantes—, Lope, etc., vuelve sobre este mismo tema:

> Muchoz te quieren a ti.
> Entre uno y otro amador
> como la hojita en el árbol
> ze te anda el corazón.

El recurso de la gitana que dice la buenaventura no se agota cuando la protagonista ya está casada, puesto que la fidelidad conyugal, la prosperidad etc., constituyen preocupaciones fundamentales tanto para hombres como para mujeres. Así lo expresa la gitana que sale a escena en *Romances de Germanía,* de Juan Hidalgo:

> Parirás dos hijos
> le dice la sabia
> y dírate el uno
> la misa cantada.
> Vendrá a ser el otro
> si se da a las armas
> capitán o alférez,
> querránle las damas [13].

A pesar del excelente efecto que producen las gitanas expertas en el conocimiento del futuro y las cuestiones amorosas sobre la escena, los mismos autores que suelen divertir con ellas al espectador ponen en duda sus conocimientos y la fe que ellas mismas profesan en las cuestiones mágicas. En este sentido, el diálogo entre el cura y el protagonista de *El donado hablador* es uno de los ejemplos más claros y significativos de lo que pensaban los autores de los siglos XVI y XVII respecto de la hechicería y el significado profundo de las andanzas de las hechiceras gitanas. Ante la pregunta del cura, «¿Diga, hermano, ya que anduvo con esas mujeres, por ventura saben algo? ¿Alcanzan alguna ciencia? ¿O sus pasados enseñáronles algunas señales para el conocimiento del porvenir?», Alonso se lanza a un largo discurso en el que

---

[13] Juan HIDALGO, *Romances de Germanía,* Madrid, 1779.

resume algunas ideas acerca de las artimañas de los gitanos para salir del paso y burlar el hambre:

Alonso.—¿Qué ventura puede dar la que siempre anda corrida, sin sosiego ni descanso alguno? ¿La que no sabe de su suerte, ni las cárceles en que por la mayor parte y de ordinario vienen a parar? Que a saberlo guardáranse y estorbaran innumerables afrentas y trabajos en que cada día las vemos. [...] estos nuestros gitanos [...], criados en un monte adonde atienden más a buscar de comer que a estudios ni ejercicios de letras, ¿de qué lo han de saber?» [14]

Para demostrar la veracidad de sus afirmaciones, Alonso cuenta a continuación al cura el engaño que hizo una gitana a una viuda sin hijos con el truco del tesoro, del que volveremos a hablar más adelante, y su interlocutor queda convencido y exclama sentenciosamente: «La necesidad, hermano, es madre de la industria, y la pobreza es causa de mil ingeniosas trazas de vivir.» Probablemente, no se puede resumir de mejor manera la actitud de nuestras hechiceras gitanas.

La misma postura racionalista que adopta Jerónimo de Alcalá en *El donado hablador,* es seguida por Cervantes en *El coloquio de los perros* e incluso llega a escena con Solís:

«Cuando piden limosna, más la sacan con invenciones y chocarrería que con devociones; y a título que no hay quien se fíe de ellas [...]» [15]

Solís procura desengañar a sus espectadores acerca de estas artes poniendo en la boca de la propia gitana las siguientes palabras:

> Maz dejemoz dizparatez
> que zolo el vulgo creyó
> que le he dezir verdad;
> todaz eztaz rayaz zon
> zeñalez de que la mano
> muchaz vezez ze zerró.

Trucos, engaños, recursos de la imaginación para sobrevivir, «arbitrios para vivir dictados por la pobreza» como concluye el cura de *El donado hablador.* Personajes de picaresca, según los ve Cervantes [16]. A pesar de todo esto, el personaje de la gitana

---

[14] Jerónimo ALCALÁ YÁÑEZ, *El donado hablador Alonso,* Madrid, Aguilar, 1956 (parte II, cap. III).

[15] A. DE SOLÍS, *La gitanilla de Madrid.* (En *Dramáticos posteriores a Lope de Vega,* Biblioteca de Autores Españoles, M. Rivadeneyra editor, jornada I).

[16] Miguel DE CERVANTES, *Novelas ejemplares,* ed. cit.

medio Celestina, experta en conocer el porvenir y los secretos del corazón —al igual que las necesidades de sus clientes— gozará de larga vida literaria y alcanzará, en cierto modo, su máxima expresión entre los románticos. El recuerdo de la gitana que echa las cartas a la Carmen de Mérimée —que hablaba vasco, según recuerda Caro Baroja [17]— basta para demostrarlo, aunque el personaje de Mérimée es probable que esté más lejos de la realidad que las gitanas de Lope de Vega y Cervantes.

---

[17] J. Caro Baroja, Prólogo a mi libro *Los gitanos españoles...*, p. 12.

11
EL REPERTORIO DE LAS HECHICERAS GITANAS

La tradición respecto a los conocimientos mágicos de los gitanos

Al analizar los conocimientos mágicos de las hechiceras y hechiceros gitanos volvemos a enfrentarnos con el arduo problema de la primitiva religión de los gitanos. La tradición hace depositarios a los miembros de la minoría de grandes conocimientos, ritos, y actitudes supersticiosos. Los estudios de carácter folklórico o antropológico, desgraciadamente son escasos o poco fiables.

En las páginas anteriores ya vimos la opinión de los autores españoles de los siglos XVI y XVII, pero ellos no son los únicos en presentar a los gitanos como hombres y mujeres aficionados a la magia, por unas u otras razones. La imagen del gitano o la gitana como persona supersticiosa, o profundamente religiosa es una de las más divulgada y conviene hacer una pequeña digresión al respecto antes de pasar a ver el repertorio de nuestras hechiceras tal y como se ha conservado en los anales inquisitoriales.

Aunque las opiniones de Borrow estaban fuertemente influidas por la lectura de los memoriales de Sancho de Moncada y Juan de Quiñones, don Jorgito había conseguido reunir una gran cantidad de datos acerca de la minoría, bastante notable para su época, que pueden considerarse exactos en su conjunto a pesar de los abultamientos literarios a que los sometió y la visión negativa que se desprende de ellos en muchas ocasiones. Acerca de las creencias religiosas de los gitanos, Borrow escribió la siguiente opinión que conviene recoger a causa del contenido testimonial que indudablemente, poseía después de su trato con los gitanos ingleses y españoles:

Si los Rommany creían en algún dios en la época de «su» éxodo debieron de olvidarlo rápidamente. Viniendo de la India, como seguramente vinieron, era imposible que conocieran al verdadero y debieron ser secuaces (si es que lo fueron de alguien) de Buddha o de Brahma... pero ahora desconocen esos nombres y no parece que hayan sido muy corrientes entre ellos después de su llegada a Europa, si en efecto lo fueron alguna vez, hasta donde podemos juzgar en nuestros días, no trajeron consigo ídolos ni prácticas o ritos de allá, pues no se encuentran trazas de ellos. Por tanto, cuanto se refiere a su religión originaria está envuelto en misterio y así permanecerá probablemente. Pueden haber sido idólatras, o ateos, o lo que son ahora, totalmente desdeñosos de toda especie de culto; y si no precisamente inclinados a negar la existencia de un Ser Supremo, tampoco cuidadosos de él como si no existiera, y sin mencionar jamás su nombre, salvo en los juramentos y blasfemias o en instantes de dolor o de súbita sorpresa, como han oído hacer a otras gentes, pero siempre, por su parte, pero siempre sin creencia ni esperanza fijas [1].

Las palabras de Borrow que acabamos de leer pueden servir como ejemplo de la credibilidad que debemos prestar a las divulgadísimas ideas del autor de «La Biblia en España». Borrow tenía, sin duda, razón al afirmar el origen hindú de los gitanos, y el misterio que envuelve su religión originaria, de la que no ha quedado entre ellos apenas ningún rastro. La ausencia de conocimientos y testimonios de carácter histórico le impedía, sin embargo, conocer —como lo hemos llevado a cabo nosotros a través de los procesos inquisitoriales anteriores— el carácter de las blasfemias o juramentos gitanos y la evolución de la minoría durante los siglos de su permanencia en España, a lo largo de la cual fueron adquiriendo un nivel de comprensión acerca de la religión cristiana similar a la de los grupos sociales próximos a ellos socio-económicamente. Borrow, sin embargo, nos trasmite la noticia de ciertas prácticas y creencias gitanas que merece la pena tener en cuenta, y cuya coincidencia con los testimonios inquisitoriales son casi totales.

La ausencia de conocimientos religiosos estructurados parece un rasgo común a los gitanos españoles y centroeuropeos. Françoise Cozannet asegura a este respecto que los gitanos carecen de una «auténtica religión» en el sentido de una institución con jerarquía propia y funciones específicas, lo que esta autora atribuye —coincidiendo también con Borrow— a su carácter nómada. Clébert tampoco atribuye [2] una religión concreta a la minoría gitana, pero ambos autores coinciden en señalar la profundidad

---
[1] G. BORROW, Los zíncali, ed. cit., p. 69.
[2] J. CLÉBERT, Los gitanos, ed. cit., p. 169.

de sus creencias religiosas y el interés de sus prácticas curativas o de carácter mágico. Según Cozannet —opinión con la que coincide en substancia Clébert [3]— los gitanos son monoteístas y han conservado el núcleo primitivo de sus creencias unidas a la religión positiva, Islamismo o Cristianismo, que han adoptado en los distintos países en que se han asentado.

Los ritos y costumbres tradicionales de los gitanos están muy vinculados a su actitud religiosa, y a un fondo que Cozannet considera casi subsconsciente y en el que las fuerzas de la naturaleza tienen una enorme importancia y presencia. Cozannet estima, muy atinadamente desde mi punto de vista, que la reputación supersticiosa de los gitanos está muy relacionada con esta actitud hacia el mundo que les rodea. Clébert también coincide con Cozannet en este punto, y atribuye a los gitanos una gran receptividad que tiene su origen en su condición de nómadas [4].

Según este autor, los gitanos llevan a cabo algunas ceremonias en Provenza o centro de Europa, tales como escupir en el agua o depositar hierbas en el carromato, para alejar un maleficio, pero el capítulo no es demasiado extenso ni sistemático a este respecto. El fallecido Walter Starkie, que convivió con numerosos grupos gitanos de toda Europa, nos proporciona un repertorio mucho más amplio de las «supersticiones» o creencias gitanas a propósito de las fuerzas naturales. Según Starkie [5], la vida de los nómadas se rige en gran parte por las creencias y ceremonias a través de las cuales la minoría trata de controlar al mundo que le rodea, al igual que ocurre con todos los pueblos en estrecha relación con la Naturaleza. Starkie —quien no siempre supo mantener una actitud científica en sus estudios— cuenta que los nómadas de Servia y Transilvania conservaban costumbres rituales en torno al nacimiento, bautismo de los niños, casamientos y fallecimientos, de origen indio. Cuando los niños nacen, se les coloca sobre un fuego para purificarle, y se le echan gotas de aguardiente en la cabeza marcando un círculo a su alrededor con una vara de avellano para protegerlo de los malos espíritus. El día de la boda, la novia procura echar unas gotas de sangre sobre el desposado, sin que éste lo note, para asegurarse su

---

[3] Françoise COZANNET, *Mythes et coutumes religieuses des tsiganes,* París, Payot, 1973.

[4] J. CLÉBERT, *ob. cit.,* p. 174.

[5] Walter STARKIE, «Curas medicinales entre los gitanos», *Medicamenta,* XII, Madrid, 1949, pp. 160-169. «Magia y medicina gitana», *Medicamenta,* XIII, Madrid, 1956, p. 35.

fidelidad. Los gitanos, según Starkie, atribuyen grandes poderes al fuego, que puede protegerles de los malos espíritus, y sienten tanto temor ante la posible influencia de éstos que cortan la cabeza de los cadáveres y la entierran en parte distinta al cuerpo con el fin de facilitar su descomposición y evitar que el espíritu del difunto ronde cerca de sus campamentos. De acuerdo con las noticias de Starkie, los gitanos —y especialmente sus mujeres— son expertos conocedores de hierbas y toda una serie de trucos y remedios relacionados con las caballerías [6]. Utilizan los venenos tanto como tóxicos como para realizar curas, y creen en las brujas y en el poder de los amuletos que venden a los campesinos interesados.

Las tradiciones y ritos de los gitanos españoles, a juzgar por los escasos testimonios de que disponemos, parecen, sin embargo, menos ricas y variadas que las de los gitanos europeos. Borrow recoge en su libro *Los Zincali* algunas costumbres, como el *drao,* que parecen relacionar a los gitanos españoles con los europeos, y otros testimonios que los aproximan inequívocamente a la hechicería tradicional en nuestro país. De acuerdo con el testimonio de Borrow, los gitanos llamaban *drao* al preparado venenoso que tenían la costumbre de poner en los pesebres del ganado para causarles alguna enfermedad e incluso la muerte. Don Jorgito aseguraba que en su tiempo ya había pocos gitanos que supieran prepararlo, aunque todos hablaban de este recurso que había sido utilizado con frecuencia por sus antepasados. Para sanar a los animales que habían enfermado asi, recurrían a procedimientos mágicos, siempre según Borrow, y ponían unas habichuelas llamadas *bobis* [7] en los pesebres. La razón de esta curiosa costumbre sería, como ya supondrá el lector, procurarse comida con facilidad y poco costo. «Por esos medios —dice Borrow— robustecían la opinión, ya muy extendida, de que eran gente dotada de poderes sobrenaturales que podían curar las enfermedades sin recurrir a la medicina. Por medio del *drao* se procuraban también víveres envenenando a los cerdos, como sus hermanos de Inglaterra hacen todavía, y dándose luego un festín con la carne abandonada por inservible. De ello dan testimonio alguna de sus coplas.» Desgraciadamente, nuestro autor no copia ninguna de estas canciones.

Además del *drao,* Borrow da cuenta del interés que sentían

---
[6] W. STARKIE, artículos citados.
[7] G. BORROW, *ob. cit.,* p. 166.

los gitanos españoles por la *bar lachi* o piedra imán, acerca de la que asegura:

Si los gitanos sienten apego por alguna superstición es, sin duda, por la que concierne a esta piedra, a la que atribuyen toda suerte de poderes milagrosos [8].

Poderes, por otra parte, que ya nos resultan familiares, pero que Borrow relata en el tono semi-novelesco, semi-científico que le caracteriza:

Creen que el poseedor de un imán nada tiene que temer del hierro ni del acero, del agua ni del fuego, y que la muerte misma no tiene poder sobre él. Los contrabandistas gitanos ansían procurarse esa piedra y la llevan consigo en sus expediciones; dicen que en el caso de ser perseguidos por los «jara-canallis» o aduaneros, se levantarán nubes de polvo que los esconderán de la vista de sus enemigos [9].

Parece que los ladrones atribuían también poderes similares a la piedra imán —al menos, según nuestro viajero— y procuraban llevarla encima cuando emprendían algún trabajo, pero la *bar lachi* resultaba realmente imprescindible en los casos de amores frustrados, etc. «Se cuentan casos extraordinarios de su poder para suscitar pasiones amorosas —sigue diciendo don Jorge [10]— y por este motivo anda muy solicitada por las brujas gitanas; todas estas mujeres son alcahuetas y conocen personas de los dos sexos lo bastante débiles y malvadas para hacer uso de su fingido conocimiento en la preparación de pociones y filtros de amor. En el caso de la piedra imán, sin embargo, no hay simulación, pues los gitanos creen en todo lo que dicen de ella y aún más, esto lo prueba el ansia con que procuran conseguir la piedra en estado nativo, algo difícil de conseguir.»

En relación con esta creencia, Borrow da cuenta de una gitana vieja llamada Pepita, muy experta en decir la buenaventura, a quien le había ofrecido sus hábitos sacerdotales como recompensa si conseguía apoderarse de una piedra imán que existía en el Museo de Historia Natural de Madrid, —muy conocida y ambiciada también por muchos gitanos— y que quería emplear en sus problemas sentimentales. Un remedio de que también da cuenta Borrow para suscitar pasiones amorosas consistiría en ingerir un poco de aguardiente y un trocito de piedra imán antes

---

[8] G. Borrow, *ob. cit.*, p. 167.
[9] G. Borrow, *ob. cit.*, p. 167.
[10] G. Borrow, *ob. cit.*, pp. 167-168.

de acostarse pronunciando el conjuro siguiente, que no he encontrado en ninguna otra fuente:

> En el bejí d'Olivete entrinsaré
> Trin braquia callardia encontrisaré
> En triu bedos las ordeñisaré
> Y triu quiralu callardia nicobe;
> Y que se lo diñeló a la bar lachí
> Para que me nicobele de meripé;
> Y'laver se lo deñeló a Padilla romí
> Con saria su suesti,
> Y'laver al Benguí angó
> Para que m'otorguisarle lo que camelo yo [11].

Borrow recoge también la costumbre gitana de vender raíces y hierbas a las mujeres —seguramente, también con fines amorosos— a las que llaman la «raíz del buen barón». Deben ingerirse después de haberlas cocido con vino blanco. Don Jorge asegura que se la enseñaron en una ocasión y que resultó ser perejil, aunque lamenta no poder ser más explícito. Por último, Borrow dedica algunas páginas a las drogas que venden para el mal de ojo, y a los ritos que empleaban para deshacer este maleficio. Al igual que para componer el *drao,* también en este caso la intervención de las mujeres es de gran importancia.

Borrow, tan tajante en este punto como de costumbre [12], procura desengañar al lector de cualquier práctica mágica ejercida en público por las gitanas, puesto que no se trata más que de una forma de vida ejercida por las mujeres de la minoría con maestría. Como es lógico, la buenaventura tampoco se aparta de esta regla:

Este modo de sacar dinero de la credulidad de los tontos —la buenaventura— es de cuantos emplean los gitanos el más aparejado y fácil. Lo único que se necesita es un capital de promesas y todo el arte de decir la buenaventura consiste en adaptar convenientemente esas promesas a la edad y condición de los sujetos que buscan averiguaciones. Las gitanas son bastante avisadas en ese menester, y en la mayoría de los casos dan satisfacción cumplida. Su parroquia consiste principalmente en mujeres, la porción más crédula y curiosa del género humano. A las muchachas les prometen novios, perdurable hermosura y algunas veces riquezas; a las casadas hijos, y quizá otro marido porque sus ojos son tan penetrantes que en ocasiones llegarán a descubrir vuestros deseos y pensamientos más secretos; a las viejas, riquezas y nada más que riquezas, porque tienen bastante conocimiento del corazón humano para saber que la avaricia es la última pasión que en él se extingue.

---

[11] G. BORROW, *ob. cit.,* p. 168.
[12] G. BORROW, *ob. cit.,* cap. VI.

La mujer gitana, por tanto, ocupa según Borrow y la mayor parte de los autores, un lugar privilegiado en el mundo de las creencias gitanas que es común a los gitanos europeos y españoles, aspecto en el que merece la pena que nos detengamos.

Cozannet [13] asegura que la mujer gitana ocupa un lugar privilegiado en el seno de la comunidad a causa de sus funciones de curandera y adivina, y la importancia de lo femenino se extiende al mundo sobrenatural y mítico. «El estudio de la función mítica y religiosa de la mujer —dice Cozannet— en el mundo gitano, ofrece la ventaja de situarnos en una encrucijada o centro de perspectiva. La feminidad domina hasta tal punto el universo religioso y sobrenatural de los gitanos, que se puede tratar de obtener una comprensión, aunque sea un tanto sintética, de este universo a partir de ella.»

Según parece, la mayor parte de los espíritus y fuerzas sobrenaturales que dominan la existencia del hombre son femeninos y parece lógico que quien se dirige a ellos para conciliarlos o alejarles sea también una mujer. Aunque los gitanos carecen, según esta autora, de una auténtica religión, la mujer llega a ejercer entre ellos una especie de sacerdocio gracias a su papel de intermediaria ideal entre el mundo de lo sobrenatural y el de los hombres. Cozannet y Starkie están de acuerdo en que las mujeres gitanas son a la vez curanderas y adivinas, y José Carlos de Luna recoge algunas «recetas» [14] de una hechicera a la que trató directamente, llamada María «la Panzúa». La receta, que según de Luna estaba en un «pringoso» cuadernito propiedad de María, consistía en lo siguiente:

Jumaso para degolvé la salú a los géticos i tamié para curar el mal de unos amores si ha caido en perlesia. Se yena un lebriyo grande de ampio —aceite— que sea de fló y mu claro i se jazen tré crusez soprando con la mui —boca— i otraz tré con un tisón esendio i aluego se desga a serená una noche de só a só i manque le dé la luna no impolta nada. Aluego se yena un dedá de prata y se ajoga ené la yama de una ramita de romero nuebo i agua cosia i la sangre de un págaro i tan encuanto tó enprensipie a jerbir se jecha ené er deá de ampio i el jumo que sale parriba se lo suerbe el indibiduo i ya esta.

Los datos que de Luna recoge en su libro coinciden casi punto por punto con los que veremos a continuación a través de los procesos inquisitoriales, por lo que me ha parecido oportuno

---
[13] Fr. Cozannet, *ob. cit.,* pp. 70 y ss.
[14] J. C. de Luna, *Gitanos de la Bética,* Madrid, 1951.

recoger esta interesante receta —con su no menos interesante y pintoresca ortografía— que parece auténtica, al menos en su fondo. María la Panzúa evoca las figuras de las gitanas que desfilarán ahora ante el lector, y de Luna supo reproducir la poesía un tanto rudimentaria y elemental, pero efectiva, que logró cautivar a tantos autores de los siglos XVI, XVII, y novelistas del XIX:

La última vez que vimos a María «la Panzúa», en su salilla de la «Cuesta de Rodahuevos» buscaba en el agua de una palangana descascarillada los restos para descubrir el tesoro de un rey moro que, según ella enterró en un castillo, en lo más alto del tajo de Los Gaitanes. ¿Sabría por referencias que en aquel paraje conocido por Las Mesas de Villaverde, se desmoronó una ciudad famosa? Habló mirando el agua sin pestañear:
Tapá por una sarsa y muchas baras —piedras— desmoronás de una quiribé —tapia— hay una galería subterránea que remata en una raja que da al tajo pero que por dentro está labrá como ventana.
¡Y a su pie está el manchin —tesoro—!
Se levantó con los ojos desorbitados y cayó al suelo, rígida, tras unas violentas convulsiones [15].

De Luna asegura que, de acuerdo con la opinión de un amigo médico que le acompañaba, no se trataba de un ataque fingido.

Los conocimientos de las hechiceras gitanas según los procesos de la Inquisición

I. *Panorama general*

A pesar de su gran prestigio en tanto que hechiceras, adivinadoras del porvenir, y poseedoras de grandes conocimientos de saberes curativos, el contraste que ofrecen los datos proporcionados por los fondos inquisitoriales es realmente decepcionante. Sus artes adivinatorias se reducen a una supuesta lectura de las rayas de las manos en la que sólo interviene el deseo de conseguir unos cuartos, los hechizos y conjuros amorosos son los mismos que hemos visto utilizar a las hechiceras castellanas, andaluzas, etc., en una versión reducida, y poco o nada aparece a propósito de sus conocimientos curativos. A pesar de que, según he señalado ya antes, las referencias a la intervención de una gitana son muy frecuentes, los procesos directamente dirigidos contra ellas son

---

[15] J. C. DE LUNA, *ob. cit.*, p. 237.

escasos y justifican la imagen de la gitana embaucadora y timadora de quien hablan algunos autores del Siglo de Oro y los propios tratados inquisitoriales. La impresión que se obtiene a través de los procesos inquisitoriales contra gitanas hechiceras y los pocos hombres metidos también en este negocio es realmente pobre, y casi resulta increíble que pudieran llegar a disfrutar de un prestigio tan extendido entre las gentes sencillas disponiendo únicamente de un bagaje tan limitado de rituales, conjuros, etc. según se verá a continuación.

Las hechiceras gitanas se apoyan casi exclusivamente en su capacidad de persuasión, realmente fuera de lo común, y en la fascinación que debía ejercer sobre sus vecinos su origen exótico, su aspecto chocante y el conocimiento de una lengua incomprensible. Sólo así, y a causa de la extraordinaria credulidad y necesidad de comunicar con lo maravilloso demostradas por las gentes del Antiguo Régimen, se puede comprender la fama de que disfrutaron las mujeres a las que vamos a ver desfilar a continuación, según el testimonio de sus delatores, ante los miembros del Santo Oficio. De acuerdo con los procesos y las «relaciones de causas», los conocimientos de las hechiceras gitanas pueden agruparse en torno a los cuatro grandes apartados de la superstición popular: artes curativas, artes adivinatorias, hechizos y conjuros amatorios y búsqueda de tesoros encantados.

Las hechiceras gitanas no parecen diferenciarse prácticamente en nada de sus compañeras de otras etnias y aunque los escuetos resúmenes de las «relaciones...» y escasos procesos completos no permiten una conclusión definitiva, tampoco se puede decir que las gitanas posean un repertorio propio y característico de creencias y artes mágicas, por lo menos por lo que se refiere a sus relaciones con la comunidad no-gitana. Según veremos a continuación, las gitanas recurren a los mismos hechizos y conjuros que sus compañeras de oficio en el resto de España y nada hace sospechar que posean conocimientos secretos que no llegan a traspasar el ámbito de sus familiares y allegados.

Según hemos visto en las páginas anteriores, los reos de la comunidad gitana declaran con frecuencia que sólo se trataba de un embuste urdido para sacar dinero, lo que parece inducirnos a pensar que se trata de un grupo absolutamente escéptico respecto de estas cuestiones, sin embargo, no faltan datos que permiten deducir las actitudes supersticiosas de nuestras gitanas hechiceras, tan convencidas de los poderes mágicos de ciertos objetos como cualquier otra de las que pudieron desfilar ante los distintos tribunales inquisitoriales de la península. Éste parece ser el caso de María de Soto, procesada por el de Cuenca [16] por haber escondido debajo del altar de una iglesia raíces y otros objetos que seguramente pensaba utilizar posteriormente en algún hechizo.

María de Soto fue denunciada por el propio cura de la iglesia de la Santísima Trinidad de Huete, en donde intentó esconder sus instrumentos. La gitana había acudido a Cuenca para intervenir con sus compañeros en unos bailes que iban a tener lugar con motivo de las fiestas del Santísimo Sacramento, y aprovechó esta oportunidad para entrar en la iglesia de Huete. El cura párroco explicó que cuando estaba en compañía de dos sacristanes vio venir corriendo hacia ellos a unas mujeres muy alborotadas que querían advertirles de que unas gitanas habían escondido algún objeto debajo de la mesa sobre la que estaba el Santísimo Sacramento, que se hallaba expuesto con motivo de la octava del Corpus Christi. Todos fueron en seguida en busca de aquellas gitanas, y las encontraron hincadas de rodillas. A pesar de todo este barullo, la gitana que llevaba la voz cantante no perdió la calma, y encarándose con las mujeres que la habían acusado exclamó: «ea, parloteras, veis aquí lo que es» —todo según la declaración de una testigo— sacó de debajo del altar un trapo, y añadió: «Y por que lo habéis visto, quiero volverlo a poner.» Efectivamente, volvió a colocarlo debajo del altar en que se decía la misa, sobre el que estaba la custodia.

La gitana se apartó para seguir discutiendo con las mujeres, y el cura aprovechó este momento para averiguar qué era lo que había escondido, imaginándose que se trataba de algún hechizo. Según sospechaba el párroco, se trataba de un paño de algodón en el que había tres pequeños atados, uno con una raíz en forma de corazón, otro con unos acuerdos de tres vueltas, y el último con unos granos de sal, otros de trigo verde y unas raíces.

En consecuencia, los sacristanes y el cura fueron inmediatamente en busca de un familiar del Santo Oficio para darle cuenta de todo lo ocurrido. Desgraciadamente, la causa no está completa y no resulta posible saber si la gitana llegó a ser procesada, ni tampoco contamos con su declaración que hubiera podido resultar sumamente útil en esta ocasión. En cualquier caso, y desde mi punto de vista, parece evidente que María de Soto sólo podía arriesgarse a colocar las bolsitas con los granos de trigo, etc.,

---

[16] Archivo Diocesano de Cuenca, Sección Inquisición, leg. 359, n.º 115.

impulsada por la confianza en las fuerzas del hechizo que pensaba llevar a cabo a continuación. No resulta lógico pensar que esta mujer fuera capaz de ponerse en peligro en ausencia de su cliente sin una buena razón, y sin dar crédito a las posibilidades mágicas de sus manipulaciones. Por otra parte, como ya habrá notado el lector, los elementos que introdujo María debajo del altar son los mismos que hemos visto manejar a las hechiceras castellanas o valencianas. El comportamiento de María de Soto parece indicar que las hechiceras gitanas, a pesar de sus explicaciones y negativas una vez que llegaban ante el tribunal del Santo Oficio, creían en las mismas prácticas, o similares, que sus compañeras de oficio ajenas a la minoría.

El testimonio contra María de Soto nos sitúa de nuevo frente al problema de las creencias supersticiosas y religiosas de los gitanos, puesto que no se trata de un caso aislado. Ya en el siglo XVIII aparecen nuevos testimonios acerca de gitanas que han llevado a cabo manipulaciones en relación con el altar e incluso la hostia consagrada.

El resumen de la causa contra Juana Trujillo y José Maldonado, gitanos acusados por el Fiscal del tribunal de Córdoba en 1781 [17] de hechos supersticiosos ilustra a la perfección la actitud religiosa de algunos miembros de nuestra minoría en este sentido. Juana Trujillo se había acercado a comulgar al convento de Predicadores de la villa de la Guardia, y según observaron algunos testigos, a continuación se sacó la hostia consagrada de la boca y la guardó en un pañuelo. Aunque se la registró casi inmediatamente no se pudo encontrar la hostia, pero los inquisidores apresaron a los dos gitanos y Juana confesó, al parecer, sin excesivas presiones. Efectivamente, Juana había sacado de la boca la hostia para poder conservarla como reliquia por encargo de su marido. Aseguró que no la había tocado con las manos, y que si no hubiera hecho lo que su marido la había encargado la habría matado. Cuando se la registró para averiguar si decía la verdad se la encontraron trozos de pelo, uñas cortadas y un diente que ella dijo pertenecían a su marido y que ella guardaba, lo mismo que todas las gitanas, como señal de amor, y para no ser repudiada por su gente.

José Maldonado, a quien también se tomó declaración, confirmó la confesión de su mujer, y explicó que cuando ella le entregó el trocito de hostia envuelto en un papel se la había

---

[17] Archivo Histórico Nacional [A.H.N.], Inq., leg. 3735, n.º 69.

puesto entre la faja y la camisa con el fin de que le protegiera, aunque después lo perdió mientras caminaban. Aunque Juana Trujillo había explicado a los inquisidores que se habían casado según un rito gitano que consistía en vendarles los ojos, llevarles al campo y preguntar a los contrayentes si se aceptaban como esposos, Maldonado aseguró que los gitanos se casaban en la iglesia como todo el mundo, y que él no había contraído ningún tipo de matrimonio con Juana.

Desafortunadamente, tampoco contamos con la sentencia de esta causa —como ocurre con todos los resúmenes conservados en la serie «Alegaciones Fiscales»— y lo último que se anota acerca de la pobre Juana es que los inquisidores se vieron obligados a trasladarla a la enfermería por causa de unas tercianas. Con anterioridad a esto, Juana había pedido audiencia al tribunal para suplicar que su causa se viera con rapidez ya que la cárcel la producía una gran angustia y tenía la sensación de ir a perder la razón.

El uso supersticioso por parte de los gitanos de la hostia consagrada parece quedar confirmado en la causa seguida contra Francisca Baca, acusada en 1799 [18] de diversos sortilegios que había llevado a cabo junto con un grupo bastante numeroso de mujeres que habían recurrido a sus servicios. Según una de las testigos, Francisca le había pedido en varias ocasiones que la entregara la hostia después de comulgar, a lo que ella se había negado. Esta mujer debía sentir bastante temor por los poderes de su hechicera y aseguró a los inquisidores que la acusada la había entregado unas pelotillas que debía poner en un recipiente con agua con el fin de llevar a cabo un sortilegio relacionado con un caballero, vecino suyo, que la visitaba. Las pelotillas se colocaban en el fondo del lebrillo, y encima de ellas unas monedas y una cruz de Caravaca para que las pelotitas no se levantaran. Metió el pie izquierdo en el agua y después roció con ella el umbral, todo esto, al parecer, para conseguir que falleciera el caballero que la visitaba. Aquella noche, según explicó al tribunal, los bueyes no quisieron entrar en la casa a pesar de que les pegó mucho, y estuvieron organizando un tremendo ruido. Francisca le dio también unos polvos para sahumar con ellos la cama y el mal olor duró dos días. Otros prodigios que observó esta testigo a causa de los sortilegios de Francisca fueron la aparición de un pato «blanco y rubio, muy lánguido y flaco», al que

---

[18] A.H.N., Inq., leg. 3730, n.º 46.

intentaron dar unos trozos de pan que nunca quiso comer. En algunas ocasiones fue a visitar a Francisca a su casa y tuvo que esconderse en su cama porque llegaba gente, lo que la permitió advertir que debajo de la sábana «daban carrera unos animalejos como de cuarta de largo y habría como siete, los cuales no los vio por no atreverse a levantar la sábana, pero observó que estaban en continuo movimiento de arriba a abajo». Aunque esta testigo declara que no sabe cuál era el objetivo que se pretendía conseguir con los anteriores sortilegios, otra mujer que estaba presente aseguró que en el del lebrillo se puso también una hostia consagrada. Esta Francisca Baca (o María de Aguilar, según su auténtico nombre), era natural y vecina de Lucena, se ocupaba en «hacer lejías» y mantener a su padre que estaba baldado, y estaba casada con un tal Juan Miguel Cortés, herrero y esquilador. Explicó que era cristiana vieja, e hija de cristianos viejos, y supo decir bien las oraciones y pudo demostrar que confesaba y comulgaba. A pesar de que las testigos contra ella son abundantes, sólo consta que había llevado a cabo «sortilegios».

Tampoco son muchos los datos disponibles acerca de los famosos remedios conocidos por la minoría, y sólo un proceso y unas cuantas relaciones de causas, hacen referencia a esta cuestión. Acusada ante el tribunal de Zaragoza aparece una tal Felipa la Apuleya [19] alias «la Xitana». Tenía 24 años, estaba casada y era vecina de la diócesis, pero su alias hace pensar que tal vez no se tratara de una gitana auténtica.

En cualquier caso, la Apuleya fue a visitar a una enferma que estaba en la cama, y para curarla mandó que adornaran el lecho y la casa con estameña roja. Hizo algunos perfumes, y roció el lugar con cominos mascados. También mandó poner cosas de comer en una mesa, pero que estuvieran cocinadas sin sal, y explicó que no debían pronunciar el nombre de Jesús porque todo aquello lo había hecho con la ayuda de los brujos, a los que llamó sus «confidentes». La Apuleya, según vemos, tenía sus ribetes de bruja, y explicaba que andaba a caballo con un cabrón, entrando donde querían. Uno de los testigos explicó que cuando la Apuleya oía misa y el sacerdote decía el sanctus, ella decía «santo diablo, y así te desmiento por la cola que no eres santo». Con esta ceremonia conseguía todo lo que quería.

Algunas mujeres aseguraron que la habían oído decir que andaba con los brujos, tratando de convencer a una para que la

---

[19] A.H.N., Inq., lib. 994, fol. 398r.

acompañase. En otra ocasión, había cogido un rosario para «hacer unas paces, se lo restregó en las manos mientras decía unas palabras de las que se comprendió «Francisco, en el monte con las cabras, olvídate de los parientes y vente presto». La Apuleya, por tanto, era una hechicera con bastante poder, gracias a sus contactos tenebrosos, que hubieran podido llevarla a una situación bastante apurada a no ser por la fecha de su proceso en 1651 [20], cuando ya los inquisidores aplicaban el criterio de Salazar y Frías y sus partidarios acerca del problema de la brujería. Aunque los calificadores la consideran sospechosa de pertenecer a la secta de las brujas, la condena se limitó a proporcionarle cien azotes y a ser desterrada de Palermo y Ragusa durante 3 años, además de desfilar en un auto de fe con insignias de hechicera.

En el caso de la Apuleya sólo su alias parece incluirla en la comunidad gitana, lo que no permite pronunciarse con seguridad acerca de su pertenencia a esta minoría, y en el mismo caso se encuentra la segunda mujer procesada por el delito de superstición en que se menciona explícitamente haber llevado a cabo alguna cura. María Gómez, también con el alias de «la Gitana» fue procesada por el tribunal de Valladolid en 1635 [21] porque algunos vecinos la acusaban de que las personas con quienes reñía caían enfermas, y de que hacía curaciones con embelecos y ceremonias supersticiosas. La mujer negó las acusaciones a lo largo de todo el proceso y aseguró que sólo curaba con cosas de la botica.

Según vemos, si los gitanos poseían realmente algún tipo de conocimientos relacionados con el arte de curar mediante hierbas u otros procedimientos naturales —lo que parecería lógico, si tenemos en cuenta su permanente contacto con la naturaleza— nunca, o casi nunca, lo pusieron a disposición de las personas ajenas al grupo y pasaron, por tanto, desapercibidos para los inquisidores y sus convecinos, quienes, seguramente, hubieran estado dispuestos a pagar buenos dineros por unos servicios tan útiles.

Las hechiceras gitanas prefirieron explotar su fama de «gentes mágicas» en tanto que adivinadoras del porvenir o expertas en

---

[20] La intervención del inquisidor Salazar y Frías tuvo lugar el año 1630. La Inquisición actuó con enorme cautela en todo lo relacionado con la brujería y cuestiones supersticiosas a partir del informe que presentó acerca de este problema. Puede verse a este respecto el libro de G. HENNINGSEN *El abogado de las brujas,* Madrid, Alianza Editorial, 1983.

[21] A.H.N., Inq., leg. 2.135 (1).

amores y otras artes afines, acerca de las que aparecen continuas referencias en los procesos civiles, inquisitoriales y en los textos literarios, según vimos antes. Desgraciadamente, los escuetos resúmenes de las «relaciones...» pocas veces nos permiten conocer algún detalle acerca del desarrollo del proceso pero no cabe duda de que las gitanas utilizaron su fama de adivinas como coartada para introducirse en las casas de los clientes que les parecían propicios al engaño o como forma de establecer contacto para llevar a cabo, a continuación, algún otro «hechizo». Nuestras hechiceras se acercan al posible cliente para pedirles limosna, le hacen alguna predicción que llame su atención, y así comienza una relación que casi siempre desemboca en una delación de la persona que se ha sentido frustrada. El comportamiento de estas mujeres presenta pocas variaciones a lo largo de siglos y casi siempre se ajusta a las pautas que podemos observar en la escena que describiré a continuación.

María de Torres [22] fue procesada por el tribunal de Valencia en 1638. Se acercó a unas mujeres pidiendo limosna, y aprovechó la circunstancia para señalarles varios incidentes de su vida íntima. A una de ellas le dijo que su matrimonio no había sido por amor aunque ahora era dichosa. La mujer confesó admirada que era cierto, y la gitana aseguró entonces que ella tenía poder para conocer las cosas buenas. También explicó que la misma mujer era una persona a quien querían mucho y en particular «uno de faldas largas» —clara alusión a alguien que usaba hábito—, prometiéndola que se lo enseñaría en la superficie de un plato con agua. Con un dedal de plata la hizo una cruz sobre la mano derecha para guardarla de las malas lenguas, y recitó algunas frases de la oración a santa Elena. El resumen de la causa resulta un tanto confuso, pero, según parece, también ofreció a la testigo llevar hasta su casa a quien ella quisiera haciéndolo invisible o sin que su marido pudiera hacer nada contra ellos, y la recomendó que saliera a la cruz del camino a las nueve de la noche con una vela encendida en la mano para ver quiénes eran los que la querían ver. Como es lógico, también aseguró a su cliente que había personas que la «querían mal», y para neutralizarles pidió un pañuelo en el que diría una oración contra ellos. La gitana ató en el pañuelo unos collares y pronunció una versión de la oración a santa Elena verdaderamente resumida: «Señora santa Elena, hija sois de Rey y Reina, y tres clavos que a

---

[22] A.H.N., Inq., lib. 941, fol. 39.

Dios le diste, el uno para el rey Phillippe...» La testigo no se acordó, seguramente a causa de su turbación, de cuál era el destino de los dos clavos restantes, pero luego seguía: «...que Dios os dio para vos y me lo deis y claveis en aquellas malas personas que me quieren mal». Aquí hizo una cruz sobre el pañuelo y se lo devolvió a la testigo para que lo llevara sobre el pecho como protección. A pesar de tratarse de una gitana «vagante» María Torres fue detenida por un comisario del Santo Oficio cuando pasaba por Carcagente, y procesada.

Explicó al tribunal que era de «casta de gitanos», y natural de Sevilla. Había llegado a Valencia siguiendo a su marido, a quien habían llevado a Barcelona para que cumpliera su condena como galeote. Supo decir razonablemente las oraciones de la Iglesia, padrenuestro, avemaría, credo y salve, pero no pudo decir nada más sobre la doctrina, aunque había sido bautizada y confirmada. Solo confesó por su voluntad que un viandante la había acusado de ser la responsable de un hechizo que le hicieron dándole a comer gato, pero cuando se le leyó la acusación pidió misericordia y aseguró que sólo había hecho todo aquello para sacar algún dinero y sin conocimiento de que fuera malo. Se la condenó a recibir 100 azotes y a tres años de destierro.

La misma técnica que las mujeres de la minoría utilizan los varones que practican las artes mágicas. Joan Baptista, procesado en 1621 también por el tribunal valenciano [23], fue acusado por dos personas con quienes trabó conversación diciendo a uno de ellos que era «hombre de poca ventura» porque había reñido con alguien que le hacía buena cara por delante y detrás decía mal de él, predicción también clásica. A continuación le ofreció una hierba que había cogido la mañana de San Juan con la que se podía hacer un hechizo para protegerle. Había que juntar un pedazo de cuerda de la lámpara de la iglesia, tres granos, de sal, tres de trigo y varias «señales» de plata. Luego, se colocaba detrás del altar de la iglesia después de tocarlo tres veces con agua bendita, y con ello se podía conseguir tener buena suerte en el juego y con las mujeres. Si el interesado tocaba con este atadillo a una mujer, ella iría detrás de él «sin poder reposar», es decir, según se indica en uno de los conjuros amorosos más repetidos entre las mujeres. El propio Juan Baptista corroboró la historia del hechizo para conseguir el amor de las mujeres, que no les llegó a entregar porque no quisieron pagarle los cuatro reales que les

---

[23] A.H.N., Inq., lib. 939, fol. 379.

pidió. No confesó nada más, y aunque dijo ser cristiano, sólo pudo recitar el padrenuestro, credo y avemaría. Fue condenado a 8 años de destierro del reino de Valencia.

Según vemos, el mito de la gitana, poderosa adivina gracias a sus conocimientos de echadora de cartas, etc., se desvanece al acercarnos a los procesos inquisitoriales. Las mancias de las gitanas se limitan a unas cuantas predicciones hechas al azar de su intuición, del sujeto o la circunstancia, y a los métodos conocidos en toda la península de consultar la superficie de una vasija llena de agua y similares. Al igual que sus compañeras de oficio no gitanas, nuestras hechiceras intervienen en cuestiones amorosas que a menudo es muy difícil deslindar de las adivinatorias. Sus conocimientos a este respecto tampoco parecen diferentes a los de las demás hechiceras. En el resumen de la causa seguida contra María de la Casta, procesada en 1620 por el tribunal de Valencia [24], se dice lo siguiente: «cosas e intentos torpes y deshonestos» para «atraer voluntades». Había hecho diferentes hechizos y remedios usando de cosas benditas y mezclándolas con cosas profanas y haciendo adivinaciones por las estrellas. Fue calificada como supersticiosa y maléfica, con pacto con los moros, e implícito con los demonios. Al igual que muchas otras, declaró que todo lo había hecho para sacar dinero, pero fue condenada a ser desterrada perpetuamente del distrito y a oír una misa en forma de penitente. Según vemos, una actuación en la que sería difícil reconocer a una gitana si el origen de cada reo no se anotara siempre con minuciosidad en cada causa.

Lo mismo que ocurre con las hechiceras no gitanas, las que pertenecen a esta minoría encuentran la mayoría de sus clientes entre aquellas mujeres que desean algún remedio para las cosas del corazón, con procedimientos que no parecen demasiado originales ni especialmente imaginativos. La gitana Menora, «estante en Requena» en 1627 [25], fue delatada ante los inquisidores del tribunal de Cuenca por unas mujeres a quienes explicó su poder para someter voluntades. La Menora aseguraba que había hecho un hechizo en una sortija con una piedra blanca que podía obligar a cualquier persona que se tocara con ella a hacer lo que quisiera la dueña del anillo. También explicaba que sabía «alzar figura», y que en Valencia había conseguido casar a un caballero con una señora de vasallos gracias a una redoma, en la que po-

---

[24] A.H.N., Inq., lib. 939, fol. 361r.
[25] A.D.C., 423, n.º 5931.

seía un «familiar», según interpretó la testigo que prestó este testimonio. Aunque en el caso de la redoma que entregó a este caballero no se habla explícitamente del familiar, parece que también había ofrecido hacer un hechizo para ganar en el juego poniendo a este poderoso personaje en un pañuelo que se podía llevar en la faltriquera. La Menora y otra gitana, que llamaban la Maldonada, echaron unas cosas en una redoma, para «arreglar cierto negocio», y pronunciaron ciertas palabras, pero no se añade ningún otro detalle y la declaración de esta testigo es muy confusa en este punto.

A una muchacha que se quería meter monja, le «alzaron figura» y la Menora pronosticó que la veía detrás de unas rejas, y muy contenta. A unas mujeres, seguramente de reputación dudosa, les enseñaron la oración al ánima sola y les dijeron que recibirían la señal de oír ladrar perros o escuchar un golpe en la puerta. Para averiguar si el marido de una mujer estaba amancebado con otra, «alzó figura» metiendo un papel en el agua, y averiguó que la engañaba con otra. Por este mismo procedimiento, que según vemos servía para averiguar el destino de cualquier propiedad, intentó encontrar un pollino y una caballería que se habían perdido, explicando que la caballería iba por el camino de Zaragoza y la habían hurtado unos hombres de «mal vivir». Finalmente, su poder era tan grande que había amenazado al Corregidor que la quiso desterrar, con hacer un hechizo en una redoma que echaría en el umbral de su casa para obligarle a desistir.

Del mismo modo que en otros casos, tampoco podemos conocer la versión de Menora, porque los inquisidores no pudieron dar con ella, y la causa se suspendió después de seis años de espera y pesquisas en Valencia para encontrarla o averiguar si seguía viva. No obstante, la interesante historia de esta gitana nos da cuenta de un repertorio de redomas, familiares ligados a objetos, sogas de ahorcados, alzamiento de figura con el truco del papel «en blanco», etc., que nos resulta sumamente familiar después de revisar los «gabinetes mágicos» de las castellanas, valencianas y andaluzas.

A pesar de esto, las gitanas entran a veces en tratos con personas bien situadas, incluso relacionadas con el Santo Oficio, como fue el caso de Andrea Bustamante, procesada en Toledo en 1623 [25 bis], quien entró en relación con dos familiares del Santo

---

[25 bis] A.H.N., Inq., leg. 2106.

Oficio que querían lograr el amor de unas mujeres. Como vemos, también los hombres están interesados en estas cuestiones, y Andrea les prometió que les daría un remedio para que les quisieran bien. Para esto, contaba con unos polvos blancos y una vela de sebo blanca, junto con dos redomitas llenas de agua turbia *(sic)*. Los dos interesados y su hechicera se reunieron, cerraron la puerta de la casa, y la ventana. Andrea encendió la vela y les puso a cada hombre una redoma en la mano izquierda. Luego, les mandó tenderse en el suelo, ponerse de pie y repetir con ella:

>en nombre del diablo mayor
>del diablo menor
>y del Diablo Cojuelo
>que cayó del Cielo
>y de la estrella Caifás
>y del ánima más sola
>te conjuro
>para que así como esta redoma
>está apretada en la mano
>así estén los corazones de las mujeres
>que estos hombres pretenden

A continuación, puso las redomas en el fuego, acercó a ellas la vela, y los familiares tuvieron —al igual que las clientes que hemos observado en otros tribunales— la sensación de que hervían. La gitana les mandó andar alrededor de la habitación, y les pidió también una prenda de las mujeres pretendidas para «ligarlas».

Como de costumbre también, Andrea aseguró a los jueces que sólo se trataba de un embuste y «embeleco para sustentarse con las limosnas». Fue condenada a salir en auto de fe con insignias de hechicera, abjuración *de levi*, 200 azotes y 6 años de destierro.

Aunque la mayor parte de las mujeres de esta etnia procuran organizar sus hechizos y remedios sin que se mencione al diablo —según lo hemos visto hacer a Andrea— seguramente por temor a la intervención del Santo Oficio, no faltan otras hechiceras gitanas que demuestran cierta voluntad de impresionar a sus clientes con la mediación de un aliado tan poderoso, tal y como lo llevaba a cabo Andrea Bustamante, y según lo hemos visto ya en el caso de la Menora. En la causa contra Salvadora Fernández, acusada por el fiscal del tribunal de Granada· en 1743 [26]

---

[26] A.H.N., Inq., leg. 3732, n.º 24.

encontramos a la hechicera gitana más próxima al mito literario, a pesar de que se trataba de una mujer que sólo tenía 33 años cuando fue delatada por varios clientes, casi todos mujeres a las que había ayudado en negocios de amores.

Según la declaración de una de estas clientes, Salvadora le había dejado entender que era una poderosa hechicera que tenía pacto con el demonio. Para arreglar un asunto que la testigo no explicó en qué consistía, le recomendó que rezara el Padrenuestro sin decir el «amén, Jesús», hicieron que se descalzara —Salvadora «trabajaba» en compañía de su madre y de otra gitana— y pusieron las monedas que la habían pedido debajo de un pie. Luego las anudaron en un pañuelo, hicieron nudos en una liga que también les dio la testigo, y volvieron a rezar el padrenuestro omitiendo las mismas palabras. El atadillo debía entregárselo al «ánima pecadora», y durante la ceremonia se invocó al diablo y le recomendaron que le entregara su alma.

El poder maléfico de Salvadora —que iba siempre en compañía de su madre— se observa con más detenimiento en el trato que hizo con otra vecina a la que prometió ayudar para librarla de su marido y que pudiera casarse con su amante. El caso lo delató al tribunal tres años después, el 20 de marzo de 1746, María de Orta, de 43 años. Según esta testigo, Salvadora Fernández, «la Porreña», había entrado en relación con una tal Rosa Napena, casada con un villano y que vivía amancebada con un chalán, también casado con otra mujer. Como ambos querían contraer matrimonio, era necesario eliminar a los dos cónyuges, y «la Porreña» se puso inmediatamente a su disposición para estos fines, asegurando que ella también había hecho lo propio para casarse con el marido que tenía actualmente. En vista de estas garantías, Rosa compró con la que iban a llevar a cabo el pacto para matar al marido, un paño para la mortaja, un pañuelo de seda para la cabeza, unas tijeras y dos pesetas de cera. La poderosa Porreña preguntó a la Rosa cuál era el tipo de muerte que prefería para su marido y la mujer de su amante, y ella explicó que quería que su marido muriera fuera de la ciudad —una actitud muy prudente de cara a las habladurías, sin duda— y que en ambos casos fuera a causa de «cursos»[27]. «La Porreña» le prometió darle unos polvos «bautizados con agua bendita» para que se los echara a su marido en la comida, que surtirían efecto a las 24 horas. En cuanto a la mujer del chalán, la propia Salvado-

---

[27] Diarrea.

ra Fernández se ocuparía de ponerle los mismos polvos «bautizados» en la puerta de su casa para que le vinieran los cursos al pisarlos.

Como Rosa no debía estar muy segura de los sentimientos de su galán, pidió a las hechiceras que le dieran unos granos de helecho, una piedra imán, y unas tijeras «para atraer a su afecto a cierto mercader y a otros». Salvadora pidió 6 reales por la piedra y 8 por los granos, y prometió entregárselos en la iglesia al mismo tiempo que llevaban a cabo la ceremonia de «bautizar» los polvos para matar al marido. La madre de Salvadora, siempre en su papel de colaboradora, fue a buscar los polvos, y a continuación —según sigue relatando «de oídas» la testigo que dio cuenta de este caso al tribunal— se reunieron las tres en la iglesia para «adobar» los polvos. Rosa iba con manto y basquiña, tal y como la había ordenado Salvadora que lo hiciera. Las tres se reunieron junto a la pila del agua bendita y allí dijeron las oraciones que dictó Salvadora asegurando que no había más remedio que pronunciarlas. Luego, Salvadora echó agua bendita sobre una sepultura y dijo otra oración para pedir el cuerpo del marido de Rosa. Por último se hizo la ceremonia de bautizar los polvos.

De acuerdo siempre con el testimonio de la mujer que prestó esta segunda declaración contra Salvadora Fernández, cuando Rosa llegó a su casa apartó un poco de caldo del potaje que tenía preparado para la comida, mezcló en él los polvos y se lo dio a comer a su marido, esperando que muriera a las 24 horas según le habían prometido, pero no ocurrió nada y mandó un recado a las gitanas protestando por la falta de efecto de los polvos. Salvadora la citó en su casa para el día siguiente, y Rosa pidió a la testigo, llamada María de Orta, que la acompañara para averiguar si todo se trataba de un engaño. Las gitanas ofrecieron a su cliente ver la muerte del marido en ella misma o en la propia Salvadora, y Rosa pidió que fuera Salvadora quien la hiciera ver el fallecimiento que tanto deseaba. Salvadora replicó: «Bien sabe vuestra merced lo que se pide, y si se ha de hacer así es menester me dé Vuestra merced tantos dineros que tiene en el arca y venda toda la ropa y trastos que tiene en su casa para entregarnos el dinero.» Rosa consintió en entregarles todo el dinero que tenía y las gitanas le explicaron varias ceremonias, siempre con el mismo fin de eliminar a su marido. Con una navaja abierta en la mano caminó hacia la pared y allí abrió un agujero, mientras decía la oración a la gallina negra. Con un trozo de carbón que le dio, Salvadora pintó la muerte en el lado de la cama en que dormía su marido y dijo las oraciones al ánima sola, a Lázaro y a Marta —no se especifica cuál de las dos— a pesar de lo cual tampoco consiguió quedarse viuda.

Según supondrá ya el lector, la relación entre Rosa y Salvadora «la Porreña» terminó de forma nada cordial, y hubo palabras fuertes entre las dos. El único resultado positivo de todos estos tratos que obtuvo Rosa de su pacto con las gitanas fue la fidelidad de su amante a quien dio los granos de Salvadora, y a partir de entonces «la estima en extremo y esta creída la Rosa que tanto afecto proviene de la aplicación de los granos».

A pesar de los terribles maleficios que acabamos de ver, la madre de Salvadora, Margarita Malla, que también fue procesada en 1748 —según consta en el resumen de la causa contra su hija— aseguró a los inquisidores que todo aquello eran embustes que habían inventado, «llevadas por la necesidad, y como las buscasen varios sujetos pensando que con sus artes los remediarían, ya para ganar en el juego, ya para otras cosas, procuraba estafarlos». Como es lógico, negó haber hecho pacto con el diablo o ser supersticiosa.

La identificación de Salvadora Fernández resultó difícil, también en este caso, para los inquisidores. En la Inquisición de Toledo habían registrado a una tal Ana de Bargas, alias «la Porreña» por el mismo delito de superstición y con las mismas señas de la acusada, pero en el resumen se añade: «no se hizo otra diligencia siendo común en los gitanos el mudar nombres con facilidad». Finalmente, también se detuvo a Salvadora, quien declaró haber llevado a cabo una serie de engaños que debían resultar a los inquisidores tan familiares como los conjuros, etc. a los que se dedicaban sus compañeras de oficio nogitanas: «en la primera audiencia voluntaria y ordinaria de 16 de septiembre confiesa tres lances en que por engañar a otros ha concurrido con otras a varios embustes —se dice en el resumen del proceso— como el que se dice del litigante, y que éste vino buscando a una gitana para que por superstición dispusiese el salir bien de un pleito». En el resumen de la causa, al igual que en todas las que pertenecen a la serie «Alegaciones Fiscales» no figura la sentencia contra Salvadora Fernández, pero seguramente debió recibir más de 100 azotes y varios años de destierro, teniendo en cuenta la gravedad de las acusaciones. Salvadora Fernández «la Porreña» es, sin duda, una de las hechiceras gitanas más interesantes, y atrevida en sus ofertas a los clientes que la buscan, pero no es la única que aparece en los anales inquisitoriales inculpada de haber intentado eliminar a un marido molesto. En 1638, también fue procesada por la Inquisición de Sicilia la gitana Águeda Catando [28] después de haber intentado ayudar a una mujer en una situación muy similar a la que ya hemos visto. La cliente explicó a Águeda que su marido no atendía a sus obligaciones, y ella le prometió hacerle morir. En este caso, Águeda pidió dineros para 33 velas de cera negra, una camisa de la esposa y otra del marido, y tres nueces moscadas. Mandó a su cliente que oyera tres misas en una iglesia que ella le recomendó, entrando en ella por una puerta distinta en cada caso. También debía hincarse de rodillas en una sepultura para decir ciertas oraciones con una hebra de hilo en una mano y una vela encendida en la otra. También debía acompañar la misa haciendo ciertos gestos contrarios a los del sacerdote, como dejar de hacer el signo de la cruz cuando él lo hiciera, decir «mentís» cuando llegara al «dominus vobiscum», y exclamar «glorioso diablo», cuando se dijera «sanctus, sanctus», repitiéndolo tres veces también. Según otro testigo, Águeda le había asegurado que cuando era doncella tenía poder para hacer invisibles a las personas, y lo había ejecutado con un mozo al que introdujo montado sobre sus espaldas en un convento. Allí estuvieron tocando la campana de media noche sin que nadie pudiera verles. Águeda explicó también que ya no podía hacer aquel prodigio porque había estado casada, aunque se puso a su disposición si tenía algún problema con una mujer, en cuyo caso le haría un remedio con piedra imán. Fue condenada a recibir 100 azotes y tres años de destierro.

Los utensilios, oraciones, etc. del repertorio gitano no difieren fundamentalmente de los que ya hemos visto entre las cristianas viejas de Castilla, Valencia, etc. Isabel Franco alias «la Pulga» [29] procesada en Murcia en 1733 —casada con un tal Francisco Montoya, que era barbero de oficio— confesó que también había «compuesto» una piedra imán para asuntos amorosos, y tuvo que devolver los cuatro ducados de plata que le habían pagado porque no surtía efecto. A un hombre que quería ganar en el juego le dio un grano de helecho, o de peonia, asegurándole que estaba «compuesto», para que lo llevara encima. Había intentado llevar a cabo ciertos maleficios con una sábana con el fin de matar a una mujer, pero tampoco surtió efecto. A

---

[28] A.H.N., Inq., lib. 901, fol. 483.
[29] A.H.N., Inq., leg. 3733, n.º 168.

un hombre que creía haber sido maleficiado le envió unos polvos colorados y una redomita con agua para romperla contra una peña sin volver la cabeza, y le hizo cruces en el hombro mientras decía el credo. Insistió en que todo había sido ejecutado sin que hubiera pacto con el demonio, y pidió misericordia para sus embustes entre los que también confesó haber pintado ciertas figuras en un papel que aparecían cuando se le sumergía en el agua.

Trucos, engaños... incluso los hombres recurren al mismo repertorio. Gaspar Ortiz, procesado en 1666 [30] en Canarias por «embustes y sortilegios» decía la buenaventura mirando las rayas de las manos, llevaba piedra imán en una bolsita y hacía remedios «para olvidar a una mujer» haciendo nudos en un pañuelo. Usaba los granos de helecho para tener suerte en el juego. A un hombre que le pidió un remedio para su suegro le mandó cavar en el suelo y echar un poco de arena en la puerta del enfermo mientras rezaba el padrenuestro y el avemaría. Confesó que todo lo había aprendido de su madre siendo muchacho, aunque no estaba seguro de que surtiera efecto. Supo decir bien la salve, los mandamientos y el credo. No supo bien los artículos de la fe, y se equivocó en la confesión. En 1675 aparece procesado, también en el tribunal de Canarias, un gitano llamado Gaspar Cortés, quien probablemente es el mismo que en el caso anterior, puesto que se hace constar que ya había sido condenado a destierro en otra ocasión por el mismo tribunal en junio de 1666 [31].

Gaspar había incumplido su destierro y reincidido en sus mismos embustes, fingiendo, en esta ocasión, ser capaz de llevar a cabo una serie de curaciones mágicas que fueron delatadas por sus clientes. El propio Gaspar confesó que le habían llamado para que curara a una mujer que estaba enferma en La Laguna. El gitano intervino en colaboración con una mulata —personas también consideradas como mágicas—, que echó las suertes con palma y agua bendita para averiguar primero en qué consistía el maleficio de que era víctima, sin duda, la enferma. La mulata recomendó que se echara un granito de almizcle en un rincón de la sala, y así averiguarían en qué lugar se había depositado el hechizo. Roció el lugar donde cayó el papelito con el almizcle echando un poco de agua bendita, y mandó a todos los presentes que rezaran a una imagen de la Virgen. A continuación, cavaron en aquel rincón y apareció un muñeco clavado con alfileres y un

---

[30] A.H.N., Inq., leg. 1829.
[31] A.H.N., Inq., leg. 1829.

canuto lleno de tierra. Gaspar y la mulata deshicieron el muñeco, consiguiendo que la enferma llegara a mejorar un poco.

De acuerdo con el testimonio del propio Gaspar, también había actuado en otra ocasión en compañía de la mulata para curar a otra enferma. Gaspar llevaba a cabo curaciones por su cuenta que consistían en medir a los pacientes «con una vara de paz», desde los codos a las manos y desde las rodillas hacia abajo, mientras rezaba padrenuestros y credos. Al igual que sus compañeros de oficio, dijo al tribunal que actuaba así a causa de su mucha pobreza, pero en tanto que reincidente y por haber roto su destierro, se le condenó a recibir 200 azotes y llevar a cabo «penitencias saludables».

El repertorio de las hechiceras gitanas parece llegar más allá del área peninsular, según se puede observar en los resúmenes de las causas contra algunas gitanas procesadas en el tribunal de Sicilia, como Caterina, alias «la Zíngara» [32] (1591), Águeda Catando (1638) [33], Vicencia Donato (1647) [34], Ángela Simón (1661) [35] y Sebastiana Bustamente, procesada en Cerdeña en 1678 [36].

Águeda Catando, de la que volveremos a hablar más adelante, estaba especializada en cuestiones amorosas con ribetes de bruja, Sebastiana Bustamente intervenía en curaciones de maleficios haciendo ceremonias mágicas con habas, gallinas blancas, agujas, pedazos de plomo, etc. Algunas mujeres pensaban que había maleficiado a un hombre que no la quiso dar una limosna y que luego cayó del caballo, y era buena conocedora del porvenir y de las cosas del corazón, habiendo anunciado a una moza que se tenía que casar con un hombre al que no quería que este «no llegaría a ella». De alguna manera esto sucedió tal y como predijo, puesto que el novio también sufrió una caída del caballo de cuyas resultas murió a los pocos días.

Según habrá observado el lector, los problemas a los que se enfrentan las hechiceras gitanas, —y sus compañeras de oficio en general— son problemas universales a los que ellas aplican soluciones también universales. Polvos, granos de helecho de sal, piedra imán, prendas de las personas a quienes se va a maleficiar, algún que otro fragmento de la oración a santa Elena, santa Mar-

---

[32] A.H.N., Inq., lib. 898, fol. 515r.
[33] A.H.N., Inq., lib. 901, fol. 483.
[34] A.H.N., Inq., lib. 902, fol. 187v.
[35] A.H.N., Inq., lib. 902, fol. 394r.
[36] A.H.N., Inq., lib. 783, fol. 499.

ta, el ánima sola... Apenas ninguna novedad. Las gitanas intervienen también, según hemos visto, cuando algún individuo busca un remedio «infalible» para ganar en el juego o intenta que se le arregle algún pleito. En todos estos problemas, las gitanas actúan utilizando el mismo repertorio que las hechiceras castellanas, valencianas, etc., sin que aparezca practicamente ninguna diferencia por lo que se refiere al repertorio «técnico». Los métodos son comunes, pero las gitanas sólo conocen, en muchas ocasiones fragmentos deshilvanados que ellas reconstruyen a su capricho, de las oraciones mágicas, conjuros y otras expresiones que ya vimos en capítulos anteriores.

De la misma manera que se puede observar un empobrecimiento en el contenido de la magia utilizada por las hechiceras, respecto de lo que Julio Caro Baroja llama la «magia culta», en el caso de la hechicería gitana es preciso señalar una nueva «pérdida» en la calidad y cantidad de los ritos y prácticas utilizados por ellas. Las gitanas, lo mismo que las mujeres que practican en general este oficio, suelen compensar este empobrecimiento con su enorme habilidad para captar el interés y la confianza del cliente. La gitana despliega en sus actuaciones una gran capacidad de persuasión que puede superar, en ocasiones, los conocimientos de sus rivales ajenas a la etnia, con la que el relato llega a adquirir un extraño encanto y cierto carácter literario que parece explicar el prestigio de estas hechiceras, de recursos, en realidad, tan limitados.

A pesar de todo esto, los gitanos gozaron de fama como gentes mágicas a lo largo del Antiguo Régimen —e incluso después— entre las personas sencillas que les atribuyeron poderes extraordinarios, e incluso creían que ellos mismos tenían ciertas propiedades mágicas. Isabel Pacheco, de Cuenca [37] llevaba en 1566 una bolsita con un pedazo de cera, algunos dientes, y un trozo de soga de gitano ahorcado. En los procesos inquisitoriales es frecuente encontrar mujeres que han adquirido grandes conocimientos hechiceriles gracias a las enseñanzas de las gitanas, o por lo menos así lo aseguran a los inquisidores. Isabel de Alicante fue detenida en 1625 [38] por haber tratado de averiguar si regresaría el marido de una mujer con un método que aseguró haber aprendido de una gitana. Había atado tres servilletas con unos

---

[37] A.D.C., Inq., leg. 236, n.º 3346. Citado por CIRAC ESTOPAÑAN, *ob. cit.*, p. 46.
[38] A.H.N., Inq., leg. 82, n.º 6. Citado por CIRAC ESTOPAÑAN, *ob. cit.*, p. 82.

nudos muy apretados, y se desataron cuando pronunció un conjuro que no figura en el proceso. En otra audiencia, sin embargo, aseguró que no había pronunciado ningún conjuro y que sólo hicieron aquello para ver si era cierto lo que les había explicado la gitana. También explicó que había llevado a cabo el conjuro del rosario (pasando las cuentas y preguntando en cada una de ellas si el marido vendría o no) copiando de las mismas mujeres. Otra mujer procesada en Llerena en 1633 [39] recitó a los inquisidores la oración que había aprendido de una gitana para atraer a su marido y que le había dado buenos resultados:

> Humíllome a ti
> estrella,
> de las mas altas,
> la más bella,
> de una para dos,
> de dos para tres
> [continuaba así hasta llegar a nueve]
> y todas os juntaréis
> por el valle de Josapnat pasaréis
> y en la huerta del gran turco entraréis
> y las tres varitas de hierro cortaréis
> y en la fragua del diablo las aguaréis
> para hincar en el corazón de Fulano
> para que me de lo que tuviere
> y me diga lo que supiere.

Sin embargo, es posible que en muchas ocasiones las procesadas atribuyan sus conocimientos a gitanas a sabiendas de que se trata de personas con reputación de hechiceras, a quienes el Santo Oficio no podrá localizar. Es decir, como un recurso para no denunciar a ninguna otra persona.

Es posible, a pesar de todo, que en algunas ocasiones las gitanas actuaran también como trasmisoras orales de los conocimientos hechiceriles y, en este sentido, el caso más notable lo constituye, desde mi punto de vista, la transformación experimentada por doña Antonia de Acosta Mexia, quien confesó durante su proceso [40] haber sido iniciada en las artes mágicas por unas gitanas que pasaron por la puerta de su casa.

---

[39] A.H.N., Inq., leg. 1987.
[40] A.H.N., Inq., leg. 91, n.º 76.
De doña Antonia Mexía de Acosta se ocupó ya CIRAC ESTOPAÑÁN en su libro sobre la hechicería castellana, y CARO BAROJA le dedicó un hermoso capítulo en su libro *Vidas mágicas...*

Doña Antonia recibió las lecciones de otros expertos en estos asuntos —gentes de la «tribu mágica», según la frase de Caro Baroja— tales como una mujer de Granada, otra siciliana y un hombre llamado Montoya. En principio entró en contacto con todos ellos a causa de sus propias desventuras amorosas, pero terminó convirtiéndose en una auténtica experta que ponía sus conocimientos al servicio de otros.

En efecto, en general, las hechiceras no gitanas manifiestan mucha más imaginación e impulso poético que las maestras de quienes dicen haber aprendido. Por otra parte, las cristianas viejas no se suelen comportar ante el Santo Oficio con el escepticismo de las gitanas. Aunque es difícil establecer hasta qué punto estas mujeres eran fundamentalmente profesionales que se aprovechaban de la credulidad de sus vecinos, en la mayor parte de los casos la hechicera no gitana actúa al mismo tiempo como experta y parte interesada, según hemos podido observar entre las condenadas en el auto valenciano, lo que permite pensar que concedían a estas prácticas un margen de credibilidad bastante grande. Por lo que se refiere a las gitanas, ya hemos visto la frecuencia con que aseguran que sólo se trata de engaños para conseguir dinero, y aunque no se puede excluir que practicaran en secreto algún otro tipo de hechicería o que se tratara de declaraciones para salir del paso, resulta difícil aceptar que estos ritos no llegaran a trascender fuera del grupo hasta los oídos de los inquisidores de alguna manera.

Según todo lo que hemos visto, la hechicería gitana no presenta diferencias fundamentales con la no gitana, si exceptuamos el grado de escepticismo que profesan sus protagonistas, pero es indudable que estas mujeres supieron aprovechar el hecho de poseer una lengua extraña y un aspecto chocante para el resto de la comunidad. Aunque su repertorio es menos variado e interesante que el de sus compañeras, es innegable que ellas supieron «adornarlo» con su capacidad de persuasión y la extraordinaria penetración de la que hicieron gala, especialmente en el perfeccionado truco del tesoro escondido, al que merece la pena dedicar, por su importancia, un capítulo aparte.

Desde mi punto de vista, el repertorio de las hechiceras gitanas no se puede reducir exclusivamente a los materiales utilizados en los rituales standarizados. En realidad, es más bien una manera de abordar al cliente, captar su confianza y conducirle hasta los objetivos perseguidos por estas mujeres y, por tanto, sólo se puede captar el atractivo de estas mujeres que dio el contenido, a la vez peyorativo y admirativo, al término gitana con el que se utiliza en Andalucía para señalar aquellas personas capaces de cautivar la voluntad con halagos, no siempre absoluta, ente sinceros. En este sentido se pronunciaba también G. Borrow, arrastrado por la mezcla de repulsa y fascinación que sintieron los autores del Siglo de Oro, quien dedicó a la mujer gitana una interesante descripción con la que quiero concluir ahora:

Singular casta de mujeres son las gitanas, harto más notables que sus maridos, en cuyos empeños de menudos fraudes y pequeñas raterías hay pocas cosas de interés, pero si algún ser merece como nadie en el mundo el nombre de hechicera (¿dónde hallar una palabra de más prestigio novelesco y de más penetrante interés?) es la gitana, cuando está en la flor y fuerza de la edad y la madurez del entendimiento, —la gitana casada, madre de dos o tres hijos.
Díganme en qué género de artes diabólicas no es consumada esta mujer. En cualquier momento puede, si le acomoda, mostrarse tan experto chalán como su marido, que no la aventaja en ninguna otra cosa, y sólo sabe ser elocuente para ensalzar los méritos de algún animal; pero la gitana llega a mucho más: es adivina, aunque no cree en adivinaciones; es curandera, aunque no prueba nunca sus propios filtros; es alcahueta, aunque ella no se deja alcahuetear; canta, canciones obscenas, aunque no tolera que manos obscenas la toquen, y aunque no la hay más apegada a lo poco que posee, es bolsillera y mechera en cuanto la ocasión se ofrece [41].

II. *Las artes curativas de los gitanos*

A pesar de los supuestos conocimientos de carácter curanderil del grupo gitano, los procesos conservados en los archivos inquisitoriales nos hacen pensar de nuevo que se trata de uno de los múltiples engaños con que los gitanos y gitanas consiguieron obtener dinero de aquellos que se dejaron fascinar por su aspecto y origen exóticos, atribuyéndoles grandes poderes sobrenaturales.

Los procesos en que aparece algún gitano o gitana procesado por prácticas randeriles no son frecuentes, ni tampoco las referencias a este respecto en otras causas. Sin embargo, y afortunadamente, disponemos de un proceso conservado en el archivo de Cuenca a través del cual nos podemos aproximar a la actuación

---

[41] G. BORROW, *Los zíncali*, ed. cit., p. 54.

de estos miembros de la minoría que se relacionaron con el problema de la enfermedad, real o imaginaria.

En la delación que se hizo en 1620 contra María Ximénez [42], gitana vecina de la villa de San Clemente se puede observar con claridad el carácter de estas prácticas pseudo-curanderiles, que no son otra cosa que uno de los muchos métodos con los que las gitanas obtenían algunos cuartos de sus clientes.

La delación contra María Ximénez la presentaron tres mujeres, las hermanas María de la Paz y Ana, quienes fueron al Santo Oficio en compañía de la madre de ambas. Las dos hermanas necesitaban curarse unas purgaciones, y aprovecharon el encuentro con María Ximénez para consultarle. La gitana prometió a María de la Paz que le curaría y que le haría parir «con la gracia de Dios». Les entregó un ungüento fabricado con aceite, clavo, canela y una raíz que llevaba, recomendándoles que se lo aplicaran repitiendo unas palabras que a la testigo no le parecieron malas y en las que se mencionaba a la Virgen y la Santísima Trinidad. Para el asunto de quedar embarazada, pidió a María de la Paz una prenda de su marido y otra suya, que luego le devolvió después de haberlas conjurado. María de la Paz debía pronunciar unas palabras cuando saliese la primera estrella con estas prendas en la mano, pero en la declaración no aparece esta fórmula mágica, que es probable sea nuestra conocida «oración a la estrella». María de la Paz pretextó que ella no se atrevería a hacerlo, así que la gitana se llevó la valona y el justillo para hacer por ella esta «devoción». También le aconsejó que echara tres cuartos en un recipiente con vino nuevo nueve veces, y lo pusiera entre ella y su marido «para tener fruto de bendición». A la hermana de María de la Paz, que también estaba casada, le hizo el hechizo de las prendas para que su marido la quisiera bien, y entre las dos hermanas es posible que consiguiera unos cuantos cuartos.

Cuando las dos hermanas se arrepintieron o cayeron en la cuenta del engaño, fueron a confesarse de sus tratos con la gitana, y más tarde a denunciarla ante el Santo Oficio por orden del confesor, pero el fiscal del tribunal no encontró materia censurable y la causa no prosperó.

También hay algunas referencias en el siglo XVIII acerca de gitanas que intentaron llevar a cabo remedios y curaciones para enfermedades.

---

[42] A.D.C., Inq., leg. 400, n.º 5676.

Teresa Albarat, procesada en Valencia en 1719 [43], había ofrecido curar a una mujer de unos «accidentes». En lugar de sanarla, aseguró a su paciente que era víctima de un maleficio. Para llevar a cabo la supuesta curación había pedido a su cliente una sábana y un plato con agua. La mandó arrodillarse y rezar tres credos con su *gloria patri*, dijo unas palabras que no se entendieron, explicando que si el agua se volvía turbia era «cosa de maleficio». Como, en efecto, el agua estaba turbia cuando levantaron la sábana, Teresa se ofreció para deshacer aquel mal. Para esto, dijo que necesitaba unas almohadas, unos manteles, un pañuelo y 6 piezas de plata. Se reunieron al día siguiente, y Teresa empezó a organizar «la cura». Puso las monedas formando una cruz y preguntó al marido de la enferma si estaba dispuesto a salir al campo a medianoche y ponerse en medio de los caminos reales para repetir unas palabras que ella pronunció. Como ya supondrá el lector, el hombre no pudo aprenderlas ni entenderlas, y así Teresa se ofreció para llevar a cabo esta ceremonia en su lugar. Derramó un poco de agua bendita sobre la cruz y les dijo que volvería para recoger una gallina blanca, una loncha de tocino y una arroba de vino que debía utilizar para celebrar un convite. Esta última petición debió sorprender a Juan Subirats, el marido de la mujer que tenía el maleficio, de forma que se pusieron de acuerdo para sorprender a la gitana. Cuando Teresa regresó, Juan Subirats empezó a discutir con ella para que le dejara asistir al anunciado banquete que se iba a celebrar a medianoche en el campo, lo que permitió a su mujer avisar a la justicia real, que detuvo a Teresa y la obligó a devolverles el dinero y las prendas. La Inquisición, sin embargo, no debió encontrar motivo para proseguir con esta causa, y se suspendió.

Teresa Albarat utilizaba, en realidad, el mismo procedimiento que sus compañeras de etnia especializadas en buscar tesoros, y no parece, por tanto, que tuviera ningún conocimiento específico acerca de curas medicinales ni nada parecido. Más versada que ella en estas cuestiones debía estar María de Artimizbere, gitana que fue denunciada en 1778 ante la Inquisición de Logroño [44]. Según la declaración de varios testigos, María había llevado a cabo varias curas utilizando ungüentos y hierbas consiguiendo algunos éxitos, pero, desgraciadamente, el resumen de esta causa

---

[43] A.H.N., Inq., leg. 523, n.º 3.
[44] A.H.N., Inq., leg. 3729, n.º 124.

no da ninguna noticia acerca de estas curaciones y las características de los remedios que utilizó.

También a fines del siglo XVIII, en 1775, se delató a otra gitana por prácticas supersticiosas en las que intervienen hierbas, que podrían ser las mismas que utilizó María de Artimizbere en sus remedios. María Estefanía de Aranar, alias «la Gitana», vecina de Tolosa, fue delatada también en el tribunal de Logroño [45], por haber entrado en relación con una moza a quien aseguró que podría «atraer y reducir» para que se casara con ella a un mozo «que le estaba obligado». El procedimiento consistía en empapar tres veces un poco de ungüento que ella le dio en agua bendita. La gitana recomendó también que arrancara una hierba la noche de San Juan y la tuviera escondida durante dos años, seguramente con el mismo objetivo.

Aunque las referencias acerca de gitanas que intervienen en maleficios amorosos o que han enseñado a otras mujeres oraciones con el mismo fin son enormemente frecuentes, las noticias de curaciones medicinales o casos similares son muy escasas. Sin duda, nuestras hechiceras prefirieron especializarse en métodos menos complicados y arriesgados que las curaciones de enfermos, que podían, por otra parte, proporcionarles ganancias más seguras y rápidas que los complicados ensalmos y nóminas que solían utilizarse en estas cuestiones.

A pesar de que en algunos casos las gitanas parecen sentir una cierta inclinación por las cuestiones sentimentales, los tesoros, o alguna otra «especialidad», nuestras hechiceras se ocupan de una gran diversidad de asuntos, siempre y cuando puedan conseguir ropa, dinero o comida con sus intervenciones. A veces, el asunto es realmente nimio, como en el caso de Clara de Viezma, acusada en el tribunal de Granada en 1738 por una mujer a la que engañó asegurándole que la ayudaría a recuperar un manto [46]. Para averiguar dónde estaba, Clara utilizó el conocido truco de las pelotitas de cera con un alfiler clavado que se ponen en una palangana con agua. Clara de Viezma, de acuerdo con la declaración de la principal testigo, alardeaba de sus poderes mágicos y le había asegurado que podía conseguir todo lo que quisiera sin necesidad de padrenuestros y avemarías *(sic)*. Clara de Viezma decía también que era capaz de «mover la voluntad» del Rey o del Papa para conseguir algún beneficio a sus clientes. Esta mujer

---

[45] A.H.N., Inq., leg. 523, n.º 3.
[46] A.H.N., Inq., leg. 3729, n.º 7.

tuvo tratos profesionales con un religioso, a quien le hizo el truco del papel que se sumerge en el agua para que aparezcan las figuras que se han preparado con tinta simpática, y él quedó convencido de que se trataba de una poderosísima hechicera.

Clara de Viezma fue encerrada en las cárceles secretas de la Inquisición después de estos testimonios. Tenía 48 años y era natural de Carcabuey y vecina de Granada. Estaba viuda y tenía por oficio vender prendas. Según el resumen de la declaración que prestó a los inquisidores, había explicado que sólo se dedicó a «gitanear» después de la muerte de su marido, completando esta interesante declaración con la aclaración de que «gitanear» significaba decir la buenaventura. Clara dio varios detalles de este oficio a sus jueces añadiendo que cuando iba a vender prendas a las casas decía «señorita —o señorito— ¿quiere que le diga la buenaventura?» y si condescendían, les tomaba la mano y si era soltera le decía la rea, «a que conozco que tienes unos ojos de enamorada perezosita por la mañana Amiga de don muy mucho y te has de casar con un Juan (u otro nombre que se la ofrecía)», y otros varios embustes y enredos, todos a fin de que la diesen limosna; «hacía con las mozas solteras y casadas acomodando la retahila a los estados de cada uno». Clara confesó también algunos embustes que había llevado a cabo, como haber asegurado al fraile que declaró en su contra que era bruja y otras andanzas similares, que ya conocía el tribunal a través de los testigos.

Esta diversidad de cuestiones en las que se ocupan las gitanas metidas a las artes mágicas, suelen encontrar, sin embargo, remedios muy similares en los que el agua y los polvos — rojos y amarillos— juegan un papel tan frecuente como importante. El agua que utilizan las gitanas suele proceder de las iglesias, y estar bendita, pero también puede tener un origen misterioso y haber sido «preparada» por ellas mismas. Gabriela de la Mata, procesada por el tribunal de Córdoba en 1745 [47], pero natural de Granada, le dio a una mujer que quería recuperar el apoyo de su abogado en un pleito, un agua con que le garantizó que conseguiría lo que se proponía.

Gabriela también utilizaba los conocidos granos de helecho, muñecos, etc., que ofrecía a sus clientes como remedio para los amores frustrados, según atestiguó otra mujer que declaró en su contra. Entre estos remedios estaban, como es lógico, los polvos rojos, que entregó a una mujer que declaró en su contra para que

---

[47] A.H.N., Inq., leg. 3729, n.º 19.

los echase en la puerta de la casa. Al igual que sus colegas castellanas, garantizaba que el galán iría a buscarlas convertido en una oveja aunque se tratara de un león *(sic)*. A pesar de esto, la testigo declaró que su galán se había puesto muy furioso cuando vio los polvos que habían echado con abundancia a la puerta de su casa, lo que demuestra que el oficio de hechicera podía resultar peligroso en algunas ocasiones... En vista del fracaso que tuvieron con los polvos, Gabriela recomendó a su cliente que rezara todas las noches tres partes del rosario al ánima más sola, desnuda, y con una túnica de holanda negra preparada para poder arrojársela al ánima. La testigo rezó el rosario a las nueve de la noche, y ocurrió que pudo escuchar grandes ruidos que se convirtieron en aullidos las noches que dejó de hacerlo, llegando a ver una sombra que se deslizaba cerca de su puerta «como si fuera un perro». Gabriela de la Mata explicó a su cliente que se trataba del ánima sola que llamaba a su puerta para entrar, y le pidió dinero para comprar dos libras de jamón, una gallina, un conejo vivo del campo, uvas, melón y dos panes, con lo que prepararía un banquete para el ánima sola y el demonio que la acompañaba «en forma de dragón de los siete pecados mortales». Gabriela explicó también a su cliente que ella tenía mucho interés en que lograra sus propósitos, para lo que pensaba convocar a los demonios más poderosos, puesto que en el infierno había unos que tenían más poder que otros.

Aunque los recursos de las hechiceras gitanas son bastantes limitados, la habilidad de estas mujeres consigue impresionar profundamente a sus clientes, cambiando los conocidos recursos de las hierbas, los huevos, el agua, etc. Veamos cómo procedió a continuación Gabriela con esta asustadiza enamorada. Con la colaboración de su hija —que explicó a la cliente que su madre había tenido una gran batalla con el ánima sola y el demonio acompañante para que no deshicieran el hechizo—, volvió a sobrecoger el ánimo de esta testigo, y elaboró otro «hechizo» en el que puso agua en un recipiente, echó en él un huevo partido y otro entero, sacó de debajo de las faldas unos papelitos con hierbas y polvos, y los puso también dentro del agua, junto con una hebra de hilo que dividió en cuatro partes. Lo tapó todo con una camisa y estuvo meneándolo durante un rato mientras rezaba para sí. Cuando lo destapó, los huevos estaban duros y la hebra de hilo entera, lo que interpretó como señal de que el hechizo no se había roto.

A pesar de todas estas ceremonias, no parece que volviera

con la testigo el amante que la desdeñaba, así que Gabriela le ofreció fabricar un muñeco para atraer a otro hombre.

Gabriela de la Mata también era aficionada a asustar a sus clientes, y dijo a una de las testigos que ella no podía llevar nada encima que estuviera relacionado con Dios o con María Santísima, aunque, como de costumbre, confesó todos sus trucos a los inquisidores. Los polvos que había dado a la mujer que tenía tanto interés en recuperar a su amante eran simple tierra de la pared de su casa «sin adobo alguno», y ella misma había puesto los huevos duros y el hilo entero dentro del recipiente. Al igual que Clara Viezma, también se ocupaba en vender prendas por las casas.

Los granos de helecho buenos para solucionar problemas amorosos, el agua mágica, los polvos, y algunas oraciones son, por tanto, las herramientas fundamentales de las hechiceras gitanas. Ángela Jiménez, procesada en 1742, tenía en su casa unos papeles con «supersticiones y oraciones diabólicas» que llamaron la atención del alguacil que había ido a detenerla por ser sospechosa de un robo. Esta «ilustrada» hechicera, puesto que al parecer utilizaba todo un repertorio escrito de conjuros y hechizos, negó que los papeles le pertenecieran, y explicó a los inquisidores que se le habían caído a un grupo de soldados.

Como habrá observado el lector en el anterior desfile de hechiceras gitanas, nuestra minoría utilizaba elementos simples, sumamente familiares también a los del laboratorio de las mujeres procesadas en toda España por estas cuestiones, y casi resulta difícil entender el origen de su prestigio no sólo en nuestro país sino en toda Europa a lo largo de los siglos, si se prescinde de la credulidad de sus clientes y del clima que su ingenio conseguía infundir a los sencillos ingredientes de sus herramientas mágicas. Aún más que en el caso de las hechiceras castellanas o valencianas, la hechicería gitana depende del temperamento e imaginación de sus protagonistas, y por esto me ha parecido conveniente introducir al lector en el novelesco enredo de unos cuantos procesos inquisitoriales más pormenorizados que pueden ayudar a comprender el comportamiento y técnica de un grupo de mujeres cuya reputación las convirtió en personajes favoritos para viajeros románticos e incluso autores de ópera.

III. Las artes adivinatorias: la buenaventura

La buenaventura representa, probablemente, la faceta mágica más conocida de la hechicería gitana. Diciendo la buenaventura llegan a París, y así nos los describe también Muratori en el momento de su aparición en Italia. En España, los testimonios acerca de la buenaventura son tan abundantes, que la gitana que adivina el porvenir constituye uno de los arquetipos de nuestro teatro de autores del Siglo de Oro. Ya hemos visto en las páginas anteriores la forma en que la Gitanilla de Cervantes solía decirla a sus clientes, y el escepticismo que estas predicciones suscitaban, sin embargo, en el autor de *El donado hablador*. Por lo general, los autores están de acuerdo en que nuestras gitanas no poseen ninguna ciencia y que únicamente se trata de un recurso de la inteligencia al servicio de la necesidad de comer. Las hechiceras gitanas son, en los autores del Siglo de Oro, personajes de la picaresca con las mismas características que los demás héroes de este género literario: astutos, escépticos, rápidos de reflejos... y empeñados en sobrevivir. Así las ve «Alonso, mozo de muchos amos» [48] en una descripción que merece la pena reproducir para aproximar al lector al clima social en que se desenvuelven las artes de nuestras heroínas:

¡Oh, cuántas veces me llevaron consigo algunas de las gitanas, que, como al fin mujeres, también tienen temor, y por aquellas vecinas aldeas entraban a pedir por las casas, significando su pobreza y necesidad, llamando a las mozas para decirlas la buenaventura y a los mozos la buena suerte que habían de tener pidiendo primero el cuarto o el real para hacer la señal de la cruz! [...] Y con estas palabras lisonjeras sacaban lo que podían, ya que no en dinero por ser de ordinario mala su cosecha, en tocino por ser socorro suficiente para sus hijuelos y maridos. Mirábamelos yo y reíame de la simplicidad de aquellos bárbaros, y a veces, enojado, no pudiendo ir a las manos, con mucha cólera reprendía su poco saber, pues daban crédito a tantas liviandades, y fingidas razones, quedando tan contentos y satisfechos los que esperaban casarse con lo que les decía la gitana como si verdaderamente se lo dijera un apóstol.

En el difícil mundo de la picaresca, en el que superar el hambre es la regla fundamental, encuentran las gitanas hechiceras su marco adecuado, desde mi punto de vista. Los engaños y embe-

---

[48] Jerónimo DE ALCALÁ YÁÑEZ, *El donado hablador Alonso* (*La novela picaresca española*. Estudio preliminar, selección, prólogo y notas de Ángel Valbuena Prat, Madrid, Aguilar, 1956), p. 1284.

lecos de que se acusa a las gitanas con tanta frecuencia se entienden mejor a través de la clave que nos proporcionan los padres literarios de los grandes pícaros como el Buscón don Pablos, Guzmán de Alfarache o Cipión y Berganza. El arte de sobrevivir explica las graves acusaciones de autores más severos como Sancho de Moncada y Quiñones. La opinión de Covarrubias resulta menos áspera si se tienen en cuenta las andanzas de los hombres y mujeres que han hecho de la picaresca uno de los géneros españoles por excelencia [49].

> Las mujeres —gitanas— son grandes ladronas y embustidoras, que dizen la buenaventura por las rayas de las manos, y en tanto que esta tiene embevidas a las necias con si se han de casar o parir o topar con buen marido, las demás dan vuelta a la casa y se llevan lo que pueden [50].

Según vimos ya en la propia crónica francesa en que se describe la llegada de los gitanos a París, la quiromancia practicada por las gitanas no es más que un truco elemental para aproximarse a aquellas personas de quienes piensan obtener algún provecho. Un simple primer contacto a través del cual se puede penetrar en la intimidad y psicología del posible cliente, ganar su confianza y el acceso a su casa. A continuación, todo dependerá de la habilidad que sea capaz de manifestar la supuesta hechicera. Un ejemplo muy típico de esta manera de proceder ha quedado reflejado en la causa contra María Hernández, también conocida como Mencía Salazar, según la costumbre que hacía a los gitanos utilizar diversos alias, denunciada ante el tribunal de la Inquisición de Toledo en 1635 [51]. En su causa se observa con gran claridad el tipo de relación que se establecía entre estas hechiceras y sus clientes.

María de Hernández o Mencía Salazar —es difícil saber cuál de los dos sería su nombre auténtico, si es que lo era alguno— vivía en Santa Olalla, pero los hechos tuvieron lugar en la villa de Maqueda. Tenía unos 30 años de edad y estaba casada con un gitano herrero. Los gitanos herreros constituían, de alguna manera, la élite de su grupo, poseían generalmente una casa propia

---

[49] La relación entre gitanos y pícaros merece capítulo aparte, que le dedicaré en el estudio que estoy preparando sobre la situación general de las minorías, de próxima aparición: *Los gitanos españoles. Evolución y contexto histórico de una minoría, siglos XV-XIX*. S. DE COVARRUBIAS, *Tesoro de la Lengua castellana o española*, 1611 (p. 643).
[50] A.H.N., Inq., leg. 84, n.º 5.
[51] A.H.N., Inq., leg. 88, n.º 153.

y una amplia clientela, pero no es extraño encontrar a sus esposas procesadas por delitos de superstición, lo que hace pensar que tal vez, su situación económica no era tan próspera como se podría pensar en un principio. Las mujeres de estos gitanos herreros parecen presentar la otra cara de la moneda al dedicarse a la práctica de la hechicería seguramente por afición en parte, pero también para aportar algún dinero complementario a la economía familiar.

La denuncia contra nuestra gitana la llevó a cabo Jacinta del Castillo, mujer de un escribano público, de unos 25 años de edad. A continuación seguiremos la declaración que ella misma hizo de los hechos, ya que su brevedad y grafismo situarán mejor al lector frente a su estado de ánimo que cualquier transcripción o resumen manipulados por el historiador:

Dixo para descargo de su conciencia que un dia de la semana de Henero proxima pasada deste presente año y que no se acuerda que dia fuese mas que pasó a las dos de la tarde estando la dicha doña Xacinta en su casa entró una xitana pidiendo limosna, la cual dixo llamarse María Hernández, la qual entró pidiendo limosna y la dicha doña Xacinta se la dió y la dixo la catase la buenaventura, y la dicha xitana la asió la mano izquierda y después de haberla mirado las rayas de la mano la dixo que habia tenido una muy gran pesadumbre, y la dicha doña Xacinta la dixo «Verdad es que con mi marido la he tenido una muy gran pesadumbre», y la xitana respondió: «Si tu me lo pagas yo te daré un remedio para que tengas paz con tu marido», y yo la dixe no entendiendo que era cosa de tanto momento y tan perniciosa *[obsérvese como el secretario del tribunal opta a partir de ahora por la narración en primera persona, en la que se observa el temor de D.ª Jacinta ante los funcionarios del Santo Oficio y su deseo de salir exculpada]* que me diese el remedio y se lo pagaría. Y dixo la xitana «aguardáte y verás quien te mete mal con tu marido», y tomó una cuartilla de papel y la hizo muchas dobleces y me la metió en la mano echando muchas bendiciones, y me dixo la llevase a mi cama y la metiese en ella y la tornase a traer, y me hizo que rezase unas avemarias o unos credos, que no me acuerdo lo que fue desto, y yo de todo esto no creía nada, mas antes temía no me hiziese algun mal. Por ver en lo que paraba la dexe proseguir en sus embelecos con ánimo de dar cuenta en el tribunal del Santo Oficio de Toledo, lo qual hubiera hecho antes de agora si hubiera comisario en esta dicha villa de Maqueda, mas como no le había hablé a un religioso y debajo de confesión le dixe me llamase al dicho comisario, ante quien hago la dicha denunciación, y prosiguiendo en ella la dicha xitana tomó el papel arriba declarado y le echó más bendiciones llamando a Santa Marta, y dixo de una serpiente no se qué cosas, y llamó al Diablo Cojuelo y me hizo descalzar un pie y hincar de rodillas, y tomó el papel y le metió en una bacía de agua y le tuvo allí un poco de tiempo, y le sacó del agua y me lo enseñó, el qual tenía cuatro figuras y me dixo: «Vease aquí quien te mete mal con tu marido.» Y despues desto me vino a visitar mi madre y me dixo:

«¿qué hace aquí esta xitana?» y le dixe que había hecho ciertos embelecos, y dixo la xitana que quería echar una suerte a mi hermana para ver si se había de casar, sacó un palillo muy pequeño, y pidió un poco de cera de la qual hizo una sortija pequeña, en la cual hincó dicho palo y lo puso en la parte de arriba otro poquito de cera, y se lo puso la dicha xitana en su misma palma y le echó una saliva y el palo se andaba a la redonda. Y después de esto echó dicha suerte poniendo un poco de sal en la punta de un cuchillo, y dixo ciertas palabras. Y dixo la dicha xitana que había de ver arder la sal, y esta denunciante dixo que ella no veía arder la sal, después de todo esto la dicha xitana me pidió una cédula firmada de mi nombre y yo no se la quise dar, y me pidió que por amor de Dios no dijese nada porque no se supiera, y por asegurarla le di palabra de callar. Todo lo cual es verdad, so cargo de juramento que fecho tiene.

En este breve relato que acabamos de observar siguiendo las palabras de la supuesta «víctima» pueden apreciarse todas las diferencias y similitudes entre el comportamiento de las hechiceras gitanas y las cristianas viejas. Según hemos podido comprobar al igual que las segundas, María Hernández mezcla los elementos sacros y profanos, ordenando a su cliente que rece credos, avemarías, haciendo cruces, etc. Como sin duda tiene noticias de que las profesionales de la otra etnia hacen uso de la sal en algunos conjuros —recuérdese el que hemos denominado específicamente así— solicita a D.ª Jacinta un puñado y le promete que lo verá arder, es decir, algo que llevaban a cabo sus competidoras cuando ejecutaban el «conjuro de la sal» arrojando un puñado de ella al fuego para hacer el vaticinio según la forma y el color de la llama. Al igual que en algunos conjuros a la puerta, o a la ventana, en que la hechicera especifica que hay que ejecutarlo con un pie descalzo, María Hernández toma también este elemento y manda a D.ª Jacinta que se descalce. La motivación de las mujeres que la consultan no ofrece ninguna novedad. Como en la inmensa mayoría de los casos, la «pasión amorosa» —tal vez convendría decir mejor la «vocación amorosa»— constituye el objetivo fundamental. Por lo demás, el ritual es sumamente simple y no añade nada a los que llevaban a cabo las hechiceras castellanas o valencianas no gitanas, si exceptuamos el truco del papel pintado con tinta simpática en el que aparecen las figuras que más convienen a cada situación, y que veremos utilizar con suma frecuencia a las hechiceras de nuestra minoría.

Los remordimientos de un soldado ambicioso

Cristóbal Texero de Vega era natural de Lisboa, llegó a Madrid de paso para Italia en 1623 [52] y se alojó en una posada que estaba cerca de la Cava de San Francisco, junto con un camarada, también portugués, natural de Castelblanco, llamado Sebastián Rodríguez. Los dos mozos, entre los 23 y los 25 años, debían encontrarse ansiosos por hacer fortuna, pues no desaprovecharon la primera oportunidad que se les presentó para averiguar su destino. Sin necesidad siquiera de salir de la posada, trabaron conocimiento con una gitana que se acercó hasta su ventana para pedir limosna y a la que ellos en seguida hicieron pasar para que les dijera la buenaventura. De los dos soldados portugueses Cristóbal Texero de Vega era sin duda el más ambicioso y atrevido, lo que no debió pasar desapercibido a los ojos de la gitana, que en seguida quiso quedarse a solas con él en el cuarto «para decirle dos cosas», así que echa a su camarada y al criado que estaba con ellos quienes salieron a regañadientes y se pusieron a espiar por una hendidura de la puerta. Desde allí vieron como le echaba unas bendiciones a su compañero con un real de a dos en la mano y oyó que le decía que si le daba licencia volvería al día siguiente con una amiga suya que se llamaba Magdalena. Sebastián Rodríguez ya no pudo ver más, porque el amo y el criado se estorbaron el uno al otro.

Al día siguiente volvió la primera gitana, que dijo llamarse María, con su amiga Magdalena, y aunque las dos eran mujeres jóvenes de unos treinta años entraron en el cuarto de los dos soldados con tanta desenvoltura que los encontraron todavía en la cama. Sin arredrarse por ello se acercaron al mismo lecho de Cristóbal Texero para decirle la buenaventura y le pidieron unas monedas.

Las gitanas le preguntaron cuál era el objeto de su visita a la corte y Cristóbal Texero de Vega contestó que pretendía muchas cosas, entre ellas que el Cardenal Infante le quisiera guardar un privilegio de Malta que tenía. Las gitanas insistieron otra vez en si no pretendía algo más, y él confesó que tenía negocios con Su Majestad y esperaba que una mujer, con la que quería casarse a su vuelta, le escribiera y no le olvidase... Ya tenemos, pues a nuestras gitanas ante una víctima perfecta: un hombre joven, soldado ambicioso, con negocios en la corte que le interesa arre-

---

[52] A.H.N., Inq., leg. 159.

glar, y enamorado. La ceremonia «mágica» puede comenzar.

Las dos mujeres le pidieron que les diera por escrito sus pretensiones y prometiera al «ánima sola» cuatro misas para lograr que le diesen los derechos que pretendía. Cristóbal hizo lo que le pedían y ellas se guardaron el papel en el pecho, y sacaron un poco de cera blanca «para hacer la suerte». Hicieron con ella una figurita humana, y le pidieron unas monedas de oro y plata. Cristóbal les dio tres reales de a dos y tres doblones y dos escudos de oro. Las gitanas se las pusieron en la mano. Luego clavaron la figurilla sobre otra bolita de cera, asegurándole que si se volvía boca abajo sería mala señal, pero que si «andaba alrededor, todo saldría bien». Después le pidieron un poco de agua bendita que le habían advertido tuviese preparada, y Magdalena la echó a la figurita y las monedas haciendo algunas cruces y diciendo la oración de Santa Marta, «y vio este en su propia mano que de suyo, sin que nadie la tocase, dio unas vueltas alrededor, que le parece fueron dos o tres». El soldado debió quedar tan espantado que preguntó a las gitanas si aquello lo hacían con pacto del demonio, pues en ese caso él no estaba de acuerdo, y ellas le respondieron que tan sólo se trataba de una gracia del «ánima sola» que conseguiría que sus negocios se arreglasen bien.

Cuando al día siguiente lunes, regresaron las gitanas, retuvieron a una de ellas, mandando a la otra a buscar la camisa y el dinero, pero las dos mujeres protestaron diciendo que no se lo podían devolver porque lo habían enterrado todo en el campo y que él se volvía atrás para no pagarles su trabajo después que ellas habían estado saliendo al campo durante tres noches para arreglar su negocio. Volvió a protestar el soldado diciendo que no quería seguir adelante porque todo aquello era malo, y las gitanas le amenazaron con que si el hechizo que debía durar nueve noches no se concluía, quedaría tullido de pies y manos. Él volvió a decir que no quería nada con ellas, que se llevasen la redoma con agua que ni siquiera había tocado, y que él les daría algo por su trabajo. En esta animada discusión debió asaltar al timorato soldado la idea que algo malo podía ocurrirle por no haber terminado el encantamiento que estaban haciéndole las gitanas, por lo que se pusieron de acuerdo para deshacerlo. Allá se fueron, pues, los cuatro, con la redoma del agua milagrosa en cuestión para deshacer el asunto hasta San Francisco, donde Magdalena le pidió unas monedas que metió dentro de un pañuelo, junto con unas estopas, y puso el pañuelo en el suelo. Luego le ordenó que hiciera él lo mismo en otras iglesias, y todos juntos fueron para arreglar el asunto a tres iglesias, donde Magdalena hizo lo mismo, y después se separaron. Después de estas operaciones, Magdalena le devolvió a Cristóbal su pañuelo, pero cuando éste lo desdobló no halló dentro las monedas que le había dado para hacer «la suerte».

Al acabar la suerte de las redomas, las gitanas le pidieron unos cuartos que ellas pondrían en papel mojado con agua bendita y que Cristóbal debía llevar en las medias calzas, y tomando luego el cuchillo que ellas le dieran, hincarlo en la sepultura más fresca diciendo unas oraciones al ánima sola.

Ante estos repentinos escrúpulos, las gitanas le preguntaron si se atrevería a salir a la puerta de la calle, con un pie descalzo en el umbral y el otro calzado, llevando, una vela verde en una mano y una figura de paño en la otra. Cristóbal, cuyo valor no parece que estuviera a la altura de su ambición, les preguntó para qué debía hacer aquello, y las gitanas le explicaron que debía salir por la noche a invocar las estrellas con aquella figura humana que habían fabricado con su camisa, diciendo la oración de Santa Marta y algunas otras que también habían invocado ellas. Sin embargo, no debía volver atrás la cara porque podía ponerse en gran peligro, y vería una gran sombra blanca, tan grande como aquella casa, que diría tres veces con una voz horrible: «Cristóbal, Cristóbal, Cristóbal». El soldado respondió que no se atrevía, con lo cual las gitanas se llevaron el «hechizo» de las monedas y de la figura que habían hecho con la camisa de su cliente.

Al día siguiente volvieron las gitanas con dos redomitas de vidrio con un poco de agua, y las pusieron en el fuego a hervir, diciendo que en una redoma se vería si sus negocios tendrían éxito y en la otra los malos testimonios que le habían levantado. Mientras las redomas hervían sobre el fuego, Magdalena anduvo alrededor, haciendo como bendiciones y diciendo «así como yerve, yervirán los deseos de los que han de despachar a Cristóbal». Luego juntaron el agua de las dos redomas y se la dieron diciendo que debía verterla en la puerta del palacio donde debía tratar su negocio.

Cuando las gitanas se marcharon, Sebastián Rodríguez, que siempre había estado presente en todos estos quehaceres, parece que amonestó a su camarada diciéndole que todo aquello no estaba bien y que podía incurrir en pena de excomunión, de forma que decidieron terminar con todo aquello al día siguiente.

Todavía pidió el soldado otra entrevista con el Santo Oficio para confesar algunos detalles que no incluyó en la declaración anterior, y que sin duda le recordó después su escrupuloso camarada y fiel amigo, por lo que se ve, puesto que a pesar del temor que parecen inspirar a los dos los «poderes» de las gitanas no le dejó solo en ningún momento. De ello da cuenta su testimonio ante el Santo Oficio, donde no olvidó ningún acto llevado a cabo por las supuestas hechiceras, al contrario que Cristóbal, sin ninguna duda muy turbado e impresionado por el tribunal.

No contamos con la sentencia de esta causa ni con la declaración de las gitanas, a pesar de que, al parecer, tampoco éstas escaparon a la justicia, pero es de suponer que no saldrían peor paradas que sus compañeras. Los tres calificadores del tribunal dan muestras de las diversas tendencias que podían coincidir a principios del siglo XVII con respecto al asunto. Según uno de ellos, está claro que actúan con pacto explícito e implícito con el demonio,

> porque los fines que pretendían eran improporcionados y cerca de actos libres y el ofrecer familiar a uno de los testigos, y el movimiento de una figura de cera que se refiere urgir, y el acto explícito y más en personas tan sospechosas también se mezclan vanas observancias en algunas cosas sacrílegas, usando de oraciones y misas con semejantes acciones, y porque las palabras que decían en las ocasiones que se refiere no se entendieron cuáles fuesen convendría examinar a las dichas gitanas para que lo manifiesten y que también declaren quién es el ánima sola que varias veces repiten.
>
> En las ratificaciones se depone que cierta plata y oro que uno de los testigos había dado a las gitanas no lo halló después, sino sus cuartillos, y aunque la gitana respondió que el diablo había vuelto la plata y el oro en los cuartillos es de creer que no fue verdad sino quererse excusar y quedarse con el dinero, porque era fácil que las gitanas hubiesen quitado la plata y oro y puesto en su lugar los cuartillos, si bien en personas semejantes cualquier cosa se hace sospechosa para examinalla.

Ésta era la calificación de Pedro González en 1623 de la pretendida hechicería y pacto diabólico de nuestras gitanas. Como se ve, a pesar de las precauciones con que examina cualquier detalle, el calificador se siente muy escéptico ante los posibles poderes sobrenaturales de estas mujeres.

Según el examen de otro de los calificadores del tribunal, Pedro Torencena,

> Parece que fuera de que en algunas cosas de las que allí se testifican della, hay mucho de embeleco y embuste con que procuraban sacar

dinero, pero en otras cosas y en todas ellas juntas halló ser claramente hechicería, malefictum et sortilegium, non purum sed mixtum aliquo errore circe doemonis sapientiam et potentiam, pues con lo que hacían procuraban saber el suceso futuro de las pretensiones de Cristóbal y juntamente inclinar la voluntad de las personas con quien tenía las dichas pretensiones, lo cual sólo es propio de Dios.

El calificador, analizando la causa a la luz de la bula de Sixto V, y aunque sus deducciones le llevan a calificar la actuación de María y Magdalena con ojos más rigurosos, es evidente que tampoco estaba convencido de las artes diabólicas de las mujeres.

Más moderado y breve es aún el tercer calificador que examinó el asunto, según el cual

las acciones que en ella se les aplican son de suyo supersticiosas, lo cual consta por ellas mismas y por los efectos que en virtud de ellas prometían, a que se añade circunstancia de sacrílegas por el abuso de las cosas sagradas que se refieren. Verdad es que como no se siguió efecto alguno *no se prueba físicamente* [el subrayado es mío, lógicamente] que interviniese pacto implícito o explícito con el demonio, y así pudo todo ser embeleco para sacar dinero.

Desgraciadamente no aparece la sentencia ni la declaración de las gitanas, pero es evidente que ésta no pudo ser grave, y a la luz de las calificaciones de los inquisidores, se comprende la causa de la benevolencia de la Inquisición española hacía las gitanas «hechiceras» y hacia las brujas en general. Ya a principios del siglo XVII en plena caza de brujas europeas, los inquisidores españoles se preguntaban por la relación causa-efecto y miraban con enorme escepticismo la intervención del diablo en las cosas de brujería.

Según habrá observado ya el lector, la figura de las hechiceras gitanas entregadas al ejercicio de la quiromancia, tal y como aparece en los procesos inquisitoriales, no está demasiado distante del retrato literario que aparece en las páginas de Cervantes o Jerónimo de Alcalá. Durante más de cuatro siglos, las gitanas siguieron practicando sus «artes adivinatorias» casi sin variaciones para llegar hasta los viajeros del siglo XIX. Cuando Borrow, «don Jorgito el Inglés», se empeña en divulgar en nuestro país la lectura de la Biblia, se tropieza de nuevo con esta chocante figura a la que vuelve a retratar para sus lectores en medio de un paisaje inundado de luz y flores, contribuyendo a divulgar en Europa, desde mi punto de vista, el cliché de la gitana andaluza. No podría cerrar estas páginas sin reproducir algunos fragmentos de una de las descripciones más logradas de Borrow, a caballo entre la imaginación y la realidad, en la que todavía resuena el ingenio de Cervantes [53]:

> ...Obsérvese, por ejemplo, a la misma gitana de Sevilla. Está en pie delante del portal de una vasta casa en una de las angostas calles moriscas de la capital de Andalucía. [...].
> La gitana mira a través de la verja, y ve sentadas junto a la fuente una señora ricamente vestida y dos amables y delicadas jovencitas. Están haciendo sus labores, bordando con oro y seda en un bastidor. Detrás hay varias sirvientes sentadas. La gitana tira de la campanilla cuando una voz blanca pregunta ¿quién es?
> ...
> Si, bien podéis exclamar «Ave María Purísima», damas y jovencitas sevillanas, al verla llegarse a vosotras; no es de vuestra sangre. Ella o sus padres han andado tres mil leguas para llegar a vuestro país. [...].
> Viene a lisonjear, a engañar, a robar, porque es una falsa profetisa. [...] Os saludará con bendiciones que llenarán vuestro corazón de alegría, pero la sangre se os helaría en el corazón si oyéseis las maldiciones que profiere en su interior contra vosotras. [...].
> ...
> Es de mediana estatura, de constitución ni recia ni débil, pero cada movimiento suyo denota agilidad y vigor. Erguida como está delante de vosotras parece un halcón a punto de remontarse. [...]. Su rostro es oval y sus facciones regulares pero un poco duras y ásperas, porque ha nacido entre peñas. [...] Hay en sus mejillas muchas manchas, quizá alguna cicatriz, y sin hoyuelos, y en su frente arrugas aunque es todavía joven. [...]
> No hay en Sevilla ojos femeninos que puedan sostener su mirada, tan aguda y penetrante al mismo tiempo que cautelosa y taimada es la expresión de sus orbes negros, la boca hermosa y casi delicada y no hay reina en el trono más soberbio que exista entre Madrid y Moscú que no envidie las dos hileras de blanquísimos dientes que la adornan. [...]
> No viene sola: un arrapiezo negruzco de unos dos años de edad le rodea el cuello con un brazo. [...]
> Grandes anillos de oro falso se bambolean de los rasgados agujeros de sus orejas, las sayas son harapos y se calza los pies con alpargatas de cáñamo. Tal es la gitana errante, tal es la bruja de Multán, que llega a decir la buenaventura a la condesa sevillana y a sus hijas.

---

[53] G. Borrow, *Los zíncali,* ed. cit., p. 55.

IV. *Gitanas terceras o celestinas*

Generalmente, las alcahuetas y celestinas tienen un campo abonado para sus quehaceres entre los aprendices de don Juan, las monjas poco conformes con su estado, o las mujeres malcasadas, pero tampoco faltan las esposas que se preocupan por recuperar a un marido algo distraído o las jovencitas que aspiran a un buen matrimonio. En este último caso, estamos por tanto, ante gitanas con una cierta inclinación por las cuestiones amorosas, al igual que las hechiceras castellanas, valencianas, etc., que ponen sus conjuros y hechizos al servicio de las aspiraciones de sus clientes masculinos y femeninos.

Este parece ser el caso de Magdalena Maldonado, mujer de un tal Quesada, que vivían en San Clemente de la provincia de Cuenca [54]. La denuncia contra ella fue presentada por una mujer que debía estar bastante preocupada por la posible pérdida de su marido. Catalina López, que así se llamaba la interesada, estaba casada con un curtidor, y fue a consultar a Magdalena por consejo de una amiga que estaba enterada de sus disgustos matrimoniales y le dijo: «pues que vuestro marido anda tan apartado de vos y no quiere hacer vida maridable ni juntarse con vos, llamad a una gitana que vive aquí cerca, veamos si os da algún remedio». Un asunto, por tanto, que solía conducir habitualmente a la mujer despreciada hasta la consulta de alguna hechicera con reputación en los alrededores, tanto gitana como de cualquier otra etnia. Magdalena, que era una mujer vieja y «de buena estatura», según la descripción de la testigo, vivía junto al río, y debía ser bastante conocida entre las mujeres del lugar por sus prácticas hechiceriles. Es decir, una profesional como las que ya hemos visto desfilar con frecuencia ante el tribunal inquisitorial. Catalina le explicó su problema pidiéndole que la devolviera a su marido, pero sin hacer ninguna ofensa a Dios. La gitana les aseguró que así se haría y que ellas mismas podrían ver que las palabras que se debían pronunciar no contenían nada malo. También explicó que ella había ayudado ya a otras mujeres que se encontraban en casos similares y le habían pagado bastante dinero, incluso nueve ducados. Después de esta conversación preliminar, la gitana procedió a fabricar el remedio con la ayuda de su cliente:

---

[54] A.D.C., Inq., leg. 400, n.º 5673.

la dijo a esta testigo que trajese un poco de cera y una escudilla de agua y la trajo esta testigo y se la dio a la dicha gitana, la qual con las manos la ablandó y hizo una tortica poco mayor que un cuarto de a dos y ansi mismo un rollo pequeño poco más o menos que la dicha tortica y sacó de un canuto un palico muy pequeño retorcido y lo hincó en el rollico y luego con la tortica de manera que la tortica quedó debajo y el rollico arriba y se lo puso en la palma a esta testigo y de la escudilla de agua tomaba agua con los dedos y mano derecha y echaba agua al dicho rollico y tortica que esta testigo tenía y apoyaba esto sobre su palma derecha a lo que se quiere acordar y decía la dicha jitana bauticóte en nombre de dios y de san joan y siempre tomando agua y nombrando el espíritu santo dos o tres o quatro beces. Y antes que echase el agua a la tortica y rollico que puso en la forma dicha como palillo de suplicaciones o poniendo el rollico encima le dijo esta presta del rollico que está hacia mi es tu marido y esta otra que está hacia ti eres tú, si la que está hacia mi se ba hacia ti es que biene ya tu marido, y ansi echando agua como dicho tiene començo la dicha punta del rollico que estaba hacia la jitana a bolverse hacia esta testigo, entonces dijo la jitana, ya biene tu marido, para el dia de san Juan estará aquí...

Luego pidió a la mujer una espuerta de trigo o de cebada, y cuando ella se la trajo le ordenó meter el pie derecho en el trigo, unas hebras de hilo para medir su estatura desde la cabeza a los pies, partió las hebras en pedazos con un cuchillo, y lo revolvió todo mencionando el nombre de Dios y se lo puso todo debajo de las faldas a su cliente. Al cabo de un momento, la gitana metió la mano debajo de las faldas, y sacó las hebras enteras repitiendo que el marido ya estaba de regreso. Esta operación la repitió unas cuantas veces, guardó la torta y el rollo, mandó a Catalina López que sacara el pie de la espuerta y le dijo que se sentara haciendo el signo de la cruz. A continuación, se repitió la misma ceremonia mientras Catalina metía el pie izquierdo en la espuerta. En este punto, la gitana creyó llegado el momento de pedir el dinero que pensaba ganar por aquel «hechizo», y como es lógico, aquí empieza a resistirse Catalina López, a pesar de desear con tanta vehemencia recuperar a su marido. Seguramente no estaba muy bien provista a este respecto:

...y luego pidió le diese seis reales y esta testigo le dijo, no tengo dineros y la dicha gitana dijo búscalos que no puede ser menos y esta testigo le dijo, qué moneda a de ser y le respondió en qualquiera moneda basta, y luego esta testigo finjió que los pedía a la dicha Catalina Lucas —la amiga que la había aconsejado consultar a la gitana— que a todo se halló presente que le guardaba dineros a esta testigo y 'se los dió los dichos seis reales y los tomó la dicha gitana y los echó a la dicha espuerta, y le dijo, mira que esta espuerta as de derramarla que está aquí junto a tu casa y as de decir estas palabras siendo de noche, triangulo angulo, y otras palabras que esta testigo no se acuerda contando con los dedos...

Catalina López aseguró a la hechicera que ella no se atrevería a llevarlo a cabo, y según ya hemos visto otras veces, la gitana se comprometió a hacerlo en su nombre «por tratarse de ella». Magdalena se guardó, por consiguiente la espuerta con la cebada y el dinero, además del hilo y la cera con que había realizado el resto del engaño para conseguir los dos anteriores, y le aseguró que todo quedaría hecho aquella misma noche y volvería su marido con ella si sabía guardar el secreto.

Según se ha podido observar en la declaración de Catalina López, que he seguido textualmente en muchos aspectos para aproximar mejor al lector a la intimidad de la escena entre la hechicera y su consultante, nada extraordinario ni complicado aparece en el ritual utilizado por la gitana, si exceptuamos su extraordinaria habilidad para convertir un truco de manos en una ceremonia mágica. La «magia blanca» utilizada por Magdalena era tan inocua que incluso los inquisidores renunciaron a procesar a la gitana, ya que no había ni pacto explícito ni implícito, «y así no toca al Santo Oficio».

La misma especialización en «cuestiones amorosas», aparece entre las hechiceras procesadas en el tribunal de Mallorca. Las relaciones de causa nos proporcionan muy pocos datos acerca de Sebastiana Maldonado y Francina, con el mismo apellido, pero en cuanto a Catalina Maldonado e Isabel Graciana, ambas procesadas en 1606, contamos con amplios relatos acerca de sus manejos como expertas en estas cuestiones [55].

En ambos casos, las gitanas intervinieron para satisfacer los deseos de clientes que querían estar seguras de conseguir el amor de sus pretendientes. Catalina Maldonado comenzó diciendo la buenaventura a unas madres, para pasar a continuación a realizar un hechizo con el fin de propiciar el matrimonio. La cliente le entregó, según su petición, algún objeto de oro y plata, unos granos de trigo, otros de sal, y agua bendita, y pan bendito «porque todo lo había menester». La mujer sospechó que se trataba de un engaño, y se negó a entregarle lo que le pedía, Catalina procuró intimidarla diciendo:

---

[55] Los procesos correspondientes al tribunal de Mallorca están tomados de la edición de las relaciones de causa transcritas por Llorenç Pérez, Lleonart Montaner y Mateu Colom, ya citada.

Que había de costar muy caro a la dicha mujer de no haberlo hecho porque era como si estando mala en algún trabajo hubiera prometido a Nuestro Señor alguna cosa y no la cumpliera. [...].

Naturalmente, la sentencia del tribunal no fue suave. Se la condenó a coroza y soga, y debió abandonar el reino de Mallorca para toda su vida.

En el caso de Isabel Graciana, el resumen de su proceso da cuenta de un curioso método adivinatorio que no aparece en los demás tribunales. Para que el caballero no se ocupara de ninguna mujer, excepto de su cliente,

> la hiço que sacase tres cuentas de oro y tres de plata, tres panes, una aguja de coser y un ovillo, y tres medios reales, y con el hilo tomó medida a la persona de la testigo, y la cortó en pedaços, y en el ovillo hiço nudos y los dichos hilos con las cuentas de oro y plata echó en una escudilla de agua haciendo cruces sobre ella, y decía algunas palabras nombrando a Dios y a nuestra Señora Virgen María, y luego sacó de la escudilla el hilo que tenía los nudos y dixo a la testigo que si los dichos nudos salían deshechos el dicho caballero la quería mucho, y si no, no.

La técnica de Isabel Graciana parece combinar la de sus compañeras de oficio, especializadas en el truco del tesoro escondido —del que hablaremos a continuación— y los rituales imaginados por ella misma. A esta misma mujer, le pidió en diferentes ocasiones objetos para llevar a cabo hechizos, asegurando que debía preparar una figura con una camisa y una sábana, y pidiendo también dinero en diferentes idas y venidas. La testigo que declaró en su contra sospechó también de ella a causa de tantas dilaciones y peticiones. Isabel Graciana tomó entonces un crucifijo, lo besó y dijo a su cliente: «Reniegue yo en tierra de moros si te engaño.» Sin embargo, se marchó y ya no volvió.

También procuró «ayudar» a otras mujeres que tenían problemas similares, siempre a cambio de dinero. A una de ellas, que estaba mal casada y quería saber si su marido moriría pronto, le hizo una suerte con un trozo de cera para averiguar el porvenir de este cónyuge incómodo. Con el mismo trozo de cera, y algunos granos de sal y trigo, fabricó una nómina para la otra mujer, que temía perder las visitas de un viudo que la cortejaba.

Graciana declaró que era «christiana vieja de gitanos», y mujer de un herrero. Tenía 28 años y era natural de Inca, en Mallorca. Aunque negó todos los hechos, fue condenada a desfilar con coroza y soga, abjurar *de levi*, recibir cien azotes, y salir desterrada durante toda su vida. Resulta interesante señalar la nota que aparece en esta «relación de causa», única vez en la que se específica el criterio del tribunal a este respecto:

[...] paresció en la consulta que se debía cargar un poco la mano a estas gitanas por escarmiento a las demás de que suele haber mucho abuso en este reino.

No es improbable, sin embargo, que también en otros casos se actuara con el mismo rigor.

El proceso contra la gitana Adriana [56] nos sitúa frente a una Celestina gitana, una hechicera profesional que parece tener una amplia clientela, incluso entre personas de calidad, que la permiten vivir de sus manejos «mágicos». Su repertorio de hechizos y conjuros no parece demasiado amplio, pero la causa se presenta rodeada de tal misterio, a causa de la credibilidad y el miedo de los dos testigos principales, que el relato ha llegado hasta nosotros, a pesar de su anécdota mínima, con un enorme encanto. Una vez más, parecemos estar más ante una página literaria que ante un tremendo relato de Inquisición, y los gitanos resultan una vez más, también, personajes extraordinarios, a pesar de que ante el examen crítico casi todo el atractivo se desvanezca, a causa de la excesiva imaginación de los propios payos. La seguridad de que este tipo de causas no solían tener un final trágico nos permite dejarnos seducir por el aspecto novelesco del proceso sin remordimientos excesivos. Veamos.

En primer lugar, conviene examinar la declaración de Juan de Falbco, irlandés que residía en Madrid desde hacía más de veinte años, para examinar el suceso según su propia visión del asunto.

Juan de Falbco vivía en la calle del Olmo, y se presentó ante el Santo Oficio de acuerdo con Sebastián Baldenebro, alguacil de Corte.

El alguacil le convenció, al parecer, de que convenía a una persona de su «gravedad e inteligencia» ocuparse al servicio de Su Majestad y de la Fe Católica, como hacían otras personas que averiguaban en las casas todo lo que podía perjudicar a ambas cuestiones, y como el irlandés había quedado «con cuidado particular» después que quemaran a un tal Reinaldos de Peralta, se puso de acuerdo con él para averiguar lo que ocurría en un determinado lugar en donde pensaban que acudían muchos herejes.

---

[56] A.H.N., Inq., leg. 84, exp. 46.

Así, de acuerdo con el alguacil y «por orden de un religioso grave confesor de éste y de ministros de su Majestad», acudió a la casa de una tal Águeda, «bodegonera secreta», punto de reunión de muchas personas «de todas las naciones». Como se ve, en el Madrid de 1624, por la pureza de la fe, prosperaba la delación y la fuerte suspicacia frente a las reuniones de gentes heterogéneas. No parece, sin embargo, en este caso, que Águeda y sus amigos se ocuparan de otra cosa que no fuera asunto del corazón, como se verá.

Juan de Falbco fue, pues, a la bodega, que se encontraba en Puerta Cerrada, esquina a la Cava de San Francisco, en busca de una persona extranjera que le resultaba sospechosa, y allí trabó conocimiento y charló algunas veces con Águeda. Así sorprendió en una ocasión a Águeda en conversación con una gitana que llegó tapada con un manto «a lo español». Este secreto no dejó de llamar la atención del espía irlandés, que preguntó a Águeda quién era aquella mujer. Se trataba, según ella, de «una mujer que sabía mucho y que a su casa acudía mucha gente principal y personas graves a quienes ella aconsejaba y enseñaba muchas cosas curiosas», porque era gitana y bruja y hechicera, sabía enamorar a un hombre, ligar, desligar y hacer aborrecer. También le explicó que estaba haciendo un hechizo para que un hombre la quisiese a ella y aborreciese a la mujer con quien tenía amistad.

Juan Falbco le contó todo esto a su confesor, quien le ordenó fuese a aquella casa para averiguar lo que allí ocurría, pero advirtiéndole que si se hacían conjuros o cosas semejantes, no estuviera presente.

Obediente, nuestro irlandés le pidió a la confiada Águeda que le llevase a casa de aquella mujer, y ella le condujo hacía la plazuela de la Cebada, y entró en una calle que le dijeron era la mancebía, cerca del Rastro, mientras él la esperaba fuera. Desde allí, vio cómo Águeda entraba en una sala baja, con una ventana que daba a la calle, y él se arrimó allí con cuidado de que no le vieran para averiguar lo que ocurría dentro. Oyó cómo Águeda hablaba con una gitana que le hacía grandes halagos, diciéndole que «la había de servir en todo y que más deseaba servirla por darla gusto que no por el interés, y que si fuera por eso, que al presente la ofrecían todo cuanto ella quisiera porque ligase al que se casaba con la de Olivares». Cuando esto oyó nuestro hombre, pensaba que estaba ante un asunto de interés, e hizo cuanto pudo por acercarse hasta la ventana para ver el rostro de la que estaba hablando, haciendo probablemente algún ruido que llamó la atención de la gitana. Cuando empezó a atisbar, sintió que las mujeres se aproximaban hacia él, por lo que se vio, muy a su pesar, obligado a apartarse musitando para sus adentros: «¡Ojalá tuviera yo aquí a Baldenebro con cuatro hombres de bien!», pensando que podría detener a aquellas mujeres y dar cuenta a la Inquisición.

En esto, salió a la puerta de la calle a averiguar el origen del ruido una gitana joven, haciendo entrar al irlandés en la casa. Allí se encontró con una gitana vieja, la misma a la que había oído hablar con Águeda, quien se acercó a él «haciéndole muchos halagos», pero en realidad, para mirar con atención si llevaba vara de justicia. La gitana más vieja le hizo salir sin fiarse mucho de él, para poder hablar con Águeda, y él estuvo un buen rato esperando en la calle, hasta que las vio salir del lugar y entrar en otra casa, que era el domicilio de las gitanas. Aunque ellas no le dijeron nada, él entró tras ellas en un aposento, donde le preguntaron qué quería. Juan respondió que había acompañado a Águeda para que ésta no fuese sola —sin duda nuestro hombre no era un espía muy hábil— y la gitana le replicó: «No es eso ni son esos los pensamientos que tuviste en la esquina, sino con el ánimo de prendernos si pudiérades o tuviérades gente o de acusarnos a la Inquisición», deducción lógica de quien sabe que tiene motivos para temer, pero que al aprendiz de espía le pareció arte de brujería. Procuró, sin embargo, porfiar con ella que no eran aquéllas sus intenciones, pero la gitana respondía que sólo quería averiguar lo que hacían para hacerles mal. Al irlandés no se le ocurrió nada más, para asegurarla, que decirle que tenía entendido que estaba procurando ligar al que se casaba con la de Olivares, lo que hizo montar en cólera a la gitana, que le dijo que se ocupase de sus propios asuntos sin mezclarse en los ajenos. Pues con ella «comunicaban personas graves y de hábitos, y no era bien que él lo supiese». Queriendo todavía averiguar la mala o buena fe del inoportuno visitante, la gitana más vieja le mandó traer a la joven un jarro de vino y un pastel grande, invitándole y porfiándole mucho para que comiese, sin que él aceptase con el pretexto de que no tenía costumbre de volver a comer hasta la hora de la cena. Esto volvió a irritar a la mujer, que reprochó a Águeda el haberles llevado aquel hombre como testigo contra ellas. En esto intervino la gitana menor, diciendo: «esos ojos bizcos no creo yo de ellos cosa buena», frase que repitió dos o tres veces, con lo que entre todas le echaron a la calle.

Allí se quedó el inexperto espía esperando a Águeda, que aún se entretuvo con las gitanas un buen rato, confesándole a la salida con excesiva ingenuidad que le habían ocurrido con ellas muchas cosas. Tiempo le faltó al irlandés para contárselo al alguacil Baldenebro y a su confesor como prueba de su fidelidad al Rey y a la fe, y éstos le ordenaron que siguiera espiando hasta averiguar lo que ocurría entre las gitanas y Águeda.

Volvió de nuevo el irlandés a buscar a Águeda, mujer realmente confiada, sin poder averiguar nada nuevo entre las gitanas porque ella le dijo que desconfiaban de él y no querrían ayudarle. Águeda le presentó entonces a un individuo joven, boticario al parecer en Salamanca y también dedicado a estas cuestiones, y aunque nuestro irlandés estuvo bebiendo con él y procuró captarse su confianza, es indudable que resultaba tan sospechoso a todos excepto a la ingenua Águeda, que no logró averiguar de él nada.

La historia de Águeda de Herrera, una cuestión habitual

Águeda de Herrera tenía 27 años, y estaba casada con Alonso de Arellano, bodegonero de Puerta Cerrada. No era, pues, una mujer mayor, aunque sí, por lo que parece, extremadamente simple; ya había tenido amores con un hombre que no era su marido, y éste era el origen de todas sus preocupaciones y de sus tejemanejes con las gitanas.

Su relación con ellas había comenzado de la forma habitual. Estaba un día en su casa, hasta donde llegó la gitana joven, que intentó curarle la cojera que tenía en un pie a causa de la «isipula», haciéndole unas bendiciones. Esta confianza en sus poderes curativos bastaba para procurar a las gitanas la presencia de una posible cliente, y enseguida vemos pasar a la gitana al siguiente objetivo de averiguar las penas del confiado payo. Águeda tenía «una pesadumbre muy grande» porque había estado hablando con un hombre que había hecho burla de ella y la había deshonrado. La gitana le respondió que ella sabía mucho de esas cosas, y si Águeda quería, podía conseguir que volviera con ella. «Pues aunque parezco moza, yo se muy bien todas esas cosas y, si quieres, yo haré que ese hombre venga a ti rodando y hagas de él lo que quieras». Águeda respondió que ella deseaba volver a verle en su casa, y que si lo conseguía, se lo pagaría bien. La gitana regresó para arreglar el asunto al día siguiente y le pidió a Águeda un puchero de vidrio, tres veces nueve cuartillos y un ochavo de alfileres y otro de agujas, y dos libras de cera para hacer la figura del hombre. La gitana puso después agua y vinagre en el puchero, pues todo se lo dio Águeda como le pedía, y colocó dentro las agujas, alfileres y los veintisiete cuartillos de cera, mandándola después poner la mano encima del puchero, y repetir las palabras que ella iba diciendo, en las que se mencionaba el diablo Bullaque y Calderón y «cuántos en el Infierno son», y «la reina Sardina y Jacarandina» y «Marta, Marta, la que en los infiernos estás, tres cabras tienes y las ordeñas y tres quesos harás, el uno es para el diablo mayor, el otro para su compañero, y el otro para el diablo Cojuelo, o así como estás encadenada, así venga este hombre atado y ligado y deje a Ana de Julio con quien está amancebado». El conjuro con salmodias de este estilo, ciertamente no muy terrible, debió ser largo y variado, sin que faltasen muchos demonios y la consabida ánima sola, saliendo al corral de su casa durante nueve noches a las doce, sin sentir miedo, aunque viese algo en el corral, o aunque le hablasen, porque ella haría algo para que no le ocurriese nada malo. Agueda reaccionó según esperaba seguramente la gitana que lo hiciera, diciendo que todo aquello le producía temor y no lo haría ni siquiera por el Rey de España. Entonces, la gitana se ofreció a hacer todo aquello en su lugar, si le daba la mano delante de un Cristo y como buena cristiana le prometía no descubrirla.

Pasaron los días, y como Águeda vio que todo aquello no había surtido el efecto que ella deseaba, se acercó muy temprano a casa de la gitana para reprocharles el engaño, y allí la encontró con su suegra, también gitana. La joven se disculpó diciendo que había ido a visitar a Ana de Julio al cajón donde vendía fruta, y a averiguar lo que hacía con el hombre al que quería Águeda, pero que su manceba lo tenía tan hechizado y dominado por el control que sobre él ejercían otras dos hechiceras del barrio llamadas «las Morales» (no consta si éstas eran también gitanas), que era muy difícil conseguir nada, pues estaba muy hechizado de tantos conjuros como le habían hecho y tantas cosas como le habían dado por la boca. Águeda quedó con esto muy apesadumbrada, pero la suegra de la gitana le dijo que ella conocía a la hechicera más grande de España, que lo arreglaría todo en un abrir y cerrar de ojos, y que podía ir a buscarla, pues vivía en una casa más abajo. La hechicera en cuestión se llamaba Adriana y era manca o tullida de un brazo.

Águeda se quedó a solas con Adriana, «la hechicera más grande de España», y cuando le hubo contado sus penas, ésta le dijo «que había topado con quien en el aire haría cuanto quisiere», ofreciéndole que apartaría al hombre de la mujer con quien estaba, y le haría volver con ella. Diciendo esto, cogió a Águeda de la mano y comenzó a decir: «Blas, Blas, encomiéndote a Barrabás, y no te detengas a mi mandado». Águeda repitió todo lo que decía la gitana, pero luego, ante el Santo Oficio, sólo pudo recordar que había mencionado a muchos demonios. Adriana le quitó a continuación una sortija de oro con una piedra blanca que llevaba en el dedo, y se la ató en la falda con una cinta, diciéndole que no se la desatara hasta que ella fuera a verla por la tarde a su casa. Se despidió de Águeda hasta entonces, pero antes le hizo jurar que no la descubriría. Le encargó que le tuviese preparado, para cuando ella llegase, tierra de alguna tumba fresca, unos orines de negra, y un poco de agua de donde echan los zerotes los zapateros. Águeda respondió que no tenía tiempo de irse detrás de los muertos para coger la tierra de una tumba fresca, ni de buscar todo aquello porque tenía mucho trabajo, y Adriana le respondió que, aunque tendría mucho más efecto si lo buscaba la interesada, puesto que no podía, ella lo haría en su lugar.

Aquella misma tarde, a eso de las cinco, fue la hechicera a casa de su cliente. Encerráronse a solas, y la gitana le pidió un puchero vidriado, una redoma de un cuarto, y otra con vino tinto, y un poco de lumbre. Le mandó echar en el puchero tres veces nueve reales en cuartos, y luego le quitó la sortija que le había atado en las faldas por la mañana para echarla también, pero Águeda se lo impidió, diciéndole que no era suya, y le dio otra a cambio, que Adriana puso también en el puchero. Luego tomó la gitana la redoma con el vino tinto, y lo puso sobre la lumbre que habían hecho en un barreño pequeño. Con una saya de la Adriana, una almohada y una valona, hizo un bulto, y lo puso en el suelo, y tomando a Águeda de la mano, le hizo andar alrededor de la lumbre como siete u ocho veces, mientras el vino ardía hacia arriba sobre el fuego con una llama que pareció «muy larga» a la impresionable y crédula paya. Al tiempo que daban las vueltas, la hizo repetir las palabras que ella iba diciendo:

Así como esto yerbe, yerbe el corazón de Blas, en el nombre de Satanás, y de Barrabás y del diablo Cojuelo, y de su compañero y de la Jacarandina y de la Reina Sardina, y de Doña María de Padilla y toda su cuadrilla, y de Marta la que en los Infiernos está.

Como se ve, la gitana había llegado a un «conjuro sincrético», si se me permite llamarlo así, en él se mencionaba de golpe y de una sola vez, y sin discriminación sin duda para mayor golpe de efecto, a toda la corte infernal. Según la declaración de Águeda, estuvo todavía diciendo otras muchas invocaciones durante media hora, sin que en ellas faltase tampoco el ánima más sola del Purgatorio, ordenándole después tomase aquel bulto y saliese a la puerta de la calle a hacer otra invocación, y tomando a continuación el puchero, lo enterrase en el patio en un hoyo que debía hacer con un cuchillo de cachas negras, y poniendo después el pie izquierdo encima, debía decir: «Al aire, al aire, aire allá aires, adonde está Blas, encomendándole a Barrabás y a Satanás, y el diablo Cojuelo y a su compañero, y a cuantos en el infierno están». Águeda se quedó aterrorizada ante todo lo que había visto y confesó a la gitana que no se atrevía a llevar a cabo todo aquello, pidiéndole que lo hiciese ella en su lugar. Adriana le hizo prometer otra vez ante una Virgen de la Caridad que tenía en el cuarto, y procedió a llevarse el puchero con el dinero y la sortija, probablemente encantada de los temores de su cliente.

Águeda volvió al día siguiente a la casa de la gitana. Adriana le contó que la noche anterior había hecho en su lugar los conjuros saliendo al campo. Se había podido dar cuenta de que había mucha gente que la quería mal, pero que no «la diese nada» porque ella estaba por medio. Cuando estaban en esto, oyó que una mujer que se había quedado acechando lo que pasaba fuera, gritó que venía la Justicia; Adriana salió corriendo a encerrarse en otro cuarto, pero el alguacil de la villa y el escribano, que efectivamente llegaron, la hicieron salir, saliendo Águeda en defensa de las gitanas.

Al cabo de ocho días, volvieron las gitanas a su casa y ella les dio ocho reales. Unos días después de que fueran interrumpidas por el alguacil, fue otra vez Águeda a visitarlas, esta vez en compañía del irlandés Juan Falbco, quien según su declaración, se ofreció a acompañarla para averiguar si la engañaban o no. Según sabemos, el irlandés se quedó esperando a la mujer junto a una esquina, pero cuando las hechiceras advirtieron su presencia, empezaron a sospechar de la palabra que les había dado Águeda de guardar secreto. Le hicieron entrar, y tuvo lugar la escena que ya conocemos por el relato del propio interesado, de los temores acentuados y recelo de la gitana, y sus fallidos intentos de averiguar lo que allí pasaba, que se negó a hacer nada delante de él, y mandó volver a su cliente al miércoles siguiente, a las siete de la mañana, llevando cuatro ducados de plata, una sábana, una almohada, una toca y unas medias.

Águeda volvió con don Juan Falbco hasta la calle de Toledo, y por el camino, los dos fueron comentando lo muy grandes hechiceras que eran aquellas mujeres...

El miércoles volvió puntualmente a casa de las gitanas, llevando cuanto le habían dicho, pero nada más entrar en casa de Adriana, ésta la empezó a reñir por haber llevado con ella al sospechoso irlandés, acusándoles de quererlas vender. Águeda se defendió como pudo, diciendo que ella tenía interés en que nada se supiera, y que no era mujer que se fuera de la lengua, lo que pareció tranquilizarlas. Adriana le pidió a la otra gitana que trajese un poco de lumbre, unas estopas y una sartén. Luego, tomó Adriana las ropas que le había llevado Águeda, e hizo con ellas una figura humana, con brazos y pies, y la toca en la cabeza, que puso en el suelo, mandando a Águeda que anduviese por encima del bulto en forma de cruz cuatro veces, y mientras ella lo hacía, la gitana iba diciendo entre dientes unas palabras que ella no entendió.

Cuando la lumbre estuvo bien encendida, envolvió el dinero en unas estopas y lo puso dentro de la sartén que estaba ya encima de la lumbre, hasta que se «derritió» también al son de un conjuro que tampoco pudo recordar la pobre Águeda, y cuando estuvo derretido tiró el contenido de la sartén a la calle... Con esto terminó aquel día el conjuro, y Adriana mandó a su cliente que volviera a su casa dejando el bulto en forma de persona allí para que ella hiciese lo que tenía que hacer durante nueve días.

Águeda estuvo sin duda esperando el buen resultado de todas aquellas operaciones, pero viendo que no obtenía el resultado que buscaba, fue de nuevo a casa de las gitanas para pedirles que le devolvieran sus ropas, pero lo único que consiguió fue caer de nuevo en las redes de la astuta gitana. Adriana se excusó diciendo que había tenido que ausentarse del lugar sin haber podido llevar a cabo el resto del hechizo, y que ésta era la causa de que no hubiera tenido buen efecto. Le pidió veinticuatro reales para comprar unos polvos que faltaban para completar la operación, sin que fuera preciso hacer nada más, y Águeda, naturalmente, no se los negó. Al cabo de unos días fue Adriana, en compañía de otra gitana aún más vieja que ella, a casa de Águeda. Le llevaba unos polvos blancos, que según le advirtió, debía repartir entre el umbral de su casa y el de su antiguo amigo, diciendo unas palabras que le encarecieron mucho no debía dejar de pronunciar al echarlos, pero que no fue posible que le dijeran cuáles eran, porque en aquel momento se levantó de dormir el marido de Águeda, y las dos «hechiceras a domicilio» tuvieron que dejar la cuestión para otro día...

Volvieron al otro día Adriana y aquella otra gitana más vieja, a la que sin duda ésta había decidido hacer participar en aquel buen negocio, para continuarlo en el punto en el que habían sido interrumpidas por el marido de la interesada. Le contaron que sobre Blas Méndez pesaba un conjuro muy fuerte, pero que ellas podían deshacerlo, porque el hechizo mayor deshacía el menor, y la más vieja le pidió nueve reales para comprar unas velas de cera negra. Águeda se los dio, y la nueva hechicera que tenemos en escena los puso en el suelo y empezó a recitar la oración de Santa Marta, haciéndole poner el pie izquierdo sobre ellos:

> Marta, Marta,
> la que en los infiernos estás
> acompañada de Satanás y Barrabás
> una cabra negra tienes
> y tres escudillas de leche sacarás
> y tres quesos harás
> el uno darás a Barrabás,
> el otro a Satanás,
> y el otro a su compañero.

Luego cogió el dinero del suelo, lo envolvió y se lo llevó, asegurándole las dos que buscarían la tabla de la frutera con la que estaba amigado Blas Méndez para hacer las diligencias que hacían falta. Quedando en que la tendrían al corriente de todo, se fueron.

Es probable que todavía hubieran intentado seguir «exprimiendo» a tan provechosa cliente durante mucho más tiempo, si los acontecimientos no se lo hubieran impedido. En efecto, quince días después se encontraba Águeda a la puerta de su casa, cuando vio pasar al propietario de la casa donde vivía Adriana, y preguntándole por ella, supo que se había marchado a Valladolid huyendo de la Justicia, a causa de un hurto muy grande que había hecho.

Este sencillo y común relato debió decepcionar, lógicamente, al Santo Oficio, que esperaba un asunto mucho más prometedor de la declaración del espía irlandés; pero el interrogatorio al que sometió a Águeda demuestra una vez más la falta de habilidad del aprendiz de espía. Águeda declaró no saber nada del asunto del que se casaba con la de Olivares, y además, el boticario que había presentado al pobre Falbco como un hombre «que sabía mucho» estaba absolutamente ajeno al asunto. Ella se lo había señalado en su bodega, a pesar de ser la primera vez que lo veía, para probarlo... ¡Es lógico que se mostrase sorprendido y reservado ante las «discretas» preguntas del irlandés! Una vez más, la que salió perdiendo fue Águeda, que sin duda no volvió a contar con aquel cliente.

V. *La hechicería masculina*

Aunque en la mayor parte de las ocasiones son las mujeres quienes comparecen ante el Santo Oficio acusadas de prácticas supersticiosas, tampoco faltan hombres que se ocupan en un oficio tan sencillo y lucrativo. No abundan, sin embargo, y las características de su comportamiento tiene perfiles peculiares que merecen se les dedique capítulo aparte. En realidad, sólo contamos con cuatro casos, los resúmenes de la serie Alegaciones Fiscales en la que se encuentran los procesos de Juan Malla (1732), Agustín Montoya (1742), y Tomás Camacho (1791). También podemos incluir en este grupo el proceso del matrimonio compuesto por Juana Trujillo y José Maldonado (1783), único caso en el que vemos a una pareja actuar conjunta y armoniosamente. Como veremos, los hombres gitanos que practican la magia, tampoco poseen, como sus colegas femeninas, un repertorio de conocimientos amplio ni profundo por lo que concierne a los ritos, oraciones y conjuros que pueden observarse en la magia paya, pero, al igual que en el caso de sus compañeras de etnia, suplen esta falta de conocimientos con su atractivo personal, la capacidad esotérica que se supone poseen las personas de su raza, y su convicción personal. En la mayor parte de los casos, el procedimiento «mágico» suele utilizarse también para conseguir beneficios que nunca encontramos en el caso de las mujeres. Me refiero a las relaciones eróticas que procuran entablar con sus clientes, consiguiéndolo en la mayor parte de los casos. Veremos a este respecto el significativo caso de Juan Malla.

Josefa Hernández compareció por su voluntad ante el tribunal del Santo Oficio de Murcia el 24 de junio de 1732 [57], para

---

[57] A.H.N., Inq., leg. 3733, n.º 205.

denunciar el engaño de que había sido objeto por parte de un gitano. El hombre se había presentado un día en su casa diciendo que se llamaba Antonio, aunque luego averiguó que su nombre auténtico era el de Juan Malla. Como en el caso de las mujeres procesadas por el tribunal de Valencia, la especialidad del supuesto hechicero era la de buscar y desencantar tesoros, pero, como veremos, sus procedimientos «mágicos» pueden ser calificados de algo más que originales. Según contó a Josefa Hernández, que era una mujer de 36 años, aunque no consta en el proceso si casada o soltera, debajo de un árbol que se encontraba próximo a su casa, estaba escondido un tesoro encantado que vigilaba una mujer hermosísima. Para desencantarlo, sólo era preciso mandar que se le dijeran cuatro misas, pero como la mujer en cuestión estaba muy «afligida» con su situación, si una vez comenzado el asunto Josefa se arrepentía, les echaría una maldición que arrastrarían toda su vida. Josefa Hernández no prestó al principio mucho crédito a las palabras del gitano, y éste la ofreció como prueba echar un huevo en el agua que al día siguiente aparecería escalfado, «como si lo hubieran frito». La prueba no dio resultado, pero la capacidad de persuasión del gitano debía de ser grande, porque a pesar de lo negativo de la prueba, Josefa se prestó a que se pusieran en marcha las ceremonias para desencantar el tesoro. Según explicó Juan Malla, la mujer que se encontraba con el tesoro había sido encantada «con convites, comidas y deshonestidades» y era preciso proceder de la misma manera para desencantarla, de forma que a continuación Josefa Hernández y el supuesto hechicero procedieron a pronunciar «deshonestidades» a grandes voces. Comenzaron mencionando las «partes impúdicas» del hombre, y luego las de la mujer, gritándolas primero Juan Malla y haciéndoselas repetir después a su cliente. A continuación de este ritual, más erótico que mágico, como resulta evidente, Juan Malla «solicitó tener cópula» con Juana Hernández, pero según la declaración de la interesada, ella se negó. Sin embargo, consiguió que la mujer le diera una basquiña.

De acuerdo con el proceso, Juan Malla tuvo, sin embargo, mucha mejor suerte con otra mujer que mencionó Josefa Hernández, y que también fue llamada a declarar. Juana Escobar había recibido también la visita de Juan Malla hacía siete años, con el ofrecimiento de convertirla en una mujer rica mediante el descubrimiento de un tesoro encantado. Durante 15 días siguió yendo a su casa y consiguió obtener de ella bastantes alhajas con el pretexto del desencantamiento. Como en el caso anterior, aseguró que junto al tesoro se encontraba una hermosa doncella, que era la hija del Rey Chico de Granada, y explicó que debían proceder a algunas deshonestidades para conseguir el efecto que buscaban. Con este propósito, la mandó desnudarse de medio cuerpo para abajo, y habiéndolo hecho así, el gitano la tocó sus partes diciéndole que no era pecado porque «Dios estaba por medio», y era preciso llevarlo a cabo para desencantar a la doncella y al tesoro. Todas aquellas operaciones tenían lugar delante de una sobrina de la tal Juana Escobar, y el gitano manifestó deseos de llevar a cabo con ella el mismo «ritual mágico». Como la sobrina se negó por pudor, el gitano la tomó de la mano, según ella misma declaró al tribunal, la llevó aparte hasta unas matas, la hizo desnudar de medio cuerpo, la tocó y logró todos sus propósitos con ella, asegurando siempre que no era pecado.

Como es lógico suponer, el tribunal de la Inquisición se interesó por el curioso hechicero, que terminó en las cárceles secretas con embargo de sus bienes. Según se pone de relieve en el proceso, el llamado Juan Malla era un hombre bastante especial. Aunque supo bien la doctrina cristiana, dijo el credo y el avemaría en romance, y declaró que confesaba y comulgaba. Había nacido en Orán y era hijo de un pastor que estaba al servicio de un moro. A los ocho años se había escapado llegando hasta «un aduar de los niños enemigos». Resultó capturado por una partida que tomó el lugar, se convirtió en el esclavo del Marqués de Casasola, que era quien mandaba la partida, y se lo trajo con él a Madrid. Una vez en la corte, consiguió escaparse a Valladolid, Logroño y el Irache, donde, en un convento que dista una legua del lugar, se puso al servicio del hortelano durante dos años. Contó a los religiosos que era de Orán y «moro fugitivo», y como ellos le aconsejaron que se hiciera cristiano, se decidió voluntariamente a convertirse. Los mismos religiosos llevaron a cabo su instrucción cristiana, y se bautizó en la parroquia inmediata, actuando el hortelano como padrino. Tenía entonces unos doce años, según dijo, y durante ocho vivió con aquellos frailes haciendo cuanto le mandaban. A juzgar por su relato, cuando tenía unos 20 años se marchó del convento en donde se había educado y se enroló en Zarauz en unos barcos de pesca. Recibió la confirmación de manos del obispo de Pamplona. Cinco años después, paso a Castilla y se convirtió en soldado, sirviendo en la guarnición de Alicante. Allí cayó enfermo, y se vio obligado a dejar la milicia.

Tan fabulosa y detallada historia no debió, por alguna razón, resultar convincente al tribunal —a pesar de que no escasean relatos similares y verídicos durante el Antiguo Régimen— y tal vez convencido de que no había logrado persuadir a sus jueces, el supuesto moro, o gitano convertido, se decidió a confesar lo que aseguró ser esta vez el auténtico relato de su vida. No había nacido en Orán, sino cerca del convento de Irache, donde su madre le dio a luz en el campo. En realidad, era hijo de cristianos viejos, y había sido bautizado, efectivamente, en una parroquia que estaba cerca del convento de este lugar, teniendo como padrino al hortelano del convento. A los ocho años fue cuando se fugó de Irache, y marchó por los caminos pidiendo limosna. Así llegó hasta Valladolid, en compañía de varios muchachos como él que se dedicaban a robar pan a los panaderos. A causa de esta indispensable ocupación, como un muchacho vagabundo sin oficio, dio con sus huesos en Orán cuando sólo tenía unos 14 años, y allí pasó seis años de su vida. Una vez cumplido el tiempo de su condena se trasladó a Murcia, y se colocó con un tal Ginés de Boluda para aprender el oficio de barbero en el que sólo duró dos años. Luego sentó plaza de soldado. Cuando abandonó la milicia, se refugió en casa de una gitana y allí se unió a una sobrina que tenía esta mujer, con la que vivió como marido, andando por diversos lugares. Este último acontecimiento tuvo lugar en 1714 y desde entonces había vivido con la muchacha en cuestión, comportándose también como un gitano. A continuación, aseguró que desconocía la causa por la que había sido preso, aunque cuando recibió la acusación aceptó la substancia de los hechos. Con Ana o Juana de Escobar había conseguido un guardapiés, unos manteles, unos cuantos reales, y que matara unos pollos que consumieron juntos en un banquete. Aceptó también el resto de las acusaciones con respecto a las relaciones sexuales que había tenido con sus víctimas, pero negó haber llegado a consumarlo con la sobrina de Ana Escobar, que sólo tenía 11 años según la declaración de Juan Malla.

El tribunal, tan cuidadoso en todas las cuestiones que conciernen a los datos de los procesados, trató de verificar el bautismo que Juan Malla aseguraba haber recibido, y lo referente a su confirmación y matrimonio con la gitana, una tal Gerónima Vicenta Raimunda Carbonell, pero no se pudo comprobar ninguno de estos asertos. Finalmente, aunque desconocemos la condena que cayó esta vez sobre nuestro original hechicero, parece que pudo librarse de las galeras que le amenazaban porque el tribunal hace constar en el resumen del proceso que, según el informe del médico, no se encontraba en estado de servir en ellas a causa de la «debilidad y corrupción de sus piernas».

Juan Malla no era, por tanto, un gitano en el sentido racial del término, sino un hombre de vida azarosa que se había unido a una mujer gitana y adoptado el mismo género de vida. Como sabemos, las pragmáticas hablan con frecuencia de este tipo de gitanos por lo que respecta a su comportamiento. Un pícaro cuya trayectoria vital no tiene nada que envidiar a las que dieron forma literaria los maestros del género. Su actuación «mágica» parece seguir las mismas pautas que las de otros gitanos procesados también por sortílegos y hechiceros, pero, a decir verdad, la utilización de las prácticas mágicas —o religiosas— como subterfugio para conseguir un fácil acceso en negocios eróticos no es exclusivamente gitana y se encuentra con enorme frecuencia mezclada en los procesos en los que encontramos a un hombre como reo.

En el caso de Agustín Montoya, denunciado ante el tribunal de Granada en 1742 [58], la cosa no pareció llegar muy lejos. El marido de una tal Bernarda de Pinto se presentó ante el tribunal para dar cuenta de cómo se había presentado un gitano en su casa con el pretexto de dar unas lecciones de guitarra y baile a su mujer y a sus hijas. En la conversación que se entabló con este motivo, el gitano aseguró que tenía pacto con el demonio y que gracias a ello podía verlas a todas desnudas de medio cuerpo para arriba. Las muchachas replicaron que no les parecía posible, pero manifestaron deseos de saber en qué forma las veía. Agustín Montoya aseguró que en el cuerpo de una de ellas, llamada Rita, había dos lunares en el pecho izquierdo, uno arriba y otro abajo; a la madre, Bernarda de Pinto, reveló que tenía también una luna en el muslo derecho. Como una de las hijas se había negado a salir a bailar, alegando que tenía temor del pacto diabólico que aseguraba tener el gitano, Agustín Montoya volvió a jurar que era cierto y como prueba de ello le averiguó que se había negado a hacerlo porque se encontraba en aquel momento con el accidente del menstruo y llevaba cruzadas las puntas de las enaguas por el medio de las piernas, prendidas por delante con un alfiler. También le «adivinó» que llevaba un refajo amarillo con alforza y otro sin alforza. Como todo lo que había dicho a Bárbara era cierto, su madre y su hermana se apresuraron a averiguar el

---

[58] A.H.N., Inq., leg. 3728, n.º 167.

asunto de los lunares y ambas encontraron también que todo era verdad.

Aunque el resumen de las «Alegaciones fiscales» no nos permite averiguar cuál fue la suerte que le cupo a Agustín Montoya por tan ingenuas averiguaciones —seguramente muy benévola— sí me parece que merece la pena reseñar la calificación de que fue objeto el casi inocente juego erótico al que se había dedicado con tres mujeres un tanto complacientes: «Calificado lo que resulta de esta sumaria por tres calificadores, fray Tomás Tamayo, fray Juan Carvajal, y fray Antonio Pineda, dijeron contener echos de sortilegio por arte del demonio, con adivinación de cosas ocultas haciendo pacto implícito.» Como ya he reseñado anteriormente, no es muy probable que la pena que cayera sobre Agustín Montoya (en el caso de que efectivamente llegase a ser puesto preso) fuese importante, y es bastante probable que la causa se suspendiera por falta de evidencia, pero es evidente también que estas benévolas sentencias no debemos nunca atribuírselas a la flexibilidad de los calificadores, quienes, como resulta evidente, carecían por completo —al igual que tantos miembros de la vida académica de nuestros días— del menor sentido del humor.

Por lo que respecta al caso de Tomás Camacho, es evidente que estamos ante un gitano que se vio impulsado a actuar como hechicero de manera ocasional, y ante la presión de las circunstancias. La causa pertenece al tribunal de Sevilla, y tuvo lugar en 1751 [59]. Tomás Camacho era, en realidad, un pescador que se encontraba con dificultades para seguir ejerciendo su oficio habitual. Según declara él mismo, a causa «de las pasadas lluvias», se trasladó a Jerez tratando de «ganarse la vida». Allí se encontró con un compañero de etnia, en cuya casa se instaló y trabó conocimiento con unos frailes que solían visitarla. Al parecer, uno de los frailes estaba interesado en que este gitano y su mujer utilizasen sus supuestas artes mágicas a su favor, con el fin de conseguir el que «predicase liberal, tuviese dinero» y recuperase la libertad de movimientos que le había quitado su prior. A cualquier precio y sin importarle los medios. Ante la insistencia del fraile y con la presencia de un nuevo amigo, los tres gitanos se decidieron a proporcionarle lo que les pedía con tanta insistencia, y para ello usaron del truco del papel pintado con alumbre, fingieron pacto con el diablo, le dieron un pañuelo blanco con el

---

[59] A.H.N., Inq., leg. 3736, n.º 198.

que le aseguraron que se volvería invisible, fingieron un hechizo con unas gallinas negras, y le suministraron algunas yerbas. Los detalles con que se llevaron a cabo estos «rituales mágicos» no figuran en el resumen del fiscal, pero es de suponer que no diferirían mucho de situaciones que ya conocemos y que las gallinas fueron a parar a los estómagos de los hambrientos gitanos. Seguramente la condena no fue tampoco muy importante, pero fueron calificados de embusteros, estafadores (lo que efectivamente eran, más que otra cosa), sacrílegos, supersticiosos y sospechosos *de levi*. Probablemente, muchas complicaciones para sólo un par de gallinas, debieron pensar los gitanos...

12

EL TRUCO DEL TESORO ESCONDIDO

El lector ya habrá notado en los procesos que acabo de resumir en las páginas anteriores el elemento fundamental de la hechicería gitana: la voluntad de obtener dinero, comida o cualquier otra cosa del hombre o la mujer que le confía sus penas con la esperanza de obtener una solución «mágica». Este auténtico talento para lograr la confianza de los incautos campesinos y mujeres obsesionadas por sus problemas amorosos, se despliega completamente en el engaño que tiene como tema central, por así decirlo, la búsqueda de un supuesto tesoro escondido y encantado que precisa de la intervención de una gitana versada en estas cuestiones. Las referencias a gitanas implicadas en este tipo de asuntos son sumamente frecuentes y aparecen en todos los tribunales, Sevilla, Granada, Cuenca, Toledo, Valencia, Barcelona, etc., aunque desgraciadamente, los procesos completos no abundan. Las gitanas y gitanos parecen estar «especializados» en la búsqueda de estos supuestos tesoros ocultos, en la que se comportan con una pericia perfilada durante siglos. En realidad, este engaño fue practicado por nuestras hechiceras en todas partes de Europa si nos atenemos a las referencias de otros autores y a los propios testimonios literarios. Delcambre da cuenta de cómo lo llevó a cabo en Francia una gitana durante el siglo XVI [1]. La mujer abrió un agujero en el suelo de la cocina donde se suponía que estaba enterrado, echó agua bendita y rezó un paternoster para conseguir que fuera surgiendo poco a poco. Un método, por tanto, en el que se mezcla lo sacro y lo profano, y se rezan las mismas oraciones que en la España de la misma época.

---

[1] DELCAMBRE, *Le concept de sorcellerie dans le duché de Lorraine aux XVI et XVII siècles*, Nancy, 1951. Citado por CLÉBERT, *ob. cit.*, p. 73.

Con respecto a las gitanas españolas, Cervantes y Jerónimo de Alcalá dan también noticias de trucos que coinciden casi punto por punto con el relato de Delcambre. Según Jerónimo de Alcalá, unas gitanas persuadieron a una viuda de que había un tesoro en la bodega de su casa, que saldría a la luz mediante los conjuros que ellas debían pronunciar la noche de San Juan. Cervantes también recoge esta figura de las gitanas que se dedican a practicar habitualmente esta especie de timo, y aunque el relato tiene la ventaja de contar con la prosa del autor, la actuación de las hechiceras es tan similar a la que luego veremos a través de algunos procesos inquisitoriales que merece la pena recurrir a este pequeño cuento contenido en *La gitanilla:*

[...] la abuela [de la supuesta gitanilla Preciosa] dijo que ella no podía ir a Sevilla ni a sus contornos, a causa de que los años pasados había hecho una burla en Sevilla a un gorrero llamado Triguillos, muy conocido en ella, al cual le había hecho meter en una tinaja de agua hasta el cuello desnudo en carnes y en la cabeza una corona de ciprés, esperando el filo de la media noche para salir de la tinaja a cavar y sacar un gran tesoro que ella le había echo creer que estaba en cierta parte de su casa. Dijo que como oyó el buen gorrero tocar a maitines, por no perder la coyuntura, se dio tanta prisa a salir de la tinaja que dio con ella en el suelo y con el golpe y con los cascos se magulló las carnes, derramose el agua, y él quedó nadando en ella, y dando voces que se anegaba. Acudió su mujer y sus vecinos con luces y halláronle haciendo efectos de nadador, soplando y arrastrando la barriga por el suelo; y meneando los brazos y piernas con mucha prisa y diciendo a grandes voces: «¡Socorro, señores, que me ahogo!», tal le tenía el miedo que verdaderamente pensó que se ahogaba. Abrazáronse con él, sacáronle de aquel peligro, volvió en sí, contó la burla de la gitana, y con todo eso contó en la parte señalada más de un estado en hondo, a pesar de todos cuantos le decían que era embuste mío; y si no se lo estorbara un vecino suyo, que tocaba ya en los cimientos de su casa, el diera con entrambas en el suelo, si le dejaran cavar todo cuanto él quisiera. Súpose este cuento por toda la ciudad, y hasta los muchachos le señalaban con el dedo y contaban su credulidad y mi embuste [2].

Como podemos observar en este breve relato, en tiempos de Cervantes ya constituían un tópico los engaños hechiceriales de las gitanas, y especialmente los que se relacionaban con la búsqueda de tesoros encantados, cuestión que obsesionó a los hombres y mujeres de todas las clases y estados durante el Antiguo Régimen, dando lugar a diferentes y múltiples procesos, en los que es muy frecuente encontrar implicados a gitanas, moriscos, judíos e incluso frailes, según vimos, a pesar de que este tipo de

---

[2] Cervantes, *La Gitanilla*, ed. cit., p. 95.

«timo» —pues casi debemos considerarlo así— ya había pasado a formar parte de la Literatura, el contacto con la realidad a través de los testimonios conservados gracias a la amplia documentación del Santo Oficio nos demuestra que la credulidad y ambición, lógica en todos los tiempos, del que deseaba enriquecerse con rapidez y facilidad, les convertía en una presa sumamente fácil para las avispadas gitanas. Resulta curioso constatar, por otra parte, que la mayor parte de estos testimonios inquisitoriales se han conservado gracias al tribunal de Valencia. Aunque la mención de gitanas que han actuado en este tipo de cuestiones aparece con cierta frecuencia en los tribunales de Cuenca y Toledo, y ya hemos visto como Cervantes lo considera como algo que también había tenido lugar en Sevilla, los procesos verdaderamente interesantes en los que la gitana encausada parece haber convertido este tipo de engaño en una auténtica «especialización», pertenecen sobre todo al tribunal de Valencia.

Isabel María Montoya en 1671, María Montoya en 1711, y 1735 junto con su sobrina Isabel Montoya —que pasó ante el tribunal hasta tres veces y constituye un caso verdaderamente especial al que hemos dedicado particular atención en otra parte—, Josefa del Cabello en 1721, Vicenta Eugenio en 1730, Generosa Vicente en 1725, una denuncia contra dos mujeres de esta etnia que no llegó a prosperar en 1785 y, finalmente, la denuncia contra Antonia Díaz en 1794. Todas ellas desfilaron ante el tribunal por el mismo delito, es decir: la búsqueda y desencantamiento de tesoros, auténtica especialidad gitana, al menos en el área levantina, a la que merece la pena que echemos un vistazo antes de terminar el apartado dedicado al repertorio hechiceril de estas mujeres.

Josefa María del Cabello era natural de Tudela, pero residía en Pedralva. Fue denunciada por un comisario del Santo Oficio que había oído hablar casualmente de las «malas operaciones» de unos gitanos. Trató de averiguar de qué se trataba y tuvo conocimiento de lo que les había ocurrido a María Dolç y su marido, Antonio Polo, vecinos de Jitaguas[3].

El tribunal, en vista del relato que le hizo su comisario, mandó llamar a María Dolç, mujer de unos 20 años, natural de Aragón, aunque residía en el pueblo mencionado, quien contó el engaño de que había sido víctima por parte de una tal María N., hija de un gitano al que llamaban «El Sargento». Este hombre

---

[3] A.H.N., Inq., leg. 524 (1), exp. 1.

había llegado al lugar en compañía de su mujer y de su hija, ambas conocidas por el nombre de María. A eso del mediodía se había presentado en casa de la Dolç la más joven, asegurándole «que no sabía el bien que en su casa tenía, pues detrás de la puerta de su caballeriza había cuatro jarras de moneda que estaba allí encantada». La gitana se ofreció para desencantarlo mediante ciertos conjuros, si ella le daba la tercera parte y las alhajas necesarias para llevar a cabo las ceremonias para este efecto. El desencantamiento se podía lograr en tres días, pero era preciso que se llevase a cabo siendo día festivo, por lo cual se podía aprovechar la festividad de San Vicente Ferrer que estaba cercana. También era condición indispensable que guardase el mayor secreto, sin contárselo tampoco a su marido, porque de otra manera el tesoro se convertiría en carbón. A cambio de aceptar sus condiciones le prometió dejarle ver la importancia de la fortuna encantada.

No parece que María Dolç vacilase mucho acerca de lo que debía hacer, pues en aquella ocasión le entregó un tafetán negro, un delantal también de tafetán, dos reliquias de plata, una de ellas sobredorada, tres cintas de raso, un pañuelo de seda, una sortija de plata, una funda de almohada de lienzo, unos zapatos y tres celemines de trigo, todo ello con el fin de emplearlo en las nueve misas que iba a hacer decir en el convento de San Francisco de Chelva, todas ellas acompañadas de una limosna de 9 reales y que debían decirse en nombre del Ánima Sola que estaba en compañía del dinero.

A continuación, María procedió a la demostración de sus poderes mágicos, y de la magnitud del tesoro. A tal efecto, le pidió a María Dolç un pliego de papel blanco, agua bendita, y unos granos de sal.

Todo lo puso en una palangana y añadió un poco de agua usual. Luego plegó el papel tres veces y lo sumergió mencionando a la Santísima Trinidad, y diciendo algunas palabras que María Dolç no pudo entender porque las murmuraba entre dientes. Al rato, sacó el papel y procedió a explicarle lo que aparecía representado. «Mira —le dijo a su cliente—, mala mujer, ¿creerás ahora lo que te decía? Mira aquí las cuatro jarras de moneda, mira la una que es mayor que las otras. Mira aquí estas cruces que conforme las ves aquí en el papel, están en las monedas de las jarras. Mira el moro que tiene la llave para sacar el dinero. Esta otra figura que ves es el Ángel que ha de alumbrar con un cirio para sacar el dinero. Y esta otra figura que ves eres tú, como la dueña de esta casa. Mira las 9 rayas que denotan las 9 misas que te dije con limosna de 9 reales por cada una, y te aseguro que es tanto el gozo que tengo por ver que esto me sale bien, que no me canso de ver el papel. Y te advierto que esta noche he de enviar a Chelva a por un cirio verde que ha de tener el Ángel para alumbrarnos cuando saquemos el dinero, y enviaré aposta por el dicho cirio por el amor de ti y este lo he de hacer bendecir para el dicho fin por un sacerdote.»

Como vemos, la capacidad persuasiva de la gitana era enorme, y es de suponer que María Dolç quedó profundamente impresionada ante las «artes mágicas» de su visitante, y absolutamente convencida de que pronto sería rica gracias a las operaciones que iba a realizar en su beneficio, aunque no pudo darle la media libra de aceite que le pidió para alumbrar el candil con el que iba a quedarse velando toda la noche para trabajar en aquel negocio, porque no lo tenía.

La gitana encargó a María Dolç que saliese aquella noche al campo entre las once y las doce de la noche para decir la oración de la estrella. A esto, sin embargo, se resistió la interesada. La hechicera se ofreció a llevarlo a cabo en su lugar como de costumbre. Antes de despedirse todavía le pidió una loncha de tocino «tan larga como su pie», con la que debía hacer un convite aquella misma noche al ángel que las iba a ayudar a desencantar el tesoro. Luego se marchó asegurando a María Dolç que le cumpliría todo cuanto la había prometido.

Cuando María Dolç se quedó sola, sintió miedo de que no le fueran a devolver todo lo que había entregado a la gitana —lo que da prueba de la influencia que ejercía sobre ella la presencia física de la supuesta hechicera— y fue a buscarla al corral donde tenía su rancho para pedirle que se las devolviera. María N. la tranquilizó, pero le dijo que, de momento, no se las podía enseñar, porque estaban encima del tesoro, «obrando sobre las jarras del dinero». Sólo le podía devolver los zapatos, como lo hizo, y le advirtió que estaba a punto de echarlo todo a perder.

Como resulta evidente, la gitana estaba tratando de atemorizar a María Dolç para que no se arrepintiera del trato, y con este mismo fin llegó inmediatamente a visitarle a su casa la madre de la supuesta hechicera para advertirle del mismo peligro:

Mujer, le dijo, tengo entendido que sé que has tenido con mi hija, y no porque ella me haya dicho tal cosa sobre de desconfiar de lo que le has entregado para. sacar las jarras del dinero, y así, te seguro salgas de cuidado, pues ella lo cumplirá, que yo también ato y entiendo de eso y yo he llevado en mi poder y maleta otras semejantes obras, muchos cobertores de raso y otras alhajas de precio.

«Con lo cual —añade el proceso— y casi encantada la dicha María Dolç quedó casi encantada en su casa y sin sus prendas.»

El grupo de gitanos se fue al día siguiente del lugar, al mismo tiempo que regresaba el marido de su cliente. María Dolç le contó todo lo que había ocurrido, ambos cayeron en la cuenta del engaño y fueron a buscar a la gitana en compañía de un pariente para recuperar las prendas. Consiguieron alcanzarlos en Yesa, y las justicias del lugar obligaron a la supuesta hechicera a que devolviera lo que le había sacado con embuste, excepto una cinta. La gitana, sin embargo, insistía en que todo era verdad, pero que María Dolç había perdido la ocasión de volverse rica al no haber guardado el secreto que la había prometido.

Aunque, según parece, la justicia civil dejó seguir su camino al grupo de gitanos una vez que hubieron devuelto las pertenencias de María Dolç, la actitud del Santo Oficio fue muy distinta. El comisario que había llevado a cabo la denuncia del suceso recibió las órdenes oportunas para perseguir y detener a la culpable, acerca de la cual el tribunal disponía ya de datos muy precisos. Se trataba de Francisca Montoya, mujer de Francisco Lucas, y la hija de ambos y sobre la que recaía la principal acusación, se llamaba en realidad Josefa María del Cabello.

Una vez en la prisión salieron a relucir otros muchos engaños similares que había llevado a cabo con payos de la misma comarca, y en los que aparecía siempre el tesoro custodiado por un moro o por un turco, y otros detalles barrocos.

El comisario del Santo Oficio logró detener en Pedralves a Josefa María, pero no pudo embargarle sus bienes porque el resto del grupo huyó con ellos, y sólo pudo conseguir una jumentilla y una «mísera ropa». En el informe que hizo de los hechos indica que sólo ha conseguido pocos bienes y que ha tenido que emplearlos en darles de comer. Añade que mientras estaba en casa de su cuñado, médico en Liria, y habiendo salido en la conversación el asunto de los gitanos, le contaron el engaño que también habían llevado a cabo con un tal Juan Portolés, asegurándole que le dejarían ver un tesoro en un barreño con agua. Como, en efecto, él tuvo la sensación de que veía unas monedas, les dio una considerable cantidad de dinero para conseguir este dinero, así como todas las alhajas de su mujer. Haría poco más de un año de este suceso, y cuando se hizo público, le habían dado «matraca y zumba».

En este caso, sin embargo, la falsa hechicera no era Josefa María del Cabello, sino su madre, cuyo ingenio la permitió conseguir mayor provecho que a su hija, y librarse, además, de las manos de la justicia durante bastante tiempo. Juan Portolés la recordaba como una mujer mediana de estatura, llena de cuerpo y con unos 60 años de edad. Iba en compañía de un gitano al que llamaban «el Sargento», y había ido a visitarle durante la Cuaresma para pedirle un talmud de alubias, y a los pocos días volvió para decirle que tenía que explicarle algo que le concernía. Le llevó a un lugar apartado, y allí le aseguró que en su casa estaba enterrado un tesoro que custodiaba un turco con plumas en la cabeza. Dijo que ella podía hacerlo salir si le guardaba el secreto y no se lo contaba ni siquiera a su confesor. Portolés también confesó que consintió, embelesado con aquella explicación, y le dio a la gitana dinero para unas misas que hacían falta. Al cabo de un tiempo, la hechicera le pidió las alhajas que tenía en la casa. El final de la historia, ya lo imaginará el lector.

Después de otras ceremonias, tales como dejarle ver el tesoro en un papel, asegurarle que «ya se acercaba el tiempo», etc., la gitana desapareció sin dejar rastro cuando consideró que ya había explotado durante suficiente tiempo la credulidad de su cliente.

La paciencia de Portolés y su afán de hacerse rico, sin embargo, debían ser muy grandes, pues un año después todavía reaparecieron Josefa María y su madre para repetir la situación. Sin embargo, ya habían ido demasiado lejos la vez anterior prolongando el engaño durante muchos meses, y Portolés y su mujer las denunciaron a un alguacil. A pesar de esto, no tuvieron la misma suerte que María Dolç y no consiguieron recuperar ni el dinero ni las alhajas, según era lógico después de tanto tiempo.

Como se puede observar en el caso de Josefa M.ª del Cabello y su madre, su comportamiento parece confirmar, casi paso por paso, los relatos de Cervantes y de Jerónimo de Alcalá. En realidad, lo que podemos llamar el «timo del tesoro» o el «truco del tesoro», parece constituir la fórmula más refinada y compleja a la que consiguieron llegar las gitanas como medio para sacar partido de su fama de grandes hechiceras y expertas en cuestiones mágicas. En los procesos conservados en el tribunal de Valencia vemos repetirse monótonamente la situación anterior. Estas «hechiceras» reproducen una y otra vez la escena que acabamos de contemplar, casi con la única variante del mayor o menor ingenio que son capaces de demostrar. Según su inventiva particular, y sus dotes personales de persuasión, el caso puede alargarse o acortarse, resultando más o menos provechoso para la gitana, y más o menos divertido para el lector, pero el procedimiento es tan reiterativo que la búsqueda del tesoro escondido puede esquematizarse más o menos como sigue:

1.º Elección de una víctima que se supone fácil y dadivosa.

2.º Relato de una historia más o menos ingeniosa acerca de un tesoro escondido, con el fin de despertar la codicia del cliente.

3.º Peticiones de dinero, joyas, y cualquier tipo de provisiones o ropa que se supone se van a utilizar durante las ceremonias que es preciso llevar a cabo para desencantar el tesoro. La duración e importancia del engaño, como es lógico, depende de la mayor o menor inventiva de la gitana. Unas veces, la petición la hace para mandar decir alguna misa, otras para ponerse en contacto con el espíritu (alma) que está encargada de vigilar el tesoro y que le ha revelado su existencia.

4.º A continuación, se observan las idas y venidas de la «hechicera», entre las que media un plazo más o menos largo —también según las distintas técnicas personales— con el fin de conseguir nuevos «materiales» para el hechizo. La duración de la historia depende del ingenio y la habilidad que la gitana manifiesta durante esta etapa.

5.º Las peticiones de dinero suelen ir acompañadas de prácticas pseudomágicas, tales como sumergir un papel en agua, preparado con tinta simpática, en el que el cliente ve aparecer algunas figuras que le representan a él mismo y las alhajas de las que va a ser poseedor. También suelen pronunciarse algunas oraciones o «conjuros» con el fin de acentuar el carácter «mágico» de la ceremonia. Las variaciones entre una historia y otra no suelen ser muy grandes, aunque también cuenta, como es lógico, la inventiva de cada «hechicera».

6.º Por último, la gitana hace la última y más importante petición de dinero o joyas, y desaparece.

Como ya he señalado antes, la actuación de estas mujeres se ajusta casi puntualmente a los pasos que acabo de esbozar, y una vez que se ha leído un proceso se tiene la sensación de haberlos leído todos, hasta tal punto son iguales unos a otros. El perfil de la protagonista tampoco suele ser muy acusado, si exceptuamos el caso de Beatriz Montoya que luego veremos a continuación.

Por tanto, tampoco en este caso los gitanos están a la altura de su propia leyenda. Sólo unos cuantos trucos reiterados a lo largo de los siglos a costa de la inagotable credulidad y apetito de dinero de los no gitanos. Veamos ahora el caso de Generosa Vicente, procesada también por el Santo Oficio valenciano en 1730, que ilustra a la perfección el esquema que acabo de exponer y las salpicaduras de ingenio con que podían adornarlo estas hechiceras en algunos casos, logrando así que el viejo y manoseado truco adquiera cierta agilidad y frescura.

El proceso contra Vicenta Eugenio, también correspondiente al tribunal de Valencia [4], puede servir para ilustrar a la vez las pautas seguidas por estas pseudo-hechiceras, de acuerdo con el esquema que acabo de exponer, y las variantes con que su ingenio acertaban a renovarlo en algunas ocasiones. Vicenta Eugenio era natural de Murcia y vecina de Murviedro [hoy Sagunto]. Fue descrita por los testigos como una mujer de unos 50 años, mediana de estatura, pelo y ojos negros, cara muy arrugada y color tostado. Fue delatada el 9 de enero de 1730 por una mujer, vecina también de Murviedro, llamada Josefa Soldevila de 40 años a la que se había acercado como experta sacatesoros, con el resultado final que ya hemos visto. La gitana se había presentado en su casa una mañana del mes de octubre del año anterior, y le dijo que su hija «sería mujer de conocida ventura» si su familia y ella la permitían desencantar el tesoro del que ella tenía conocimiento a través de un libro que había heredado de su madre, y que habían salvado de la Morería cuando estaban allí... El tesoro consistía en muchas monedas de oro y ropa blanca, y como se podría sacar con muy poco gasto, todos quedarían muy ricos. Josefa Soldevila comunicó la propuesta de la gitana a su marido, hija y yerno, tratando de convencerles para que consintieran en las operaciones, porque según les dijo, ella había oído decir, en efecto, que el propietario anterior de la casa había encontrado en el lugar donde le había indicado Vicenta Eugenio una de las tinajas del tesoro, en este caso llena de carbón porque «la ventura no era para él». El propietario anterior de la casa la había vuelto a enterrar en el mismo lugar en el que la gitana le indicaba ahora que había un tesoro, y María estaba completamente segura de su existencia. La familia, sin embargo, no parecía muy dispuesta a dejarse convencer, a pesar de los esfuerzos que hizo María Dolç para lograrlo. Al día siguiente por la mañana regresó

---

[4] A.H.N., Inq., leg. 525 (1), exp. 2.

Vicenta Eugenio mientras toda la familia se encontraba desayunando, y les explicó que el tesoro se componía de cuatro tinajas llenas de monedas de oro, muchas joyas, ropa blanca y un turbante «que valía más que Murviedro», todo lo cual había pertenecido a cuatro hermanos moros que lo habían ido juntando a lo largo de cuatro años reuniéndose a comer cada vez que depositaban una parte. Agustín Pérez, el marido de María Dolç, le preguntó por qué no había revelado el secreto de aquel tesoro a Timoteo Escrig, propietario anterior de la casa, que era hombre con suficiente dinero como para costear los gastos de sacar a la luz el tesoro, pero Josefa le aseguró que «la ventura» no era para él, y por tanto no podía revelárselo ni decírselo tampoco a nadie hasta que Timoteo Escrig no se hubiera muerto y sólo podía llevarlo a cabo siendo el 28 de octubre, día en que se celebraba la fiesta de Nuestra Señora de los Remedios en el convento de la Santísima Trinidad de la Villa. Les repitió tantas veces que la suerte les correspondía a ellos, sin que fuera preciso que llevaran a cabo grandes gastos en las diligencias del desencanto, que al final se convencieron el marido, la hija y el yerno de María Dolç.

La gitana les mandó prometer que guardarían el secreto y cubrirían los gastos que tuviera que realizar en las ceremonias mediante una fórmula que les hizo repetir conjuntamente a todos, y les indicó que sería necesario que se reunieran a comer, al igual que lo habían hecho los hermanos que reunieron el tesoro, cada vez que se ejecutase alguna diligencia. A continuación, la entregaron unos doce reales y doce escudos que dijo que iba a emplear en mandar decir misas. También fingió añadir algún dinero de su bolsillo, completando lo que faltaba para las misas con seis sueldos. Cuatro misas se dirían en el convento de San Francisco de Murviedro, porque allí habían vivido dos de los hermanos que habían depositado el tesoro, cuatro en el Santo Sepulcro de Quartes, cerca de Sagunto, donde vivía otro hermano, y las otras cuatro, en el convento de Val de Jesús, porque el cuarto hermano vivía en la villa de Puzol. Las misas eran necesarias, porque los cuatro hermanos habían realizado un hechizo a fin de que los cristianos no les robaran el tesoro, pero no habían caído en la cuenta de que las misas podían desencantarlo. En el mismo lugar de las monedas se encontraba encantada también la hija de un cristiano que era muy hermosa.

Vicenta Eugenio pasó luego a realizar las primeras ceremonias con las que iba a desencantar el tesoro, y para ello les pidió que le llevaran agua bendita que ella vertió en una jofaina. Echó dentro la clara y la yema de un huevo, hizo encima muchas cruces y les mandó que repitieran con ella:

> Glorioso San Juan,
> en la mar entrastes
> suertes echastes;
> si bien las echastes,
> mejor las sacastes.
> Por tu santidad,
> por tu virginidad,
> y por tu honestidad,
> que nos enseñes la señal de esta moneda,
> de este tesoro entesorado,
> bienes perdidos de moros,
> porque se aprovechen los cristianos
> para hacer bienes de pobres,
> y para que nos aprovechemos de ellos
> en honra y gloria de nuestro Señor.

Les mandó que pusieran la jofaina al sereno durante aquella noche y la retirasen al amanecer, porque ella volvería al día siguiente para ver si habían recibido alguna señal. Efectivamente, la gitana volvió a visitarles y después que hubieron comido juntos, tal y como lo hacían los hermanos, «les hizo ver la clara de huevo como la misma plata y la yema como puro oro». A continuación sacó un cuchillo, hizo un agujero en el suelo de la cocina y vació allí el contenido de la jofaina, siendo absorbido todo por el agujero «con fuerza y formando un pequeño remolino». Según la gitana, todo había de juntarse con el oro y la plata del tesoro.

Luego les indicó que esperaba tener señales más evidentes de su buena suerte la noche de Todos los Santos, víspera del día de Difuntos. Toda la familia fue la noche que señaló la gitana al cuarto debajo del cual se suponía que estaba enterrada tanta riqueza, y vieron que el lugar relucía como si el suelo estuviera cubierto de piedras preciosas. Vicenta les permitió que entraran y pisaran «todo aquello», pero no que lo tocaran con las manos porque si lo hacían, perderían la suerte. Luego les mandó que se acostaran y dijo que al día siguiente volvería para recogerlo todo una vez que estuviera presente Josefa Soldevila, que no había podido estar presente porque se encontraba enferma.

Así lo llevó a cabo la gitana al día siguiente, todo lo volvió a echar por el agujerito que había practicado en el suelo para el agua bendita, y de nuevo el suelo lo absorbió «con fuerza y remolino».

Al cabo de doce o trece días, regresó Vicenta Eugenio y les mandó comprar un pliego de papel blanco en la feria. Dobló el papel y lo puso a los pies de la cama de la habitación donde dormían Josefa Soldevila y su marido, en espera de que ella lo recogiera al día siguiente. Les pidió agua bendita, que les había advertido tuvieran preparada, metió dentro el papel haciendo muchas cruces y repitiendo la oración a San Juan que había recitado la vez anterior. Mientras la gitana iba recitando la oración a San Juan, los familiares rezaban, según ella les indicó, unos credos. Sacaron luego el papel, y vieron que en él estaban pintados, «con muy buenos colores», un moro con un turbante puesto y una dama muy hermosa con una llave en la mano. El moro también llevaba otra llave en la mano, un poco más grande. La gitana les dijo que la llave del moro era la que pertenecía al tesoro, que estaba formado por una gran cantidad de brillantes, alhajas, sartas de perlas y monedas de oro y plata, según se podía ver también en el papel.

Entonces cayó en la cuenta Josefa Soldevila de que el papel no estaba mojado en la parte donde se veía una escena tan sugestiva, y le preguntó la causa a la falsa hechicera. Vicenta le contestó que era debido a que, lo mismo que aquella representación se había conservado «pura y limpia, sin mojarse ni empaparse», igual se encontraba todo aquel tesoro que contemplaba, el oro, las joyas y la ropa blanca.

A continuación les pidió una toalla blanca, y doblada, y envolvió en ella el pliego en que estaba representado el tesoro y se lo llevó para presentárselo al Alma que la había favorecido y con la que hablaba todas las noches. Se despidió asegurando que tenía que enterrar el papel y la toalla.

Al día siguiente visitó de nuevo a Josefa Soldevila, y le enseñó un doblón de a dos que había salido de la tierra cuando ocultó el pliego. «Mira —le dijo— también ha salido éste de debajo de la tierra. Lo que nos importa ahora hacer es que pasemos a la casa de tu hija y envolvamos en una sábana nueva este doblón y un real de a dos tuyo y otro también de a dos de tu hija, y que ésta cierre en su arca la sábana con las monedas.» Todo lo hicieron como dijo la gitana, y ella les advirtió que no dejasen de contar todo a sus respectivos maridos cuando regresaran aquella noche de la huerta.

Al día siguiente regresó de nuevo para decirles que el Alma favorecedora con la que solía hablar todas las noches le había pedido la sábana blanca, tal y como la habían guardado en el arca, para ponerla encima del tesoro. Sin vacilar, las mujeres se la dieron.

Esta vez esperó tres días antes de visitarles de nuevo. Según les explicó, en el libro que su madre había traído de la Morería, con el que había averiguado que en aquella casa había un tesoro oculto, se indicaba que, para realizar el conjuro, necesitaría una vela que debía estar hecha de tres materiales: cera de Oriente, y otros dos de los que ya no se acordaba Josefa en el momento de realizar su declaración ante el Santo Oficio. Al parecer, quien debía fabricarla era un hombre que vivía en Teruel, entendido en encantamientos, y les costaría veinte libras, diez al contado y las otras cuando ya hubiera salido a la luz el tesoro. Añadió que ella ya había ajustado el precio con este hombre, pero le había dicho que el tesoro sólo se componía de una tinaja, porque si hubiera sabido su importancia real no la hubiera querido llevar a cabo ni por cien pesos. Indicó que las diez libras las podían reunir entre todos, y que ella también contribuiría con una parte, ya que esperaba conseguir una gratificación cuando el tesoro estuviera desencantado. Las libras debían ser en oro, porque el tesoro estaba compuesto en su mayor parte por piezas de este metal.

Al cabo de cuatro días, regresó con una vela y les dijo que les iba a probar con toda seguridad su buena fortuna. Se descubrió un brazo y se pasó por él un lienzo. Sacó unos carbones de la lumbre y se los restregó mientras musitaba su habitual oración a San Juan y los testigos rezaban un credo. Luego se limpió el brazo con el mismo paño, y aparecieron la imagen de un moro con el turbante puesto y una tinaja que era la que les correspondería a Josefa Soldevila y su marido. Según la declaración de esta testigo, cuanto más se restregaba el brazo, más resaltaban la efigie del moro y la tinaja.

Pasaron unos días, y regresó de nuevo para mandarles comprar otro pliego de papel en el mercado, que depositó esta vez junto con unos granos de sal debajo del colchón, advirtiéndoles no lo tocasen porque ella volvería al cabo de una semana para recogerlo y ver qué señales les enviaba la fortuna. Reapareció el día indicado, sacó el papel, y lo puso dentro de una cazuela con agua bendita mientras todos iban rezando la oración a San Juan. En el papel aparecieron siete velas ardiendo encima de siete candelabros junto a una vela mayor que las anteriores que no reposaba sobre ningún candelero. También se veía la imagen de un moro y de una dama que sostenía una llavecita en la mano con una cinta. Asimismo, se veían muchas joyas y monedas, y una custodia con un crucifijo «muy hermoso» en el centro del papel. Todas las figuras tenían «muchos y muy buenos colores». La gitana interpretó el dibujo diciendo que representaba el tesoro, la vela que aparecía sin candelabro era lo que habían costeado entre todos y las que aparecían ardiendo indicaban el día en que se descubriría el tesoro, que debía ser el Viernes Santo por la noche.

En estas idas y venidas por parte de la falsa hechicera se pasó el tiempo y llegó la Nochebuena, y Vicenta Eugenio les mandó hacer para entonces un pan de grandes dimensiones (les dijo que debía tener el contenido de cuatro panes), asegurándoles que lo necesitaba para llevárselo al Alma que le ayudaba, porque lo iba a depositar sobre las tinajas del tesoro. También le dieron 4 sueldos que dijo eran precisos para la bendición del pan.

Vicenta Eugenio desapareció esta vez durante algún tiempo. Cuando regresó les explicó que había estado a punto de ser detenida por unos soldados que la habían descubierto mientras llevaba a cabo una ceremonia que resultaba necesaria para desencantar el tesoro, y había podido escapar gracias a unas gallinas que les dio oportunamente. Aunque les pidió que la resarcieran de esta pérdida, los clientes debían empezar a cansarse de las peticiones de la falsa hechicera, porque no quisieron consentir.

Al cabo de tres días reapareció asegurando que el tesoro no tardaría en salir si le daban un conejo de monte que necesitaba para una ceremonia. Muy convincente debió resultar la exposición de la gitana esta vez, porque a pesar de la negativa anterior Josefa Soldevila y su familia trataron de conseguir el animal encargándoselo a unos cazadores. El maleficio, sin embargo, parecía haberse contagiado al entorno, pues según los cazadores los propios conejos debían andar encantados y morían cuando trataban de alcanzarlos. Aunque llegaron a ofrecer un doblón y se pusieron en contacto incluso con los más diestros, no consiguieron el animal, y la gitana les mandó intentarlo de nuevo para la noche de San Pedro que también era propicia. Como tampoco se pudo conseguir el conejo a causa del mismo maleficio, Vicenta Eugenio dijo que pasaría a Valencia a consultar el asunto con una persona que vivía allí y que era más versada que ella.

Pasaron algunos días, y la supuesta hechicera visitó de nuevo a Josefa Soldevila para asegurarle que el tesoro debía aparecer el día 15 de agosto, festividad de la Asunción. Naturalmente, nada salió de la tierra cuando llegó el día que había señalado la gitana, y Josefa buscó a Vicenta, que debía vivir habitualmente en algún lugar cercano, para reprocharle su engaño y llamarla mala mujer.

No se arredró, sin embargo, la gitana ante la actitud de su cliente, tomó unas bolitas de cera, y las clavó un alfiler. Las bolitas comenzaron a moverse sobre la palma de su mano a pesar de que la gitana tenía el brazo tieso y la cara apartada, lo que significaba, según le explicó a la maravillada Josefa, que el tesoro se había pasado rodando desde la casa de su hija, donde había estado hasta ahora, hasta la suya.

De nuevo le describió la importancia del tesoro para despertar su codicia, las joyas, la ropa blanca, etc.

Aún hubiera seguido engañando y consiguiendo comida gratis durante mucho más tiempo esta pretendida hechicera si el marido de Josefa Soldevila, mucho menos crédulo y de genio más vivo que su mujer, no hubiera puesto fin al asunto declarando ante el Santo Oficio. Según hemos visto, la gitana había procedido con toda cautela, consiguiendo de sus clientes sólo lo más necesario o los elementos extras para algún banquete en fechas señaladas. No obstante, el engaño duró tanto tiempo —más de un año— que según declaró el marido: «la gitana se estaba comiendo lo que a él le costaba sudar».

Como ya habrá observado el lector, en los procesos de Josefa María del Cabello y Vicenta Eugenio, las hechiceras gitanas que se dedican a desencantar tesoros escondidos están interesadas, sobre todo, en conseguir dinero, vituallas, ropas y alhajas, de la credulidad de los campesinos que confían en su reputación de gentes mágicas. Sus conocimientos distan mucho de la complejidad y contenido de las ceremonias que hemos visto ejecutar a los judíos, frailes y cristianos viejos que todavía recurren a viejos documentos o libros pseudo-científicos, salomónicos, etc. Sin embargo, en las ceremonias de las hechiceras gitanas del área valenciana parece quedar un eco de los relatos orientales, en los que los tesoros escondidos y encantados son un tema casi obsesivo. En la historia repetida por las gitanas valencianas, y que puede resumirse como sigue, existen elementos que parecen comunes a todo el área mediterránea:

a) tesoros encantados y ocultos en algún lugar de la casa de un campesino o algún campo cercano;

b) el tesoro está compuesto, generalmente, por monedas de oro y plata, y gran número de joyas;

c) suele encontrarse depositado en tinajas;

d) se habla con igual frecuencia de un moro o turco —es decir, un individuo que respeta la religión mahometana— que se ocupa de vigilar las riquezas y puede ser, al mismo tiempo, quien las ha encantado;

e) en algunos casos, la gitana habla también de una doncella encantada y cautiva por el mahometano que podrá ser desencantada al mismo tiempo que las monedas y joyas;

f) el procedimiento para desencantarlo no presenta tampoco demasiadas variantes. Por una parte, las gitanas hablan de un «Ánima Sola» —a veces, del «Alma Gloriosa»— a la que visitan para pedir consejo y llevarle ofrendas, generalmente de comida. Otras ceremonias que también consideran necesarias se refieren a las velas fabricadas con cera verde o de materias «preciosas», entrar descalzas en una iglesia, etc.

Por otra parte, justifican las peticiones de monedas de oro y plata explicando que deben cubrir con ellas algún «signo mágico», como una cruz, un círculo o vela de cera.

Según ha podido observar el lector, las gitanas explican sus peticiones de dinero y alimentos a través de la necesidad de hacer ofrendas al Alma Gloriosa o de establecer contacto con el tesoro gracias a la simpatía de la plata con la plata y el oro con el oro. Desde nuestro punto de vista actual, esta actitud resulta sorprendente y demuestra la extraordinaria ingenuidad de los campesinos. Sin embargo, ya vimos que los *ŷinna* eran espíritus que también consumían alimentos, y tal vez no sea descabellado pensar que la creencia en este tipo de seres es común al área mediterránea. Como es lógico, las historias acerca de los *ŷinna* y tesoros encantados en el norte de África están más próximas a los relatos de *Las mil y una noches* que vimos en un capítulo anterior, pero resulta interesante señalar que entre el Alma Gloriosa de la que hablan los gitanos y los *ŷinna* parece existir un cierto parentesco, por lo menos por lo que se refiere a su común afición a la comida y bebida, y a la estrecha vigilancia que ejercen sobre las riquezas ocultas.

De acuerdo con las tradiciones recogidas por Westermarck [5], los *ŷinna* se vuelven particularmente activos al anochecer, después de la plegaria de la tarde, sienten afición por la sangre, tienen moradas subterráneas y viajan a gran velocidad. También les gusta entrar en contacto con los seres humanos, y los marroquíes aseguran que para proteger las riquezas escondidas y que

---

[5] Edward WESTERMARCK, *Ritual and belief in Morocco,* ed. cit., cap. IV, «The *ŷnna,* nature and doings».

estos espíritus no lleguen a apoderarse de ellas es preciso depositar unos granos de sal o un pedazo de carbón.

Como ya habrá observado el lector, los *ŷinna* se comportan en muchas cosas de forma similar al Ánima Sola o Alma Gloriosa de las gitanas de Valencia. Según las gitanas valencianas, cuando el secreto que debe encubrir las ceremonias para desencantar un tesoro es desvelado, las riquezas se esfuman y se convierten en carbón. Desde luego, el «Alma Gloriosa» está directamente emparentada con el culto cristiano a las ánimas de los difuntos, y la naturaleza de los *ŷinna* es muy distinta a la de las almas del purgatorio, pero no deja de resultar sorprendente el parentesco que parece haber entre estos dos seres en cuanto a su forma de actuar en relación con las historias de tesoros escondidos. Las gitanas procesadas en otros tribunales no suelen explicar a sus clientes sus peticiones de dinero y comida a través de un espíritu tan necesitado como el «Alma Gloriosa», y me ha parecido interesante, por tanto, señalar esta extraña coincidencia entre el comportamiento de los *ŷinna* y el «Alma Gloriosa», en la que tal vez no resulte del todo descabellado ver una tradición de carácter mediterráneo, cristianizado y recogido por las gitanas que actuaban en el área valenciana.

Para completar el pintoresco panorama de las gitanas especializadas en el truco del tesoro escondido disponemos todavía de otro proceso inquisitorial del tribunal valenciano, el de Antonia Díaz, denunciada en 1794 [6]. De nuevo, vamos a observar de cerca la relación que se establecía entre una hechicera gitana, la búsqueda de tesoros por desencantar, y el campesino que veía llegar en forma de mujer con piel oscura, de origen y lengua exóticos, la fortuna con la que soñaba.

Según consta en la denuncia contra ella, Antonia Díaz era una mujer alta, de color moreno. Llevaba el pelo largo y tendría algo más de 40 años. En este caso, no era una gitana nómada con la que entró en contacto el poseedor del «tesoro» por casualidad. Vivía en una cueva llamada de «los Batanes», y el hombre que quería hacerse rico era un convecino que tenía la costumbre de darle alguna limosna. A pesar de esta relación, Antonia Díaz decidió pasar a la acción convirtiendo a Manuel Muñoz en un «cliente». Se trataba de un hombre de unos 63 años, natural de Béjar, pero vecino de Valencia, viudo, y ocupado en la venta de chorizos.

---

[6] A.H.N., Inq., leg. 524, n.º 9.

Una mañana que se encontraba en la puerta de su casa, se presentó Antonia Díaz, según tenía por costumbre, seguramente para pedirle una limosna. Le miró fijamente, y le aseguró que había visto, gracias a una señal que tenía entre la frente y los ojos, que iba a convertirse en un hombre poderoso. Antonia añadió que ella tenía en su mano el conseguirlo, aunque era preciso, como es lógico, que guardara el secreto de todo. Luego, murmuró una oración entre dientes, que Manuel no pudo entender, y le pidió permiso para llevar a cabo las operaciones necesarias. Como es lógico, Manuel no pudo resistir el ofrecimiento, y se puso de acuerdo con ella en todo. Antonia explicó que necesitaba cuatro pesetas para llevar a cabo las diligencias con las que pensaba desencantar un tesoro que había en su casa.

Al día siguiente, volvió para pedirle dos monedas de veinte reales de vellón, una de oro y otra de plata. Manuel debía envolver las monedas en un papel blanco y colocarlas, primero, en un zapato de la gitana y a continuación en otro suyo, siempre sin que la hechicera las tocara. Antonia se colocó luego el zapato con el dinero debajo del brazo y se marchó, diciendo que iba a visitar una iglesia en la que debía entrar con un pie calzado y otro descalzo. Manuel Muñoz estaba completamente maravillado ante estas ceremonias y los grandes conocimientos de su amiga. Al cabo de unos días, Antonia explicó que necesitaba otras dos monedas, de cuarenta reales de vellón cada una, para seguir desencantando el tesoro. En esta ocasión, había que tocar las monedas con unos polvos colorados y unos «panes de oro» que ella llevó. Explicó que iba a hacer una visita al «Alma Gloriosa» que estaba en una cueva en la que habían vivido unos moros que también estaban encantados. El «Alma Gloriosa» quería explicarle algo y la había mandado llamar.

Las peticiones de dinero de Antonia fueron en aumento a medida que pudo comprobar la credulidad y generosidad de su cliente. Al otro día, le explicó que debía visitar de nuevo al Alma Gloriosa, en la Albufera, y que le hacían falta dos doblones de a ocho. La gitana los tocó también con los polvos y panes de oro. Cuando volvió a encontrar a su cliente le contó que el «Alma Gloriosa» y el Rey Moro la habían reñido mucho porque había tardado, y que aún debía volver esa misma noche a los Tres Caminos Reales.

Después de esta segunda entrevista con los personajes mágicos de la cueva, por fin parecen ponerse en marcha las ceremonias para desencantar el tesoro. Sus dos consejeros le habían mandado trazar dos círculos con carbón en el suelo de la cocina de Manuel Muñoz y hacer una cruz en medio. Debajo de estos dos círculos estaba escondido el tesoro, que consistía en dos cántaros llenos, uno con monedas de oro y otro con monedas de plata, tapados con dos platos también de plata que servían para afeitar al Rey Moro. La gitana indicó, incluso, que estaban tan llenos que sólo faltaban dos dedos para que las monedas llegaran hasta los bordes.

A continuación, Antonia Díaz explicó con detalle la ceremonia con que pensaba recuperarlos. Había que cubrir con monedas cada brazo de la cruz que había trazado en el suelo. La cruz que estaba encima de la tinaja con monedas de oro debía cubrirse también con oro, y la cruz que había hecho sobre la tinaja de las monedas de plata, con el mismo metal. Como es lógico, Manuel Muñoz proporcionó las monedas que hacían falta, que ella colocó en un pañuelo que llevaba y las ató con las cuatro puntas. Luego, dio a Manuel una redoma con agua y unos polvos con los que había que rociar las dos cruces y los círculos a la hora de rezar las primeras oraciones del anochecer y a las doce en punto de la noche. También le advirtió que no utilizara todo el agua de la redoma porque ella también iba a necesitarla. Finalmente, se marchó con los escudos de oro y las monedas de plata...

Sin embargo, no terminó aquí el engaño del pobre campesino rico. La gitana volvió al cabo de unos días para traerle una vela de cera de tres onzas. Ambos se santiguaron con ella, y rezaron un credo. A pesar de la pequeña fortuna que había reunido el día anterior, volvió a pedirle a Manuel Muñoz que la cubriera con tres hileras de escudos de oro, que ella colocó luego en un pañuelo a rayas. Encendió la vela, y aseguró que mientras se iba consumiendo la cera, iría apareciendo el tesoro al compás de una oración que iba a pronunciar. Parece que el pobre Manuel no disponía de todas las monedas que le pidió su hechicera, así que ella fingió sentir dudas acerca de la cantidad que había que utilizar en esta ceremonia final, y propuso llevar las que tenían al «Alma Gloriosa» para que ella misma le asesorara si serían suficientes. Como ya supondrá el lector, Antonia ya estaba segura en esta ocasión de haber agotado las posibilidades económicas de su cliente, y desapareció con todo lo que había conseguido del incauto Manuel Muñoz, a quien sólo quedó el recurso de presentarse ante el Santo Oficio «para descargar su conciencia». Según consta en su declaración, nuestro pobre tratante en chorizos estaba bastante «perturbado» cuando llevó a cabo la denuncia. El estado de ánimo y la candidez de Manuel Muñoz sorprendieron, incluso, a los propios miembros del tribunal inquisitorial, quienes le preguntaron si había tomado vino o si padecía algún ataque de locura.

Según hemos podido observar en el relato de Manuel Muñoz, el caso de Antonia Díaz viene a demostrar que las hechiceras gitanas tampoco habían modificado su técnica a lo largo del siglo XVIII. La supuesta hechicera trabaja con una economía de medios realmente sorprendente y, sin embargo, llega a obtener de su cliente una considerable cantidad de dinero. No obstante, en el proceso no aparece ni un solo conjuro ni oración mágica pronunciados por Antonia Díaz en ningún momento. Ningún gesto que no sea más que un vago recuerdo de las técnicas utilizadas por las hechiceras no gitanas. Bien por simple y puro desconocimiento, bien por algún tipo de escrúpulo, Antonia Díaz se limita simplemente a imitar los gestos de sus colegas: polvos colorados, círculos y cruces mágicas... y una gran dosis de ingenio y persuasión. Antonia Díaz, desde mi punto de vista, es uno de los casos más representativos en cuanto a la personalidad y manera de actuar de las gitanas metidas en el negocio de la hechicería.

El proceso de Antonia Díaz nos proporciona, por otra parte, interesantes datos acerca de la situación de los gitanos durante el siglo XVIII. Después de la denuncia de Manuel Muñoz, el Santo Oficio mandó averiguar los datos personales de la supuesta hechicera, y merece la pena que los reseñemos como ejemplo de la evolución de algunos miembros de esta minoría después de la Pragmática de 1783*.

Según el informe que se recibió en el tribunal, Antonia Díaz era la mujer de un tal Joaquín Díaz. «Cuando todavía esta gente gitanesca iba vagando por los pueblos, parió la dicha [Antonia Díaz] en la villa de Paterna a un hijo que fue llamado Vicente, en cuyo mote le bautizó.» El informante cita el libro de la iglesia de Paterna en el que figura este bautismo, según el cual el niño era hijo de Joaquín Díaz y Antonia Díaz, nieto paterno de Chris-

---

* La *Pragmática* de 1783 fue promulgada por Carlos III. Se declaraba que los gitanos eran ciudadanos iguales al resto de los españoles, y se prohibia el uso de tal nombre. Se pretendía con ello que pudieran ingresar en los gremios y hacer una vida similar a la del resto del país. A pesar de sus buenas intenciones, fracasó casi tan estrepitosamente como las represivas leyes anteriores. Una vez más, me veo obligada a remitir al lector a mis libros ya citados o a la próxima aparición de la visión de conjunto de la minoría entre los siglos XV y XIX, *Los gitanos españoles: evolución y contextos históricos de una minoría* (en trance de elaboración final).

tóbal Díaz y Ana María de Malla, y nieto materno de Antonio Díaz y Margarita Crespo. En noviembre de 1783, y en virtud de la Pragmática, el matrimonio tomó domicilio en Paterna, pero pudieron permanecer en la villa muy poco tiempo, porque en abril del año siguiente, y a instancias de una mujer, «a quien había sacado cuanto tenía», fue presa en las cárceles de la villa y sentenciada a destierro. A pesar de esta condena, volvió al mismo lugar cuando salió de la cárcel de la Galera a la que se la envió. Según continúa el informe, viste decentemente, pero trabaja poco, «por lo que el común de las gentes no la tienen en buen concepto». Como puede verse, la Pragmática parece, efectivamente, haber tenido como resultado el definitivo afincamiento de los gitanos en puntos fijos de residencia a los que vuelven, tratando de permanecer en ellos a pesar de las contingencias. Es interesante señalar, también, que la minoría parece haber adoptado ya el sistema de filiación actual en cuanto a los apellidos. Su situación económica y posibilidades de trabajo no habían mejorado gran cosa, sin embargo, como lo demuestran la apostilla del informe y las propias necesidades de la denunciada y supuesta hechicera. A pesar de todo, Antonia Díaz no salió mal parada en esta ocasión. El tribunal decidió suspender la causa por carecer de antecedentes, sin tener en cuenta la sentencia anterior, seguramente por razones similares, de un tribunal civil.

Según he señalado ya antes, las referencias acerca de gitanas que han llevado a cabo engaños similares son muy abundantes, pero nuestras hechiceras parecen haber elaborado distintas versiones del truco según el área en que actuaban, adaptando la historia que hacía verosímil la existencia de riquezas encantadas a los ojos de los distintos clientes. En el tribunal de Cuenca aparecen referencias a dos casos de gitanas que desencantaban tesoros durante el siglo XVI, en las que se observa una forma de actuar mucho menos elaborada que la de las valencianas que acabamos de analizar. En 1539 aparece el primero, de acuerdo con el relato que hicieron unos vecinos de Palomares de la relación que tuvieron unos gitanos con un tal Juan de Escalona. Según la declaración de este vecino, que había sido denunciado por unas palabras que pronunció durante una partida de naipes, una gitana había llamado a la puerta de su casa diciéndole que si la dejaba entrar le convertiría en «hombre de buenaventura» porque en su casa había un tesoro escondido que ella le podía entregar. Al principio, y siempre según su testimonio, Juan la amenazó con darle de palos, pero ella insistió asegurándole que se lo dejaría ver y Juan de Escalona terminó por prestarse al engaño. El relato que hace es muy escueto. La gitana le llevó hasta una ermita cercana, y allí metió el dinero que le dio en una bola de cera que hizo. La gitana se negó luego a devolver el dinero que le habían entregado para esta ceremonia, acerca de la cual no aparece ningún otro detalle [7].

La segunda referencia es igualmente escueta. Una gitana que pasó en 1585 por el pueblo de Solara [8] consiguió que una mujer le entregara unos reales que pidió prestados, trigo, y otras cosas para desencantar un tesoro. Los puso en una espuerta, pronunció algunas palabras, y como de costumbre, tampoco se los devolvió a su cliente, quien contó el engaño a su marido y denunció a la hechicera ante el Santo Oficio, aunque la gitana tampoco fue detenida en este caso.

El truco del tesoro escondido fue, sin duda, un método utilizado habitualmente por las gitanas para conseguir dinero, y el tipo de «magia» a la que recurrieron con más frecuencia, según puede observarse en las testificaciones recogidas por el tribunal de Toledo entre 1618 y 1652 [9]. En marzo de 1620 [10] prestó declaración Juan Serrano de Quirós, tejedor de seda de 40 años. Mientras paseaba por la calle, se le acercó para pedirle limosna una gitana a la que conocía como María de Ribera. Al cabo de unos días, la gitana le buscó para decirle que quería hablar con él en secreto. Como ya supondrá el lector, María quería explicarle la existencia de un fabuloso tesoro que ella estaba dispuesta a desencantar para él. En este caso, se trataba de una tinaja llena de monedas de oro y un cáliz también de oro que estaba escondido en el aljibe de su casa.

María explicó que estaba dispuesta a entregarle estas riquezas a cambio de que el cáliz pasara a una iglesia, y le diera a ella tanto oro como pesara el cáliz. Estas condiciones debieron parecer excesivas a Juan Serrano, y no se pusieron de acuerdo. María de Ribera volvió a visitarle después de dejar transcurrir unos cuantos días, y en esta ocasión sólo le pidió «una poca cosa» y Juan Serrano le regaló una almohada labrada. La gitana entró en

---

[7] A.D.C., Inq., leg. 143, n.º 1758.
[8] A.H.N., Inq. lib. 1149, folio 30v.
Las testificaciones eran las denuncias y declaraciones recibidas por los inquisidores y que no siempre llegaban a convertirse en un proceso. En este libro se encuentran las que comprenden visita al distrito de Toledo entre 1618 y 1652.
[9] *Ibid.,* folio 84.
[10] *Ibid.,* folio 84.

contacto, a continuación, con el «Alma encantada» que vigilaba el tesoro, quien le dijo que Juan Serrano debía entregarle una prenda de más precio para llevar a buen término el desencantamiento. Juan le entregó una sábana vieja, y con ella se hizo la ceremonia para conseguir el tesoro. Ató la sábana por el medio y puso los dos extremos juntos, como si fueran unos pies, dejando el nudo como cabeza y simulando la figura de un hombre. Se la dio a Juan Serrano, diciéndole que la pusiera a los pies de su cama. Luego, bajó con él al sótano, colocó a todas las personas de la casa junto al aljibe, e hizo una cruz con la mano para que el «Alma» que estaba encantada en el pozo se desencantase. Tomó un poco de tierra del lugar donde había hecho la cruz, y la colocó en un lienzo, junto a unos granos de trigo, y le mandó que lo pusiera también debajo de la almohada y que no desatara el lienzo hasta que ella no volviera.

Al cabo de unos días, regresó para decirle que había tenido una entrevista con el Alma en el campo, a las doce de la noche, y que todavía hacía falta otra diligencia si él tenía ánimo para ello. Consistía en ir a un cementerio entre las 11 y las 12 de la noche llevando siete u ocho candelitas, y dar cuatro o seis vueltas a la redonda. Juan Serrano aseguró que él se había negado a esta ceremonia, y que la gitana le reprochó su falta de ánimo, y le había ofrecido hacerlo en su lugar si le daba ocho reales para ofrecérselos al Alma. Juan dijo ante el tribunal que se los había dado «como limosna», y entonces ella sacó un poco de cera de una bolsita, hizo dos figuritas y las colocó en un alfiler cada una. Pidió un plato con agua, e indicó a Juan Serrano que fuera diciendo un padrenuestro mientras ella iba haciendo aquellas figuras. Ella misma dijo algunas palabras que Juan no pudo entender, y puso las figuritas en el plato, mientras las hacía «andar alrededor», sin mover la mano. La gitana explicó a Juan y su mujer que si las figuras se encaraban con él, era señal de buena suerte y de que encontrarían el tesoro. Por último, le pidió el lienzo con los granos de trigo para interpretar el augurio. Cuando desataron el lienzo que habían tenido debajo de la almohada vieron que entre la tierra aparecían una especie de espejuelos, y la gitana les aseguró que era señal de buena suerte.

La hechicera dejó transcurrir de nuevo unos cuantos días antes de visitar otra vez a sus clientes. Esta vez, les pidió una sortija de oro o de plata prometiendo que ella pondría la misma·señal, aunque luego se lo pagaran con parte del tesoro, pero sólo consiguió que le dieran 5 reales de a cuatro. Les mandó rezar varios padrenuestros y avemarías con los ojos puestos en una imagen de Jesús que estaba en la estancia, y ella puso tres escudos de oro y un poco de alumbre junto al dinero que le habían dado. Añadió un poco de romero y sopló sobre el alumbre, de manera que todo empezó a arder, y «vino a hacerse una plancha la dicha plata y oro de manera que no parecía moneda sino una plancha de plomo, aunque el color de la dicha plancha era como de oro y plata». La gitana echó todo al pozo explicando que era una ofrenda para el Alma encantada. Por último, pidió a Juan Serrano una cédula firmada con su nombre en la que dijera que le entregaría el peso del cáliz que estaba en el tesoro en oro, para que el Alma encantada estuviera segura de que cumpliría su promesa. Como es de suponer, ya no volvió más.

Según podemos observar en el testimonio de este testigo —que no llegó a convertirse en proceso formal—, esta gitana había adaptado hábilmente los elementos de cualquier maleficio amoroso —la piedra alumbre, el agua en el plato, las bolitas de cera— al engaño del tesoro. Su comportamiento es el mismo que el de sus compañeras valencianas, visitas espaciadas, peticiones cada vez más importantes, etc., pero la historia que justifica esta actitud es mucho menos compleja y poética que la del «Alma Gloriosa» repetida por las gitanas a los campesinos valencianos.

Todavía aparecen otros testimonios en el tribunal de Toledo que completan este panorama del comportamiento de las gitanas buscatesoros en Castilla. Un tal Nicolás Escobar, tejedor de seda, prestó su testimonio en 1640 [11] acerca de un engaño similar de que había sido objeto por parte de dos gitanas, una joven y otra vieja. Las dos mujeres le habían abordado en la calle para decirle que era un hombre afortunado porque gracias a él iría un alma a gozar de la presencia de Dios. Las gitanas se limitaron en este caso a darle señales del tesoro metiendo el papel en agua y pidiendo dinero para misas, pero no parece que tuvieran mucho éxito con este hombre.

Como es lógico, también encontramos testimonios de gitanas buscadoras de tesoros en Andalucía, pero tampoco entre ellas aparece la versión elaborada por las valencianas acerca del alma encantada que vigila las riquezas ocultas. Sebastiana Fernández, que fue denunciada ante la Inquisición de Córdoba en 1746 [12], abordó a un hombre a quien quiso curar en primer lugar de una

---
[11] A.H.N., Inq., libro 1149, fol. 404.
[12] A.H.N., Inq., leg. 3723, n.º 5.

impotencia que le impedía tener relaciones con su mujer, y una vez que consiguió su confianza mediante la desaparición del hechizo que padecía, le ofreció hacerle rico con el tesoro que podía desencantar para él. La ceremonia de Salvadora se limitaba a ofrecer una vela de colores con la que haría brotar el tesoro de la tierra. Para completar la diligencia, le pidió a su cliente que llevara una fanega de trigo a la Catedral durante la misa mayor, con los pies descalzos, y la dejara detrás de la puerta. También aseguró que hacía falta una onza de «unto de hombre», y una gallina para sacarla el corazón.

La única hechicera gitana que recuerda en algún aspecto la manera de actuar de las gitanas procesadas en el tribunal de Valencia, es Rita, acusada ante la Inquisición de Granada en 1742 [13]. Rita quiso desencantar el tesoro que tenía una mujer en su casa explicando que conocía a una mora muy versada en las artes mágicas. Cuando la cliente aceptó la intervención de su amiga, Rita explicó que se trataba de ella misma, que había estado en Berbería y que había heredado de sus padres la habilidad de rescatar tesoros encantados. Para sacar las riquezas, explicó que hacía falta utilizar unas velas con «sevo de moros», pero el hijo de la mujer con la que había entrado en tratos intervino en este punto y asustó con sus amenazas a la gitana, a pesar de que ella recurrió al conocido truco del papel en blanco que, sumergido en el agua, deja ver el tesoro encantado. Rita también había intervenido en el caso de una mujer que quería matar a su marido. Rita pensaba utilizar para este menester un muñeco que fabricó con una escoba y una camisa que le proporcionó la cliente al que atravesó el lugar del corazón con un alfiler gordo. En un segundo intento, cuando ya se vio que este procedimiento no surtía efecto, ofreció a la mujer dos huesos de gato que había «aderezado». Los huesos, una mortaja, una torta, y otras cosas, había que entregarlos «al enemigo» y tener con él tres actos carnales en cada ocasión. La ceremonia impresionó tanto a la pobre mujer que la gitana tuvo que brindarse para llevarla a cabo en su lugar. Por tanto, se marchó llevándose la mortaja, la camisa, la torta, una escoba, e incluso un pañuelo que no se mencionaba en el ritual anterior. Como de costumbre, no volvió más.

A juzgar por los testimonios literarios y los procesos inquisitoriales, el truco del tesoro encantado fue abundantemente practicado por las hechiceras gitanas a lo largo de varios siglos y en

---

[13] A.H.N., Inq., leg. 3728, n.º 176.

diversos países. Se trata de la historia más compleja y arriesgada elaborada por estas mujeres, que solían elegir a personas sumamente crédulas y en situación de entregarles una cantidad importante de alimentos y dinero. Las viudas, en tanto que mujeres solas y con menor capacidad de respuesta que los hombres, debieron ser sus presas favoritas. Como hemos visto en las causas anteriores, las mujeres suelen ser la primera persona a quien se dirigen para iniciar la relación que conduce a las complicadas idas y venidas, e informes «mágicos». Como ya señalé antes, Jerónimo de Alcalá recogió también en *El donado hablador* la historia de una viuda que entregó a una gitana joyas y dinero para una ceremonia tan similar a las que acabamos de ver que es probable, desde mi punto de vista, que Alcalá sólo añadiera algunos elementos literarios mínimos [14].

---

[14] Jerónimo DE ALCALÁ, *El donado hablador,* ed. cit., parte II, cap. III. La historia recogida por Alcalá es como sigue y merece la pena compararla con los procesos inquisitoriales:

«... hallándose en un lugar deste reino, se allegó a una casa donde halló sola a la señora della, que era una viuda moza, rica, sin hijos y de buen parecer, a quien saludándola primero dicha la arenga que llevaba estudiada, no dejándola mancebo, viudo, ni casado, noble, galán, dotado de mil gracias, que no anduviese muerto por ella la dijo: "Señora, yo te he cobrado mucha afición, y por saber que está en ti bien empleada la riqueza que tienes, aunque vives tan descuidada de tu gran dicha, te quiero descubrir este secreto; sabrás, pues, que en tu bodega tienes un gran tesoro, y para sacarle tiene gran dificultad, porque está encantado y no se ha de aprovechar dél si no fuere víspera de San Juan, ahora estamos a 18 de junio, y hasta 23 faltan 5 días, tan en tanto ellega tú algunas joyuelas de oro o plata y alguna moneda, como no sea ecobre, y ten seis velas de cera blanca o amarilla, que para el tiempo que digo yo acudiré con otra mi compañera, y sacaremos tanta abundancia de riquezas que puedes vivir con ella, de modo que te envidien todos los del pueblo." A estas razones, la ignorante viuda pareciéndola que ya tenía en su poder todo el oro de Arabia y plata del Potosí la dió bastante crédito. Llégose el señalado día, y fueron tan puntuales las dos gitanas como deseadas de la engañada señora; y preguntada si había tenido cuidado con lo que la habían encomendado, y diciendo que sí, replicó la gitana: "Mira, señora, el oro llama al oro, y la plata a la plata, enciéndase esas velas y bajemos abajo, antes que sea más tarde, porque haya lugar a los conjuros." Con esto bajaron las tres, la viuda y las dos gitanas; y encendidas las velas, puestas en sus candeleros a modo de círculo, pusieron en medio un jarro de plata con algunos reales de a ocho y de a cuatro, unos corales con sus extremos de oro, otras joyuelas de poco valor; y diciendo al ama que se tornase juntamente a la escalera por donde habían bajado a la bodega, puestas las manos estuvieron todas por un rato como quien hace oración; y diciendo a la viuda que aguardase, se volvieron a bajar las dos gitanas haciendo entre ambas un coloquio hablando y respondiendo a veces, mudando de manera la voz, como si en la bodega hubieran entrado cuatro o seis personas, diciendo. "Señor San Juanito ¿será posible sacar el tesoro que tienes escondido?" "Sí, por-

Tanto Alcalá, a través del personaje del cura, como Borrow, llegan a la conclusión de que se trata de un recurso que se ven obligadas a utilizar a causa de su precaria situación económica. En efecto, Borrow también recoge en *Los zíncali* alguna historia a propósito de los tesoros encantados, y de este tipo de engaños a los que denomina «engaño maestro». El *hokkano baro* como le llaman los gitanos —según Borrow— consiste en depositar en cierto lugar y a cierta hora una suma de dinero que se multiplicará si no se le mira durante cierto tiempo. Don Jorgito asegura que es un método utilizado también por las gitanas en Inglaterra y Francia [15]. Una vez más, el prestigio literario de las gitanas se

---

que poco os falta para que le gocéis", respondía la compañera gitana mudando el habla en un tono tan delgado tiple como si fuera de un niño de cuatro o cinco años. Confusa la buena señora, estaba aguardando la deseada riqueza cuando las dos gitanas llegaron a ella diciéndola: "Ven, señora, acá arriba; que poco puede faltar para que veamos cumplido nuestro deseo, y tráenos la mejor saya que tuvieres en tu arca, ropa y manto para que me vista y disfrace en otro traje del que ahora tengo." No reparando en el engaño que la hacían, la simple mujer subió con ellas al portal, y dejándolas a solas fue a sacar la ropa que le pedían, cuando las dos gitanas, viéndose libres, como ya tuviesen guardado el oro y plata que estaba depositada para el encanto, cogiendo la puerta de la calle, con ligeros pasos traspusieron el barrio. Volvió la engañada viuda con toda la ropa, y no hallando las que había dejado en espera, bajó a la bodega, donde como vio la burla y hurto que la habían hecho, comenzó a dar voces y a llorar sin provecho. Llégose toda la vecindad, a quien contó su desgracia, sirviendo más de risa y burlarse della que de tenerla lástima alabando la agudeza de las ladronas».

[15] G. BORROW, *Los zíncali,* ed. cit. Don Jorgito explica como sigue el truco del tesoro (pp. 162-163):
«Aunque algunas gitanas se dan traza para vivir sólo diciendo la buenaventura, la generalidad la emplea nuevamente como instrumento para cumplir cosas más importantes... La "bahi" —buenaventura— sobre todo es, a veces el preludio de un plan que intentaremos describir ahora y que se llama *hokkano baro* o engaño maestro... Cuando la gitana encuentra a alguna mujer crédula y sospecha que sea rica la hablará de un modo muy parecido al que la de antaño empleó para dirigirse a la viuda de Alonso, diciéndole que va a revelarle un medio para hacer ambas su fortuna. Consiste, ni más ni menos, en depositar en cierto sitio y a cierta hora una suma de dinero, cuanto más mejor, pues al decir de la gitana con tal de no mirarlo durante cierto tiempo se multiplicará por mil... La manera más hábil de hacer el *hokkano baro* es la siguiente: Cuando se ha inducido a la víctima en consentir en hacer el experimento, la gitana le pregunta si tiene en casa algún arca fuerte con cerradura de seguridad y llave. Oída la respuesta afirmativa, pedirá ver todo el oro y la plata de cualquier clase que sea, que guarde en su poder. Traen el dinero, y cuando la gitana lo ha examinado y contado minuciosamente, manifiesta un pañuelo blanco y dice: "Señora, este pañuelo blanco te doy, que está bendito. Ahora es necesario que pongas en él todo el oro y la plata y lo ates con tres nudos. Después, me marcharé y volveré dentro de tres días. Mientras, guardarás el envoltorio con el tesoro debajo de la almohada, no permi-

desvanece un tanto al observar desde más cerca a los protagonistas de la historia, pero los perfiles humanos adquieren mayor relieve y resultan, de alguna manera, mucho más comprensibles.

---

tiendo que se acerque nadie y guardando el mayor secreto porque en otro caso al dinero le saldrían alas y volaría. Cada mañana de esos tres días no estará de más que abras el envoltorio para que te convenzas de que no le ha ocurrido al tesoro ninguna desgracia, pero cuida de atarlo luego con los tres nudos. A mi vuelta colocaré el envoltorio, después de reconocerlo, en el arca que tú misma cerrarás guardándote la llave, pero desde entonces, hasta pasadas tres semanas, te guardarás de tocar el tesoro, ni de abrir el arca y rezarás día y noche a San Antonio para que se multiplique; de otra manera volaría."

»Luego sigue: Márchase la gitana, y en aquellos tres días prepara otro envoltorio lo más parecido posible al que contiene el dinero de su víctima, salvo que en lugar de las onzas de oro, de los duros y de la plata, pone monedas de cobre y objetos de metal de poco o ningún valor. Con el envoltorio escondido bajo la falda, vuelve al cabo de los tres días a su víctima señalada. Sacan el envoltorio con el tesoro de verdad, la gitana lo inspecciona, lo ata otra vez y ruega a la otra que abra el arca, hecho lo cual, deposita solemnemente en ella "un envoltorio", pero en el intervalo ha substituido con el fingido el verdadero. El arca se cierra y la señora se guarda la llave. La gitana promete volver a las tres semanas para abrir el arca, asegurando a la señora que si no la abre hasta esa fecha, la encontrará llena de oro y plata, pero amonestándola que si mi advertencia no se guarda, el dinero depositado se desvanecerá. Después se marcha con mucha ceremonia, llevándose el botín. Excusado es decir que no vuelve más» (pp. 163-164).

Borrow explica otros procedimientos para llevar a cabo el *hokkano baro* como pedir a algún incauto que entierre dinero y cuenta un caso que asegura haber presenciado en 1837.

13

EL PERFIL DE UNA HECHICERA GITANA: FORMACIÓN Y TRAYECTORIA DE MARÍA Y BEATRIZ MONTOYA

Sin lugar a dudas, el caso más representativo de cuantos hemos visto hasta aquí lo constituye el de María Montoya y su sobrina, Beatriz Montoya, procesadas varias veces por el Santo Oficio de Valencia a lo largo del siglo XVIII. En el de Toledo se ha conservado también el proceso instruido contra otra Isabel María de Montoya en 1671 que tal vez pueda pertenecer, de acuerdo con el año y las características, a la de más edad de estas dos mujeres, más conocida después con el apodo de «tía Montoya». Merece la pena, por tanto, entrar detalladamente en las vidas de estas dos hechiceras para tratar de comprender la trayectoria vital y la formación de lo que podríamos denominar «una hechicera gitana».

Bastante más ambiciosa, en cuanto a sus virtudes mágicas, que sus compañeras de oficio, María Montoya —a la que los inquisidores llegaron a llamar «la gitana más celebrada de España»— intervino en compañía de su sobrina en problemas muy diversos: desencantamiento de tesoros, asuntos de juego, mujeres malcasadas, religiosas enamoradas, etc. El ejercicio de las «artes mágicas» parece para ella, por otra parte, algo más que una ocupación ocasional. Desgraciadamente, no contamos con tantos datos acerca de ella como de su sobrina Beatriz, que fue procesada por la Inquisición hasta tres veces, primero, en 1711, en compañía de su tía, y más tarde como principal protagonista de un número bastante importante de denuncias, sin que haya lugar a dudas acerca de la identidad de la acusada. Tres voluminosos procesos [1], por tanto en los que podemos observar sus idas y

---

[1] Los procesos contra María Montoya e Isabel Montoya se encuentran en el Archivo Histórico Nacional, y se refieren a los legajos siguientes:

venidas en tanto que mujer de la minoría gitana, y en tanto que hechicera, su propio punto de vista a través de los minuciosos interrogatorios, su actitud ante los jueces, y el comportamiento en la cárcel que la saca fuera de sí y la coloca en una situación próxima a la locura como a otras gitanas también procesadas. En suma, la biografía de una gitana metida en este mundo de la superstición y la supuesta magia.

María Montoya, la tía de Beatriz, declaró en 1711 que era viuda y natural de Torija, aunque vecina de Villanueva de los Infantes. La había denunciado en 1710, el 25 de junio, un tal Félix Navarro, labrador, al que había hecho víctima del truco del tesoro escondido. El método que utilizó María en esta ocasión no era muy diferente al que ya hemos visto en otras ocasiones, ni presenta novedad alguna, por lo que ahorraré su relato al lector. Es posible, sin embargo, que ésta no fuera la primera noticia que se tenía acerca de ella en el tribunal de la Inquisición. Según he señalado antes, el tribunal de Toledo ya había condenado en 1671 a una Isabel María de Montoya [2], natural de Valencia, a causa de un engaño con el truco del tesoro.

Según los testigos, esta María Montoya era una mujer alta, gorda y casi colorada, con poco pelo y una cicatriz en el labio superior. Llevaba un justillo blanco y una enguarina de piñuela negra con media manguilla, y una mantelina de bayeta blanca grande. Se cubría la cabeza con una toca con puntas. La gitana había dicho a sus clientes que estaba casada con un soldado y se llamaba María Rodríguez, pero en el proceso figura como María Montoya, natural de Valencia. Se había presentado en casa de una mujer con el pretexto de ofrecerle unas sartas de corales, pidió agua, y se sentó junto a la supuesta víctima para decirle: «Mira, señora, yo sé mucho porque he estado en Argel diez años y sé leer en arábigo.» La miró con atención y añadió: «Veo que tienes en el rostro una señal que has de ser muy venturosa. Te ha de venir un tesoro si tú quieres hacer lo que yo te dijere y te

---

Proceso de 1711 contra María Montoya, Inquisición, leg. 527, n.º 5; Proceso contra Beatriz Montoya, 1718, Inq., leg. 526, n.º 11; ídem 1711, Inq., leg. 526, n.º 11; ídem 1736, Inq., leg. 526, n.º 12; Inq. (Cartas al Consejo), leg. 2309 (1): cartas acerca de María y Beatriz Montoya de enero de 1712.

En la sección «Alegaciones fiscales» aparece el resumen de la causa contra Beatriz Montoya, leg. 3725, n.º 143.

Las noticias acerca de su traslado a Sigüenza están en el Archivo Diocesano de Cuenca, Inq., leg. 567, n.º 7021.

[2] A.H.N., Inq., leg. 92, exped. 182.

advierto que soy zahorí.» Según la declaración de esta mujer, ella la había invitado entonces a que averiguara lo que llevaba en la falda, pero María se había excusado diciendo que no podía porque llevaba un tapapiés encarnado. La conversación tuvo que interrumpirse aquí, en esta ocasión, a causa de la llegada de un hijo de la cliente, y María hizo saber por señas que volvería.

Al cabo de unos días, regresó María de Montoya para continuar su trato. Pidió un plato grande, lleno de agua, un poco de plata para ponerlo dentro, y algo de ropa con qué taparlo, pero no pudo conseguir gran cosa porque su cliente desconfiaba, y aseguró que todo se lo había encerrado su marido.

En esta ocasión, María también se ofreció a una amiga de la mujer anterior para matar a su marido con el que tenía desavenencias, provocándole una gran desazón. Un caso, por tanto, bastante común entre las gitanas metidas a asuntos hechiceriles, pero que mereció una actitud muy severa por parte de los inquisidores, quienes la condenaron a excomunión mayor y 200 azotes.

Cuando volvemos a encontrar a María Montoya —si es que se trataba, según parece, de la misma gitana— ya se trata de una mujer entrada en años que vive en compañía de su sobrina, a la que está adiestrando en sus mismas artes. Sus trucos siguen siendo los mismos, como vamos a ver, pero la experiencia y la práctica la han sugerido matices que producen gran efecto entre sus clientes, según se puede observar en el proceso de 1711.

María Montoya, que iba en compañía de su cuadrilla, persuadió a su denunciante, Félix Navarro, de la existencia del tesoro escondido —diciéndole que iba a avisarle de parte de Dios— vigilado por un alma del purgatorio a la que había que decir misas para que pudiera librarse de una situación tan penosa. Como, al principio, Félix no la quiso creer, recurrió al truco del papel con dibujos en tinta simpática en el que apareció dibujado el tesoro y el alma del Purgatorio rodeada por las oportunas llamas del castigo. El «desencantamiento» le costó a Félix Navarro un doblón de los de a ocho.

El 15 de julio del mismo año declaró Juan Lloret, labrador también, para dar cuenta de una historia muy similar a la de Félix Navarro. En esta ocasión, además del dinero para decir misas al alma del purgatorio, trató de enseñarle una oración al Santísimo Sacramento («Santísimo Sacramento te vengo a buscar, para que lo que veo con el pensamiento lo vea con los ojos, y el tesoro que tengo en mi casa lo pueda lograr, sin arar, ni sin cavar») que, según declaro Juan Lloret no logró aprender tal y como ella lo decía «a causa de su turbación». Las ganancias que María Montoya logró en esta ocasión fueron tres camisas, una de hombre, otra de mujer y una del niño de la casa.

El seis de febrero de 1711 recibió el tribunal una nueva denuncia contra las actividades de la tía Montoya y su sobrina Beatriz. Beatriz había sido la principal protagonista y se trataba de un hechizo llevado a cabo para que un hombre pudiera ganar siempre en el juego. Pedro Checa, ayudante mayor de la ciudad de San Felipe, vecino y natural de Valencia, de 29 años de edad, se había puesto de acuerdo con una gitana llamada Beatriz para poder ganar en el juego por medio de un hechizo que le iba a hacer la gitana, y que consistía en la conocida «piedra imán» y la «hierba falaguera» que ella sabía cómo «componer». En realidad, era la tía Montoya quien se ocupaba de este tipo de operaciones, pero se encontraba enferma [Pedro Checa declaró que la había visitado en su casa y la encontró tendida en el suelo, sobre unas mantas, dando las mismas señas de ella que los testigos anteriores] y Beatriz había actuado como intermediaria entre el cliente y su tía. Beatriz anduvo en esta ocasión muy activa, trayendo y llevando los recados de su tía con los que iban sacando los doblones a Pedro Checa, con el pretexto de que «para componer el secreto era preciso juntar oro con oro». La gitana había sacado un doblón de a ocho y le pidió al interesado que hiciera otro tanto para juntarlos. Como siempre en el caso de las gitanas, el tiempo pasaba, le iban pidiendo dinero, y no le daban la piedra imán ni la hierba que le habían prometido.

En compensación, no dejaron de advertirle que no jugase nunca con el clérigo de Santa Cruz, porque a él también le habían preparado la misma piedra y con él perdería; Pedro Checa declaró que esto le pareció una prueba del poder de las gitanas, porque, efectivamente, el mencionado clérigo siempre parecía tener mucha suerte en el juego. El tribunal del Santo Oficio, con la meticulosidad que le caracteriza, hizo anotar este respecto en una de las márgenes de la declaración: «clérigo jugador», se dice.

Pensando, con razón, que la pasión de Pedro Checa por el juego iría acompañada de una afición similar a las mujeres, la tía Montoya y su sobrina Beatriz le ofrecieron servirle también en el caso de que necesitara algo en este sentido. Nuestro hombre les dio lo que le pidieron: cuatro varas de cinta, dos de azul, otras dos de verde, y unas orzas de dulce.

Como de costumbre, los regalos se sucedían sin que Pedro

Checa consiguiera de sus hechiceras nada de provecho y, como de costumbre también, el cliente terminó enfadándose con ellas:

pero viendo que le entretenían con razones y vanas esperanzas yendo un día por el mes de septiembre en casa de la misma Beatriz y hallando en ella a la dicha Montoya, las estrechó con amenazas a que le diesen el remedio compuesto, o que le bolviesen los dos doblones.

La tía Montoya no se arredró, sin embargo, ante las amenazas. Como veremos, casi sin perturbarse utilizó la propia impaciencia de su cliente para conseguir mayor provecho.

Y quedando en que aquel mismo día por la tarde se lo havian de dar, bolvió y la dicha Montoya le dixo que havia dos modos para lograr el remedio, el uno era mas largo, porque por ocho dias continuos se havia de poner la piedra imán y la hierva debajo de una ara, a tiempo que ella se dixesse missa, Y el otro era mas breve, y que si quería lo tendría compuesto entro de veinte y quatro horas.

Naturalmente, el hombre se decide por el método corto, pero se trataba de un procedimiento terrible que atemorizó al jugador y echó a perder todo el negocio:

y havia de ser escriviendo este de su mano lo que ella le dictaría, y con efecto conviniendo este en el segundo medio escrivió un papel dictándole dicha Montoya las palabras siguientes [que aparecen subrayadas por los funcionarios del Santo Oficio]. Yo, fulana Montoya llamo a mi familiar mayor para que des suerte en el juego a D. Pedro Checa, y a mi me des un poco de leche en grano del rocio que recoges en la mañana de San Juan, y otras de este género de que ahora no se acuerda y le dixo que lo firmase este de su nombre, como en efecto lo firmó; y ahora hace memoria que entre las palabras de dicho papel le dictó estas: [también subrayadas por el Santo Oficio]. Y yo en nombre de D. Pedro te ofrezco estar muy obediente por el servicio que le harás asistiéndole en el juego por quatro meses. Y aunque este después que oyó nombrar al familiar entró en rezelo de que en aquello intervenía pacto con el demonio y tuvo impulso de no pasar adelante en la diligencia, no obstante por curiosidad quiso ver en que parava, y assi haviendo firmado el papel y preguntandola si havia ya mas que hacer, diciendole ella que era menester que este se sacase sangre de su cuerpo, acavo de desengañarse y montando en cólera, rasgo el papel, las dixo que ya no quería saber cosa alguna de la materia, porque ya conocía que aquello se hacía por mal arte y no era lo que ellas le havian ofrecido de hacerlo solo por virtud natural de la hierva...

Como vemos, los testigos tratan siempre de presentarse como personas que han actuado de buena fe, confiando en que las gitanas utilizarían únicamente la «magia natural». Hacen énfasis en la actitud de las hechiceras y sus posibles contactos con el diablo, pero el tribunal no se dejaba engañar fácilmente, y también tuvo buen cuidado en anotar al margen: «Firmó el papel. Sangre de su cuerpo.»

El 7 de febrero de 1711 el Santo Oficio de Valencia recibe la declaración de un nuevo testigo contra las Montoya. Claudio Guillot, mercader de origen francés, residente en Valencia desde hacía más de veinte años, quien había acudido a ellas en unión de su amigo Pedro Forcada por cuestiones de «salud» y amores. A pesar de que Claudio Guillot sólo tenía 36 años (y su amigo otros tantos), ya hacía ocho que no podía «conocer muger, menos que ella le ayudase». Como Pedro Forcada también padecía del mismo problema, ambos decidieron ponerse en manos de las gitanas para tratar de encontrar una solución. En su declaración ante el Santo Oficio ambos insistirán en que nunca pensaron en hacer nada que fuese contra la ley de Dios y que sólo pretendían remediar su estado de salud. Según dice el propio Claudio Guillot, «la salud que buscaba no era para ofender a Dios, sino para contraher matrimonio y vivir como manda su Santa Ley». Los dos aseguraron también que en principio pensaban que su caso dependía de «una debilidad natural».

Como es lógico, la tía Montoya les aseguró que les habían hecho daño y que estaban «atados». El remedio que les propusieron las gitanas consistía en ponerse sobre las partes dañadas unos doblones de a ocho durante toda la noche, mientras ellas decían las oraciones oportunas. Al día siguiente debían llevárselos a la tía Montoya y su sobrina, envueltos en un papel blanco, y rezar por el camino un credo. Guillot y Forcada siguieron el consejo, pero no sintieron ninguna mejoría. En consecuencia, la tía Montoya mandó a Beatriz que sacara un barreño con agua y puso en él los doblones, y el papel blanco con que habían estado envueltos. Luego, utilizó el agua para lavar las partes afectadas de sus clientes. A continuación, les mandó ponerse de cara a la pared y rezar un credo, asegurándoles que verían algo maravilloso. Forcada y Guillot rezaron unas oraciones con la mano puesta en la bragueta, tocaron lo que estaba dentro del barreño, y acompañaron a la hechicera en un rezo en el que se mencionaba a San Ciprián, la Virgen de Belén y se decía algo así como «la leche que mamaste y el mar que pasastes». Después de esto, la gitana sacó el papel del barreño y pudieron ver que en él aparecían dibujados varios hombres y mujeres. Según la tía Montoya, una mujer —que estaba arrimada a la figura de un hombre— era la que les había hecho aquel hechizo, y una figura masculina fue interpretada también como autor del mismo daño, a causa de la envidia que les tenía. En aquel momento las gitanas empezaron a dar voces, diciendo que se había producido un milagro, pero Guillot y Forcada declararon al tribunal que ellos no las creyeron porque no las tenían por santas. Por otra parte, Guillot había empezado a sentir ya serios escrúpulos ante un hecho tan extraordinario que no podía haber sido llevado a cabo con la ayuda de Dios.

María Montoya, sin embargo, todavía estuvo ocupada un buen rato con la curación y con este fin les dictó un papel, acerca del cual los dos amigos sólo declararon que se mencionaba algo a propósito de estar sometido a alguien, como el vasallo al rey o «como la suela de mi zapato». Ambos lo firmaron, y Guillot empezó a temblar a causa del temor que le invadió de pies a cabeza.

La tía Montoya les explicó que todavía era necesario fabricar un cocimiento a base de azafrán, canela, piedra oriental y otras «drogas» para hacerles unos lavatorios con los que sanarían al cabo de nueve días. Sin embargo, Guillot se sintió enfermo cuando regresó a su casa a causa del temor que le había infundido la ceremonia del papel, y rogó a su amigo que deshiciera el trato con las gitanas. Es probable también que en su ánimo pesara el hecho de las sesenta y cuatro libras que les iban a costar los lavatorios.

La reacción de las dos mujeres ante la visita de Forcada fue muy violenta. A pesar de que no les pidió los doce doblones que ya les habían entregado, se pusieron «hechas unos demonios», y aseguraron que era imprescindible llegar hasta el final porque las ceremonias que habían llevado a cabo no debían interrumpirse. Según explicó Guillot, los dos estaban tan impresionados que llevaron a las gitanas las sesenta y cuatro libras que habían pedido, amén de ocho o diez varas de raso verde, un par de medias, y una pieza de Brataña, cada uno. Las medias que les entregó Forcada eran azules, porque ellas explicaron que «así lo pedía la suerte de cada uno». La tía Montoya, que veía con claridad que el ánimo de los dos amigos estaba a punto de derrumbarse, decidió acelerar el engaño y dispuso que todo debía estar dispuesto para aquella misma noche. A pesar de todo, aún se atrevió a pedir a Guillot el anillo que llevaba puesto.

Para continuar con la curación, de nuevo les dijo que debían ponerse doblones sobre la parte enferma —48 ó 68 según Forcada— para llevárselos al día siguiente. También en esta ocasión les hizo unos lavatorios y se guardó los doblones. Guillot explicó que el agua quedó algo turbia, y la tía y la sobrina dieron grandes voces explicando que gran parte del mal había salido ya del cuerpo aunque todavía debían llevar a cabo dos o tres lavados más para quedar completamente curados. Guillot entregó a la gitana en esta ocasión cinco doblones para recuperar su sortija, y además le dio otros 20, «no se acuerda para qué».

Como puede observar el lector, aunque los dos amigos sentían grandes deseos de recuperar la virilidad, las exigencias de las dos mujeres eran tan grandes, que al cabo de un mes y medio de una relación tan costosa y sin experimentar ninguna mejoría, se negaron definitivamente a seguir en contacto con ellas y las denunciaron al Santo Oficio.

Unos días después que lo hiciera Guillot, el tribunal tomó declaración a su amigo Forcada. Se trataba de un hombre con más presencia de ánimo y había sido el principal protagonista de la consulta a las dos gitanas, estimulando a su amigo Guillot cuando le invadían los temblores. La declaración, sin embargo, coincide en lo substancial.

La interesante declaración de Guillot nos ha permitido observar una parte significativa de la enorme personalidad de la tía Montoya, su inventiva y ascendiente sobre sus víctimas, pero sólo en la denuncia que se produjo a continuación se llegaron a desplegar estas características de nuestra hechicera en todo su esplendor. La complicada y larguísima declaración de sor Manuela Bellvis nos va a permitir acercarnos con todo detalle a la manera de actuar de María Montoya, y hacernos lamentar la ausencia de más detalles acerca de esta mujer, a quien los inquisidores llamaran en algún momento «la hechicera más celebrada de España».

El ocho de febrero del mismo año de 1711 se presenta ante el tribunal un nuevo cliente de las Montoya dispuesto a dar cuenta de su caso. Se trataba, a la vez, de una cuestión amorosa en la que habían intervenido la tía y la sobrina como terceras, y de un pleito de familia. Diego Mercader, hijo de don Luis Mercader, barón de Olot, mantenía ciertas diferencias con su madre a causa de unos alimentos, y solía visitar con frecuencia a una religiosa que estaba en el convento de la Encarnación. Las Montoya le abordaron ofreciéndose para solucionar sus problemas con su madre, y proporcionarle la posibilidad de hacerle invisible para que pudiera entrar en el convento, «sin ser visto, ni exponerse a riesgo alguno». La religiosa con la que mantenía relación Diego Mercader se llamaba Manuela Bellvis, y era hija del marqués de Benedites y pariente suya.

Como en los casos anteriores, y según tenía por costumbre, para lograr un control completo sobre sus víctimas, la tía Montoya procedió en primer lugar a dictarle a Diego Mercader el papel en el que sus «clientes» debían poner por escrito el compromiso al que llegaban con ella. Al parecer, Mercader reaccionó prontamente, y en cuanto se hubieron marchado las gitanas cayó en la cuenta de que había cometido una imprudencia. Además, había desaparecido una tabaquera de marfil que estaba sobre la mesa en la que había escrito. Salió inmediatamente en busca de las gitanas, pero ya era demasiado tarde. Las Montoya se negaron a devolverle el escrito si no les entregaba tres doblones, a lo que él se negó. Corrió entonces al convento de la Encarnación para advertir a su pariente de lo que había ocurrido, pero también fue inútil. Al poco rato de quedarse sola sor Manuela, se presentaron las Montoya, y a pesar de las advertencias de su pariente, la ingenuidad y los deseos que tenía la monja de verse a solas con su amigo la hicieron sucumbir ante las dotes de persuasión, indudablemente poderosas, de la tía Montoya.

Las dos gitanas se presentaron en el convento «disfrazadas en traje de la tierra», según consta en la declaración de sor Manuela, que utilizaré a continuación, con manto y basquiñas, y fingiendo que la llevaban un recado de parte del Canónigo don Vicente Bellvis, su primo.

Luego, aseguraron a la religiosa que la querían bien por haberla visto otra vez, y querían «hacerla mujer de buenaventura». Sor Manuela las aseguró que estaba contenta con su estado, y aquí intervino Beatriz para explicar

que estava muy engañada porque ellas eran tan sabias que no havía persona de graduación que no las estimase por lo mucho que las havian menester y que por eso las mantenían en esta ciudad. Y luego añadió dicha María Montoya que si quería esta hacer la experiencia pidiesse quanto quisiera que estavan promptas a executarlo y que no la acovardasse el recelo de que se supiesse porque personas de igual calidad a la de esta se havian puesto en sus manos, nombrándola diferentes (de que ahora no hace memoria), y assí que se resolviesse y si queria ser rica la harían la mas poderosa.

Sor Manuela respondió que a ella no la cegaba la codicia, y las gitanas pasaron directamente al asunto de permitir la entrada de D. Diego en el convento haciéndole invisible. Sor Manuela se escandalizó y tomó a broma la propuesta de las Montoya, diciéndolas que ni imaginarlo, y que si sus ofertas eran tan imposibles de cumplir como esta, bien hacia de no creerlas.

La tía Montoya se indignó entonces de que no la tomara en serio y Beatriz añadió

que no fuera simple, que esta entendería de rezar el breviario solamente, pero ellas tenían sus libros mágicos en quienes estudiavan y que si quería verlo instantáneamente lo vería.

Aunque de nuevo se rió sor Manuela, sintió al mismo tiempo picada su curiosidad, y se puso en manos de las gitanas.

La tía Montoya le pidió para seguir adelante unas enaguas blancas, una camisa, una sábana, un lienzo, unas medias de seda y tres sortijas. La monja cayó, como es lógico, en la cuenta de lo que pretendía la gitana, pero, según añade sor Manuela,

y sin embargo de conocer que todo quanto la decían era un embeleco, y que el fin de ellas era estafarla, fueron tantas las ofertas que la hicieron de que inmediatamente se le restituirían todo y tantas las razones con que se lo facilitavan, que sintiendo en si una como violencia a que no podía resistir, las sacó lo que la pidieron menos las sortijas, diciéndolas que no las tenía, pero enfureciéndose al oír esto la dicha María Montoya, la dixo tales cosas en tono de amenazas, que esta temblando la empezó a dar mil satisfacciones, e insistiendo en que en todo caso las havia de sacar tres prendas.

Con las mismas amenazas consigue los doblones, que sor Manuela declara que anduvo buscando por el convento «temblando como una azorada y casi enjenada», y que finalmente tuvo que pedir prestados. Luego, la taimada Celestina recurre a procedimientos menos violentos para conseguir que la monja firme el papel que la compromete:

Y apenas lo tuvieron en su poder [la ropa, las sortijas y los doblones] la persuadió a que sacasse tintero y papel porque el consentimiento que la havia dado para que entrase invisible en la clausura dicho D. Diego era solo de palabra, y que necessitavan para obrar aquella maravilla de que le escriviesse de su mano y aunque esta se resistió mucho, las persuasiones que sobre ello la hicieron fueron tantas que movida de una curiosidad loca, y con la suposición de que el papel no havia de quedar en poder de ellas, escrivió, dictándoselo dicha María que consentía y quería que D. Diego Mercader entrase y saliesse en este convento sin que persona ninguna, clérigo ni frayle, pudiera verlo, ni aún imaginarlo, y lo firmó de su nombre y haviéndole pedido el papel con el pretexto solo de ver si havia escrito lo que la havia dictado, y ofreciendo bolvérsele al punto luego que le tuvo en sus manos, le dobló y poniéndosele en el pecho no huvo forma de restituírsele...

Aunque es indudable que los testigos intentan parecer ante el tribunal como víctimas absolutamente inocentes, a juzgar por los resultados, las gitanas son siempre mucho más hábiles que sus clientes. De acuerdo siempre con la declaración de sor Manuela, María Montoya llevaba consigo, con el fin de «suplir» las joyas que no podían entregarle los clientes, una bonita colección de alhajas, conseguidas, sin duda, por procedimientos similares a los que estamos observando:

si que buelta a dicha Beatriz [la tía Montoya] la dixo, ea levántate que ya es hora que esta señora vea que son verdades quanto la decimos, y levantándose sacó de una bolsa tres doblones de a ocho, y del bolsillo del guardapiés dos sartas de sortijas en gran número, y una cinta en que llevaba atados, muchos pendientes, desaliños, joitas, y otros dixes, y poniéndolo todo en la tembladera con lo demás que esta les havía bajado, dixo dicha Beatriz que todo aquello lo ponía para suplir por esta el doblón y sortija que faltava y ponía mucho oro y plata para que saliese mejor el efeto, pero que mirase esta lo que hacía que si retractava el consentimiento que havia escrito, todo lo perdería ella porque se lo llevaría el diablo y esta lo pagaría bien a su costa...

Una vez más, las gitanas pretenden admirar y asustar al mismo tiempo.

La tía Montoya debió pensar que ya había llegado el momento de poner de manifiesto sus artes mágicas, así que sacó unas bolitas de cera en las que clavó un alfiler. Se las puso sobre la palma de la mano a la religiosa, echó sobre ellas unas gotas de agua de una redomita que llevaba, y Beatriz pronunció unas palabras que sor Manuela no entendió, añadiendo:

No ofreces entrar y sacar a D. Diego en este convento sin que nadie lo vea ni lo presuma, ni padesca el crédito de esta señora, y que invisible le traherás de donde estuviere con una soga a la garganta y un puñal en el corazón.

La bolita se fue moviendo lentamente hasta ponerse derecha, y la tía Montoya lo interpretó como signo favorable. Así terminó la sesión mágica por aquel día y la gitana se despidió diciendo:

Ya está aceptado el concierto y concedido quanto se ha pedido y dentro de pocos días se verá el efecto.

Sor Manuela estaba muy asustada, y trató de averiguar cómo se había realizado aquel prodigio y qué faltaba todavía por hacer. La Montoya le explicó que aquello era un familiar de tres o quatro que havía comprado en Francia donde se vendían para tiempo determinado y para diferentes fines, y que si ésta quería, la pondría uno en un anillo y sin más diligencia que mirarle conseguiría quanto deseasse.

La religiosa rechazó, como es natural, semejante propuesta, diciendo que ella era esposa de Cristo, y la gitana la replicó con desparpajo que eso no la impediría rezar el Oficio y el rosario, ni confesar y comulgar y demás devociones de una religiosa. Sor Manuela, que debía ser una mujer pusilánime y crédula, trató de despedirlas diciendo que ella no quería tener aquellos tratos, pero la tía Montoya le aseguró que ya era inútil. También la amenazó con postrarla en una cama durante tres años y desprestigiarla ante sus parientes con el papel que había firmado si se retractaba,

lo cual dixo con tal colera y semblante tan ayrado que ésta temblando y medio muerta con el recelo de que en la ropa podían executar algún maleficio, la dio muchas satisfacciones alegándoles la ignorancia con que le havia firmado y que no pensava en lo que podía resultar de ello; y dicha Montoya prosiguió diciendo que de que se acongojava esta tanto, pues esta ni ofrecía nada ni hacía pacto alguno, que quien le hacía era ella, y se lo cargava sobre su conciencia, y assí que tuviesse buen ánimo y pensasse en lo bien que lo havía de pasar con D. Diego pues dentro de nueve días le havía de tener consigo dentro de la clausura.

Según vemos, la tía Montoya manejaba una hábil combinación de intimidación y sugerencias que le permitían lograr un control casi total sobre las «clientes», una vez que habían caído en su poder. Le explicó que todo lo que tenía que hacer era tomar un pucherito nuevo y poner en él, durante nueve noches, un real de a ocho para el familiar. Una vez reunidos, el familiar estaría propicio, y le daría cuanto le pidiese y ese mismo día entraría don Diego en la clausura. Sor Manuela había llegado ya al límite de sus posibilidades económicas y no tenía los nueve reales ni quien se los prestase, pero la tía Montoya insistió en que ya había ofrecido aquella cantidad al familiar por medio del papel, y que mirase bien lo que hacía porque no era lo mismo tratar con el Diablo que con personas:

prosiguió ponderándola ya en tono de lastimarse y compadecerse, ya en tono de amenaza las desgracias que sobre esta havía de venir, y confirmando esto mismo la dicha Beatriz, la dixo que devía buscar los nueve reales aunque se vendiera [...].

Viendo seguramente que la pobre monja estaba demasiado amedrentada, la animó diciendo que si en el pucherito echaba agua bendita y se santiguaba con ella cada mañana, no la podía suceder nada malo. Por último, le dijo que si no tenía reales de a ocho los echase al menos de cuatro o de seis, y luego ya podría añadir lo que faltaba, pero que era preciso empezar aquella misma noche porque así había prometido hacerlo en el papel.

Después de todo esto las gitanas se fueron aquel día, dejando a sor Manuela confusa y rogándoles que les devolviera sus prendas. Según ella misma señala, «quedo burlada y como enajenada de sus sentidos». Y añade:

> Inmediatamente, como quien despierta de un profundo sueño, empezó a admirarse de sí misma, de que conociendo que dichas gitanas eran unas embusteras, huviesse podido cometer tales desatinos y ahora les declara para su mayor confusión y arrepentimiento [...].

A pesar de estas protestas de incredulidad, con las que la religiosa trataba de atraerse la misericordia del tribunal, es evidente que la actuación combinada de las dos gitanas, y sus propios deseos, ejercían sobre la pobre sor Manuela una enorme fascinación, según se pone de relieve en la segunda visita que recibió de nuestras hechiceras.

Las gitanas volvieron a la semana siguiente, y sin otro preámbulo que saludarla la dijeron que iban a enseñarle al familiar mayor en carne y hueso. Al principio, sor Manuela se horrorizó ante la propuesta, pero la tía Montoya se sacó del pecho una tabaquera de plata dentro de la cual había una figura negra

> a modo de animal cuadrúpedo, con cara de persona que tenía cuernecitos y cola vuelta sobre el lomo.

A continuación le hicieron coger aquella figura en la mano y decir:

> Familiar maior, assí como tengo tu retrato en la mano y visiblemente te veo y me ves, te pido que por el trato que tienes con María y Beatriz me muestres en esse papel lo que a ellas les has ofrecido hacer por mi.

Sor Manuela aseguró que ella ejecutó todo «llevada del susto y enagenamiento de potencias referido».

Sumergieron el papel en el vaso de agua, y al desplegarlo se vieron dos figuras que representaban a don Diego y a la religiosa. En medio, estaba la del familiar, y los tenía abrazados para que nadie los viera. A los pies de estas figuras principales, había otras que representaban a los enemigos a quienes pisaría «la cerviz». Alrededor del papel, cruces que significaban doblones de a ocho que tendría en abundancia. Las gitanas le explicaron que aquello era lo que se llamaba «levantar figura» para que viese lo que iba a suceder

y quan gustosa y sin zozobra havia de vivir con aquel cavallero, pues aunque estuviesse meses con el en la clausura, no le hecharian menos en su casa, porque el familiar supliría su presencia, ni havia peligro de que esta quedase preñada, ni de que padeciesse el menor descrédito.

Las gitanas quisieron saber si ya había empezado a poner los reales en el pucherito, y como sor Manuela no lo había hecho, le aseguraron que no debía poner en juego de aquella manera «su crédito, su salud y su vida, que valía más que quanto oro havía en el mundo». En compensación, le repitieron que don Diego entraría en la clausura y que le entregarían la sortija en la que estaba el familiar y que podría conseguir que don Diego fuese a verla sólo con mirarla. Le advirtieron, sin embargo, que no dijera nunca «llévatele», porque el familiar se lo llevaría al Infierno.

La tía Montoya no consiguió nada de la monja esta vez, probablemente porque sor Manuela no disponía ya del dinero; le dijeron que si no se lo entregaba para el día de Santo Tomás Apóstol, no se levantaría más de la cama, y se fueron.

Sor Manuela volvió aquí a ponderar al tribunal su extraña situación psicológica asegurando que

quedó como fuera de si, y siempre admirada de si misma, porque riéndose, quando no las tenía delante, de sus embustes y amenazas, luego que las oya se le estremecían las carnes y no estava en su mano el dejar de temerlas.

A pesar de su miedo, logró reaccionar lo suficiente como para preguntarle a la tía Montoya para qué quería el familiar el dinero, y esta le respondió con desparpajo y muy enojada:

bueno es querer ahora averiguar esso, para mí les quiere, para que yo me les gaste, coma y beva, y me regale, y busted no se meta en esso, sino entregarme el dinero.

A los pocos días, víspera de Santo Tomás Apóstol, fue a verla Beatriz, sola esta vez, porque su tía había estado mala de una caída. Añadió que aunque ella daba a entender que había sido casual, en realidad el demonio la había maltratado mucho y la había arrojado desde el terrado. Sor Manuela repitió que no había podido encontrar el dinero y, aunque hasta aquí siempre hemos visto actuar a Beatriz como fiel agente y colaboradora de su tía, entre las dos se entabló la siguiente conversación que condujo a un arreglo en ausencia de la poderosa María Montoya. Beatriz fingió estar muy asustada, y dijo que no se atrevía a volver delante de su tía sin el dinero. Contó a sor Manuela que el familiar la visitaría en su celda una noche y la ahogaría. Luego, y tras haberla hecho jurar que le guardaría el secreto, explicó que estaba cansada de su tía, y que la ayudaba por miedo, ya que María era una grandísima hechicera que había hecho pacto con el demonio; mantenía con él relación carnal, y su propósito era comprometerla a ella y a don Diego con el diablo. Si sor Manuele hubiera aceptado sus tratos, no habría podido oír misa, confesar ni comulgar, ni siquiera santiguarse, pues con cualquiera de estas cosas hubiese dado un enorme estallido y todo el mundo se habría enterado del asunto. Le aseguró también que durante el tiempo que durase el negocio, hubiera tenido que dormir con el familiar. Sor Manuela la suplicó con insistencia que la sacara de aquel apuro, así que Beatriz fingió que se quedaba suspensa un rato. Luego dijo que no veía otra salida que llevarle a la tía Montoya los nueve pesos para que no se enfadara, y que ella le quitaría el papel cuando la viera distraída, si le prometía un paquete de dulces. Quedaron en aquel compromiso y, efectivamente, la gitana le envió el papel con una criada, a cambio del regalo prometido.

Sor Manuela terminó, como es lógico, pidiendo perdón al tribunal:

declara que aunque conoce su grave culpa en haver dado lugar a que dichas gitanas la ablasen en materias tan agenas de su estado, y su poca resolución para despedirlas y hecharlas de si, luego que conoció sus depravados fines, declara que su ánimo no solo no ha sido de convenir en pacto alguno con el demonio, más ni de lograr la torpeza que ellas intentavan porque tal cosa ni ahun la ha tenido por posible, ni ha creído que por tales medios se pudiesse lograr; sino que embelesada con las razones de dichas gitanas, y atemorizada con sus amenazas en medio de conocer sus embustes, escrivio dicho papel y entrego dichas alajas, ropa y dineros, de que ya por la misericordia de Dios está muy arrepentida, y de lo que en todo lo referido ha errado y faltado pide perdón y misericordia.

El mismo día en que compareció ante el tribunal Diego Mercader, 9 de febrero de 1711, se presentó también para prestar declaración un testigo nuevo que iba a confirmar el comportamiento de las Montoya respecto a sus clientes. La declaración de Bartolomé Chafrión —la de sor Manuela Bellvis no tiene lugar hasta el 20 de marzo del mismo año— ilustra bien el método utilizado por las gitanas para recoger las noticias que les conducían hasta un presunto «cliente», y cómo se tejía la red que llevaba de unos a otros. Según resulta de la declaración de este Chafrión, (natural de Vegeven, en el estado de Milán pero vecino de Valencia desde hacía varios años, de 30 años de edad), era pariente de Pedro Checa, el hombre aficionado al juego que había intentado conseguir de las Montoya una piedra imán que le diera suerte. Conocía también a Diego Mercader, aunque no parecía sentir por él mucha simpatía, según veremos. Estaba al corriente de lo que le había ocurrido a su pariente con las Montoya, y confirmó el hecho sin añadir muchos detalles. En cuanto a las gitanas y su relación con ellas, era lo bastante buena como para conseguir que le devolvieran a Pedro Checa parte del dinero que les había dado. Según él mismo dio cuenta al Santo Oficio, se había encontrado con Beatriz en una ocasión en el convento de la Encarnación, donde también solía visitar a una pariente suya. La gitana le explicó que estaba en contacto con una monja llamada Sor Paula Lares, que era una «maula», y le pidió algunos detalles acerca de sus «devotos» que le hacían falta para completar el engaño. Al parecer, Bartolomé Chafrión le proporcionó todos los datos que le pidió, y además le sugirió que urdieran alguna trampa para engañar a una pariente de Diego Mercader que vivía también en aquel convento. De acuerdo con su declaración, se le ocurrió que éste podía ser «un lance» porque él conocía bien la «facilidad de genio» de Diego y la «mucha pasión» que sentía por su pariente. El propio Chafrión fue quien sugirió a la gitana que ofrecieran a la monja la posibilidad de lograr la entrada de Diego Mercader en la clausura, haciéndole invisible.

Las gitanas, por tanto, contaban ya con una posible víctima en el convento de la Encarnación, pero el tribunal no juzgó oportuno recibir declaración de esta otra monja. Chafrión, que debía tener bastante trato con ellas, se presentó como testigo cuando supo que el Santo Oficio andaba ya detrás de los pasos de Beatriz, según averiguó uno de los días que fue a visitarla. Añadió que Beatriz estaba separada de su marido, quien vivía amancebado con otra mujer, pretextando que Beatriz era una hechicera, y una pícara que iba a terminar en manos de los inquisidores.

Según vemos, la visita de los oficiales del Santo Oficio a un presunto reo corría por la ciudad como la pólvora y desencadenaba la llegada de nuevas denuncias. Así llegamos, por tanto, a los últimos testigos en contra de las dos presuntas hechiceras. Doña Bernarda de la Torre y su criada, Isabel Navarro. Una vez más, la tía Montoya y su sobrina se habían ofrecido para solucionar, «por medios naturales», algún secreto anhelo, o alguna situación difícil. En el caso de doña Bernarda de la Torre, mujer de unos 40 años, se trataba de hacer desaparecer a un marido enfermo y ausente que impedía un segundo matrimonio con un vecino. Seguramente, las gitanas habían tenido noticias de esta situación a través de algún conocido como en el caso anterior, y se presentaron para ofrecer sus conocimientos mágicos. La declaración de doña Bernarda de la Torre es bastante escueta, pero nos permite deducir que se limitaron a utilizar el recurso de las misas y la ofrenda al Ánima Sola. Después de tres o cuatro visitas que espaciaron en el curso de otros tantos meses, la criada y el ama cayeron en la cuenta de que estaban gastando inútilmente el dinero, y las despidieron.

Según se puede observar a través de las declaraciones de los diversos testigos, es evidente que estos clientes que las gitanas conseguían al azar de las conversaciones, como en el caso de sor Manuela Bellvis, o que elegían después de alguna pesquisa, constituían para ellas su auténtico medio de vida. Estas hechiceras ambulantes disponían de un repertorio de clientes lo bastante amplio como para recurrir a cada uno de ellos dejando transcurrir un periodo de tiempo razonable, y únicamente en los momentos oportunos. Algo así como disponer de diferentes fuentes económicas que se explotan por turnos y de acuerdo con un método riguroso.

En el momento de producirse las declaraciones de sor Manuela Bellvis y doña Bernarda, Beatriz y su tía se encontraban ya en la cárcel.

El día 6 de febrero, pidió Beatriz Montoya audiencia voluntaria para declarar sus delitos. Dijo ser mujer de Cayetano Bustamente, labrador de Paterna, que había pasado a ocuparse de la trata de caballos con tienda en Valencia donde vivían. Ella era natural de Sigüenza, gitana, y contaba 37 años de edad. Si tenemos en cuenta el testimonio de Bartolomé Chafrión, su marido la había abandonado y vivía con otra gitana, pero ella no dijo nada acerca de esta circunstancia. Según la versión que Beatriz dio de los hechos, fue el propio Bartolomé quien las indujo a engañar a sor Manuela Bellvis y Diego Mercader. Había ido a buscarla a su casa para darles los detalles necesarios, y luego actuó como intermediario entre ellas y la religiosa. Como de costumbre, explicó al tribunal las características de sus «hechizos», que no eran otros que el conocido truco de pintar el papel con piedra alumbre, y la paja retorcida al sol que se destuerce al recibir unas gotas de agua.

Las noticias acerca de las religiosas que les dio Chafrión, fueron útiles para decirles la buenaventura y dejarlas maravilladas. Confirmó punto por punto la declaración de sor Manuela, añadiendo detalles acerca de la pasión que sentía la otra religiosa, sor Paula, por un fraile. No dijo nada más voluntariamente, pero respondió afirmativamente a la acusación del fiscal y aceptó en sustancia todos los hechos que se referían al engaño del tesoro, mujer malcasada, y demás historias que acabo de pormenorizar, confirmando casi todos los detalles señalados por sus acusadores. Metida en estos asuntos no siente ningún reparo en confesar el origen de sus «utensilios mágicos», y aseguró que se trataba tan sólo de su medio de vida, y embustes urdidos para sacar dinero. Las piedras que habían dado a la mujer malcasada para que se derritieran en el agua y de la misma forma se deshiciera el corazón de su marido —detalle que no aparece en la declaración de la interesada— eran únicamente unas areniscas que habían recogido en el Puig cuando fueron a rezar a la Virgen. La hierba falaguera con la que aseguraron a Pedro Checa que ganaría en el juego, no era otra que la peonía y la compraban en la botica. A juzgar por las respuestas de Beatriz Montoya a la acusación del fiscal, los relatos de los testigos son auténticos en casi todos los detalles, y la gitana sólo tiene buen cuidado en negar todo aquello que puede resultar sospechoso de auténtico pacto con el demonio. Una actitud que resulta totalmente comprensible y demuestra el profundo conocimiento de los criterios inquisitoriales, incluso por parte de reos tan poco versados en cuestiones teológicas como nuestras gitanas. Todo lo que se relaciona con la invocación al «familiar mayor», etc., es negado sistemáticamente por Beatriz, aunque resulta lógico suponer que ellas intentaran impresionar a sus clientes pronunciando también unas fórmulas tan sonoras.

Por lo general, las gitanas no pierden los nervios ante los inquisidores, y saben salir airosas de los interrogatorios restando importancia a los testimonios en contra de ellas, o explicando las razones de las presiones e intimidaciones de que hicieron objeto a sus víctimas. La propia Beatriz Montoya suele responder con frecuencia a algún punto de la acusación, como en el caso de las amenazas a sor Manuela Bellvis, señalando que «el fin que tuvo para decir que no se confesase fue porque no se supiese y les viniese mal a esta y su compañera, y que las demás cosas eran para animarla y que siguiese y engañarla».

Entretanto, el 19 de febrero se había dictado orden de prisión contra María Montoya, quien fue detenida y encerrada en las cárceles del tribunal. Al hacer el registro de sus bienes se le encontraron en la faltriquera dos privilegios, uno del duque de Gandía y otro de un tal Excmo. Sr. Antonio del Valle. En su casa había una mula, una jumentilla y un jumento, un colchón, una almohada, cuatro camisas, dos manteles, unas alforjas y un saco de tela. Los animales se subastaron para que la acusada pudiera mantenerse en la cárcel con el producto de la venta. Como vemos, nada se dice de las joyas que tan generosamente exhibió Beatriz Montoya delante de sor Manuela y que la gitana había puesto, seguramente, a buen recaudo. A pesar de esto, no se puede decir que la tía Montoya no dispusiera de algunos bienes, y, al igual que la mayoría de los gitanos durante el siglo XVIII, poseía documentos y privilegios que le permitían moverse con facilidad y gozar de ciertos privilegios.

Hasta el 14 de marzo no pidió audiencia María Montoya para declarar sus culpas, o no creyó oportuno el tribunal recibirla. Sus datos personales, de acuerdo con su testimonio, eran los siguientes. Había estado casada con Francisco Díaz Palacios, labrador, pero su marido había fallecido ya. Ambos eran gitanos, y ella había nacido en Borja y tenía 77 años. Vivía en Villanueva de los Infantes.

De la misma forma que su sobrina Beatriz, confirmó la declaración de Diego Mercader y sor Manuela Bellvis. También acusó a Bartolomé Chafrión de la trampa tendida a la parienta de Diego Mercader. No añadió en esa audiencia ningún otro detalle y se la condujo de nuevo a su prisión hasta el día 21 de marzo del mismo mes, cuando don Isidro de Valmaseda, el inquisidor correspondiente, la mandó llamar para proceder a un nuevo interrogatorio.

María Montoya pasó así a ser la principal inculpada en este caso, y gracias al minucioso examen de los inquisidores —el tribunal había establecido pautas muy concretas para averiguar todo lo relacionado con la personalidad social y humana de los reos— nos resulta posible ahora reconstruir la trayectoria vital de esta interesante mujer, muy similar, sin embargo, en el orden personal, a la de cualquier otra gitana entregada a las prácticas hechiceriles en esta misma época.

María Montoya confirmó los someros datos que ya había declarado anteriormente, y añadió que su marido había fallecido hacía tres años. Era hija y nieta de gitanos, pero aseguró ser cristiana vieja, bautizada y confirmada. Aunque había tenido cinco hijos, todos habían muerto siendo niños, menos uno llamado Andrés Díaz de Palacios, que vivía en Valdepeñas trabajando como labrador. Confesó haber sido penitenciada anteriormente por el Santo Oficio como hechicera, aunque no indicó la pena, ni tampoco el tribunal en el que había tenido lugar su proceso. Dijo que confesaba y comulgaba tres o cuatro veces al año, señalando el lugar donde lo había llevado a cabo la última vez. Se santiguó, y dijo el credo, avemaría, etc. «razonablemente». También respondió correctamente a las preguntas que se le hicieron acerca de la doctrina cristiana. No había salido de «estos reinos», y su vida había transcurrido sin excesivas vicisitudes, aunque con dificultades, hasta el momento de ser procesada por segunda vez. Había nacido en Jadraque —en una declaración anterior dijo que en Torija— y después de criarse en Huete se casó a la edad de veinte años con Francisco Díaz de Palacios y se fueron a vivir a Pinto. En este pueblo, «tomaron casa y labor», y el comisario del lugar les concedió algunas tierras. De esta forma transcurrieron diez o doce años, durante los cuales no dejaron de hacer frecuentes viajes a Madrid, «a cosas que se les ofrecían». Las malas cosechas y la penuria, les obligaron a trasladarse a La Mancha, y se instalaron en Villanueva de los Infantes. En este pueblo, también arrendaron casa y tierras. Las cosas debieron marchar mejor para el matrimonio, porque en este pueblo vivieron durante veinte años. Algunas veces, durante esta época, iban también a Valdepeñas, donde les concedío vecindad el marqués de Santa Cruz. Al parecer, iban y venían con frecuencia por diversos lugares de La Mancha. Cuando sobrevino la muerte de su marido, María siguió viviendo en Villanueva hasta 1710, en que se trasladó a Valencia, a la casa de su sobrina Beatriz.

La vida de María Montoya y su marido coincide con la de muchos gitanos del siglo XVIII, labradores y vecinos de lugares concretos, pero en situación un tanto ambigua respecto a la ley a causa de su status particular y de sus relaciones con otros miembros de la minoría menos favorecidos. Por lo que respecta a la propia María, resulta interesante subrayar el comportamiento de estas esposas, madres o hijas, que intentan completar los ingresos familiares practicando las artes pseudo-mágicas, y explotando la credulidad en sus extraordinarios poderes. El oficio de la hechicería sirvió, seguramente, para superar momentos difíciles de la familia en muchas ocasiones, pero es posible también que resultara difícil sustraerse a la tentación de conseguir fácilmente unos ingresos complementarios, a pesar de los riesgos que conllevaban. María Montoya ya había sufrido una condena del Santo Oficio en vida de su marido, y su biografía permite deducir que nunca disfrutaron de una posición económica realmente cómoda. Según hemos visto, las malas cosechas o la sequía les obligaban a trasladar su residencia de tiempo en tiempo, y aunque los castellanos viejos no estaban libres de este azote no les quedaba el recurso de utilizar su reputación de «gentes mágicas» con la misma facilidad. En el momento de este segundo proceso, tanto María como su sobrina Beatriz parecen haber perdido el apoyo de algún hombre. María se ha quedado viuda, y el marido de Beatriz la ha abandonado. María tiene todavía un hijo varón, pero, por razones que no resulta posible averiguar, se ha trasladado desde Valdeiglesias hasta Valencia y preferido la compañía de su sobrina a la de su propio hijo. En cualquier caso, el negocio de la hechicería les resulta bastante lucrativo, y el único inconveniente es la intervención de la Inquisición.

Los inquisidores preguntaron a continuación a María Montoya, de acuerdo con las pautas del interrogatorio, si «sabía o presumía» cuál era la causa por la que se la había llevado hasta ellos. La tía Montoya negó haber incurrido en otro delito que el ya confesado. Según las fórmulas tradicionales, se volvió a presionar al reo para lograr una confesión completa:

[...] fuele dicho que en este Santo Oficio no se acostumbra prender persona alguna sin bastante información de haver dicho, hecho y consentido o visto hazer, decir y cometer a otras personas alguna cosa que sea o meresca ser contra Nuestra Santa Fe Catholica y ley evangélica, que tiene, predica, y sigue y enseña la Santa Madre Iglesia y Romana, o contra el recto y libre exercicio del Santo oficio, y ssi deve creer que con esta información havra sido trayda por tanto por reverencia a Dios Nuestro Señor y de su Gloriosa y Venerable Madre, Nuestra Señora la Virgen María, y la amonesta y encarga recorra su memoria y diga y confiese enteramente verdad de lo que sintiere culpada, o supuere de otras personas que lo sean, sin encubrir de si ni de ellos cosa alguna ni levantar assi ni a otra falso testimonio, porque haziéndolo assi descargará su conciencia como catholica christiana y salvará su ánima y su causa será despachada con toda la brevedad y misericordia que huviera lugar donde no se proveera justicia.

La tía Montoya dijo que pedía misericordia pero que no tenía nada más que declarar.

Unos días después, el 24 de marzo y en la soledad de la cárcel —según esperaban los inquisidores que reaccionaran sus reos— cambió de opinión nuestra hechicera, y pidió audiencia voluntaria para dar cuenta del resto de sus delitos. En esta segunda audiencia dio buena cuenta del asunto de los mercaderes impotentes, confirmando todos los detalles que había explicado su sobrina y los interesados, pero procediendo en la declaración de manera mucho más cauta que Beatriz. El tribunal volvió a amonestarla instándola a recordar, pero tampoco en esta ocasión quiso añadir más.

En vista de su actitud y de su persistente silencio, el inquisidor don Diego Muñoz Baquerizo la mandó llamar el 22 de abril para preguntarle si se «ha acordado algo sobre su negocio y causa y que so cargo su juramento diga la verdad». La presa dijo que no se había acordado de ninguna otra cosa, y tras ser amonestada de nuevo para que «recorriese su memoria y descargase su conciencia» fue llevada de nuevo a la cárcel. Como es lógico suponer, el tribunal tenía muy en cuenta la buena disposición de los presuntos reos a la hora de declarar, y todas estas reticencias, silencios y negativas pesaban en contra de ellos a la hora de dictar sentencia, ya que se valoraban como pruebas de que el acusado no tenía deseo auténtico de considerar sus culpas y, en consecuencia, de arrepentirse.

Después de las amonestaciones y audiencias de rigor, que debían ser tres en las que no se consiguió ninguna otra declaración ni muestras de arrepentimiento, y teniendo en cuenta las declaraciones de los testigos, suficientemente comprobadas por las de los testigos adicionales y la propia declaración de Beatriz Montoya, el fiscal del tribunal procedió a la acusación de la presunta rea. María Montoya fue acusada de haber cometido delitos de superstición adivinatoria, amatoria, y sacrílega, con doctrina temeraria, escandalosa, errónea, injuriosa a las almas del purgatorio y sapiens gentilisimum con jactancia de superstición hostil, invocación explícita del demonio, sujeción a ella y con comercio. Nada más y nada menos. A continuación, el fiscal procedió a dar lectura a los capítulos en los que se pormenorizaban las acusaciones de los testigos, y los puntos en que los calificadores habían encontrado materia de delito contra la fe. La acusación contra María Montoya contiene 48 capítulos que ahorraré al lector, pero que fueron puestos en conocimiento de la interesada en su integridad para que pudiera rechazarlos, aceptarlos, o hacer cualquier observación que considerase oportuna en su descargo. Ante el cúmulo de detalle, y acusaciones esgrimidos por el fiscal, la tía Montoya se vio obligada a reconocer la mayor parte de los hechos, pero, mucho más avisada que su sobrina, no sólo evitó todo lo que tuviera algo que ver con el supuesto pacto diabólico, sino que también negó todos aquellos aspectos que no estuvieran estrictamente relacionados con las peticiones de dinero a sus clientes. En algún momento, incluso llega a decir que todo había sido «hablar por hablar y para sacar doblones». La declaración de María Montoya demuestra la experiencia de esta mujer en las cosas del Santo Oficio. La anciana actúa con enorme cautela, y niega siempre haber recomendado que se recen credos, hablado de almas del purgatorio o de cualquier otra cosa relacionada con la Iglesia. También procura suavizar las palabras u oraciones que pronunció y que los inquisidores podrían clasificar como materia supersticiosa.

El 26 de junio, una vez que se le leyó la acusación, la tía Montoya comunicó con su abogado, y el 30 de junio, y seguramente por consejo de éste, pidió audiencia voluntaria para añadir algunos detalles. A pesar de las múltiples acusaciones y de los numerosos testigos presentados contra ella, el abogado defensor pidió la absolución de su cliente, alegando que el fiscal no ha podido probar que se trate de sortilegios «hereticales» ya que su cliente sólo ha practicado lo que podríamos denominar «magia blanca».

Ni la calificación ni la sentencia fueron, sin embargo, demasiado favorables a María Montoya. Además de considerarla embustera y supersticiosa, se señaló que el capítulo en que ella había dicho que los embustes de las gitanas eran lícitos por tratarse de «limosna que Dios les envía» era «erróneo e injurioso a Dios» y que debía ser considerado como blasfemo. En general, aunque algunos capítulos no fueron considerados en su contra por no «tener calidad de oficio», se estimó finalmente que lo declarado por María Montoya contenía proposiciones erróneas y blasfemas, y que los embustes que confesaba, aunque no tuvieran otro fin que el de sacar dinero, eran escandalosos *in fide.*

María Montoya fue condenada, por tanto, a una pena que, si tenemos en cuenta el promedio de años de destierro y el número de azotes que solían caer sobre estas mujeres (y hombres) puede considerarse como bastante elevada. Se decidió que debía salir en auto público o privado, en forma de penitente y con insignias de supersticiosa y embustera para que abjurase *de levi* y fuese gravemente reprendida, advertida y conminada. Hasta aquí, lo que podríamos calificar de «penas morales». En cuanto al aspecto material, María Montoya debía recibir 200 azotes, por las calles públicas (cosa que si tenemos en cuenta su avanzada edad podía acarrear serías consecuencias físicas) y ser desterrada de Valencia y su reino, Toledo, villas de Ocaña, Cifuentes, Badía, Torija, Alcázar de San Juan —lugares todos que habían sido el escenario de sus andanzas— y Madrid, por el hecho de ser la corte y lugar por tanto privilegiado, y 8 leguas en contorno durante 8 años. Los dos primeros se la destinaba a un lugar donde hubiera comisario del Santo Oficio que vigilara sus pasos y al mismo tiempo, según se añade en la sentencia, «que la instruya y desengañe». Es indudable, que lejos de sus parientes y teniendo en cuenta su edad, María Montoya quedaba obligada, a causa de la sentencia, al ejercicio de la mendicidad. Respecto a su sobrina Beatriz, también desterrada de Valencia junto a su marido, su situación debió ser muy penosa.

El 1 de enero de 1712, el tribunal de Valencia escribió a los miembros del supremo Consejo de la Inquisición en Madrid, más conocido como la Suprema, las siguientes noticias acerca de nuestra protagonista, que no dejan lugar a dudas acerca de su estado psicológico:

Con ocasión de remitir por este correo a V.A. el proceso contra María Montoya, gitana supersticiosa y embustera, votado en definitiva, damos cuenta a V.A. que Beatriz Montoya citada en él (y contra quien se formó la sumaria y causa principal) habiendo sido presa el 1 de febrero de 1711, desde luego se le reconoció grande inquietud y continuamente día y noche estaba gritando y llorando y decía que la causa era que no la dejaban sus hijos y otras personas y allí estaban dándola voces y que se vengará como se los quitaren, y otros despropósitos mezclando algunas palabras y cosas muy deshonestas especialmente quando hablaba con los alcaydes, y aunque se procuró ya por medios suaves ya de reprehensión y mudándola de cárcel, el que se corrigiese, no se consiguió, si bien en las audiencias al principio de ellas se aquietaba a lo que se le decía y se continuaba respondiendo en razón y tanto en las de oficio como en las respuestas a la acusación respondió consiguientemente confesando y explicando los hechos y disculpándose con ser embustes y artificios ordinarios de las gitanas. A principios de junio se la fue aumentando la manía y precediendo declaraciones de los alcaydes y medios de estar furiosa, se mandó pasar y pasó al hospital de locos de esta ciudad y en 4 de julio con orden que no se la permitiera más comunicación que la necesaria para la cura, y haviendo estado en el hasta el 30 de octubre, recibidas declaraciones del médico del hospital y del padre de locos de estar completamente sosegada se mandó traher y traxo a estas cárceles y

373

se la dio una muger que la acompañase y asistiese, afin de continuar la causa y que se concluyese al mismo tiempo que la de la dicha María Montoya y en 3 de noviembre se la empezó a dar su publicación a que respondió en dos o tres audiencias con algún concierto, pero reconociendo que se expeoraba y que no estaba capaz, llevando a ponerse furiosa e intratable, se mandó bolver al hospital donde se mantiene y se nos han hecho diversas representaciones para que se sacase de allí, por ser tales los empeños y artificios del marido de dicha Beatriz, y de otros gitanos y gitanas para comunicarla y sacarla si pudieren, que tienen mui inquietos a los ministros del Hospital, haviendo llegado a poner discordia entre ellos, de que se seguirán graves inconvenientes [...].

Según puede verse en la carta que acabamos de transcribir en su integridad a causa de su interés, los gitanos no eran presos que se sometieran con facilidad, y con frecuencia causaban serios trastornos a los inquisidores. El proceso contra Beatriz Montoya —si lo hubo— no se ha conservado, ni conocemos tampoco la pena a que fue condenada, pero el resumen que acabamos de hacer de la causa de su tía me parece suficiente para llegar a comprender los aspectos fundamentales de la situación y comportamiento de estas dos mujeres.

La estupenda historia de María y Beatriz Montoya debería interrumpirse aquí, pero, afortunadamente, el azar nos ha reservado en el archivo de la Inquisición de Cuenca la continuación de sus andanzas durante este periodo.

Los inquisidores de Cuenca escribieron a sus colegas valencianos el 14 de julio de 1713 dando cuenta de la llegada de la familia Montoya (la tía, la sobrina, y el marido de Beatriz, Cayetano Bustamante). María —a quien los inquisidores denominan «la gitana más celebrada de España»— había recibido 200 azotes, y ambas tenían orden de no regresar al reino de Valencia bajo ningún pretexto. A pesar de que la pena de destierro conllevaba el alejamiento también de la Corte, Beatriz fue a Madrid a buscar alguna recomendación que la permitiera regresar a Valencia, mientras su marido Cayetano presentaba memoriales ante el tribunal del Santo Oficio alegando que su forma de ganarse la vida comprando y vendiendo le obligaba a llevar a cabo viajes que le impedían observar el confinamiento que habían ordenado a su mujer. Cayetano y Beatriz se instalaron en Játiva, donde Beatriz aseguraba que no había sido condenada por la Inquisición ya que «cuatro mentiras de gitanos» —así consta en esta carta— no era materia para que el tribunal se ocupara de ella. Como Beatriz había quedado libre en este primer proceso gracias a las demostraciones y gritos que prodigó mientras estuvo presa, y era evidente, sin embargo, que estaba en su sano juicio, se la mandó llevar de nuevo a la cárcel para completar su proceso. Se decidió que Beatriz y su familia debían salir de Valencia inapelablemente, y así fue como llegaron a Sigüenza. Los inquisidores aseguraban en su carta al tribunal de Cuenca que consideraban conveniente que Cayetano siguiera haciendo «vida maridable» con Beatriz a pesar de que ella había asegurado que sólo estaban amancebados, exponiendo su temor de que Cayetano se negara a seguirla hasta Cuenca por este motivo. A pesar de la decidida actitud de los inquisidores, los Montoya no se quedaron mucho tiempo en Sigüenza. Cayetano pidió permiso para seguir con sus negocios de compra y venta en La Mancha, y a finales de 1714 su mujer Beatriz desapareció una noche, en compañía de sus hijos y su tía, decidida a reunirse con su marido.

A partir de este momento, las aventuras y desventuras de Beatriz van a pasar a primer plano. La figura de su tía se desvanece lentamente, y ya sólo la veremos actuar, en tanto que colaboradora y consejera de su sobrina, no menos «celebrada» y extraordinaria que su tía en las cuestiones hechiceriles.

El 25 de julio de 1718 se recibe de nuevo una denuncia en el tribunal de la Inquisición de Valencia contra nuestra protagonista. Se trata de la presentada por Juan Albors, vecino de una huerta valenciana. A pesar de su condena, Beatriz y su familia regresaron a Valencia en cuanto pensaron que podían hacerlo sin llamar la atención de la justicia. Según la declaración de la familia Albors, se habían avecindado en un lugar cercano a la casa en que estos habitaban desde 1717, y aprovecharon esta oportunidad para tratar de convencer a un criado que tenía Albors para la labranza, un tal Juan Monsó, de que podían hacer que se casara con la hija de su amo. Los medios que utilizaron para este fin fueron, como siempre, muy simples. Las luces que se ven en un barreñito gracias al aguardiente y que se interpretan según las necesidades del caso, unos polvos para poner en la comida del padre, el papel pintado con tinta simpática, etc. Al propio Juan Albors trataron, además, de convencerle de la existencia de un duende con moneda encantada en alguna parte de su casa. El engaño a Juan Albors no estuvo acompañado por el éxito, pero con un labrador vecino llamado Manuel Bau lograron la recompensa apropiada. En este caso, Beatriz trabajó con la compañía y colaboración de una conocida nuestra, Águeda Vicente, y consiguieron engañar también a un tratante de Calatayud a quien ofrecieron tener fortuna en todo.

De acuerdo con los testigos de esta causa, Beatriz Montoya era ya por estas fechas una mujer de unos 55 años, de buen parecer. Mediana de estatura, y algo morena. La familia Montoya se había instalado en una casa extramuros de la ciudad —«enfrente del Remedio»— cercana al lugar donde vivía Juan Albors, y se componía de la propia Beatriz, su marido Cayetano, una tal Margarita, sobrina de ambos, y otra gitana de «más de cien años», que seguramente es María Montoya, ya totalmente retirada de su azaroso oficio.

Beatriz ha de contribuir ahora con su «trabajo» a sacar adelante a su gente, y la experiencia que adquirió con su tía es su bagaje principal. Sus días de ayudante quedan lejos, y es evidente que llevó a cabo un estupendo aprendizaje con una maestra aventajada entre las hechiceras gitanas.

Al tratante le aseguró que tenía facultad para organizarle un pacto con el demonio y lograr que tuviera suerte en todos sus tratos. En compañía de otra gitana llamada Teresa, compañera y ayudante suya, salieron al campo con el ingenuo Muñoz, le hicieron descalzarse un pie y ponerlo encima del dinero que siempre interviene en los hechizos de las gitanas, y una de ellas exclamó las siguientes palabras. «De parte de Dios te mando que los que contrataren con Joseph Muñoz estén sujetos a su voluntad, y que para hacerla vengan aunque sea rabiando.» Luego, sacaron un papel y llevaron a cabo una variante del «truco del papel» que hemos visto ya varias veces. Después de mojarlo en el agua, como solían, se lo restregaron en el brazo y Muñoz vio como iban apareciendo unas figuras monstruosas que le causaron gran horror. A pesar de este pacto, Muñoz pudo observar que su suerte no había mejorado, sino todo lo contrario, y después de haber pasado unos cuantos meses en la cárcel por razones que no explicó al tribunal, se confesó con un carmelita, y dio cuenta al Santo Oficio de todo lo que le había ocurrido con las gitanas.

Como consecuencia de las declaraciones anteriores, Beatriz fue a parar de nuevo a las cárceles inquisitoriales. El 11 de mayo de 1719 pidió audiencia voluntaria. Declaró llamarse Beatriz Montoya, mujer de Cayetano Bustamente, natural de Sigüenza, y vecina de Paterna (Valencia) desde hacía 4 años. Era hija, de acuerdo con su declaración, de Francisco Montoya y de María de Sala Malla, residentes en Ciudad Real. Confesó también haber estado procesada en otra ocasión por el mismo tribunal de Valencia, que la condenó, entre otras cosas, a pasar a Cuenca —en otra parte de su declaración habla de haber recibido 200 azotes, lo que no se mencionaba en el proceso anterior— adonde llegó con su marido, acompañados por un enviado del tribunal. Llevaba una carta para el inquisidor más antiguo de la ciudad. Allí permanecieron durante cuatro o cinco meses, viviendo de las limosnas que les daba el obispo mientras su marido se ocupaba en la trata de caballos. Más tarde, con permiso del tribunal, pasaron a la Corte, donde estuvieron tres o cuatro meses. Siempre con autorización del tribunal, fueron después a vivir con una hermana de la procesada, llamada Francisca Montoya, y así pasaron tres o cuatro años. Cayetano Bustamante consiguió por entonces despachos de vecindad del Consejo de Castilla para pasar a Paterna, y la familia se trasladó de nuevo a este pueblo, donde vivieron unos años gracias a las limosnas y al trato con los caballos.

Beatriz no quiso añadir ningún otro detalle acerca de sus aproximaciones a otros «clientes», y sólo señaló que con el engaño a Juan Albors había conseguido 8 reales, dos o tres barehillas de trigo, y un poco de hierba seca para los caballos. Pidió perdón al tribunal con abundantes lágrimas, y suplicó que se la mirara con «ojos de misericordia».

En vista de que se trataba de una hechicera reincidente, el fiscal señaló 22 capítulos en su contra, y pidió que se la sometiera a cuestión de tormento, aunque no parece que se la llegara a aplicar. El fiscal encabeza su acusación considerando el delito de desobediencia al Santo Oficio al haber roto la prohibición de regresar al reino de Valencia sin permiso expreso. Por esta infracción la considera merecedora de 200 azotes. A continuación, y según la costumbre, se enumeran detalladamente aquellos elementos de las declaraciones de los testigos que parecen contener algún delito. Beatriz escuchó la acusación y aceptó los hechos que se la imputaban, pero rechazó que se tratara de superstición, puesto que todo se llevaba a cabo con los trucos que ella estaba dispuesta a explicar al tribunal, y sólo se trataba de engaños para sacar dinero. Beatriz añadió aquí una frase tan gráfica y elocuente que no resulta posible omitirla:

Dixo que es la dicha Beatriz Montoya, muger de Cayetano Bustamante contenido en ella [la acusación] y que es verdad ha executado los hechos de que se la acusa por el fin de engañar y sacar dineros, según lo hazen y es oficio de las gitanas, pero que en ello no hay superstición porque se haze de la manera que explicará en los capítulos de esta acusación en cada uno lo que corresponde, y que si las personas se dexan engañar, ellas que han de hazer, pues no tienen otro modo de ganar la vida.

Confesó, según había indicado el fiscal, que había recibido ya 200 azotes en su proceso anterior, pero aseguró que no se acordaba de que el destierro a que había sido condenada fuera perpetuo, insistiendo en que si había reincidido era «por hallarse sumamente pobre y no poder pasar de otra manera». En otro momento de su declaración Beatriz dijo a los inquisidores que cuando estos engaños se hacen a un hombre rico, ella los consideraba como cosa lícita porque era limosna enviada por Dios. Para no desencadenar la irritación de sus jueces, matizó su declaración explicando que ahora entendía que se trataba de una cosa mala, «parecida al hurto», por lo que pedía perdón...

Beatriz aseguró que en adelante viviría trabajando lícita y honradamente, ocupada en las tierras de su marido y en su casa.

A pesar de esta actitud sumisa y arrepentida, en la audiencia que tuvo lugar a continuación cambió completamente de comportamiento. Aunque hasta aquí había respondido afirmativamente a casi todas las acusaciones del fiscal, asustada probablemente ante la idea de sufrir un nuevo castigo, empezó a negar todo lo que podía acusarla. El tribunal la amonestó para que dijera la verdad y la recomendó que consultara con su abogado. Beatriz explicó con la mayor seriedad, que ella estaba loca, y por eso decía unas veces una cosa, y otras veces, otra. Según parece, Beatriz había empezado ya a manifestar la misma inquietud, durante esta segunda permanencia en la cárcel, que la vez anterior, por lo que el Santo Oficio estimó necesario encadenarla y llevarla a un lugar separada de los demás presos. Los inquisidores pensaban que sólo se trataban de ataques fingidos para atraer la benevolencia del tribunal.

El abogado de Beatriz pidió la absolución de su cliente alegando que el fiscal no había podido probar que se tratara de sortilegios hereticales, y que ella se había limitado a practicar la magia blanca. La defensa de la gitana resultaba difícil al tratarse de un acusado reincidente que, además, no había manifestado gran arrepentimiento al aceptar primero y negar después las acusaciones del fiscal. Beatriz fue considerada como una embustera supersticiosa que había considerado los engaños de las gitanas como lícitos diciendo que se trataba de limosna enviada por Dios, declaración que fue calificada por el fiscal como «errónea y injuriosa», que podía ser considerada como blasfema. Por último, el fiscal señaló que si bien muchos embustes que había confesado no tenían otro fin que conseguir dinero, eran «escandalosos *in fide*».

A pesar de los esfuerzos de su abogado defensor, Beatriz, fue condenada esta vez a que se le leyera su sentencia en forma de penitente, con insignias de embustera y supersticiosa. Debía abjurar *de levi,* ser gravemente reprendida, conminada, etc., y salir desterrada perpetuamente de las villas y reino de Valencia, y Madrid. Además, debía permanecer recluida en la cárcel de la Galera durante 4 años. Al día siguiente de serle leída su sentencia, recibiría 200 azotes.

Una vez más, nuestra protagonista va a dar con sus maltratados huesos en la cárcel que tan difícil le resulta soportar. La severidad de la sentencia, como sabemos, está relacionada sobre todo con la desobediencia que ha cometido al regresar a Valencia interrumpiendo el destierro que le habían impuesto los inquisidores en su proceso anterior. La actitud de Beatriz, sin embrgo, es muy significativa y demuestra, desde mi punto de vista, el grado de incorporación de los gitanos a las distintas áreas en que habitan. Es evidente que Beatriz y su familia sienten un gran apego a su lugar habitual de residencia, lo que les obliga a volver a él a pesar de incurrir en las iras del Santo Oficio. Según había expuesto ya Cayetano la primera vez, su forma de vida está vinculada al trato con caballerías y necesita disponer libremente de sus movimientos en la zona donde suele efectuarlo.

A pesar de la severa actitud de los inquisidores, ésta no será la última vez que nuestra hechicera se vea ante el tribunal inquisitorial. Lo mismo que su tía, la necesidad de ejercer su «oficio» lleva a Beatriz a ponerse en contacto con nuevos clientes, y atraer el interés de sus jueces.

Con fecha de 1725 encontramos un tercer proceso en el que aparece Beatriz como protagonista, también en el Santo Oficio de Valencia. Los inquisidores tienen buen cuidado en señalar en el sumario que se trata de un reo que ha sido procesado ya en otras dos ocasiones, y al remitir a la Suprema el resumen de la causa, advierten que no les resulta posible enviar a Madrid los otros dos procesos, por ser demasiado voluminosos. Doce testigos declararon en esta ocasión contra Beatriz, víctimas de diversas argucias muy similares a las ya vistas en casos anteriores.

La descripción que los testigos hacen ahora de Beatriz es la de una mujer de edad avanzada (algunos dicen que puede tener unos sesenta años) y de estatura aventajada. En algunas ocasiones, la acompaña una mujer mucho más anciana que ella, vestida de viuda y con velo blanco. ¿Se trata todavía de su tía, que la sigue «asesorando» en algunos casos?

A Feliciana Díez, de treinta años, le sacó dineros para unas misas a San Antón con las que iba a conseguir que las gentes dejasen de murmurar acerca de su «mal vivir» y de sus relaciones con un eclesiástico. A Pedro Masó, tejedor de lino de cuarenta y nueve años, y su amigo José Oliveros, les contó la historia del tesoro encantado guardado por un moro.

Como consecuencia de la denuncia de Masó y Oliveros, se llamó a declarar a Teresa Briseu, mujer de un labrador de Paterna y de cuarenta años. Según parece, un mozo llamado Félix Calatayud se había enamorado de una gitana de pocos años que vivía con nuestras hechiceras, y ellas le habían prometido que la conseguiría. Félix pensó que decían la verdad, y con este motivo salió con ellas al campo una noche. Le mostraron a la moza que deseaba, y le dijeron: «Ahí la tienes, haz tu gusto»; pero cuando Félix intentó acercarse a la muchacha, ella desapareció sin saber cómo, quedando Félix profundamente turbado. Teresa Briseu le había contado esta historia a Oliveros para demostrarle que se había puesto en manos de unas mujeres peligrosas. Como es lógico, la Inquisición procuró averiguar lo que había de cierto. Según el relato del interesado, Félix había intentado tener relaciones con una gitanilla que luego se casó con un hijo de Beatriz y Cayetano Bustamante, y aunque reconoció que las gitanas le habían engañado, desmintió el desenlace fantástico del suceso.

En el caso de Antonio de la Hita, la relación se estableció con el objeto de hacer algún hechizo que le permitiera ganar en el juego. En esta ocasión, Beatriz no le ofreció la conocida piedra imán, sino revelarle unas palabras mágicas a cambio de las cuales debía entregarle una parte de sus ganancias, y mandar decir algunas misas por las almas de los difuntos. Antes de empezar una partida de cartas debía pronunciar la siguiente fórmula: «Al Santísimo Sacramento voy a buscar, por mi bien y no por mi mal, suerte y ventura con aquellos con quien jugare.» Beatriz le prometió que diría por él las oraciones a Santa Elena y San Antonio.

A Vicente Mochi, terciopelero de 20 años, le aseguró que arreglaría su boda con una tal María Olmos de la que estaba enamorado. Utilizando el conocido truco de atar algún dinero con un pañuelo —en este caso le dijo que pusiera dos reales de a ocho en un pañuelo de seda para dárselos a la joven como señal de arras— conseguiría «llegar» hasta ella antes del matrimonio. También había que llevar a cabo otras ceremonias similares a las que ya conocemos, como echar unos polvos, entregar cintas y dinero, etc. De esta manera, podría tener relaciones con ella tres veces en una misma noche, a pesar de que la muchacha dormía con su madre. Después de esta intimidad, los parientes de su amada se verían obligados a permitir el matrimonio.

Entre los clientes de Beatriz Montoya se encuentra también en este tercer proceso un familiar del Santo Oficio llamado Gaspar Aparisi, de 29 años. Está acompañada por otra mujer, probablemente nuestra antigua conocida la tía Montoya —Aparisi declaró que todos los gitanos la llamaban «la abuela»— y ambas le habían prometido conseguir la libertad de un hermano suyo que estaba preso. Como es lógico, las dos Montoya insistieron más que de costumbre en que utilizarían únicamente «medios naturales». También dijeron que tenían este poder porque eran «gitanas legítimas, descendientes de los de Egipto, a quienes Dios había comunicado muchas gracias para diferentes cosas». Ellas lograrían que los oidores no pudieran estar tranquilos, ni sosegar hasta que no le dieran la libertad a su hermano. Adoptando el papel de celestinas que suele ser frecuente con clientes del sexo masculino, le ofrecieron conseguirle cualquier mujer que pudiera desear; asimismo, llevar a cabo ceremonias para que sus enemigos no pudieran nada contra él, y que ni siquiera el rey le pudiese castigar. Como prueba de sus conocimientos, le mencionaron el nombre de tres casadas por las que Aparisi sentía interés. También le enseñaron una fórmula para que desapareciera el rencor de un enemigo. En realidad, se trata del conocido «conjuro para desenojar», adaptado a las circunstancias:

> Yo te veo
> la sangre te bebo
> el corazón te arrebato
> con tres cabellos de N. S. Jesucristo
> y tres de la Virgen te exhorto
> y te ato
> y vengas tan humilde
> y tan arrastrado
> como la suela de mi zapato.

Como parece que el enemigo de Aparisi persistió en su actitud, ellas le ofrecieron hacer las diligencias necesarias para quitarle la vida.

Siempre en su papel de Celestina, Beatriz se ofreció a ayudar a Vicenta Ferrer, mujer de un mesonero llamado Manuel Silla, de 60 años, que había adelantado 500 libras para un casamiento y quería recuperarlas. Mathías Cuñat, de treinta y cuatro años, que fue llamado a declarar el 16 de agosto de 1734, dio cuenta de cómo Beatriz y su tía habían intentado llevar a cabo el «engaño del tesoro» a un tal José Landete. Esta misma historia fue ratificada por Ana María Camarredona.

Cuando las cosas estaban en este punto, vino a empeorar la situación de Beatriz Montoya la noticia que se recibió el 28 de octubre de 1733 del Santo Oficio de Granada. Se aseguraba que Beatriz y su marido habían apostatado del cristianismo para convertirse al judaísmo. En este tribunal se había recibido la testificación unos días antes, el 4 de octubre, gracias a la delación de un sobrino de la presunta hechicera, que también se encontraba procesado por la Inquisición. Francisco Antonio de Montoya contó que haría unos nueve o diez años, su tío Cayetano le había dicho que «la ley de gracia era una fábula de los hombres, y que sólo era cierta la ley antigua que era la ley de Moisés, por averla dado escrita en unas tablas».

Según Francisco, tanto su tía como su tío obsevaban ayunos y profesaban la ley de Moisés. También declaró que su tía hacía hechicerías en Valencia y, entre ellas, se acordaba de que en una ocasión había llevado al campo a un tal don José de Llanos que quería ganar en el juego para que hablara con el demonio. Como veremos más adelante, el Santo Oficio no debió tomar demasiado en serio la acusación de Francisco Antonio Montoya, pues aunque en la actuación fiscal figura como uno de los capítulos, esta acusación de haber observado su tía la ley de Moisés no aparece en ningún interrogatorio. Sin duda, el tribunal la debió considerar como una cosa fantástica, inventada por un hombre en situación extrema y dispuesto por tanto a cualquier cosa con tal de lograr alguna mejora, pues es preciso tener en cuenta que en el momento de llevar a cabo su delación, Francisco Montoya había sido condenado a 10 años de galeras por salteador de caminos, y algunos de sus compañeros, acusados también de haber llevado a cabo algunas muertes, terminaron en la horca. El propio Montoya había sido condenado también a la última pena, pero parece que fingió un ataque de demencia que le libró del castigo. Luego procuró pasar a las cárceles inquisitoriales, donde parece que los presos tenían un trato más suave. Para dilatar la ejecución de la condena delató a sus tíos como judaizantes, e incluso a sí mismo, aunque en la ratificación de esta autoconfesión se retractó. El tribunal tuvo en cuenta todos estos informes y le absolvió *ad cautelam*. De lo que no pudo librarse Francisco Montoya, fue de la condena a galeras.

El 20 de septiembre de 1735 se había dado orden de localizar a la acusada y, finalmente, el 28 de abril de 1736 pudo averiguarse que se encontraba en Tavernes. En el mes de mayo del mismo año se consiguió su prisión, encontrándosele como únicos bienes un rosario, 30 dineros y la ropa que llevaba puesta. El comisario que logró su prisión explicó al tribunal que vivía en la pobreza por haber quedado viuda, y que sólo estaba en compañía de su hijo Carlos.

En el mes de junio se procedió a la publicación de testigos y a las tres audiencias habituales en el tribunal. Tanto en la lectura de las acusaciones efectuadas por sus «clientes», como en las tres audiencias, Beatriz Montoya se mantuvo poco propicia a confesar sus culpas. Únicamente declaró algunas cosas, despojándolas siempre de los aspectos «mágicos», como ya vimos hacer a su tía y a la propia Beatriz en su segundo proceso. En algunos casos, se limitó a decir que «no hacía memoria». En la jerga del Santo Oficio, esto equivalía a que la rea «anduvo negativa y mínima»; es decir, negativa de sus culpas o declarando sólo una mínima parte. Como ya sabemos, esta actitud reacia al reconocimiento de delitos —que los inquisidores habían comprobado minuciosamente, a través de la constatación de los testimonios de varios testigos— estaba muy lejos de beneficiar a la procesada, pues se consideraba como prueba de que no había en ella deseos de arrepentirse de sus errores.

A través de esta nueva declaración de Beatriz Montoya ante el Santo Oficio, la historia de nuestra hechicera termina de perfilarse. Según parece, habían andado vagando por las villas de Almansa, Alpera, Villena y en la hoya de Castilla; es decir, no se había apartado demasiado de su lugar habitual de residencia. Durante este periodo, su marido Cayetano cayó enfermo y falleció, y con este motivo regresó ella a Paterna durante un año. Luego pasó a Madrid, y anduvo vagando por otros pueblos. Todo esto, como es lógico, después de haber cumplido los cuatro años de cárcel que le correspondieron en su condena anterior. Beatriz pidió perdón a los inquisidores por haber roto de nuevo el destierro, explicando que todo era debido a que ella andaba «mala de la cabeza»:

Dixo que es cierto el que se le mandó y condenó por sentencia de este Santo tribunal a que saliese desterrada para siempre de este reyno y que no entrase en la villa de Madrid y que al haver faltado al cumplimiento de esta sentencia ha sido por estar mala de la cabeza; por el accidente de locura que padeció como se podrá saber del hospital, por haver estado en las jaulas del, y así mismo por creer que no haziendo pie en lugar alguno, y andar vagando, ya por este reyno, ya por Castilla, para buscar remedio para mantenerse y a siete hijos y catorze nietos, se ha visto precisada a andar por este tiempo en este reyno, como por asistir a su marido en la enfermedad de que murió en el lugar de Paterna, y que nunca creyó que se oponía en este modo a los mandatos de este Santo tribunal a quien pide perdón de lo que aya faltado y ofrece la total enmienda [...].

Según vemos, la historia de Beatriz Montoya, viuda, con una numerosa familia a su cargo y ya muy maltratada por la vida, va adquiriendo tintes trágicos.

A pesar de la humilde actitud de la gitana, y de sus tristes circunstancias, el fiscal se atuvo a la letra de los testimonios prestados y consideró contra ella nada menos que veintitrés capítulos en los que encontramos resumida toda la «ciencia» y andanzas de nuestra interesante hechicera.

En primer lugar, el fiscal la acusa, como en el proceso anterior, de haber incumplido el destierro a que había sido condenada en 1713 y 1720. Luego, comienza a desgranar contra Beatriz, uno a uno, y minuciosamente, cada uno de los testimonios en los que aparece algún elemento sospechoso. En el capítulo siguiente se considera el engaño de que hizo víctima al hombre que quería ganar en el juego. El aspecto subrayado por el fiscal es la oración que pronunció Beatriz en aquella ocasión:

> Santísimo Sacramento voy a buscar
> por mi bien, no por mi mal
> suerte y ventura con aquellos con quien jugare.

También representaba un error herético haber ofrecido decir en nombre de su cliente las oraciones a Santa Elena y San Antonio.

El capítulo tercero se refiere al asunto del dinero que había prestado uno de sus clientes y que Beatriz se había ofrecido a recuperar, utilizando el conocido truco del papel que se sumerge en el agua, y del pañuelo con el dinero. En este caso había invocado a San Juan Bautista, a la Virgen María y otros santos. El hecho había tenido lugar en 1720. Los capítulos 4, 5, 6, 7, 8 y 9 están relacionados con el asunto del familiar del Santo Oficio, al que el fiscal parece atribuir gran importancia. En el capítulo cuarto se le acusa de haberle abordado y ofrecido ayuda para conseguir la libertad de su hermano «por medios naturales» en el año 1727. En el quinto, por la utilización del truco del papel pintado con tinta simpática en el que se veía a los oidores y golillas. El sexto, por haber utilizado en este mismo asunto unos polvos y unas velas que se suponían con virtudes mágicas. A continuación, el fiscal considera el delito de haber ofrecido al familiar la posibilidad de conseguir a cualquier mujer. También constituía materia delictiva el conjuro pronunciado para reconciliarle con sus enemigos. Por último, se tenía en cuenta que le hubiera ofrecido eliminar a sus enemigos quitándoles la vida.

Según el capítulo décimo, constituía un nuevo delito el ofrecimiento que hizo a una mujer en 1729 para que pudiera tener trato ilícito con un eclesiástico sin escándalo. En el capítulo 11, siempre a causa del mismo asunto de 1729, se atiende a que había recomendado oír una misa a San Antonio.

Los capítulos 12, y 13 están relacionados con un engaño en relación con un tesoro que hizo en 1730. Constituyen capítulos independientes el ofrecimiento en sí, y el haber utilizado el truco del puñado de estopa.

En los capítulos 14, y 15, el fiscal se ocupa de los hechos ocurridos en noviembre de 1730 con un enamorado. Constituyeron delito la oración a la Virgen de Belén y el ofrecimiento de llegar a su amiga antes del matrimonio.

A continuación, el fiscal pasa a ocuparse de la acusación contra Beatriz como judaizante. En el capítulo 16 se la considera culpable de apostar pasándose a la ley de Moisés. En el 17 por «haber llevado a cabo muchos hechizos» y entre ellos el haber llevado al campo a un hombre que había perdido mucho dinero en el juego e invocado al demonio para que le hablara.

En los capítulos 18, 19 y 20 se la vuelve a acusar de haber intentado desencantar un tesoro. Se refiere a un asunto de 1730. En primer lugar constituía delito la historia contada por Beatriz según la cual existía un tesoro encantado guardado por un negro, en segundo lugar la utilización por todos conocida de la estopa, la vela, etc., y en tercer lugar el haber asegurado que el tesoro se había trasladado de lugar.

En el capítulo 21 aparece de nuevo el truco del tesoro. Unos cuatro años antes, intentó desencantar un tesoro con «polvos de Orán».

En los capítulos finales, 22 y 23, el fiscal viene a resumir la actitud del tribunal ante la reiteración de los hechos. Conviene transcribirlos en su totalidad porque constituyen, desde mi punto de vista, la mejor síntesis de la opinión de los inquisidores con respecto al comportamiento de nuestras gitanas hechiceras.

Capítulo 22. «Item la acuso que continuando su malicia y fraude dixo a la misma persona que en la compra de lo referido había gastado los 15 pesos y que así le diese más, advirtiéndola que mudase y guardase los referidos recados y que no diese palabra por mucho tiempo que pasara, y aunque esta reo en la primera audiencia de oficio dice que todo esto lo executó con sus compañeras, advirtiendo la persona que la engañaban y que solo era con el fin de sacarle dinero, no merece crédito alguno en vista de su relaxada vida y costumbres, tan hecha a executar por el discurso de muchos años tan repetidas supersticiones y escándalos.»

Capítulo 23. «Item la acuso porque para mayor comprobación de la incorregibilidad y pertinacia de esta reo en sus enormes y graves delitos, habiendo sido caritativamente amonestada por V. S., una, dos y tres veces para que dixere la verdad, ha estado diminuta y negativa, faltando a ella y a la religión del juramento, infiriéndose de esto y de su desenfrenada vida su poco arrepentimiento y que no desea saber de sus execrables culpas.»

En su respuesta a la acusación fiscal, Beatriz aseguró que había regresado a Valencia con permiso de don José de la Rassa, quien la había autorizado para que asistiese a la boda de una hija suya. Cuando se le pidió que exhibiera el permiso que citaba, aseguró que lo tenía su marido metido en una bolsa, y que, aunque lo había buscado cuando murió, no había podido encontrarlo. Dijo que sólo había vuelto en algunas ocasiones para ver a sus hijos, marchándose luego a Villena y otros lugares de Castilla. Rechazó la mayor parte de los capítulos, diciendo que podía tratarse de otra gitana con su mismo nombre, pues había varias en Castilla que también se llamaban Beatriz. Aseguró que ella no había vuelto a llevar a cabo las prácticas de las que se le acusaba después que resultó penitenciada por este mismo tribunal. Por último, dijo que creía «firmemente y ha creído lo que la enseña Nuestra Santa Católica Romana en que espera vivir y morir con la asistencia de Dios». Sólo aceptó los capítulos 12, 21, 22, y 23.

Después de esta audiencia, se produjo la consulta con su abogado, quien pidió la libertad de su cliente y que el tribunal la penitenciase con benevolencia por las cosas que ya había confesado. Seguramente, como consecuencia de esta consulta, Beatriz pidió una audiencia voluntaria en la que añadió algunas cosas que había rechazado hasta entonces. En esta audiencia, aceptó la relación que había tenido con el familiar del Santo Oficio, aunque dio su propia versión de los hechos. Según la declaración de Beatriz, fue el familiar quien buscó la ayuda de la gitana, ofreciéndole 400 pesos si lograba liberar a su hermano usando «de los medios que suelen tener las gitanas». Siempre según esta versión, también fue el familiar, quien la pidió que le ayudase a tener trato ilícito con las mujeres.

El abogado de Beatriz llevó a cabo la defensa de su cliente, en la que pidió su absolución, alegando que muchos de los cargos no habían sido probados en la debida forma, con excepción de los que ya había confesado ella. En cuanto a los testigos en su contra, los rechazó como «fingidos», asegurando que aunque muchos se referían a una gitana llamada Beatriz, podría tratarse de otra que tuviera su mismo nombre, puesto que se daba la circunstancia de que había varias con el mismo patronímico, tal y como ya había declarado en la última audiencia la propia interesada. También ha podido ocurrir (sigue diciendo el abogado en su alegato) que alguna gitana haya tomado su nombre y apellidos para llevar a cabo estas fechorías. Como de costumbre, y puesto que el alegato suele estar redactado como si fuera la propia acusada quien lo lleva a cabo, termina pidiendo misericordia al tribunal, puesto que ha dado muestras de arrepentimiento.

No parece, sin embargo, que los inquisidores estuvieran muy convencidos ni de sus deseos de enmienda ni de las explicaciones que daba para rechazar las declaraciones. Los testigos habían descrito las características personales de la sobrina de la tía Montoya de forma tal que no parecía que hubiera confusión. En consecuencia, la sentencia fue severa. Se la condenó a que abjurase *de levi* en auto público o particular, con insignias de embustera y superticiosa. Como de costumbre, también, debía ser gravemente reprendida, advertida y conminada, y se la desterraba perpetuamente de Valencia y todo el Reino, como ya se había determinado en el segundo proceso. En esta ocasión, se añadieron 10 años de reclusión en la Galera de Valencia, previniendo al alcaide que observase su modo de vida y evitase que pervirtiera con su conversación a las demás mujeres. Desde el punto de vista de la corrección espiritual de la rea, se determinó que un calificador del tribunal la visitase algunas veces para desengañarla e instruirla. Debía rezar, además, todos los días una parte del rosario.

Aunque resultaría sumamente interesante poder seguir la trayectoria de Beatriz durante el tiempo que estuvo en la cárcel, no he podido conseguir ninguna noticia. Tal vez en esta ocasión su vida transcurrió con menos alborotos que en las ocasiones anteriores y pudo soportar con relativa entereza la larga condena a la que la había obligado el tribunal. Lo último que podemos saber de nuestra hechicera, en cualquier caso, es que fue liberada el 19 de enero de 1747, después de haber cumplido la prisión que le había correspondido.

Según acabamos de ver, los procesos contra María y Beatriz Montoya resumen a la perfección todo lo que he venido exponiendo a propósito de la actuación de las gitanas ocupadas en el oficio de la hechicería, y de las actitudes de los inquisidores respecto de estas mujeres. Tanto Beatriz como su tía pueden ser consideradas como paradigmas de un comportamiento repetido a lo largo de varios siglos por todas las generaciones de gitanas. En algunos casos, las supuestas hechiceras están casadas y sus ganancias sirven para completar el presupuesto familiar. En otros, este tipo de ingresos constituyó seguramente la única forma posible de ganarse la vida, tal y como señalan ellas mismas cuando se las procesa.

En cualquier caso, la posibilidad de entregarse a este tipo de prácticas representaba para ellas una fuente de ingresos casi segura gracias a su extraordinaria reputación, y a la credulidad de su entorno. Sin embargo, la posible intervención del Santo Oficio en estas cuestiones daba lugar a una curiosa circunstancia que merece la pena señalar. Los varones de la familia gitana caían con cierta frecuencia en manos de la Santa Hermandad — según veremos en otra ocasión y en otro lugar con el detalle debido— mientras las mujeres se convertían a menudo en las víctimas del tribunal de la Inquisición. Así pues, aunque en muchas ocasiones los gitanos declaran que están asentados, trabajan y poseen tierras, cuando resulta posible observar la situación real de la familia gitana a través de los relatos que hacen sus compañeras a los inquisidores, la vida de estos hombres y mujeres parece mucho menos halagüeña.

En cuanto a su repertorio «mágico», resulta evidente que es sumamente elemental. Según hemos podido comprobar a lo largo de los tres procesos contra las Montoya, las gitanas recurren siempre a los mismos trucos. El papel pintado con tinta simpática, el pañuelo en el que se envuelve el dinero, la estopa que se entierra en el suelo, alguna vela, polvos comprados en la botica, y algún otro material, igualmente inofensivo, elegido según los casos y la historia particular del cliente. Beatriz hereda y repite las técnicas aprendidas de su tía durante su «noviciado». De la misma forma, en casi todos los procesos inquisitoriales vemos aparecer dos mujeres, una joven y otra ya madura, que actúan juntas, como si la de más edad estuviera enseñando el oficio a la que empieza. Beatriz y su tía, por tanto, repetían una vez más una pauta de conducta que ha llegado prácticamente hasta nuestros días, y que hemos podido observar con todo detenimiento gracias a la casi milagrosa conservación de sus sucesivos procesos. Una vez más, los archivos inquisitoriales nos han permitido comprender mejor que toda la literatura al respecto, la intimidad de la minoría gitana y la situación de unas mujeres que supieron aprovechar al máximo los poderes que les suponían un entorno hostil y fascinado al mismo tiempo.

Después de penetrar en las vidas de María y Beatriz Montoya, no queda más remedio que suscribir las palabras de G. Borrow:

Singular casta de mujeres son las gitanas... si algún ser merece en el mundo el nombre de hechicera (¿dónde hallar una palabra de más prestigio novelesco y más penetrante interés?) es la gitana cuando está en la flor y fuerza de la edad y en la madurez del entendimiento [3].

---
[3] G. BORROW, *Los zíncali, ob. cit.*, p. 54.

APÉNDICES

I
RELACIÓN DE GITANOS BAUTIZADOS EN LA PARROQUIA DE SANTA ANA, DE SEVILLA *

5 DE MARZO DE 1502 A 1656

1515 Juan y Juan, «hijos de una gitana» (en la miscelánea).
1559 Juan, hijo de Andrés de Bustamante, gitano, y María Hernández, ídem.
1563 Francisco, de Miguel de Graciano, gitano, y Juana de Morales, ídem.
1569 Catalina, de Luis de Bustamante, gitano, y María de Maldonado.
1575 Bernardino, de Amador, gitano, y Magdalena González, ídem.
1575 Ángela Lucrecia, de Francisco Hernández, gitano, y María de Gracia, ídem.
1574 Luis, de Gerónimo, gitano, y María, ídem.
1577 Domingo y Sebastián, de Amador Blas, gitano, y María, ídem.
1578 Gerónimo, de Baltasar Leal, gitano, y Juana de Luna, gitana.
1576 Guiomar, de Jorge Hernández, gitano, y María Hernández, gitana.
1577 Juan, de Juan de Heredia, gitano, y Catalina Heredia, gitana.
1576 Jorge, de Luis de Bustamante, gitano, y María Maldonada, gitana.
1578 María, de Pedro Bustamante, gitano, y María Hernández, gitana.
1579 Juana, de Gabriel de Bustamante, gitano, y María Hernández, gitana.
1580 Ana, de Gerónimo de Bustamante, gitano, y María, gitana.
1579 Francisca, de Juan, gitano, y Lucrecia, gitana.
1583 Damiana, de Amador de Bustamante, gitano, y María Hernández, gitana.
1582 Juan, de Baltasar Hernández, gitano, y Juana de Luna, gitana.

---

* He dejado los datos acerca de las personas bautizadas en el mismo orden cronológico en que aparecen en el registro parroquial, en cuyos libros constan a veces inscripciones fuera del periodo indicado en los tejuelos.
Cuando en el registro no se menciona ningún dato étnico acerca de los padres del niño, se da por sentado que se trata de un individuo no gitano.

1583 Juan, de Baltasar Hernández, gitano, y Juana de Luna, gitana.
1581 Juan, de Francisco Navarro, gitano, y Ana Greciana, gitana.
1581 Juan, de Gabriel de Bustamante, gitano, y Lucía, gitana.
1582 Juana, de Gregorio Méndez, gitano, y Ángela de la Cruz, gitana.
1582 Juana, de Juan Mercino, gitano, y Francisca de Gracia.
1583 Lucía, de Juan Greciano, gitano, y Lucía de Grecia, gitana.
1581 Baltasar, de Bustamante, gitano, y María Hernández, gitana (en la miscelánea).
1584 Sebastiana, hija de Catalina Badía, gitana (en la miscelánea).
1588 Francisca, de Gregorio Méndez, gitano, y Angelina Hernández, gitana.
1586 Brígida, de Juan de Heredia, gitano, y Barrola Hernández, gitana.
1587 María, de Juan de Heredia, gitano, y Barrola Hernández, gitana.
1594 Guiomar, de Gregorio Méndez, gitano, y Angelina de Gandeay, gitana.
1589 Juan, de Juan de Heredia, gitano, y Barrola Hernández, gitana.
1589 Brígida, de Nicolás Maldonado, gitano, y Ana Hernández, gitana.
1590 Gerónimo, de Gómez Hernández, gitano, y Catalina Cortés, gitana.
1590 María, de Juan de Torres, gitano, y Catalina Hernández, gitana.
1591 María, de Sebastián de Bustamante, gitano, y María de Heredia, ídem.
1594 Juan, de Damián de Vargas, gitano, y Luisa de Heredia, gitana.
1600 Jorge, de Sento Nufio, gitano, y María, gitana.
1600 María, de Sebastián, gitano, y Ana Martín, gitana.
1605 Pedro, de Gerónimo Rodríguez, gitano, y Sebastiana Súrez, gitana.
1605 Inés, de Sebastián de Heredia, gitano, y María de Guzmán, gitana.
1607 Pedro, de Diego Hernández, gitano, y María Heredia, gitana.
1609 Juana, de Bartolomé de Mendoza, gitano, y María de Hernández, gitana.
1609 Diego, de Juan Escudero, gitano, y Luisa Hernández, gitana.
1610 Sebastián, de Sebastián de Heredia, gitano, y María Hernández, gitana.
1609 Juana, hija de gitana.
1618 María, de Hernando Peláez y María Hernández, gitana.
1628 Baltasara, de Bartolomé de Mendoza, gitano, y María Hernández, gitana.
1628 María, de Diego Hernández, gitano, y Juana de Mendoza, gitana.
1616 Bernardo, de Bernardo del Carpio, gitano, y Barrola Mendoza, gitana.
1616 Jorge, de Bartolomé Mendoza, gitano, y María de los Ángeles, gitana.
1621 Luisa, de Bartolomé Mendoza, gitano, y María Hernández, gitana.

1618 Juan, de Domingo Hernández, gitano, y María Hernández, gitana.
1621 Ana, de Domingo Hernández, gitano, y María Hernández, gitana.
1617 Juan, de Gabriel de Sayago, gitano, y Sebastiana Castañuel, gitana.
1621 Sebastián, de Gabriel de Funes, gitano, y Sebastiana de Castañuela, gitana.
1625 Florentina, de Gabriel de Funes, gitano, y Sebastiana de Castañuela, gitana.
1616 Salvador, de Sebastián de Heredia, gitano, y María Hernández, gitana.
1618 Sebastián, de Sebastián Hernández y Magdalena Hernández, gitana.
1631 Andrés, de Cristóbal Hidalgo, gitano, y María de Heredia, gitana.
1637 Francisco, de Francisco Ximénez, gitano, y Magdalena Heredia, gitana.
1638 Juan y Magdalena, de Lorenzo Núñez, gitano, y María González, gitana.
1637 Juan, de Sebastián Medrano, gitano, y Magdalena Heredia, gitana.

Mayo de 1656 a 9 de Julio de 1666

1661 Domingo, de Francisco de las Arenas, gitano, y Paula de Mendoza, gitana.
1662 Juan Manuel, de Pedro Rodríguez, gitano, y Ana Pérez, gitana.
1656 Nicolás, de Juan de Acosta, gitano, y Catalina Rodríguez, gitana.
1672 Pedro, de Juan Francisco, gitano, y Leonor de Campa, gitana.
1671 Luis, de Manuel de Soto, gitano, y Ángela Maldonado, gitana.
1672 Manuel Lorenzo, de Sebastián Camacho, gitano, y María Roha, gitana.
1677 Luisa María, de Francisco de Torres, gitano, y Sebastiana de Heredia, gitana.
1688 Manuel Dionisio, de Juan García, gitano, y María de los Reyes, gitana.
1690 Cosme Damián, de Cosme Damián, gitano, y Sebastiana de Soto, gitana.
1692 Josepha María, de Andrés García, gitano, y Gerónima de Luna, gitana.
1698 Jorge Manuel, de Pedro Ximénez, gitano, y María de Molina, gitana.
1703 Josepha Catalina, de Juan Gabriel, gitano, y Catalina de Sayes, gitana.
1702 Francisca Gracia, de Luis Jiménez, gitano, y Agostina de Vargas, gitana.

1705 Manuela Gracia, de Gaspar Matheos, gitano, y Juana de Vargas, gitana.
1703 Magdalena Josepha, de Juan Ximénez y Magdalena de Vargas, gitana.
1705 Pedro Manuel, de Roque de Aguilera, gitano, y María Josepha, gitana.
1711 Pedro José, de Mario de la Piña, gitano, y María Violante, gitana.
1713 Pedro Manuel, de Mario García, gitano, y María de los Ángeles, gitana.

II

RELACIÓN DE MATRIMONIOS GITANOS EN LA PARROQUIA DE SANTA ANA, DE SEVILLA *

LIBRO REGISTRO ENTRE 1550 Y 1594

1591 Álvaro Hernández, gitano, y Gracia Hernández, gitana.
1589 Bernardino de Heredia, gitano, y Brígida de Romana, gitana.
1633 Bernardino de Heredia, gitano, y María Díez.
1588 Damián de Vargas, gitano, y Luisa de Heredia, gitana.
1609 Domingo Juárez, gitano, y María Hernández.
1621 Domingo Hernández, gitano, y María Hernández.
1623 Domingo Hernández, gitano, y María de Hy.
1624 Domingo Fernández, gitano, y María de Hy.
1608 Esteban de Bustamante, gitano, y María de Heredia, gitana.
1608 Fabián Marqués, gitano, y Catalina Menjana, gitana.
1620 Francisco de Ahorcado, gitano, y María de la Cruz.
1652 Francisco, gitano, y Catalina del Castillo, gitana.
1583 Gerónimo Rodríguez, gitano, y Juana Hernández, gitana.
1584 Gerónimo Hernández, gitano, y Magdalena Hernández, gitana.
1590 Gabriel de Bustamante, gitano, y Magdalena Hernández, gitana.
1654 Gabriel de Aguilar, gitano, y Josefa de Martín, gitana.
1608 Juan de Vargas, gitano, y Catalina Hernández, gitana.
1621 Juan de Vargas, gitano, y María Hernández.
1621 Juan García, gitano, y María Espinosa.
1641 Juan de Arres, gitano, y Ana Cortés, gitana.
1588 Luis de la Cerda, gitano, y María Hernández, gitana.
1652 Lorenzo Ximénez, gitano, y María de Campos, gitana.
1581 Martín Moreno, blanco, e Inés Pérez, negra libre.
1607 Martín Sánchez, gitano, y Mencía de Serraza, gitana.
1629 Mateo González, negro, y Juana, esclava.

---

* Al igual que en el caso anterior, he dejado los datos en el mismo orden que aparecen en los Libros de Registro. Siempre que no se mencione la palabra gitano, se debe suponer también que es un individuo no gitano. La minuciosidad con que se anotaban estas cuestiones no deja lugar a dudas, y puede observarse en esta lista, en la que he anotado un par de casos de matrimonios mixtos entre blanco y negro, como detalle curioso para el lector.

1650 Manuel de Soto, gitano, y Catalina Rodríguez, gitana.
1605 Nicolás Maldonado, gitano, e Inés de Mures, gitana.
1582 Pedro Hernández, gitano, y María Hernández, gitana.
1584 Pedro de Malla, gitano, y María Maldonado, gitana.
1600 Pedro Hernández, gitano, y María de Guzmán, gitana.
1589 Sebastián de Bustamante, gitano, y María de Heredia, gitana.
1601 Sebastián de Heredia, gitano, y María Vizcaína, gitana.
1601 Sebastián de Heredia, gitano, y María de Guzmán, gitana.
1603 Sebastián de Heredia, gitano, y María de Guzmán, gitana.
1591 Cristóbal de Bustamante, gitano, e Isabel de Heredia, gitana.
1623 Antón Fernández, gitano, y María Ximénez, gitana.
1616 Domingo Juárez, gitano, y María Mexía, gitana.
1617 Juan de Fuentes, gitano, y Dionisia de los Reyes, gitana.
1764 Juan Manuel de Vargas, gitano, y María Antonia García.

III

TOTAL DE GITANOS PROCESADOS EN LOS DIFERENTES TRIBUNALES

RESUMEN GENERAL

Hombres	53
Mujeres	115
Total	168
Hechicería	111
Blasfemia	34
Proposiciones	16
Bigamia	4
Pasar a Berbería	1
Iludentes	1
Judaísmo	1
Sacrilegio	1
Robo sacrílego (Robo colectivo)	1
Luterano	1
Pecado nefando	2
Total	173

TRIBUNAL DE GRANADA

Relaciones de causas	34
Alegaciones fiscales	6
Cartas al concejo	7
Total	47
Hechicería	33
Blasfemia	4
Proposiciones heréticas	8
Bigamia	1
Pasar a Berbería	1
Iludentes	1
Total	48

Tribunal de Sevilla

Relaciones de causas	14
Alegaciones fiscales	5
Total	19

No consta delito	4
Hechicería	7
Blasfemia	7
Bigamia	1
Total	19

Tribunal de Córdoba

Relaciones de causas	9
Alegaciones fiscales	7
Total	16

Hechicería	10
Blasfemia	5
Proposiciones	1
Total	16

Tribunal de Barcelona

Relaciones de causas	4
Hechicería	2
Blasfemia	1
Robo sacrílego	1
Total	4

Tribunal de Valencia

Procesos	8
Relaciones de causas	16
Total	24

Hechicería	16
Blasfemia	4
Proposiciones	1
Pecado nefando	1
Bigamia	1
Total	23

TRIBUNAL DE MURCIA

Relaciones de causas	1
Alegaciones fiscales	3
Total	4

Hechicería	2
Blasfemia	1
Bigamia	1
Total	4

TRIBUNAL DE LLERENA

Relaciones de causas	2
Blasfemia	0
Total	2

TRIBUNAL DE TOLEDO

Procesos	9
Relaciones de causas	9
Total	18

Hechicería	13
Blasfemia	4
Sacrilegio	1
Total	18

TRIBUNAL DE CUENCA

Procesos	13
Relaciones de causas	—
Total	13

Hechicería	8
Blasfemia	2
Proposiciones	3
Total	13

TRIBUNAL DE VALLADOLID

Relaciones de causas	5
Alegaciones fiscales	—
Total	5

Hechicería	1
Blasfemia	2
Proposiciones	1
Ceremonia judaica	1
Total	5

Tribunal de Zaragoza

Relaciones de causas	2
Hechicería	1
Pecado nefando	1
Total	2

Tribunal de Logroño

Relaciones de causas	2
Alegaciones fiscales	2
Total	4
Hechicería	2
Blasfemia	1
Proposiciones	2
Total	5

Tribunal de Canarias

Relaciones de causas	3
Hechicería	3

Tribunal de Mallorca

Hechicería	4

Tribunal de Santiago

Ninguno.

Tribunal de Corte

Alegaciones fiscales: Luis de Vargas, 1801.

IV

RELACIÓN DE GITANOS PROCESADOS POR LA INQUISICIÓN

GITANOS PROCESADOS EN EL TRIBUNAL DE TOLEDO

(Casos en los que se ha conservado el proceso completo en la sección de Inquisición del Archivo Histórico Nacional)

N.º Y AÑO	NOMBRES	CARGOS	SENTENCIAS
1. 1549	Jorge de Santarem.	Acusado de sacrilegio. Casado, epiléptico.	A causa de su enfermedad, soga y vela. (Leg. 226, n.º 14)
2. 1550	Francisco de Gales.	Procesado por blasfemia. Soltero, veintidós años.	Condenado a 100 azotes (Legajo 35, exped. 5).
3. 1562	Catalina.	Procesada por blasfemia. Natural de Andalucía, sesenta años.	Condenada a 100 azotes y mordaza (Legajo 33, exped. 32).
4. 1623	María y Magdalena.	Procesadas conjuntamente por supersticiosas.	No consta la sentencia (Legajo 82, exped. 13).
5. 1624	Isabel Cortés.	Procesada por supersticiosa. Casada, veinte años.	No consta la sentencia (Legajo 93, exped. 209).

N.º Y AÑO	NOMBRES	CARGOS	SENTENCIAS
6. 1625	Bárbara Pérez.	Procesada por supersticiosa. Viuda, cuarenta años.	No consta la sentencia (Legajo 93, exped. 209).
7. 1635	María Hernández.	Procesada por supersticiosa. Vecina de Maqueda, treinta años, casada con un herrero.	No consta la sentencia (Legajo 88, exped. 123).
8. 1671	Isabel (o María) Montoya.	Procesada por supersticiosa. Natural de Valencia.	Excomunión mayor y 200 azotes (Legajo 92, exped. 182).
9. 1721	Catalina de Ossés y Orobio.	Procesada por supersticiosa. Natural de Yuncos, treinta años, de oficio: «gitana bagante».	Condenada a salir en auto de fe con insignias de embustera, 200 azotes y destierro.

GITANOS PROCESADOS EN EL TRIBUNAL DE TOLEDO

(Según las relaciones de causas*)

N.º Y AÑO	NOMBRES	CARGOS	SENTENCIAS
1. 1623	Andrea Bustamante.	Supersticiosa. Natural de Madrid, cuarenta años.	(Leg. 2.106).

---

* Los datos relativos a las relaciones de causas los debo a la amabilidad de mi buen amigo Jean Pierre Dedieu.

N.º Y AÑO	NOMBRES	CARGOS	SENTENCIAS
2. 1633	Francisco Robles.	Blasfemia. Cincuenta años.	Destierro, auto de fe con insignias (Leg. 2.106).
3. 1648	Gracia Núñez.	Supersticiosa. Vecina y natural de Madrid.	(Leg. 2.116).
4. 1704	Francisco Flores.	Mención del proceso en un registro de condenaciones. Supersticioso.	(Leg. 1, exped. 1, fol. 197 v.º).
5. 1706	Francisca Sánchez, alias «la Gitana».	Supersticiosa.	(Leg. 3.156).
6. 1706	Francisca Pérez, alias «Sánchez», ¿es la misma que en el caso anterior?	Supersticiosa.	(Leg. 3.156).
7. 1734	Ana de Vargas.	Supersticiosa. Vecina de Madridejos; la delatora era una mujer que vivía con el ama de cría de una infanta.	(Leg. 2.168).
8. 1736	Pedro José Montoya.	Blasfemia. Natural de la Puebla de Almoradiel, «de profesión gitano».	(Leg. 3.168).

405

N.º Y AÑO	NOMBRES	CARGOS	SENTENCIAS
9. 1730	María González.	Blasfemia. Asunto mencionado en el «libro de votos» en definitiva.	(Leg. 497, exped. 2, fol. 14 v.º).

GITANOS PROCESADOS EN EL TRIBUNAL DE CUENCA
(Procesos completos conservados en el Archivo Diocesano de Cuenca)

N.º Y AÑO	NOMBRES	CARGOS	SENTENCIAS
1. 1539	Juan de Escalona y su mujer.	Superstición. Vecinos de Palomares de Huete.	Causa incompleta. (Leg. 143, n.º 1.758).
2. 1585	Gitana Bardur.	Superstición.	Inconclusa. (Leg. 303, n.º 4.366).
3. 1593	Torralva.	Luteranismo. Vecino de Caorejas.	Causa incompleta. (Leg. 134, n.º 4.760).
4. 1580	Isabel Hernández.	Proposiciones.	Abjuración *de levi* e instruida en materia de fe. (Leg. 282, n.º 3.931).
5. 1604	María de Soto.	Supersticiones. Vecina de Huete.	Inconclusa. (Leg. 359, n.º 5.115).

406

N.º y Año	Nombres	Cargos	Sentencias
6. 1620	María Ximénez.	Hechicerías. Vecina de la villa de San Clemente.	Causa incompleta. (Leg. 400, n.º 5.676).
7. 1620	Magdalena la Maldonada.	Supersticiones. Mujer de Quesada, vecinos de San Clemente.	Suspensa. (Leg. 400, n.º 5.673).
8. 1627	Menora.	Superstición. Vecina de Requena.	Suspensa. (Leg. 423, n.º 5.931).
9. 1628	Una gitana.	Blasfemias.	Inconclusa. (Leg. 426, n.º 5.985).
10. 1636	María de Malla.	Blasfemia. Estante en Santa María del Campo.	Advertida. (Leg. 453, n.º 6.279).
11. 1713	Beatriz Montoya y Cayetano Bustamante.		Desterrados en Sigüenza. (Leg. 567, n.º 7.021).
12. 1732	Manuel González.	Proposiciones.	Se fugó de la cárcel. (Leg. 594, n.º 7.195).

407

N.º Y AÑO	NOMBRES	CARGOS	SENTENCIAS
13. 1747	María de N.	Supersticiones. Mujer casada con un gitano.	Causa incompleta. (Leg. 601, n.º 7.253).

GITANOS PROCESADOS EN EL TRIBUNAL DE VALLADOLID

(Según las «relaciones de causas») *

N.º Y AÑO	NOMBRES	CARGOS	SENTENCIAS
1. 1625	María Bustamante.	Acusada de haber enterrado a su marido con ceremonias judaicas. Natural de Torrejón de Ardoz. Residente en Castrogeriz, viuda.	No consta la sentencia.
2. 1635	María Gómez, alias «la Gitana».	Acusada de hechicería. Vecina de Segovia, treinta y seis años.	No consta la sentencia.
3. 1636	Isabel Pérez.	Acusada de blasfemia. Natural de Castrofuerte, cincuenta años.	Abjuración *de levi*. 100 azotes, seis años de destierro.

* Archivo Histórico Nacional, Inquisición, legajo 2.135 (1).

N.º y Año	Nombres	Cargos	Sentencias
4. 1637	Gabriel de Salazar.	Acusado de blasfemia mientras estaba en la cárcel real.	Abjuración *de levi*. Auto de fe con insignias de blasfemo. Le devolvieron a la cárcel real.
5. 1638	María de Mata.	Acusada de proposiciones heréticas, cincuenta años.	Abjuración *de levi*. 200 azotes, seis años de destierro.

GITANOS PROCESADOS EN EL TRIBUNAL DE LA INQUISICION DE BARCELONA

(*Según las «relaciones de causas»* *)

N.º y Año	Nombres	Cargos	Sentencias
1. 1608	Gratiniana Bustamante.	Por mirar las rayas de las manos.	50 azotes y destierro.
2. 1609		Robo sacrílego de unos gitanos.	
3. 1667	Miguel Malla.	Procesado por blasfemia. «Gitano de profesión», vecino de Balaguer.	Causa suspendida.
4. 1667	Magdalena Malla.	Procesada por hechicerías. Casada, sin oficio, «de profesión gitana».	Gravemente reprendida, advertida y conminada. Causa suspensa.

* Archivo Histórico Nacional, sección Inquisición, libros 732, 735.

GITANOS PROCESADOS POR EL TRIBUNAL DE VALENCIA

(Procesos completos*)

N.º Y AÑO	NOMBRES	CARGOS	SENTENCIAS
1. 1711	María de Montoya.	Acusada de hechicería.	Adjuración *de levi*, 200 azotes y destierro.
2. 1711	Beatriz Montoya.	Acusada de hechicería. Sobrina de la anterior. Mujer de Cayetano Bustamante. Procesada en 1718. Procesada también en 1736. Acusada de hechicerías.	Gravemente reprendida, etc., y destierro. Destierro perpetuo (1720). Destierro en Sigüenza.
3. 1719	Teresa Albarat.	Acusada de hechicería. Mujer de Francisco Castillo.	Causa incompleta.
4. 1721	Josepha María del Cabello.	Acusada de hechicerías. Natural de Tudela del Llano.	Causa incompleta.
5. 1730	Vicenta Eugenio.	Acusada de hechicerías. Residente en Murviedro, treinta años.	Confinada en Gandía, confiada a un sacerdote.

* Archivo Histórico Nacional, libros 934, 935, 936, 937, 938, 939, 940, 941.

N.º y Año	Nombres	Cargos	Sentencias
6. 1725	Genorosa Vicente.	Acusada de hechicerías. Viuda de José González, soldado.	200 ducados y excomunión.
7. 1784	Denuncia contra dos gitanas.	Acusadas de hechicería.	Causa incompleta.
8. 1794	Antonia Díaz.	Acusada de hechicería. Mujer de Joaquín Díaz.	Causa incompleta.

GITANOS PROCESADOS EN EL TRIBUNAL DE VALENCIA

(Según las «relaciones de causas»*)

N.º y Año	Nombres	Cargos	Sentencias
1. 1572	María.	Acusada de proposiciones luteranas.	Reconciliada en Auto de Fe.
2. 1597	Montoya Mellado.	Acusado de haber cometido pecado nefando. Herrero, vecino de Écija, dieciocho años.	Suspensa, por parecer que la «testificación era flaca».
3. 1618	Manuel Montoya.	Acusado de blasfemia. Catorce años, vecino y natural de Játiva.	Una misa, en forma de penitente, con mordaza. Abjuración *de levi*. Un año de destierro de Játiva.

* Archivo Histórico Nacional, sección Inquisición, libros 936, 938, 939, 940, 941, 944, legajos 2.310 (1), 2.311 (1), 2.313 (1), 2.322 (1).

N.º y Año	Nombres	Cargos	Sentencias
4. 1620	María de la Casta.	Acusada de hechicería. Vecina de Alcudia, treinta y ocho años.	Reprendida, advertida y conminada. Una misa y abjuración *de levi*. Desterrada perpetuamente del distrito.
5. 1621	Joan Baptista.	Acusado de hechicerías. Residente en Játiva, doce o trece años.	Condenado a salir en auto público y un año de destierro de Játiva y Valencia.
6. 1630	Juana Nicolasa Ortiz (aprox.).	Acusada de hechicerías. Natural de Ruçafà, veintiocho años.	Causa suspensa.
7. 1638	María de Torres.	Acusada de hechicerías. Viandante, natural de Sevilla. Viuda de Diego Hernández, herrero que murió sirviendo en las galeras, cuarenta y cinco años. La prendió el comisario de Carcagente por andar viandante.	Tres años de destierro y 100 azotes.

N.º Y AÑO	NOMBRES	CARGOS	SENTENCIAS
8. 1643	Marcos de Soto.	Acusado de bigamia. Herrero, natural de Jaén, treinta y tres años.	Abjuración *de levi*. Seis años de destierro que se duplicarían en caso de contravención. Se remitió al ordinario en cuanto al vínculo matrimonial.
9. 1690	Juan Montoya.	Acusado de blasfemia. Sin residencia fija. Natural de Calasparra (Murcia), cuarenta años.	Condenado a salir en auto de fe en forma de penitente con mordaza, gravemente advertido, reprendido y conminado. Abjuración *de levi*. 100 azotes. Destierro de Madrid y reino de Valencia durante seis años, tres años en galeras y luego remitido a la cárcel real.
10. 1690	Diego Montoya.	Acusado de blasfemia. Natural de Palomares y Extremadura, treinta años.	Condenado a salir en auto público con mordaza, gravemente advertido, reprendido y conminado, seis años de destierro, tres de galeras, 100 azotes y después remitido a las cárceles reales.

N.º y Año	Nombres	Cargos	Sentencias
11. 1719	Águeda Vicente alias «Manuela».	Acusada de hechicería. Natural de Murcia, residente en Valencia, viuda de Diego Bustamante, gitano.	No figura la sentencia.
12. 1721	Francisca Bustamante.	Acusada de hechicería. Natural de Castellón, casada. Gitana vagante.	No figura la sentencia. 1722-1724 destierro y confinamiento.
13. 1721	Josefa María del Cabello.	Procesada junto a la anterior por el mismo delito. Soltera, hija de Francisca Bustamante, natural de Tudela, veinte años.	
14. 1733	Beatriz Hernández.	Procesada por hechicerías.	Votada a recibir azotes.
15. 1774	Francisco Salazar.	Acusado de blasfemia. «Gitano pobre». Veinticuatro años, soltero, natural de Alcira.	No figura la sentencia.

GITANOS PROCESADOS EN EL TRIBUNAL DE MURCIA
(Según las «relaciones de causas» *)

N.º Y AÑO	NOMBRES	CARGOS	SENTENCIAS
1. 1595	Gerónimo de Soto.	Procesado por blasfemia. «Gitano nacido en España».	Fue condenado a oír una misa en la sala del tribunal. Reprendido y advertido en adelante.

GITANOS PROCESADOS EN EL TRIBUNAL DE MURCIA
(Según los resúmenes de la serie «alegaciones fiscales» **)

N.º Y AÑO	NOMBRES	CARGOS	SENTENCIAS
1. 1732	Juan Malla, alias «Antonio Malla».	Procesado por hechicerías.	No consta la sentencia.
2. 1733	Isabel Franco, alias «la Pulga».	Procesada por hechicerías. Natural y vecina de Murcia. Esposa de Francisco Montoya, barbero de oficio, cincuenta años.	No consta la sentencia.
3. 1745	Domingo Quirós, alias «Antonio Flores», alias «Antonio Malla», alias «Domingo Bermúdez», conocido por «el Botijos».	Procesado por bigamia. Natural de Espinardo.	Escapó de la prisión.

* Archivo Histórico Nacional, Inquisición, legajo 2.022 (1).
** Archivo Histórico Nacional, Inquisición, legajos 3.733, números 168, 133, 205.

GITANOS PROCESADOS EN EL TRIBUNAL DE LLERENA *

N.º Y AÑO	NOMBRES	CARGOS	SENTENCIAS
1. 1603	Rodrigo López.	Procesado por blasfemo. Vecino de Villaviciosa (Portugal). Natural de Antequera, veintidós años.	Salir en auto de fe con mordaza, abjuración *de levi* y 100 azotes.
2. 1603	Diego Escudero.	Procesado por blasfemias.	Abjuración *de levi* y 200 azotes.

GITANOS PROCESADOS EN EL TRIBUNAL DE CANARIAS **

N.º Y AÑO	NOMBRES	CARGOS	SENTENCIAS
1. 1629	María de Gracia.	Acusada de prácticas supersticiosas. Mujer de Pedro Morales, calderero, «naturales de Egipto y de la Palma».	Una misa.
2. 1666	Gaspar Ortiz.	Embustes y sortilegios.	No aparece sentencia.

* Archivo Histórico Nacional, Inquisición, legajos números 1.988 y 1.989.
** Archivo Histórico Nacional, sección Inquisición, legajo...1629, 1666, 1676.

N.º Y AÑO	NOMBRES	CARGOS	SENTENCIAS
3. 1676	Gaspar Cortés de Olivares.	Supersticioso. Vecino de Olivares, ya se le había procesado anteriormente (¿es el anterior?).	Abjuración *de levi*. «Penitencias espirituales», 200 azotes.

GITANOS PROCESADOS EN EL TRIBUNAL DE LOGROÑO

(Serie «relaciones de causas»)

N.º Y AÑO	NOMBRES	CARGOS	SENTENCIAS
1. 1573	Teresa.	Proposición simple fornicación: «porque dixo que tener acceso ocópula carnal con una muger aunque no fuera propia que no fuera pecado e aunque reprendida, se afirmó muchas veces en ellos».	
	Mencía.	Su compañera. «Por aver defendido la dicha opinión e afirmándose en ella.»	No consta la sentencia ni otros datos. (Libro 833, fol. 149 v.º).
2. 1577-1578	María.	Blasfemia.	Auto de fe con mordaza y soga. No se la impuso pena pecuniaria por ser notoriamente pobre. (Libro 833, folio 346v).

GITANOS PROCESADOS EN EL TRIBUNAL DE LOGROÑO

(Serie «alegaciones fiscales»)

N.º Y AÑO	NOMBRES	CARGOS	SENTENCIAS
1. 1778	Juana de Artimizbere.	Supersticiosa.	No aparece la sentencia. (Legajo 3.729, n.º 50).
2. 1785	María Estefanía.	Supersticiosa.	No aparece la sentencia. (Legajo 989, n.º 19).

GITANOS PROCESADOS EN EL TRIBUNAL DE ZARAGOZA

N.º Y AÑO	NOMBRES	CARGOS	SENTENCIAS
1. 1583	Joan Mario.	Pecado nefando. Soltero.	Cuatro años de galeras y azotes. (Lib. 989, folio 285).
2. 1651	Felipa, «la Apuleya».	Supersticiosa.	100 azotes, destierro, auto de fe con insignias. (Lib. 994, folio 398v).

GITANOS PROCESADOS EN EL TRIBUNAL DE GRANADA

(Según las «relaciones de causas»)

N.º Y AÑO	NOMBRES	CARGOS	SENTENCIAS
1. 1577	Fulano «que llaman el Gitano».	Procesado por proposiciones. Morisco, vecino de Baza.	Sin sentencia.

N.º Y AÑO	NOMBRES	CARGOS	SENTENCIAS
2. 1588	Juan Escudero.	Procesado por simple fornicación. Natural de Barcelona, residente en Baza.	Abjuración *de levi*, seis años de galeras.
3. 1604	Mari Hernández.	Procesada por proposiciones heréticas. Vecina de Aldeyre, cuarenta años.	Abjuración *de levi*, reprendida. Oír una misa en la sala del Tribunal.
4. 1606	Mari Hernández (se trata de la misma).	Acusada de hechicerías en relación con un grupo acusado de sabor a judaísmo.	100 azotes y destierro.
5. 1608	Gabriel de Chaves.	Procesado por intentar pasarse a Berbería. Vecino de Marbella, de treinta años.	Abjuración *de levi*, mordaza y vergüenza pública.
6. 1618	Sebastiana de Bustamante.	Procesada por blasfemias. Vecina de Granada, más de ochenta años.	Abjuración *de levi*, mordaza y vergüenza pública.

En el año 1625, fue procesada por bigamia Ana de Alarcón, o Ana Romera, de la que se dice que estaba casada con un gitano. No la he tenido en cuenta en el cómputo final por no estar completamente clara su etnia.

N.º Y AÑO	NOMBRES	CARGOS	SENTENCIAS
7. 1628	Marcos Hernández.	Procesado por blasfemias. Vecino y natural de Granada.	Gravemente advertido, reprendido y conminado. Cuatro años de destierro.
8. 1630	Violante.	Procesada por proposiciones. Vecina de Alhama: «decía algunas cosas malsonantes».	
9. 1633	Francisco Martínez.	Procesado por proposiciones.	Gravemente reprendido.
10. 1634	Francisco Martín de Salazar.	Procesado por proposiciones. Vecino de Hardales.	Se le reprendió en la sala de la audiencia.
11. 1635	Ángela, hija de una gitana.	Acusada de prácticas supersticiosas (Reo n.º 11, aparece junto a Polonia de Mingote). Depositaron una oración supersticiosa debajo de un altar.	Fueron reprendidas y la causa se suspendió.
12. 1645	Juan Galán.	Procesado por proposiciones. Natural de Vera. Herrero.	Amonestado. Causa suspendida.

N.º y Año	Nombres	Cargos	Sentencias
13. 1645	Ana de Alarcón.	Acusada de bigamia, mujer casada con un gitano.	Se mandó suspender.
14. 1662	Juana Hernández.	Procesada por hechicerías. Natural de Alcalá la Real y vecina de Granada. Cuarenta años, «se ocupaba en ser corredora y vender prendas por las calles».	No consta la sentencia.
15. 1662	María Quiñones.	Procesada por hechicerías. Natural y vecina de Antequera, de cuarenta y seis años, de oficio costurera, mujer de Sebastián Hernández, herrero. Presa con embargo de bienes el 20 de mayo de 1662.	En febrero de 1665 se la condenó a cuatro años de destierro. Advertida y conminada.
16. 1681	María Hernández.	Procesada por hechicerías. Natural de Gabia la Grande, en la Vega de Granada, vecina de Churriana, cincuenta años, cerera.	Auto de fe con insignias de embustera. Adjuración *de levi*, gravemente reprendida, advertida y conminada y azotes (no se especifica cuántos).

N.º y año	Nombres	Cargos	Sentencias
17. 1686	Francisca Rosales.	Procesada por hechicerías. Natural de Guadix, y viuda de Francisco de Montoya, gitano, de oficio costurera. Vecina de Granada, cuarenta y seis años.	No consta la sentencia.
18. 1688	Juan de Montoya, alias «Juan Moreno».	Procesado por blasfemias hereticales. Natural de Albareda (Murcia), vecino de Guarda, de oficio trasquilador de mulas, cuarenta y ocho años.	Abjuración *de levi* en auto público con insignias de penitente. Gravemente advertido, reprendido y conminado. Ocho años de destierro (los cinco primeros en galeras y sin sueldo).
19. 1692	Catalina de Vargas.	Procesada por hechicerías. Natural y vecina de Córdoba, residente en Granada, veinticinco años.	No aparece la sentencia.
20. 1692	Francisca de la Candelaria.	Procesada por hechicerías. Mujer de Lázaro Mateu, esquilador; natural y vecina de Granada.	No consta la sentencia.

N.º Y AÑO	NOMBRES	CARGOS	SENTENCIAS
21. 1693	Luisa de Torres.	Procesada por hechicerías. Vecina de Antequera, cuarenta años.	Gravemente reprendida, etc. Seis años de destierro.
22. 1694-1695	Clara de Malla.	Procesada por hechicerías. Natural y vecina de Baza, veintisiete años, mujer de Ginés de Torres.	Reprendida y conminada.
23. 1695	Florentina.	Procesada por superstición. Vecina de Almuñécar. Fue detenida por el comisario de esa ciudad, pero se le ordenó que la pusiera en libertad, y se le advirtió que no debía haberla detenido.	No se formó proceso.
24. 1696-1697	María de Gálbez.	Procesada por hechicerías. Vecina de Málaga y natural de Gibraltar. Cuarenta años, costurera, casada en segundo matrimonio con Blas de Santiago (no consta si era gitano).	Se la trasladó al hospital por haber señalado el médico que estaba enferma de cuidado, y allí murió.

N.º y Año	Nombres	Cargos	Sentencias
25. 1696	Antonia Hernández.	Procesada por hechicerías. Natural de Úbeda, vecina de Guadix, mujer de Diego de Malla (no consta si era gitano), «se ocupaba en hilar y hacer medias». Cuarenta años.	Abjuración *de levi*, gravemente reprendida, etc. Dos años de destierro.
26. 1696-1697	María de Salazar.	Procesada por blasfemia heretical. Natural de Úbeda, residente en Granada, diecisiete años, lavandera.	Causa suspendida.
27. 1697	Juan de Heredia.	Procesado por hechos supersticiosos junto a su mujer y a su hija.	La causa fue suspendida.
28. 1697	María de Montoya.	Procesada por hechicerías. Natural de Colomera, vecina de Granada.	Gravemente reprendida, etc., y causa suspensa.
29. 1698	Laura.	Procesada por hechicerías. Mujer de Domingo Montoya (no consta si era gitano), picador de oficio.	Gravemente reprendida, etc., y causa suspensa.

N.º y Año	Nombres	Cargos	Sentencias
30. 1701	Clara de Bargas.	Procesada por hechicerías. Natural y vecina de Baza, cuarenta años, costurera.	No figura la sentencia.
31. 1715	Manuel Cortés.	Procesado por hechicerías. Natural de Bodán y vecino de Tíjola, trabajador del campo.	Abjuración *de levi*, desterrado de Tíjola y Madrid y confinado en el lugar designado por el Tribunal.
32. 1728	Juana de Reyes.	Procesada por hechicerías. Natural de Málaga, vecina de Casallermera, casada, veintisiete años, hilandera.	Abjuración *de levi*, destierro. Se la conminó con la pena de azotes en caso se reincidencia.
33. 1735	Catalina Juliana Montoya.	Procesada por hechicerías. Vecina de Granada y natural de Torralva, en la Mancha; viuda de Sebastián de los Santos Maldonado (no consta si era gitano), con más de cincuenta años, de oficio «belleza y hacer cordeles».	No consta la sentencia. Había sido penitenciada anteriormente por el Tribunal de Córdoba.

N.º Y AÑO	NOMBRES	CARGOS	SENTENCIAS
34. 1748	Catalina Arjona, alias «la Carachata».	Procesada por hechicerías. Natural de Loja, residente en Alhama, treinta y ocho años, de oficio vender prendas por las calles.	Absuelta *ad cautelam*, desterrada de Alhama, Málaga y Madrid durante seis años y recogida en el recogimiento de Santa María Egipcíaca durante el primer año, y los cinco restantes al cuidado de una persona docta. 200 azotes.
35. 1748	Margarita Malla.	Procesada por hechicerías. Natural de Piñana, vecina de Granada, casada, de sesenta años, oficio hacer canastos.	Auto de fe con insignias de embustera, seis años de destierro, 200 azotes y confinamiento de un año confiada a una persona docta.

GITANOS PROCESADOS EN EL TRIBUNAL DE GRANADA

(Procesos que fueron enviados a la Suprema y que no figuran en las «relaciones de causas»; tampoco se encuentra el proceso*)

1740	Matheo de Montoya.	Hechicero.	No consta sentencia ni ningún otro dato.

---

* Archivo Histórico Nacional, sección Inquisición, legajos 1.953 (1) y (2), 1.953 (1) y (2), 2.619 (2), 2.621 (1), 2.622 (1), 2.642 (1), 2.643 (1), 2.654 (1), 2.657 (2), 2.659 (1) y (2), 2.662 (1) y (2), 2.664 (1), 2.665 (1), 2.666 (1), 2.667 (1), 2.672, 2.674, 2.676, 2.679, 2.680, 2.681, 2.682, 2.683, 2.685.

N.º Y AÑO	NOMBRES	CARGOS	SENTENCIAS
1745	Agustín Montoya.	Hechicera. Vecino de Granada.	No consta sentencia ni ningún otro dato.
1745	Ana Cubillo.	Hechicera.	No consta sentencia ni ningún otro dato.
1747	Rita N.	Hechicera.	No consta sentencia ni ningún otro dato.
1747	Rita de Torres (¿la anterior?).		No consta sentencia ni ningún otro dato.
1747	Francisca Gabriela.	Hechicera.	No consta sentencia ni ningún otro dato.
1747	Clara Viezma.	Hechicera.	No consta sentencia ni ningún otro dato.
1747	Margarita Malla.	Hechicera.	No consta sentencia ni ningún otro dato.
1747	María Narcisa Salazar.		No consta sentencia ni ningún otro dato.

N.º Y AÑO	NOMBRES	CARGOS	SENTENCIAS
1747	Salvadora Fernández.	Hechicera.	No consta sentencia ni ningún otro dato.
1747	Juan Escalante.	Hechicero.	No consta sentencia ni ningún otro dato.
1756	Manuela N.	Hechicera.	No consta sentencia ni ningún otro dato.

GITANOS PROCESADOS EN EL TRIBUNAL DE GRANADA

(Según la serie «alegaciones fiscales» *)

1. 1738	Clara de Viezma.	Procesada por hechicerías. Vecina de Granada.	Mencionada en las cartas enviadas a la Suprema. No consta la sentencia.
2. 1739	Margarita de Malla.	Procesada por hechicerías.	Mencionada en las cartas enviadas a la Suprema. No consta la sentencia.

---

* Archivo Histórico Nacional, sección Inquisición, legajos 3.728, núms. 162; 3.728, núms. 167, 176; 3.732, núm. 24; 3.728, núm. 171; 3.736, núm. 108.

N.º y Año	Nombres	Cargos	Sentencias
3. 1742	Rita Torres.	Procesada por hechicerías. Vecina de Granada, mujer de Fernando N., gitano.	Mencionada en las cartas enviadas a la Suprema. No consta la sentencia.
4. 1742	Agustín de Montoya.	Procesado por hechicerías. Vecino de Granada, picador de oficio.	Mencionado en las cartas enviadas a la Suprema.
5. 1743	Salvadora Fernández.	Procesada por hechicerías. Natural de Granada, treinta y seis años, casada con un esquilador.	Mencionada en las cartas al Consejo. No consta la sentencia.
6. 1750	M.ª Narcisa Salazar.	Sortilegios.	No consta la sentencia.
7. 1751	Francisca Pérez y Corral, alias «la Madre sacristana», alias «la Santa de Alcudia».	Procesada por iludente. Natural de Filiana, vecina de Alcudia, más de sesenta y dos años, viuda.	No consta sentencia ni ningún otro dato.

GITANOS PROCESADOS EN EL TRIBUNAL DE SEVILLA

(*Según las «relaciones de causas»* *)

N.º Y AÑO	NOMBRES	CARGOS	SENTENCIAS
1. 1583	Inés María.	Acusada de blasfemia. Mujer de Francisco de Bustamante, gitano. Vecina de Cazalla de la Sierra.	Condenada a mordaza, 100 azotes, una misa y oraciones. (Leg. 2.075).
2. 1583	Gracia María.	No consta la acusación. Natural de Villagarcía, cerca de Llerena.	Absuelta. (Leg. 2.075).
3. 1599	Sebastián de Heredia.	Acusado de blasfemia. Vecino de Jerez, treinta y ocho años.	Una misa en forma de penitente con insignias de blasfemo, abjuración *de levi* y vergüenza pública. (Leg. 2.075, núm. 10).

---

* Archivo Histórico Nacional, sección Inquisición. (La mayor parte de estos datos se los debo a mi alumna María Isabel Blanco. Los del siglo XVIII, a mi maestro Antonio Domínguez Ortiz.)

N.º Y AÑO	NOMBRES	CARGOS	SENTENCIAS
4. 1605	Sebastiana de Vargas.	Supersticiosa. Vecina de Jerez, confesó haber dicho invocaciones para ganar dinero.	Abjuración *de levi*, vergüenza pública, con insignias de hechicera. (Leg. 2.075, núm. 16).
5. 1605	Luis de Montoya.	Procesado por blasfemia. Vecino de Jerez de la Frontera.	Abjuración *de levi*, reprendido, una misa.
6. 1624	Hernando Cardoso.	No consta la acusación.	Absuelto. (Leg. 2.962).
7. 1637	María de Heredia.	Por decir la buenaventura y sacar tesoros. Natural de Bucas, en Galicia; mujer de Antonio Heredia, herrero; vecina de Cádiz.	Reprendida, abjuración *de levi*, cuatro años de destierro. (Leg. 2075).
8. 1634	Alonso Hidalgo.	Blasfemia.	Suspenso. (Leg. 2.970).
9. 1653	Juan de Vargas.	Procesado por blasfemia.	No consta la sentencia. (Leg. 2.985 (2)).
10. 1624	Sebastián, gitano.	No consta el delito.	No consta la sentencia. (Leg. 2.962).

N.º y Año	Nombres	Cargos	Sentencias
11. 1663	Diego de Soto.	Bigamia. Natural de Écija, vecino de Utrera.	Abjuración *de levi*, vergüenza pública, tres años de galeras. (Leg. 2.999).
12. 1704	Juliana Salgueró.	Procesada por supersticiosa. Natural de Marchena, vecina de Morón, de oficio lavandera.	No consta la sentencia. (Leg. 3.022).
13. 1714	Isabel Josepha, alias «María la Tartajosa».	No consta el delito.	No consta la sentencia. (Leg. 3.027).
14. 1717	María Rodríguez de la Encarnación.	Supersticiosa.	No consta la sentencia. (Leg. 3.028).

GITANOS PROCESADOS EN EL TRIBUNAL DE SEVILLA

(Resúmenes en la serie «alegaciones fiscales»*)

1. 1735	María Cortés.	Procesada por blasfemia. Natural de Guadix, vecina de Morón.	No consta la sentencia.

* Archivo Histórico Nacional, sección Inquisición, legajos 3.736, núm. 161; 3.733, núm. 344; 3.737, núm. 198; 3.721, núm. 58; 3.721, núm. 11.

N.º y Año	Nombres	Cargos	Sentencias
2. 1742	Ángela Jiménez.	Procesada por hechicerías. Natural de Véjer, viuda.	No consta la sentencia.
3. 1751	Tomás Camacho.	Procesado por hechicerías. De oficio «pescador con red».	No consta la sentencia.
4. 1767	María Felipa.	Procesada por blasfemias. Natural de Écija, soltera.	No consta la sentencia.
5. 1776	Gertrudis Núñez.	Procesada por hechicerías. Vecina de Cádiz.	Había sido procesada anteriormente por el mismo Tribunal. No consta la sentencia.

GITANOS PROCESADOS EN EL TRIBUNAL DE CÓRDOBA
(*Según las «relaciones de causas»*)*

1. 1570	Beltrán de Bustamante.	Simple fornicación.	Una misa mayor en forma de penitente. Abjuración *de levi*.

---

* Archivo Histórico Nacional, sección Inquisición, legajos 2.421 (2), 2.424 (2), 2.425 (1), 1.856, 2.436 (1), 2.461.

N.º Y AÑO	NOMBRES	CARGOS	SENTENCIAS
2. 1656	María de Flores.	Procesada por hechicerías. Vecina de Cabra, natural de Ahena, junto Navadales, cuarenta años.	Advertida y reprendida, destierro durante cuatro años.
3. 1656	María de Bohórquez.	Procesada por hechicerías. Vecina de Cabra, natural de Tremecén, en Berbería, tejedora de lienzo.	Abjuración *de levi*, 100 azotes, seis años de destierro.
4. 1661	María Gabriela, alias «la Castellana».	Gitana. Procesada por hechicerías. Estante en Cabra.	No consta la sentencia.
5. 1665	Catalina Pérez.	Procesada por blasfemias.	No consta la sentencia.
6. 1684	Sebastiana Gratiniana.	Procesada por blasfemias. Natural y vecina de Úbeda, cuarenta años, de oficio «quitar el vello de las mujeres».	Conminada y advertida, destierro cuatro años.
7. 1745	Isabel de Escobedo.	Procesada por hechicerías. Natural de Bujalance, vecina de Córdoba, cincuenta y siete años.	Salir en auto de fe con insignias de embustera, abjuración *de levi*. Reprendida, advertida y conminada. Seis años de destierro, 200 azotes por las calles.

N.º Y AÑO	NOMBRES	CARGOS	SENTENCIAS
8. 1745	Diego Moreno. alias «Serrano».	Procesado por blasfemia. Natural y vecino de Baeza, sin oficio, cuarenta y cuatro años.	Abjuración *de levi*, reprendido, advertido y conminado, ocho años de destierro (los cinco primeros, en el presidio de Ceuta), y 200 azotes.
9. 1747	Sebastiana Fernández.	Procesada por supersticiosa. Vecina de Jaén, viuda.	Causa incompleta.

GITANOS PROCESADOS EN EL TRIBUNAL DE CÓRDOBA

(Resúmenes de la serie «alegaciones fiscales» *)

1. 1745	Francisca Gabriela de la Mata.	Procesada por hechicerías. Natural y vecina de Córdoba, de setenta y cuatro años, casada con Esteban, gitano herrero.	No consta la sentencia.

* Archivo Histótico Nacional, Inquisición, legajos 3.728, núm. 11; 3.735, núm. 69; 3.728, núm. 7; 3.730, núm. 46; 3.723, núm. 5; 3.723, núm. 26.

N.º y año	Nombres	Cargos	Sentencias
2. 1746	Sebastiana Fernández.	Procesada por hechicerías. Vecina de Jerez, viuda.	No consta la sentencia.
3. 1747	Isidro García.	Procesado por blasfemia.	No consta la sentencia.
4. 1779	Francisca Vaca.	Procesada por hechicerías. Vecina de Lucena, casada.	No consta la sentencia.
5 y 6. 1783	Juana Trujillo y José Maldonado.	Procesados por hechicerías y apostasia. Naturales de Fiñana.	No consta la sentencia.
7. 1794	Luis de Vargas.	Procesado por blasfemias y «hechos execrables» contra un Ecce Homo. Soldado del regimiento de las Órdenes. Natural de Jerez.	La causa pasó al Tribunal de Corte. No consta la sentencia.

GITANOS PROCESADOS EN EL TRIBUNAL DE LA INQUISICIÓN DE MALLORCA

(Según las «relaciones de causas» *)

N.º y Año	Nombres	Cargos	Sentencias
1. 1597	Sebastiana Maldonado.	Procesada por superstición. Mujer de Francisco Bustamante, ferrero y gitano, natural de Rucafa, junto a Valencia, de edad de veinte años. «Diziendo la buenaventura, mesclaba cosas sagradas con profanas...» Estuvo negativa.	Oyó una misa en la capilla del Santo Oficio en forma de penitente y abjuró *de levi*.
2. 1600	Francisca Maldonado.	Procesada por superstición. «Decía ciertas oraciones mezclando muchas cosas de superstición.» «Confesó haberlo hecho por sacar dineros.»	Abjuró *de levi* en la sala de la audiencia, y fue desterrada del reino de Mallorca por toda la vida.
3. 1606	Catalina Maldonado.	Procesada por superstición. Residente en la ciudad de Mallorca.	Penitencia pública con soga y coroza e insignias de hechicera. Abjuró *de levi* y fue desterrada de todo el distrito para toda su vida.

* El Tribunal de la Inquisición en Mallorca [...], *op. cit.*

N.º Y AÑO	NOMBRES	CARGOS	SENTENCIAS
4. 1606	Isabel Graciana.	Procesada por superstición. Natural de Inca y vecina de Mallorca, de veintiocho años.	Abjuración *de levi*, en forma de penitente, coroza y soga, 100 azotes y destierro perpetuo.

V

RELACIÓN DE LAS MUJERES CONDENADAS POR PRÁCTICAS SUPERSTICIOSAS POR EL TRIBUNAL DEL SANTO OFICIO DE VALENCIA EN EL AUTO DE FE CELEBRADO EN 1655

Numero	Nombres	Cargos	Sentencias
1.	Ana Badia.	Cristiana vieja, mujer de Juan Roca, labrador, natural de Tortosa, vecina de Valencia, treinta y cinco años.	Abjuró *de levi* y fue condenada a tres años de destierro.
2.	Inés García.	Mujer de Simón Riesgo, zapatero. Natural de Simancas.	Abjuró *de levi* y destierro.
3.	Clara Gómez.	Soltera. Natural de Castellón de la Plana, vecina de Valencia, dieciocho años.	Abjuración *de levi*, cuatro años de destierro.
4.	Francisca Candel.	Soltera, natural de Játiva, vecina de Valencia, veintiséis años.	Abjuración *de levi*, tres años de destierro.
5.	Jusepa García.	Soltera, natural y vecina de Valencia, treinta y dos años.	Abjuración *de levi*, seis años de destierro.

Numero	Nombres	Cargos	Sentencias
6.	Doña Juana de la Paz.	Natural de Granada y vecina de Valencia. Veinte años. Mujer de Blas Montaña, labrador, veinte años. Había estado casada anteriormente con un mercader.	Abjuración *de levi* y cuatro años de destierro.
7.	Esperanza Badía.	Casada con Francisco Magner, librero. Natural de Amposta, veintitrés años.	Abjuración *de levi*, 100 azotes, cinco años de destierro.
8.	María Bosch, alias «la Catalana».	Natural de Barcelona, cincuenta y siete años, vecina de Valencia. Había sido procesada anteriormente.	Abjuración *de levi*, 200 azotes, diez años de destierro.
9.	Gerónima González.	Soltera, cuarenta años. Natural y vecina de Valencia.	Abjuración *de levi* y destierro.
10.	Úrsula Gil.	Viuda, cuarenta años. A causa de una grave enfermedad que había padecido, no trabajaba y pedía limosna. Había estado procesada anteriormente.	Abjuración *de levi*, 200 azotes y diez años de destierro.

Numero	Nombres	Cargos	Sentencias
11.	Jusepa Climent.	Viuda. Había estado procesada anteriormente. Pasó de las cárceles reales a las del Santo Oficio.	Abjuración *de levi*, 100 azotes, ocho años de destierro.
12.	Úrsula de la Llança.	Mujer de Tomás Feliciano, con dos hijos; su marido era portero del gobernador, de cuarenta años.	Abjuración *de levi*, seis años de destierro.
13.	Isabel Pérez de Martínez.	Mujer de Juan Martínez, natural de Belmonte, en Castilla; treinta años, un hijo.	Abjuración *de levi*, 100 azotes, seis años de destierro.
14.	Juana Ana Pérez.	Casada, natural de Albacete y vecina de Valencia, cincuenta y ocho años.	Abjuración *de levi*, 200 azotes, destierro perpetuo con tres años de reclusión.
15.	Leonor Martí.	Viuda, natural de Chinchilla, cuarenta y seis años.	Abjuración *de levi*, 100 azotes, seis años de destierro.
16.	Cecilia Iváñez.	Soltera, cuarenta años.	Abjuración *de levi*, 100 azotes, cinco años de destierro.

Numero	Nombres	Cargos	Sentencias
17.	Laura Garrigues.	Natural y vecina de Valencia, casada con Jusepe Ballester, albañil, treinta y tres años.	Abjuración *de levi*, 200 azotes, ocho años de destierro.
18.	María Antonia de Neroña.	Soltera, natural de Marchena (Sevilla) y vecina de Valencia, veintiséis años.	Abjuración *de levi*, 100 azotes, seis años de destierro.
19.	Isabel María de Mendoza.	Mujer de Christobal de Guzmán, notario de Madrid; vivía en Valencia desde hacía seis años. Natural de Granada. Treinta años.	Abjuración *de levi*, 200 azotes, diez años de destierro, dos de los cuales debía pasarlos en Zaragoza.
20.	Ana Sensano.	Viuda de Vicente Francés, cabritero, natural de Aldegüela (junto a Teruel), treinta y dos años.	Abjuración *de levi*, dos años de destierro.
21.	María Villa Roya.	Soltera, veinticuatro años, natural de Campillo de las Arenas y vecina de Valencia.	Abjuración *de levi*, debería confesar y ayunar todos los viernes y comulgar las fiestas llevando cédula de haberlo realizado al Tribunal.

Número	Nombres	Cargos	Sentencias
22.	Gerónima Ángel, alias «la Dama de estopa».	Natural y vecina de Valencia. Mujer de Andrés, labrador, veintinueve años.	Abjuración *de levi*, cuatro años de destierro.
23.	Jacinta Manuela.	«Que se ocupa de hilar». Natural de Madrid, viuda de Jusepe de Arce y Velázquez, pintor, veintiocho años.	Abjuración *de levi*, cuatro años de destierro.
24.	Lorenza Esbrí.	Soltera, natural y vecina de Valencia, veintidós años.	Abjuración *de levi*, cuatro años.
25.	María Cervera.	Natural y vecina de Valencia. Viuda de Vicente Asensi, treinta años. «Trabajaba en su casa de sus manos.»	Abjuración *de levi*, reprendida, advertida y conminada. Penitencias espirituales.
26.	Ana María Miguel.	Mujer de J. Bautista Bravo, estudiante de Medicina. Natural y vecina de Valencia, cuarenta años.	Cuatro años de destierro y penitencias espirituales.

Numero	Nombres	Cargos	Sentencias
27.	Laura Muñoz.	Soltera, vecina de Valencia, veinticinco años, «mujer de mediana estatura, picada de viruelas, pelinegra y el ojo izquierdo le trae de plata».	Destierro cuatro años, penitencias espirituales.
28.	Clara Marimón.	Viuda de Francisco Mosqueroles, tejedor de seda, natural de treinta años.	Abjuración *de levi*, dos años de destierro.
29.	Catalina Escribá.	Viuda de Francisco Paredes, labrador, natural y vecina de Amposta.	Suspensa.
30.	Jusepa Ramírez.	Soltera, natural de Zaragoza y vecina de Valencia, treinta años.	Suspensa.
31.	Jusepa Cerdá.	Viuda de Juan Córdova, natural de Alicante, vecina de Valencia. Treinta y cuatro años.	Falleció en la cárcel.

Numero	Nombres	Cargos	Sentencias
32.	Isabel Juan Gadia.	Mujer de Nicolás de Cristarela. Natural de Cañete, en Castilla, había sido condenada a dos años de destierro por superstición en 1654. Se la llevó ante el Tribunal por haber quebrantado el destierro, a lo que adujo que, cuando iba a cumplirlo, fue atropellada por una galera y recogida por un hombre que se compadeció de ella.	Se la llevó a un hospital, por estar enferma, y allí murió.

ARCHIVOS CONSULTADOS
Y SIGLAS UTILIZADAS

Archivos Diocesano de Cuenca. A.D.C.
Archivo General de Simancas. A.G.S.
Archivo Histórico Nacional (Madrid). A.H.N.
Registros Parroquiales. Parroquia de Santa Ana (Sevilla).
Biblioteca Nacional (Madrid).
Biblioteca Nacional (Lisboa).

ÍNDICE

Nota de la autora 9

I

LA SITUACIÓN RELIGIOSA DE LA MINORÍA GITANA

1. Las acusaciones de los moralistas y los autores del Siglo de Oro 13
2. La norma eclesial. La actitud de los obispos. Los sínodos 26
3. La cristianización del grupo gitano 33

II

LA PERSECUCIÓN INQUISITORIAL CONTRA EL GRUPO GITANO Y SUS CARACTERÍSTICAS

4. El número de gitanos procesados por el Santo Oficio. 47
5. Las características del delito gitano ante el tribunal del Santo Oficio 52
   Las sentencias 58
   La blasfemia y las proposiciones heréticas 62
   La bigamia y otros delitos 78
   La hechicería 87
   Consideración final 93

III

LA HECHICERÍA DE LOS NO-GITANOS

6. Introducción. Magia culta y magia popular 97
7. La hechicería de los cristianos viejos en España. Hechicería y brujería 102
   Características del repertorio hechiceril de los cristianos viejos 105
   Las hechiceras valencianas. Los «conventículos» de 1655 y 1671 114
   Consideraciones generales 124
8. Ritos, instrumentos y conjuros 134
   Procedimientos mánticos y sortilegios 134
   Hechizos y conjuros con un contenido o finalidad erótica .. 147
   La fuerza de la palabra 155
   El repertorio hechiceril en Andalucía 180
   Conclusiones generales y provisionales acerca de la hechicería en España 183
9. La búsqueda del tesoro escondido 193
   La búsqueda del tesoro escondido en las distintas regiones peninsulares 202
   Los tesoros escondidos en Galicia y el norte de España 206
   Los tesoros escondidos y su relación con los mitos 214
   La Inquisición contra los buscadores de tesoros 219

IV

LA HECHICERÍA GITANA

10. El mito: «La tribu mágica» 247
    Gitanos y literatura 247
11. El repertorio de las hechiceras gitanas 257
    La tradición respecto a los conocimientos mágicos de los gitanos 257
    Los conocimientos de las hechiceras gitanas según los procesos de la Inquisición 264
12. El truco del tesoro escondido 322
13. El perfil de una hechicera gitana: formación y trayectoria de María y Beatriz de Montoya 350

APÉNDICES

I. Relación de gitanos bautizados en la Parroquia de Santa Ana, de Sevilla 393

II. Relación de matrimonios gitanos en la Parroquia de Santa Ana, de Sevilla 397
III. Total de gitanos procesados en los diferentes Tribunales 399
IV. Relación de gitanos procesados por la Inquisición ... 403
V. Relación de las mujeres condenadas por prácticas supersticiosas por el tribunal del Santo Oficio de Valencia en el Auto de Fe celebrado en 1655 439

ARCHIVOS CONSULTADOS Y SIGLAS UTILIZADAS 447

ESTE LIBRO SE TERMINO DE IMPRIMIR EN LOS
TALLERES GRAFICOS DE UNIGRAF, S. A., EN
MOSTOLES (MADRID), EN EL MES DE
MARZO DE 1988

COLECCIÓN
LA OTRA HISTORIA DE ESPAÑA

1. José Jiménez Lozano: **Los cementerios civiles y la heterodoxia española.**
2. Julio Caro Baroja: **El Carnaval.** (Análisis histórico-cultural.)
3. Julio Caro Baroja: **La estación de amor.** (Fiestas populares de Mayo a San Juan.)
4. Antonio Márquez: **Los alumbrados.** (Segunda edición corregida y aumentada.)
5. Albert A. Sicroff: **Los estatutos de limpieza de sangre. Controversias entre los siglos XV al XVIII.**
6. Ángela Selke: **Vida y muerte de los chuetas de Mallorca.**
7. Juan Aranzadi: **Milenarismo vasco. (Edad de Oro, etnia y nativismo.)**
8. Juan Antonio Llorente: **Noticia biográfica.** (Autobiografía.)
9. Virgilio Pinto Crespo: **Inquisición y control ideológico en la España del siglo XVI.**
10. Julio Caro Baroja: **El estío festivo.** (Fiestas populares del verano.)
11. Dolores Gómez Molleda: **La masonería en la crisis española del siglo XX.**
12. Antonio Jiménez-Landi: **La Institución Libre de Enseñanza y su ambiente. I. Los orígenes.**
13. Antonio Jiménez-Landi: **La Institución Libre de Enseñanza y su ambiente. II. Período parauniversitario** (2 vols.).
14. M.ª Helena Sánchez Ortega: **La Inquisición y los gitanos.**
15. Jon Juaristi: **El linaje de Aitor.** (La invención de la tradición vasca.)